에듀윌과 함께 시작하면,
당신도 합격할 수 있습니다!

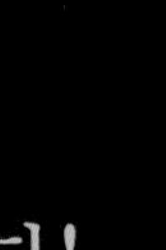

대학 진학 후 진로를 고민하다 1년 만에
서울시 행정직 9급, 7급에 모두 합격한 대학생

용기를 내 계리직공무원에 도전해
4개월 만에 합격한 40대 주부

직장생활과 병행하며 7개월간 공부해
국가공무원 세무직에 당당히 합격한 51세 직장인까지

누구나 합격할 수 있습니다.
시작하겠다는 '다짐' 하나면 충분합니다.

마지막 페이지를 덮으면,

에듀윌과 함께
공무원 합격이 시작됩니다.

69개월 베스트셀러 1위 에듀윌 공무원 교재

기초부터 확실하게 기본 이론

기본서
국어 독해

기본서
국어 문법

기본서
영어 독해

기본서
영어 문법

기본서
한국사

기본서
행정학

기본서
행정법총론

다양한 출제 유형 대비 문제집

단원별 기출&예상 문제집
국어

단원별 기출&예상 문제집
한국사

단원별 기출&예상 문제집
행정학

단원별 기출&예상 문제집
행정법총론

* YES24 수험서 자격증 공무원 베스트셀러 1위 (2017년 3월, 2018년 4월~6월, 8월, 2019년 4월, 6월~12월, 2020년 1월~12월, 2021년 1월~12월, 2022년 1월~12월, 2023년 1월~12월, 2024년 1월~7월, 9월 월별 베스트, 매월 1위 교재는 다름)
* YES24 국내도서 해당분야 월별, 주별 베스트 기준

출제경향 파악 기출문제집

9급공무원 기출문제집
영어

9급공무원 기출문제집
한국사

9급공무원 기출문제집
행정학

9급공무원 기출문제집
행정법총론

7급공무원 시험 대비 PSAT 교재

민간경력자
PSAT 기출문제집

7급공무원
PSAT 기출문제집

영어 집중 영단어 교재

영어 빈출 VOCA

더 많은
공무원 교재

1초 합격예측 모바일 성적분석표

1초 안에 '클릭' 한 번으로 성적을 확인하실 수 있습니다!

STEP 1

QR 코드 스캔

- 교재의 QR 코드를 모바일로 스캔 후 에듀윌 회원 로그인
- QR 코드 하단의 바로가기 주소로도 접속 가능

STEP 2

모바일 OMR 입력

- 회차 확인 후 '응시하기' 클릭
- 모바일 OMR에 답안 입력
- 문제풀이 시간까지 측정 가능

STEP 3

자동채점 & 성적분석표 확인

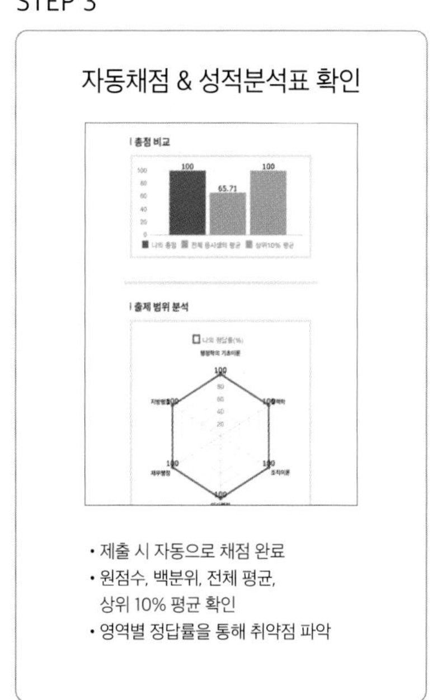

- 제출 시 자동으로 채점 완료
- 원점수, 백분위, 전체 평균, 상위 10% 평균 확인
- 영역별 정답률을 통해 취약점 파악

※ 본 서비스는 에듀윌 공무원 교재(연도별, 회차별 문항이 수록된 교재)를 구입하는 분에게 제공됨.

공무원,
에듀윌을 선택해야 하는 이유

합격자 수 수직 상승

2,100%

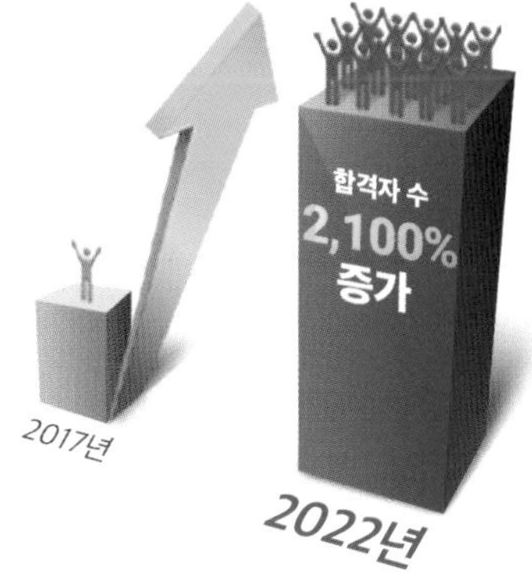

명품 강의 만족도

99%

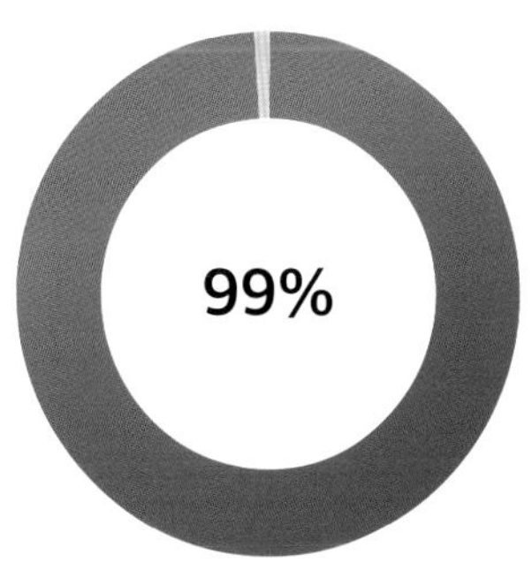

공무원

베스트셀러 1위

69개월(5년 9개월)

5년 연속 공무원 교육

1위

* 2017/2022 에듀윌 공무원 과정 최종 환급자 수 기준 * 9급공무원 대표 교수진 2023년 7월 ~ 2024년 4월 강의 만족도 평균(배영표, 헤더진, 한유진, 이광호, 김용철)
* YES24 수험서 자격증 공무원 베스트셀러 1위 (2017년 3월, 2018년 4월~6월, 8월, 2019년 4월, 6월~12월, 2020년 1월~12월, 2021년 1월~12월, 2022년 1월~12월, 2023년 1월~12월, 2024년 1월~7월, 9월 월별 베스트, 매월 1위 교재는 다름)
* 2023, 2022, 2021 대한민국 브랜드만족도 7·9급공무원 교육 1위 (한경비즈니스) / 2020, 2019 한국브랜드만족지수 7·9급공무원 교육 1위 (주간동아, G밸리뉴스)

1위 에듀윌만의 체계적인 합격 커리큘럼

원하는 시간과 장소에서 온라인 강의

① 업계 최초! 기억 강화 시스템 적용
② 과목별 테마특강, 기출문제 해설강의 무료 제공
③ 초보 수험생 필수 기초강의와 합격필독서 무료 제공

쉽고 빠른 합격의 첫걸음 합격필독서 무료 신청

최고의 학습 환경과 빈틈 없는 학습 관리 직영학원

① 현장 강의와 온라인 강의를 한번에
② 확실한 합격관리 시스템, 아케르
③ 완벽 몰입이 가능한 프리미엄 학습 공간

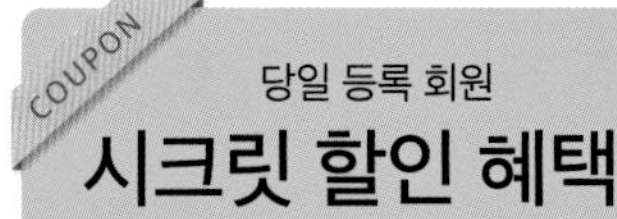

합격전략 설명회 신청 시 당일 등록 수강 할인권 제공

친구 추천 이벤트

"친구 추천하고 한 달 만에 920만원 받았어요"

친구 1명 추천할 때마다 현금 10만원 제공
추천 참여 횟수 무제한 반복 가능

※ *a*o*h**** 회원의 2021년 2월 실제 리워드 금액 기준
※ 해당 이벤트는 예고 없이 변경되거나 종료될 수 있습니다.

친구 추천 이벤트 바로가기

* 2023 대한민국 브랜드만족도 7·9급공무원 교육 1위 (한경비즈니스)

회독플래너

실패율 Zero! 따라만 해도 5회독 가능!

<table>
<tr><th>구분</th><th>PART</th><th>CHAPTER</th><th>1회독</th><th>2회독</th><th>3회독</th><th>4회독</th><th>5회독</th></tr>
<tr><td rowspan="13">독해</td><td rowspan="10">독해 비문학</td><td>주제 찾기 유형</td><td>1</td><td>1</td><td rowspan="2">1</td><td rowspan="3">1</td><td rowspan="5">1</td></tr>
<tr><td>내용 일치/불일치 유형</td><td>2</td><td>2</td></tr>
<tr><td>밑줄/괄호 유형</td><td>3</td><td>3</td><td rowspan="2">2</td></tr>
<tr><td>전개 순서(배열) 유형</td><td>4</td><td>4</td><td rowspan="3">2</td></tr>
<tr><td>개요 수정/완성 유형</td><td>5</td><td>5</td><td rowspan="2">3</td></tr>
<tr><td>문학 이론/비평 지문 유형</td><td>6</td><td>6</td><td rowspan="5">2</td></tr>
<tr><td>글/문단/문장 수정 유형</td><td>7</td><td>7</td><td rowspan="2">4</td><td rowspan="4">3</td></tr>
<tr><td>화법 지문 유형</td><td>8</td><td>8</td></tr>
<tr><td>어휘 의미 파악 유형</td><td>9</td><td>9</td><td rowspan="2">5</td></tr>
<tr><td>논리형 문제 유형</td><td>10</td><td>10</td></tr>
<tr><td rowspan="3">이론 비문학</td><td>작문</td><td>11</td><td>11</td><td rowspan="2">6</td><td rowspan="2">4</td><td rowspan="3">3</td></tr>
<tr><td>화법</td><td>12–13</td><td>12</td></tr>
<tr><td>논증과 오류</td><td>14–15</td><td>13</td><td>7</td><td>5</td></tr>
<tr><td colspan="3">승자는 시간을 관리하며 살고, 패자는 시간에 쫓기며 산다.
– J. 하비스 –</td><td>15일 완성</td><td>13일 완성</td><td>7일 완성</td><td>5일 완성</td><td>3일 완성</td></tr>
</table>

자르는 선

직접 체크하는

회독플래너

본문의 회독체크표를 한눈에!

구분	PART	CHAPTER	1회독	2회독	3회독	4회독	5회독
독해	독해 비문학	주제 찾기 유형					
		내용 일치/불일치 유형					
		밑줄/괄호 유형					
		전개 순서(배열) 유형					
		개요 수정/완성 유형					
		문학 이론/비평 지문 유형					
		글/문단/문장 수정 유형					
		화법 지문 유형					
		어휘 의미 파악 유형					
		논리형 문제 유형					
	이론 비문학	작문					
		화법					
		논증과 오류					
			__일 완성	__일 완성	__일 완성	__일 완성	__일 완성

승자는 시간을 관리하며 살고, 패자는 시간에 쫓기며 산다.

– J. 하비스 –

시작하는 방법은

말을 멈추고

즉시 행동하는 것이다.

– 월트 디즈니(Walt Disney)

설문조사에 참여하고 스타벅스 아메리카노를 받아가세요!

에듀윌 7·9급공무원 기본서를 선택한 이유는 무엇인가요?

소중한 의견을 주신 여러분들에게 더욱더 완성도 있는 교재로 보답하겠습니다.

- **참여 방법** QR코드 스캔 ▶ 설문조사 참여(1분만 투자하세요!)
- **이벤트 기간** 2024년 5월 30일~2025년 4월 30일
- **추첨 방법** 매월 1명 추첨 후 당첨자 개별 연락
- **경품** 스타벅스 아메리카노(tall size)

2025

에듀윌 9급공무원 기본서

국어 독해

2025년,
공무원 시험이 달라집니다.

9급공무원 시험,
국어·영어 과목의 대대적 개편

국어·영어 과목 출제기조,
지식암기 위주에서 **현장 직무 중심으로**

민간 채용과의 호환성 강화하여
시험 준비 부담 감소

인사혁신처 설명 영상
바로 가기▶

지식암기형 문제
출제 지양

민간 채용 시험과
호환성 강화

종합적 사고력과
실용적 능력 평가

국어

"기본적인 국어 능력과 사고력 검증에 초점"

- 배경지식 없이도 지문 속의 정보를 활용해 풀 수 있는 문제
- 지식을 암기해야 풀 수 있는 문제 출제 지양
- 추론력, 비판력, 논리 추론형 문제로 사고력 검증
- 민간기업 직무적성검사, 직업기초능력평가(NCS), 수능과 유사한 유형

영어

"실제 업무수행에 필요한 실용적인 영어 능력 검증"

- 실제 활용도가 높은 어휘와 어법 위주의 출제
- 문제 유형 및 영역별 출제 비율 변화로 암기와 문법에 대한 부담 감소
- 이메일, 동료 간 메신저 대화 형태의 생활영어 문항 출제
- 안내문, 민원 제기 등 업무와 관련된 소재를 활용
- 텝스(TEPS), 토익(TOEIC) 등 민간 어학시험, 수능과 유사한 유형

암기 부담↓, 시험 준비 부담↓

공무원 시험이 쉬워집니다.

달라지는 **국어 시험**, 이렇게 준비하면 쉬워집니다.

비문학

이렇게 달라집니다.

❶ 기존의 시험과 큰 틀에서는 크게 다르지 않습니다.
❷ 지문의 난도가 올라가고 선택지의 근거를 추론하는 문제의 비중이 높아집니다. 즉 기존보다 어려워집니다.
❸ 다양한 영역의 지문이 활용될 예정입니다.

이렇게 학습하세요.

❶ 독해력을 올리는 것이 가장 중요합니다.
❷ 지문에 맞는 독해 접근법과 문제 유형에 맞는 풀이 방법을 익혀야 합니다.
❸ 비문학 문제를 꾸준히 풀어 보며 독해 연습을 많이 해야 합니다.

인사혁신처 예시문제

다음 글에 대해 평가한 내용으로 가장 적절한 것은?

영국의 유명한 원형 석조물인 스톤헨지는 기원전 3,000년경 신석기시대에 세워졌다. 1960년대에 천문학자 호일이 스톤헨지가 일종의 연산장치라는 주장을 하였고, 이후 엔지니어인 톰은 태양과 달을 관찰하기 위한 정교한 기구라고 확신했다. 천문학자 호킨스는 스톤헨지의 모양이 태양과 달의 배열을 나타낸 것이라는 의견을 제시해 관심을 모았다.

그러나 고고학자 앳킨슨은 그들의 생각을 비난했다. 앳킨슨은 스톤헨지를 세운 사람들을 '야만인'으로 묘사하면서, 이들은 호킨스의 주장과 달리 과학적 사고를 할 줄 모른다고 주장했다. 이에 호킨스를 옹호하는 학자들이 진화적 관점에서 앳킨슨을 비판하였다. 이들은 신석기시대보다 훨씬 이전인 4만 년 전의 사람들도 신체적으로 우리와 동일했으며 지능 또한 우리보다 열등했다고 볼 근거가 없다고 주장했다.

하지만 스톤헨지의 건설자들이 포괄적인 의미에서 현대인과 같은 지능을 가졌다고 해도 과학적 사고와 기술적 지식을 가지지는 못했다. 그들에게는 우리처럼 2,500년에 걸쳐 수학과 천문학의 지식이 보존되고 세대를 거쳐 전승되어 쌓인 방대하고 정교한 문자 기록이 없었다. 선사시대의 생각과 행동이 우리와 똑같은 식으로 전개되지 않았으리라는 점은 매우 중요하다. 지적 능력을 갖췄다고 해서 누구나 우리와 같은 동기와 관심, 개념적 틀을 가졌으리라고 생각하는 것은 잘못이다.

① 스톤헨지가 제사를 지내는 장소였다는 후대 기록이 발견되면 호킨스의 주장은 강화될 것이다.
② 스톤헨지 건설 당시의 사람들이 숫자를 사용하였다는 증거가 발견되면 호일의 주장은 약화될 것이다.
③ 스톤헨지의 유적지에서 수학과 과학에 관련된 신석기시대 기록물이 발견되면 글쓴이의 주장은 강화될 것이다.
④ 기원전 3,000년경 인류에게 천문학 지식이 있었다는 증거가 발견되면 앳킨슨의 주장은 약화될 것이다.

해설 ④ 2문단을 보면 앳킨슨은 스톤헨지를 세운 사람들을 '야만인'으로 묘사하며 이들이 과학적 사고를 할 줄 모른다고 주장했다. 따라서 스톤헨지가 세워졌던 기원전 3,000년경 인류에게 천문학 지식과 같은 과학적 지식이 있었다는 증거가 발견되면 앳킨슨의 주장은 약화될 수밖에 없을 것이다.

① 호킨스의 주장과 제사를 연관 지을 만한 내용은 찾기 어렵다.
② 1문단을 보면 호일은 스톤헨지가 일종의 연산장치라는 주장을 하였으므로, 스톤헨지 건설 당시의 사람들이 숫자를 사용하였다는 증거가 발견되면 호일의 주장은 강화될 것이다.
③ 3문단을 보면 글쓴이는 스톤헨지 건설 당시의 사람들이 우리와 같은 과학적, 기술적, 개념적 틀을 갖지 못하였다고 생각하므로, 스톤헨지 유적지에서 수학과 과학에 관련된 신석기시대 기록물이 발견되면 글쓴이의 주장은 약화될 것이다.

정답 ④

문법

이렇게 달라집니다.

❶ 단순 지식형 문제에서 지문형 문제로 바뀝니다.
❷ 암기를 얼마나 잘해 두었느냐가 아니라 문법 지문을 얼마나 잘 이해하며 읽을 수 있느냐가 중요합니다.
❸ 잡다하고 세부적인 내용보다는 큰 개념, 문법 용어 등이 중요합니다.

이렇게 학습하세요.

❶ 암기는 지양하고 중요한 문법 이론, 문법 용어 들을 잘 익혀야 합니다.
❷ 문법 지문 독해 연습을 많이 해야 합니다.
❸ 문제를 많이 풀며 문법 문제 유형에 익숙해져야 합니다.

인사혁신처 예시문제

다음 글에서 추론한 내용으로 적절하지 않은 것은?

'밤하늘'은 '밤'과 '하늘'이 결합하여 한 단어를 이루고 있는데, 이처럼 어휘 의미를 띤 요소끼리 결합한 단어를 합성어라고 한다. 합성어는 분류 기준에 따라 여러 방식으로 나눌 수 있다. 합성어의 품사에 따라 합성 명사, 합성 형용사, 합성 부사 등으로 나누기도 하고, 합성의 절차가 국어의 정상적인 단어 배열법을 따르는지의 여부에 따라 통사적 합성어와 비통사적 합성어로 나누기도 하고, 구성 요소 간의 의미 관계에 따라 대등합성어와 종속합성어로 나누기도 한다.

합성 명사의 예를 보자. '강산'은 명사(강) + 명사(산)로, '젊은이'는 용언의 관형사형(젊은) + 명사(이)로, '덮밥'은 용언 어간(덮-) + 명사(밥)로 구성되어 있다. 명사끼리의 결합, 용언의 관형사형과 명사의 결합은 국어 문장 구성에서 흔히 나타나는 단어 배열법으로, 이들을 통사적 합성어라고 한다. 반면 용언 어간과 명사의 결합은 국어 문장 구성에 없는 단어 배열법인데, 이런 유형은 비통사적 합성어에 속한다. '강산'은 두 성분 관계가 대등한 관계를 이루는 대등합성어인데, '젊은이'나 '덮밥'은 앞 성분이 뒤 성분을 수식하는 종속합성어이다.

① 아버지의 형을 이르는 '큰아버지'는 종속합성어이다.
② '흰머리'는 용언 어간과 명사가 결합한 합성 명사이다.
③ '늙은이'는 어휘 의미를 지닌 두 요소가 결합해 이루어진 단어이다.
④ 동사 '먹다'의 어간인 '먹'과 명사 '거리'가 결합한 '먹거리'는 비통사적 합성어이다.

해설 ② '흰머리'는 '흰 + 머리'의 구성이다. 이때 '흰'은 용언 '희다'의 관형사형이 된다. 따라서 용언의 어간이 아니다.

① 지문을 보면 앞 성분이 뒤 성분을 수식하는 경우가 종속합성어라고 언급하고 있다. 따라서 '큰아버지'는 '큰'이 '아버지'를 수식하는 경우에 해당하므로 종속합성어이다.

③ 지문에서 합성 명사의 예로 '젊은이'를 제시하고 있다. 따라서 '늙은이' 역시 합성어에 해당한다는 것을 알 수 있다. 그리고 1문단을 보면 어휘 의미를 띤 요소끼리 결합한 단어를 합성어라고 한다고 언급하고 있다. 따라서 '늙은이'는 어휘 의미를 지닌 두 요소가 결합해 이루어진 단어라는 것을 알 수 있다.

④ 2문단을 보면 용언 어간과 명사의 결합은 국어 문장 구성에 없는 단어 배열법이고 이는 비통사적 합성어에 속한다고 언급하고 있다. 따라서 동사 '먹다'의 어간인 '먹-'과 명사 '거리'가 결합한 '먹거리'는 비통사적 합성어에 해당한다.

정답 ②

논리형

이렇게 달라집니다.

❶ 그동안 출제되지 않았던 새로운 유형이어서 낯설게 느낄 수 있습니다.

❷ NCS, PSAT 등에서 주로 출제되던 유형으로, 문제에서 주어지는 조건을 이용하여 논리적으로 맞는 것을 찾는 유형입니다.

이렇게 학습하세요.

❶ 기본적인 논리학 지식을 익혀야 합니다.

❷ 문제를 많이 풀어 보며 유형에 익숙해지는 것이 가장 중요합니다.

인사혁신처 예시문제

다음 진술이 모두 참일 때 반드시 참인 것은?

- 오 주무관이 회의에 참석하면, 박 주무관도 참석한다.
- 박 주무관이 회의에 참석하면, 홍 주무관도 참석한다.
- 홍 주무관이 회의에 참석하지 않으면, 공 주무관도 참석하지 않는다.

① 공 주무관이 회의에 참석하면, 박 주무관도 참석한다.
② 오 주무관이 회의에 참석하면, 홍 주무관은 참석하지 않는다.
③ 박 주무관이 회의에 참석하지 않으면, 공 주무관은 참석한다.
④ 홍 주무관이 회의에 참석하지 않으면, 오 주무관도 참석하지 않는다.

해설 'A면 B이다.'라는 명제가 주어질 때 이 명제가 참이라면 'B가 아니면 A가 아니다.'라는 진술은 항상 참이 된다. 이처럼 후건을 부정하여 전건을 부정하는 것을 '대우'라고 한다. 명제가 참이라면 대우는 항상 참이 된다.

제시된 진술과 대우를 이용하여 조건을 정리해 보면 다음과 같다.

- 오 주무관이 회의에 참석하면, 박 주무관도 참석한다.

• 박 주무관이 회의에 참석하지 않으면, 오 주무관도 참석하지 않는다.
• 박 주무관이 회의에 참석하면, 홍 주무관도 참석한다.
• 홍 주무관이 회의에 참석하지 않으면, 박 주무관도 참석하지 않는다.
• 홍 주무관이 회의에 참석하지 않으면, 공 주무관도 참석하지 않는다.
• 공 주무관이 회의에 참석하면, 홍 주무관도 참석한다.

따라서 '홍 주무관이 회의에 참석하지 않으면, 박 주무관도 참석하지 않는다. 박 주무관이 회의에 참석하지 않으면, 오 주무관도 참석하지 않는다.'는 것을 알 수 있다.

① 공 주무관이 회의에 참석하면, 홍 주무관도 참석하는 것은 확실히 알 수 있다. 하지만 박 주무관이 참석하는지는 확실히 알 수 없다.

② 오 주무관이 회의에 참석하면, 박 주무관도 참석한다. 박 주무관이 회의에 참석하면 홍 주무관도 참석한다. 따라서 홍 주무관이 참석하지 않는다는 진술은 바르지 않다.

③ 박 주무관이 회의에 참석하면, 홍 주무관도 참석하는 것은 알 수 있다. 하지만 공 주무관이 참석하는지는 정확히 알 수 없다.

정답 ④

출제기조 개편,

빠른 합격의 기회입니다.

변화하는 공무원 시험 트렌드 맞춤 기본서

안녕하세요. 에듀윌 국어 강사 배영표입니다.
저는 수험생 분들께 공무원 국어 시험은 변할 수밖에 없고, 변해야 한다고 항상 강조해 말씀을 드려 왔습니다. 기존의 암기형 시험으로는 공무원 임용 후보자들의 진정한 언어 능력을 평가할 수 없을 뿐만 아니라 점점 더 엘리트화되고 있는 공무원 집단의 눈높이를 맞출 수도 없기 때문입니다.

이제 제가 항상 강조하여 말씀드리던 그 변화가 본격적으로 시작되려 합니다. 2025년 시험부터는 그동안 유지되던 암기 위주의 공무원 국어의 큰 틀이 사라지고 진정한 독해, 논리 위주의 시험이 시작됩니다. 오랜 기간 문법, 비문학, 문학, 어휘, 한자의 틀을 유지하던 출제 영역이 2025년 시험부터는 문법, 비문학, 논리형으로 바뀌게 됩니다.

각 영역의 변화는 다음과 같습니다.

문법
그동안 출제되던 암기 위주의 문제에서 지문을 활용한 논리, 이해, 적용 위주의 문제로 변화합니다. 따라서 문법에 대한 잡다한 지식을 공부하던 방식에서 문법과 관련된 지문을 읽어 낼 수 있는 능력을 키우는 방식으로 공부 방향이 변해야 합니다.

비문학
기존에도 약 10문제 정도 출제되어 출제 영역 중 가장 많은 비중을 보이던 영역이지만 2025년 시험부터는 이 비중이 약 14문제 정도로 더욱 늘어날 예정입니다. 이러한 변화로 한 시험에서 매우 다양한 유형의 비문학 문제가 출제될 것으로 예상됩니다. 게다가 비문학 문제의 비중 증가는 곧 문제를 풀 때 소요되는 시간의 증가를 의미하므로 시간적으로 매우 촉박한 시험이 될 것으로 예상됩니다. 따라서 단순히 비문학 문제를 읽고 풀며 연습만 하던 공부 방식에서 문제 유형에 맞는 정확한 독해법을 배우고 시간을 단축하는 연습을 많이 하는 방식으로 공부 방향이 변해야 합니다.

논리형

기존 시험에서는 보기 어려웠던 유형으로 주로 PSAT, NCS 시험 등에서 출제되는 유형입니다. 2025년 시험부터는 공무원 9급 시험에서도 이 유형이 여러 문제가 출제될 예정입니다. 이 유형은 형식논리학 이론과 관련된 문제 유형입니다. 따라서 주요 논리학 이론을 먼저 공부하고 공부한 이론을 문제에 적용하는 연습을 꾸준히 해야 실력이 느는 유형입니나. 처음 접할 때는 다소 낯설고 부담스러울 수 있는 유형이지만 문제 유형 자체가 매우 다양하지는 않으므로 충분히 익숙해질 수 있는 유형입니다.

수험생분들께 꼭 드리고 싶은 말씀이 있습니다.

인사혁신처에서 2023년 하반기에 2025년부터 시험을 개편하겠다고 기습적으로 예고하며 일명 가이드 문제를 20문제 제시해 주었습니다. 2025년 시험부터는 이렇게 바뀔 것이라며 여기저기에서 마치 확정된 유형인 것처럼 말들이 많지만 사실 2025년 시험을 예상하고 가늠해 볼 수 있는 자료는 고작 20문제가 전부입니다. 이는 2025년 시험과 관련된 그 어떤 정확한 예상은 아직 하기 어렵다는 것을 의미합니다.

따라서 마치 가이드 문제가 2025년 시험의 전부인 것처럼 성급한 일반화의 오류를 범해서는 안 될 것입니다.

당연히 가이드 문제를 기반으로 공부 계획을 세우고 준비를 해야 합니다. 다만 그것에서 있을 수 있는 변칙까지 고려한 대비가 필요합니다. 개편된 시험이 몇 년 진행되어 시험 출제 유형이 온전히 자리를 잡을 때까지는 융통성 있는 접근만이 시험 관련 리스크를 줄일 수 있는 가장 좋은 방법이라는 것을 우리 수험생 분들은 꼭 기억해 둘 필요가 있습니다.

마지막으로 출판을 허락해 주신 에듀윌에 감사의 인사를 전합니다. 그리고 긴 시간 동안 저보다 훨씬 더 많이 고생해 주신 에듀윌 공무원출판팀에 가장 큰 감사의 인사를 전합니다. 항상 지식적으로 부족함을 메워 주시는 미르마루 연구 선생님, 바쁘신 중에도 힘든 일도 마다 않고 도와주시는 경태형 연구 실장님께도 깊은 감사의 인사를 전합니다.

감사합니다.

2024년 7월

국어 강사 배영표

이 책의 구성

유형별 구성

독해

2025 출제기조 전환 분석

2025년부터 국어 과목의 출제기조가 어떻게 바뀌는지, 어떻게 학습하고 대처해야 하는지 빠르게 파악할 수 있도록 교재 앞쪽에 코너를 구성하였다.

독해 비문학

독해 비문학에서는 실전에 대비하기 위한 유형별 독해 방법을 충분히 숙지할 수 있도록 하였으며, 2025년부터 새롭게 추가되는 신유형을 반영하였다.
또한【개념 적용문제】에서 유형별 독해 방법을 문제에 적용하는 연습을 할 수 있도록 하였다. 특히 NCS/수능 기출문제를 다수 수록하여 새 출제기조에 완벽히 적응할 수 있도록 구성하였다.

출제기조 전환 예시문제 보기 > 유형 분석하기 > 독해방법 알아보기 > 대표 기출발문 > 기출문제 살펴보기 > 수능형 문제 살펴보기 > NCS 문제 살펴보기

이론 비문학

이론 비문학에서는 비문학 독해 문제를 풀기 위한 개념적 지식을 학습할 수 있도록 구성하였다.
또한【개념 적용문제】에서 앞서 배운 개념적 지식을 문제 풀이에 적용하는 연습을 할 수 있도록 하였다.

개념 > 개념 적용문제

어휘

필수 어휘 & 사자성어 PDF

2025년부터 전환되는 출제기조에 따라 꼭 알아두어야 할 필수 어휘와 사자성어만 선별하여 PDF로 제공한다. 어휘 분야는 출제 가능성이 높은 동음이의어와 다의어를 선별하여 구성하였다. 사자성어의 경우, 사자성어 풀이와 유사 사자성어를 수록하여 효율적으로 암기할 수 있도록 구성하였다.

2025 출제기조 전환 분석 & 최신 출제경향을 반영한 개념

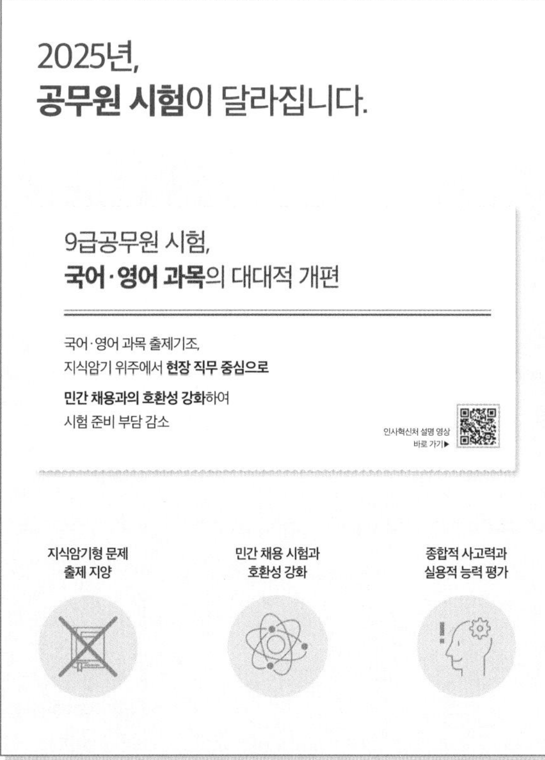

2025년,
공무원 시험이 달라집니다.

9급공무원 시험,
국어·영어 과목의 대대적 개편

국어·영어 과목 출제기조,
지식암기 위주에서 **현장 직무 중심으로**

민간 채용과의 호환성 강화하여
시험 준비 부담 감소

인사혁신처 설명 영상 바로 가기▶

지식암기형 문제 출제 지양

민간 채용 시험과 호환성 강화

종합적 사고력과 실용적 능력 평가

2025 출제기조 전환 분석

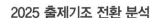

2025년부터 변경되는 출제기조 방향을 소개하고, 국어 과목의 출제기조가 세부적으로 어떻게 변경되는지, 어떻게 학습하고 대처해야 하는지 빠르게 파악할 수 있도록 교재 앞쪽에 코너를 구성하였다.

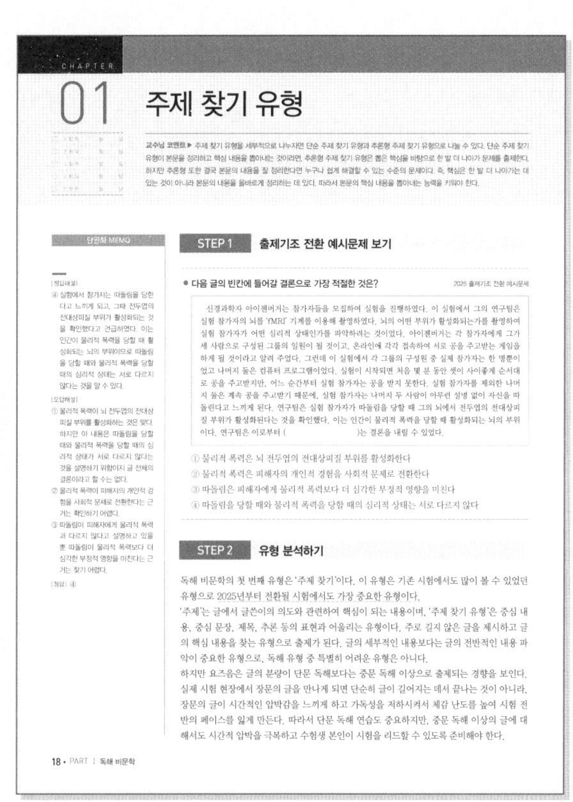

CHAPTER 01 주제 찾기 유형

교수님 코멘트▶ 주제 찾기 유형을 세부적으로 나누자면 단순 주제 찾기 유형과 추론형 주제 찾기 유형으로 나눌 수 있다. 단순 주제 찾기 유형이 본문을 정리하고 핵심 내용을 뽑아내는 것이라면, 추론형 주제 찾기 유형은 뽑은 핵심을 바탕으로 한 발 더 나아가 문제를 출제한다. 하지만 추론형 또한 결국 본문의 내용을 잘 정리한다면 누구나 쉽게 해결할 수 있는 수준의 문제이다. 즉, 핵심은 한 발 더 나아가는 데 있는 것이 아니라 본문의 내용을 올바르게 정리하는 데 있다. 따라서 본문의 핵심 내용을 뽑아내는 능력을 키워야 한다.

STEP 1 출제기조 전환 예시문제 보기

● 다음 글의 빈칸에 들어갈 결론으로 가장 적절한 것은? 2025 출제기조 전환 예시문제

신경과학자 아이젠버거는 참가자들을 모집하여 실험을 진행하였다. 이 실험에서 그의 연구팀은 실험 참가자의 뇌를 'fMRI' 기계를 이용해 촬영하였다. 뇌의 어떤 부위가 활성화되는가를 촬영하여 실험 참가자가 어떤 심리적 상태인가를 파악하려는 것이었다. 아이젠버거는 각 참가자에게 그가 세 사람으로 구성된 그룹의 일원이 될 것이고, 온라인에 각각 접속하여 서로 공을 주고받는 게임을 하게 될 것이라고 알려 주었다. 그런데 이 실험에서 각 그룹의 구성원 중 실제 참가자는 한 명뿐이었고 나머지 둘은 컴퓨터 프로그램이었다. 실험이 시작되면 처음 몇 분 동안 셋이 사이좋게 순서대로 공을 주고받지만, 어느 순간부터 실험 참가자는 공을 받지 못한다. 실험 참가자를 제외한 나머지 둘은 계속 공을 주고받기 때문에, 실험 참가자는 나머지 두 사람이 아무런 설명 없이 자신을 따돌린다고 느끼게 된다. 연구팀은 실험 참가자가 따돌림을 당할 때 그의 뇌에서 전두엽의 전대상피질 부위가 활성화된다는 것을 확인했다. 이는 인간이 물리적 폭력을 당할 때 활성화되는 뇌의 부위이다. 연구팀은 이로부터 (　　　　　)는 결론을 내릴 수 있었다.

① 물리적 폭력은 뇌 전두엽의 전대상피질 부위를 활성화한다
② 물리적 폭력은 피해자의 개인적 경험을 사회적 문제로 전환한다
③ 따돌림은 피해자에게 물리적 폭력보다 더 심각한 부정적 영향을 미친다
④ 따돌림을 당할 때와 물리적 폭력을 당할 때의 심리적 상태는 서로 다르지 않다

단권화 MEMO

|정답해설|
④ 실험에서 참가자는 따돌림을 당한다고 느끼게 되고, 그때 전두엽의 전대상피질 부위가 활성화되는 것을 확인했다고 언급하였다. 이는 인간이 물리적 폭력을 당할 때 활성화되는 뇌의 부위이므로 따돌림을 당할 때와 물리적 폭력을 당할 때의 심리적 상태는 서로 다르지 않다는 것을 알 수 있다.

|오답해설|
① 물리적 폭력이 뇌 전두엽의 전대상피질 부위를 활성화하는 것은 맞다. 하지만 이 내용은 따돌림을 당할 때와 물리적 폭력을 당할 때의 심리적 상태가 서로 다르지 않다는 것을 설명하기 위함이지 글 전체의 결론이라고 할 수는 없다.
② 물리적 폭력이 피해자의 개인적 경험을 사회적 문제로 전환한다는 근거는 확인하기 어렵다.
③ 따돌림이 피해자에게 물리적 폭력과 다르지 않다고 설명하고 있을 뿐 따돌림이 물리적 폭력보다 더 심각한 부정적 영향을 미친다는 근거는 찾기 어렵다.

|정답| ④

STEP 2 유형 분석하기

독해 비문학의 첫 번째 유형은 '주제 찾기'이다. 이 유형은 기존 시험에서도 많이 볼 수 있었던 유형으로 2025년부터 전환될 시험에서도 가장 중요한 유형이다.
'주제'는 글에서 글쓴이의 의도와 관련하여 핵심이 되는 내용이며, '주제 찾기 유형'은 중심 내용, 중심 문장, 제목, 추론 등의 표현과 어울리는 유형이다. 주로 길지 않은 글을 제시하고 글의 핵심 내용을 찾는 유형으로 출제가 된다. 글의 세부적인 내용보다는 글의 전반적인 내용 파악이 중요한 유형으로, 독해 유형 중 특별히 어려운 유형은 아니다.
하지만 요즈음은 글의 분량이 단문 독해보다는 중문 독해 이상으로 출제되는 경향을 보인다. 실제 시험 현장에서 장문의 글을 만나게 되면 단순히 글이 길어지는 데서 끝나는 것이 아니라, 장문의 글이 시간적인 압박감을 느끼게 하고 가독성을 저하시켜서 체감 난도를 높여 시험 전반의 페이스를 잃게 만든다. 따라서 단문 독해 연습도 중요하지만, 중문 독해 이상의 글에 대해서도 시간적 압박을 극복하고 수험생 본인이 시험을 리드할 수 있도록 준비해야 한다.

18 • PART Ⅰ 독해 비문학

최신 출제경향을 반영한 개념

학습효과를 높일 수 있도록 개념을 체계적으로 배열하였고, 2025년부터 새롭게 추가되는 신유형을 반영하였다.

▶ Daily 회독체크표: 챕터마다 회독체크와 공부한 날을 기입할 수 있다.
▶ 더 알아보기: 더 깊게 또는 참고로 알아두면 좋을 내용을 담았다.

이 책의 구성

파트별 문제풀이

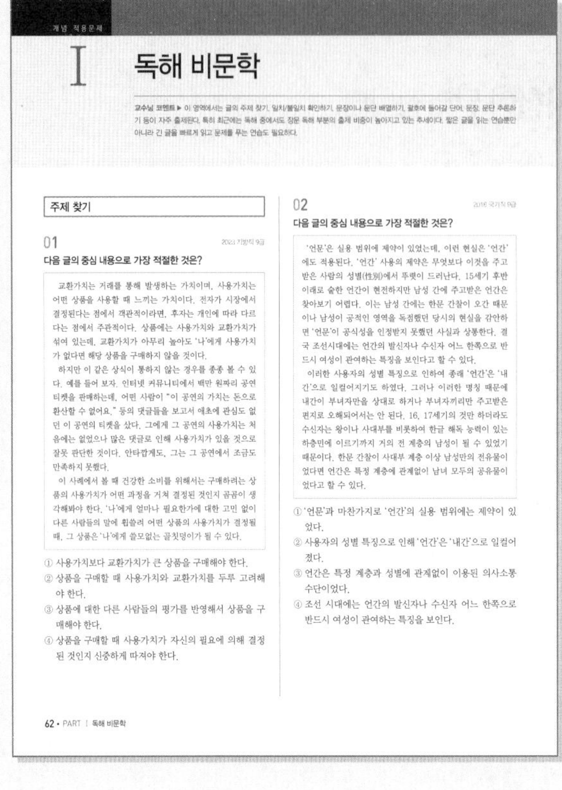

개념 적용문제

I 독해 비문학

교수님 코멘트 ▶ 이 영역에서는 글의 주제 찾기, 일치/불일치 확인하기, 문장이나 문단 배열하기, 괄호에 들어갈 단어, 문장, 문단 추론하기 등이 자주 출제된다. 특히 최근에는 독해 중에서도 장문 독해 부분의 출제 비중이 높아지고 있는 추세이다. 짧은 글을 읽는 연습뿐만 아니라 긴 글을 빠르게 읽고 문제를 푸는 연습도 필요하다.

주제 찾기

01 (2023 지방직 9급)

다음 글의 중심 내용으로 가장 적절한 것은?

교환가치는 거래를 통해 발생하는 가치이며, 사용가치는 어떤 상품을 사용할 때 느끼는 가치이다. 전자가 시장에서 결정된다는 점에서 객관적이라면, 후자는 개인에 따라 다르다는 점에서 주관적이다. 상품에는 사용가치와 교환가치가 섞여 있는데, 교환가치가 아무리 높아도 '나'에게 사용가치가 없다면 해당 상품을 구매하지 않을 것이다.

하지만 이 같은 상식이 통하지 않는 경우를 종종 볼 수 있다. 예를 들어 보자. 인터넷 커뮤니티에서 백만 원짜리 공연 티켓을 판매하는데, 어떤 사람이 "이 공연의 가치는 돈으로 환산할 수 없어요." 등의 댓글들을 보고서 애초에 관심도 없던 이 공연의 티켓을 샀다. 그에게 그 공연의 사용가치는 처음에는 없었으나 많은 댓글로 인해 사용가치가 있을 것으로 잘못 판단한 것이다. 안타깝게도, 그는 그 공연에서 조금도 만족하지 못했다.

이 사례에서 볼 때 건강한 소비를 위해서는 구매하려는 상품의 사용가치가 어떤 과정을 거쳐 결정된 것인지 곰곰이 생각해봐야 한다. '나'에게 얼마나 필요한가에 대한 고민 없이 다른 사람들의 말에 휩쓸려 어떤 상품의 사용가치가 결정될 때, 그 상품은 '나'에게 쓸모없는 골칫덩이가 될 수 있다.

① 사용가치보다 교환가치가 큰 상품을 구매해야 한다.
② 상품을 구매할 때 사용가치와 교환가치를 두루 고려해야 한다.
③ 상품에 대한 다른 사람들의 평가를 반영해서 상품을 구매해야 한다.
④ 상품을 구매할 때 사용가치가 자신의 필요에 의해 결정된 것인지 신중하게 따져야 한다.

02 (2016 국가직 9급)

다음 글의 중심 내용으로 가장 적절한 것은?

'언문'은 실용 범위에 제약이 있었는데, 이런 현실은 '언간'에도 적용된다. '언간' 사용의 제약은 무엇보다 이것을 주고받은 사람의 성별(性別)에서 뚜렷이 드러난다. 15세기 후반 이래로 숱한 언간이 현전하지만 남성 간에 주고받은 언간은 찾아보기 어렵다. 이는 남성 간에는 한문 간찰이 오간 때문이나 남성이 공적인 영역을 독점했던 당시의 현실을 감안하면 '언문'이 공식성을 인정받지 못했던 사실과 상통한다. 결국 조선시대에는 언간의 발신자나 수신자 어느 한쪽으로 반드시 여성이 관여하는 특징을 보인다고 할 수 있다.

이러한 사용자의 성별 특징으로 인하여 종래 '언간'은 '내간'으로 일컬어지기도 하였다. 그러나 이러한 명칭 때문에 내간이 부녀자만을 상대로 하거나 부녀자끼리만 주고받은 편지로 오해되어서는 안 된다. 16, 17세기의 것만 하더라도 수신자는 왕이나 사대부를 비롯하여 한글 해독 능력이 있는 하층민에 이르기까지 거의 전 계층의 남성이 될 수 있었기 때문이다. 한문 간찰이 사대부 계층 이상 남성만의 전유물이었다면 언간은 특정 계층에 관계없이 남녀 모두의 공유물이었다고 할 수 있다.

① '언문'과 마찬가지로 '언간'의 실용 범위에는 제약이 있었다.
② 사용자의 성별 특징으로 인해 '언간'은 '내간'으로 일컬어졌다.
③ 언간은 특정 계층과 성별에 관계없이 이용된 의사소통 수단이었다.
④ 조선 시대에는 언간의 발신자나 수신자 어느 한쪽으로 반드시 여성이 관여하는 특징을 보인다.

62 • PART I 독해 비문학

개념 적용문제

신유형을 반영한 문제 풀이로 문제 적용력 향상!

최신 공무원 기출문제와 수능 및 NCS 기출문제를 수록하여 개념이 어떻게 출제되는지, 유형은 어떠한지 파악할 수 있도록 하였다.

부가학습자료

회독플래너, 필수 어휘 & 사자성어 PDF

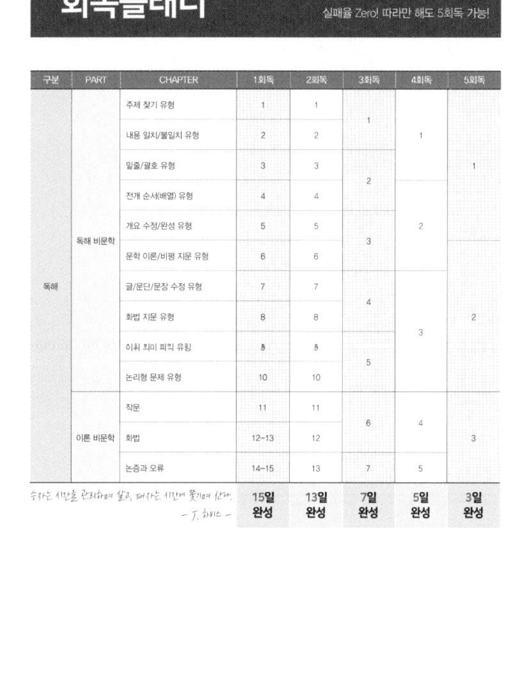

회독플래너

실패율 Zero! 따라만 해도 5회독 가능!

구분	PART	CHAPTER	1회독	2회독	3회독	4회독	5회독
독해	독해 비문학	주제 찾기 유형	1	1	1	1	1
		내용 일치/불일치 유형	2	2			
		밑줄/괄호 유형	3	3	2		
		전개 순서(배열) 유형	4	4		2	
		개요 수정/완성 유형	5	5	3		
		문학 이론/비평 지문 유형	6	6			2
		글/문단/문장 수정 유형	7	7	4	3	
		화법 지문 유형	8	8			
		어휘 의미 파악 유형	9	9	5		
		논리형 문제 유형	10	10			
	이론 비문학	작문	11	11	6	4	3
		화법	12~13	12			
		논증과 오류	14~15	13	7	5	
			15일 완성	13일 완성	7일 완성	5일 완성	3일 완성

승자는 시간을 관리하며 살고, 패자는 시간에 쫓기며 산다.
– J. 하비스 –

회독플래너

회독 실패율 ZERO!

실패율 없이 회독을 할 수 있도록 5회독플래너를 제공한다. 앞면에는 회독의 방향을 잡을 수 있도록 가이드라인을 제시하였고, 뒷면에는 직접 공부한 날짜를 매일 기록하여 누적된 회독 횟수를 확인할 수 있도록 하였다.

▶ [앞] 회독플래너
▶ [뒤] 직접 체크하는 회독플래너

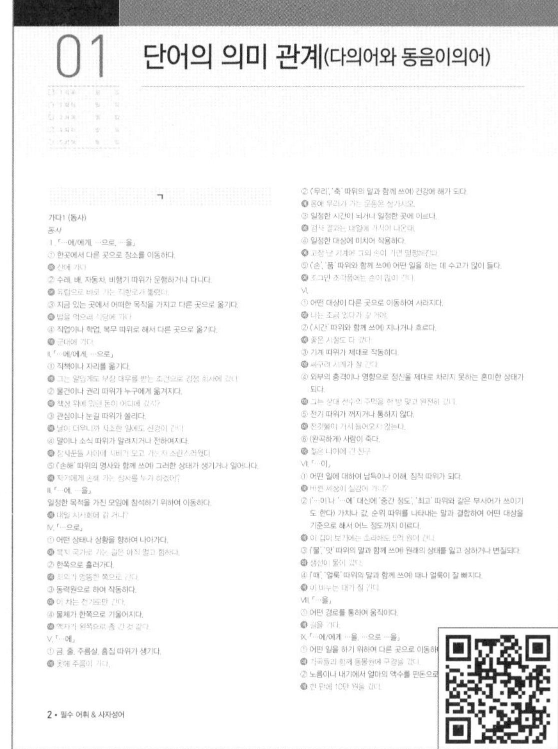

01 단어의 의미 관계(다의어와 동음이의어)

2 • 필수 어휘 & 사자성어

필수 어휘 & 사자성어 PDF

새로운 출제기조를 반영하여 필수 어휘 & 사자성어만 선별!

2025년부터 전환되는 출제기조에 따른 필수 어휘와 사자성어를 선별하여 효율적으로 암기할 수 있도록 구성하였다.

※ 다운로드 방법: 에듀윌 도서몰(book.eduwill.net) 접속 → 도서자료실 → 부가학습자료에서 다운로드 또는 좌측 QR코드를 통해 바로 접속

CONTENTS

이 책의 차례

PART

I

독해 비문학

학습목표

CHAPTER 01 주제 찾기 유형	❶ 주제 찾기 유형 분석하기 ❷ 주제 찾기 유형 접근법 익히기	CHAPTER 06 문학 이론/비평 지문 유형	❶ 문학 이론/비평 지문 유형 분석하기 ❷ 문학 이론/비평 지문 유형 접근법 익히기
CHAPTER 02 내용 일치/불일치 유형	❶ 내용 일치/불일치 유형 분석하기 ❷ 내용 일치/불일치 유형 접근법 익히기	CHAPTER 07 글/문단/문장 수정 유형	❶ 글/문단/문장 수정 유형 분석하기 ❷ 글/문단/문장 수정 유형 접근법 익히기
CHAPTER 03 밑줄/괄호 유형	❶ 밑줄/괄호 유형 분석하기 ❷ 밑줄/괄호 유형 접근법 익히기	CHAPTER 08 화법 지문 유형	❶ 화법 지문 유형 분석하기 ❷ 화법 지문 유형 접근법 익히기
CHAPTER 04 전개 순서(배열) 유형	❶ 전개 순서(배열) 유형 분석하기 ❷ 전개 순서(배열) 유형 접근법 익히기	CHAPTER 09 어휘 의미 파악 유형	❶ 어휘 의미 파악 유형 분석하기 ❷ 어휘 의미 파악 유형 접근법 익히기
CHAPTER 05 개요 수정/완성 유형	❶ 개요 수정/완성 유형 분석하기 ❷ 개요 수정/완성 유형 접근법 익히기	CHAPTER 10 논리형 문제 유형	❶ 논리형 문제 유형 분석하기 ❷ 논리형 문제 유형 접근법 익히기

CHAPTER

01 주제 찾기 유형

☐ 1회독 월 일
☐ 2회독 월 일
☐ 3회독 월 일
☐ 4회독 월 일
☐ 5회독 월 일

교수님 코멘트▶ 주제 찾기 유형을 세부적으로 나누자면 단순 주제 찾기 유형과 추론형 주제 찾기 유형으로 나눌 수 있다. 단순 주제 찾기 유형이 본문을 정리하고 핵심 내용을 뽑아내는 것이라면, 추론형 주제 찾기 유형은 뽑은 핵심을 바탕으로 한 발 더 나아가 문제를 출제한다. 하지만 추론형 또한 결국 본문의 내용을 잘 정리한다면 누구나 쉽게 해결할 수 있는 수준의 문제이다. 즉, 핵심은 한 발 더 나아가는 데 있는 것이 아니라 본문의 내용을 올바르게 정리하는 데 있다. 따라서 본문의 핵심 내용을 뽑아내는 능력을 키워야 한다.

STEP 1 출제기조 전환 예시문제 보기

● **다음 글의 빈칸에 들어갈 결론으로 가장 적절한 것은?** 2025 출제기조 전환 예시문제

신경과학자 아이젠버거는 참가자들을 모집하여 실험을 진행하였다. 이 실험에서 그의 연구팀은 실험 참가자의 뇌를 'fMRI' 기계를 이용해 촬영하였다. 뇌의 어떤 부위가 활성화되는가를 촬영하여 실험 참가자가 어떤 심리적 상태인가를 파악하려는 것이었다. 아이젠버거는 각 참가자에게 그가 세 사람으로 구성된 그룹의 일원이 될 것이고, 온라인에 각각 접속하여 서로 공을 주고받는 게임을 하게 될 것이라고 알려 주었다. 그런데 이 실험에서 각 그룹의 구성원 중 실제 참가자는 한 명뿐이었고 나머지 둘은 컴퓨터 프로그램이었다. 실험이 시작되면 처음 몇 분 동안 셋이 사이좋게 순서대로 공을 주고받지만, 어느 순간부터 실험 참가자는 공을 받지 못한다. 실험 참가자를 제외한 나머지 둘은 계속 공을 주고받기 때문에, 실험 참가자는 나머지 두 사람이 아무런 설명 없이 자신을 따돌린다고 느끼게 된다. 연구팀은 실험 참가자가 따돌림을 당할 때 그의 뇌에서 전두엽의 전대상피질 부위가 활성화된다는 것을 확인했다. 이는 인간이 물리적 폭력을 당할 때 활성화되는 뇌의 부위이다. 연구팀은 이로부터 (   )는 결론을 내릴 수 있었다.

① 물리적 폭력은 뇌 전두엽의 전대상피질 부위를 활성화한다
② 물리적 폭력은 피해자의 개인적 경험을 사회적 문제로 전환한다
③ 따돌림은 피해자에게 물리적 폭력보다 더 심각한 부정적 영향을 미친다
④ 따돌림을 당할 때와 물리적 폭력을 당할 때의 심리적 상태는 서로 다르지 않다

단권화 MEMO

| 정답해설 |
④ 실험에서 참가자는 따돌림을 당한다고 느끼게 되고, 그때 전두엽의 전대상피질 부위가 활성화되는 것을 확인했다고 언급하였다. 이는 인간이 물리적 폭력을 당할 때 활성화되는 뇌의 부위이므로 따돌림을 당할 때와 물리적 폭력을 당할 때의 심리적 상태는 서로 다르지 않다는 것을 알 수 있다.

| 오답해설 |
① 물리적 폭력이 뇌 전두엽의 전대상피질 부위를 활성화하는 것은 맞다. 하지만 이 내용은 따돌림을 당할 때와 물리적 폭력을 당할 때의 심리적 상태가 서로 다르지 않다는 것을 설명하기 위함이지 글 전체의 결론이라고 할 수는 없다.
② 물리적 폭력이 피해자의 개인적 경험을 사회적 문제로 전환한다는 근거는 확인하기 어렵다.
③ 따돌림이 피해자에게 물리적 폭력과 다르지 않다고 설명하고 있을 뿐 따돌림이 물리적 폭력보다 더 심각한 부정적 영향을 미친다는 근거는 찾기 어렵다.

| 정답 | ④

STEP 2 유형 분석하기

독해 비문학의 첫 번째 유형은 '주제 찾기'이다. 이 유형은 기존 시험에서도 많이 볼 수 있었던 유형으로 2025년부터 전환될 시험에서도 가장 중요한 유형이다.

'주제'는 글에서 글쓴이의 의도와 관련하여 핵심이 되는 내용이며, '주제 찾기 유형'은 중심 내용, 중심 문장, 제목, 추론 등의 표현과 어울리는 유형이다. 주로 길지 않은 글을 제시하고 글의 핵심 내용을 찾는 유형으로 출제가 된다. 글의 세부적인 내용보다는 글의 전반적인 내용 파악이 중요한 유형으로, 독해 유형 중 특별히 어려운 유형은 아니다.

하지만 요즈음은 글의 분량이 단문 독해보다는 중문 독해 이상으로 출제되는 경향을 보인다. 실제 시험 현장에서 장문의 글을 만나게 되면 단순히 글이 길어지는 데서 끝나는 것이 아니라, 장문의 글이 시간적인 압박감을 느끼게 하고 가독성을 저하시켜서 체감 난도를 높여 시험 전반의 페이스를 잃게 만든다. 따라서 단문 독해 연습도 중요하지만, 중문 독해 이상의 글에 대해서도 시간적 압박을 극복하고 수험생 본인이 시험을 리드할 수 있도록 준비해야 한다.

STEP 3 독해방법 알아보기

단권화 MEMO

1 단문 독해방법

문단 두세 개 정도 분량의 글을 '단문'으로 볼 수 있다. 단문의 글이 주어졌다면 비교적 어렵지 않게 문제를 해결할 수 있다. 일반적으로 구성은 다음과 같다.

구성	종속 주제 + 뒷받침하는 세부 내용 (소주제문) (전개문)
유형	• 두괄식: 중심 문장 + 뒷받침 문장 • 미괄식: 뒷받침 문장 + 중심 문장 • 양괄식: 중심 문장 + 뒷받침 문장 + 중심 문장 • 중괄식: 뒷받침 문장 + 중심 문장 + 뒷받침 문장

글의 전반적인 내용을 살펴보되, 글의 시작 부분과 끝나는 부분을 더 유심히 살펴보면 주제를 쉽게 찾을 수 있다. 간혹 시작 부분과 끝부분에 주제가 없는 경우, 중괄식 구성일 수도 있으므로 가운데 부분을 살펴보는 것도 요령이 될 수 있다.

● 다음 글의 주제로 가장 적절한 것은? 2013 국가직 7급

> 외래어는 원래의 언어에서 가졌던 모습을 잃어버리고 새 언어에 동화되는 속성을 가지고 있다. 외래어의 동화 양상을 음운, 형태, 의미적 측면에서 살펴보자.
>
> 첫째, 외래어는 국어에 들어오면서 국어의 음운적 특징을 띠게 되어 외국어 본래의 발음이 그대로 유지되지 못한다. 자음이든 모음이든 국어에 없는 소리는 국어의 가장 가까운 소리로 바뀌고 만다. 프랑스의 수도 Paris는 원래 프랑스어인데 국어에서는 '파리'가 된다. 프랑스어 [r] 발음은 국어에 없는 소리여서 비슷한 소리인 'ㄹ'로 바뀌고 마는 것이다. 그 외에 장단이나 강세, 성조와 같은 운율적 자질도 원래 외국어의 모습을 잃어버리고 만다.
>
> 둘째, 외래어는 국어의 형태적인 특징을 갖게 된다. 외래어의 동사와 형용사는 '-하다'가 반드시 붙어서 쓰이게 된다. 영어 형용사 smart가 국어에 들어오면 '스마트하다'가 된다. '아이러니하다'라는 말도 있는데 이는 명사에 '-하다'가 붙어 형용사처럼 쓰인 경우이다.
>
> 셋째, 외래어는 원래 언어의 의미와 다른 의미로 쓰일 수 있다. 일례로 프랑스어 madame이 국어에 와서는 '마담'이 되는데 프랑스어에서의 '부인'의 의미가 국어에서는 '술집이나 다방의 여주인' 의미로 쓰이고 있다.

① 외래어의 갈래 ② 외래어의 특성
③ 외래어의 변화 ④ 외래어의 개념

| 정답해설 |
② 제시된 글은 외래어의 특성을 외래어가 국어에 들어오는 과정에서 보이는 변화 양상을 통해 설명하고 있다. 글 앞부분의 밑줄 친 부분을 통해 주제를 드러내고 있는 두괄식 구성의 글이다.

| 정답 | ②

단권화 MEMO

*스키마(Schema)

배경지식, 사전 지식, 지식 구조, 본, 틀이라고 부르기도 하는데, 우리의 기억 속에 저장되어 있는 경험의 총체를 의미한다. 스키마 이론에 따르면, 독자가 기존에 가지고 있는 배경지식이 독해력에 큰 영향을 미친다고 한다.

■ **'주제 찾기' 유형의 요령**

사실 '주제(중심 내용, 제목) 찾기' 유형은 지문의 길이와 무관하게 지문을 다 볼 필요 없이 의도적으로 건너뛰며 읽을 수 있다. 왜냐하면 그렇게 하더라도 문제를 푸는 데 아무런 지장이 없기 때문이다. 주제 파악이라는 유형 자체가 지엽적인 내용 확인이 아닌, 글 전체의 맥락을 묻는 문제이므로 건너뛰며 읽고 맥락만 파악해도 정답을 충분히 고를 수 있다.

2 장문 독해방법

장문 독해도 원칙적으로 지문을 읽고 그에 맞는 주제를 찾으면 된다. 따라서 글을 처음부터 끝까지 읽을 수만 있다면 누구나 풀 수 있는 유형이다. 하지만 여기서 문제점이 두 가지 생긴다. 첫째는 글이 어렵거나 수험생이 가지고 있는 스키마*(배경지식)와 맞지 않아 글이 잘 안 읽히는 경우, 둘째는 충분히 읽을 수 있는 글이지만 빨리 읽을 수 없는 경우이다. 공무원 국어 영역은 산술적으로 20분에 20문제, 즉 1분에 1문제씩 풀어야 한다. 하지만 마킹 시간, 영어 등 어려운 영역에 투자해야 할 시간 등을 고려하면 그 이상으로 빠르게 풀어야 한다.

그렇다면 수험생이 위의 두 가지 경우 중 한 가지 경우에 해당한다면 어떻게 해야 할까? 어떻게 해서라도 지문을 읽어 내기 위해 글과 사투를 벌여야 할까? 정답은 '아니다'이다. 수험생들이 독해력 또는 배경지식이 부족해 빠르게 읽어 내지 못한 글은 시험이라는 이유로 특별히 긴장한 경우를 제외하고는, 이미 본인의 능력으로는 빠르게 읽을 수 없는 글이다. 따라서 지문에 연연할수록 결국 시험 시간 부족이라는 더 큰 문제를 만나게 될 뿐이다. 그렇다면 어떻게 해야 할까? 정답은 '건너뛰며 읽기'이다.

문제를 푸는 과정에서 가장 좋은 방법은 글 전체를 모두 읽고 푸는 것이다. 하지만 그럴 수 없는 글은 안 읽히는 부분에 연연하지 말고 건너뛸 필요가 있다. 왜냐하면 '주제 찾기' 유형은 글의 세부적인 내용의 이해보다는 글의 전반적인 내용의 이해를 요구하기 때문이다. 예를 들어 가솔린 엔진에 대해 설명하는 4문단으로 구성된 글이 있다고 가정해 보자. 그리고 주어진 글을 읽는 수험생이 4개의 문단 중에 2문단이 특히 안 읽힌다고 가정했을 때, 안 읽히는 2문단을 읽으려 노력하지 말고 건너뛰라는 것이다. 좀 더 자세히 설명하자면 2문단이 가솔린 엔진 부품 중 하나인 점화 플러그의 원리를 설명하는 문단이라고 했을 때 '점화 플러그의 원리를 설명하는 문단인데 정확히 이해가 되질 않네.' 이렇게 생각하고 바로 3문단으로 건너뛰라는 것이다. 그 대신 2문단에서 단어, 문장 등 이해가 된 일부분이 있다면 기억해 두어야 한다. 그리고 무엇보다 중요한 점은 안 읽히는 2문단이 점화 플러그의 원리를 말하고 있는 문단이라는 맥락은 잡고 건너뛰어야 한다는 점이다. 왜냐하면 그래야 3문단의 내용과 연결하여 읽는 데 맥락을 놓치지 않을 수 있기 때문이다.

이러한 원리는 비단 문단에만 적용되는 것이 아니다. 크게는 문단을 건너뛸 수도 있고, 작게는 문장, 어휘를 건너뛸 수도 있는 것이다. 이렇게 건너뛰며 읽게 될 경우, 어려운 지문을 만났을 때에도 시간을 낭비하지 않으면서도 맥락을 놓치지 않고 글을 읽을 수 있는 효과를 얻을 수 있다.

STEP 4 대표 기출발문

- 다음 글의 논지*와 가장 거리가 먼 것은?
- 다음 글의 필자가 말하고자 하는 취지에 가장 알맞은 것은?
- 다음 글의 중심 내용으로 가장 적절한 것은?
- 다음 글의 중심 생각으로 가장 적절한 것은?
- 다음 글의 요지로 가장 적절한 것은?
- 다음 글의 필자가 궁극적으로 말하고자 하는 중심 내용은?
- 다음 글의 주된 논지는?
- 다음 글의 주제로 가장 적절한 것은?
- 다음 글의 제목으로 가장 적절한 것은?
- 다음 글을 읽고 추론한 내용으로 가장 적절한 것은?

※ 추론형 문제는 '주제 찾기' 유형일 수도 있고 '일치/불일치' 유형일 수도 있다.

STEP 5 기출문제 살펴보기

● 다음 글의 중심 내용으로 가장 적절한 것은? 2016 지방직 9급

영어에서 위기를 뜻하는 단어 'crisis'의 어원은 '분리하다'라는 뜻의 그리스어 '크리네인(Krinein)'이다. 크리네인은 본래 회복과 죽음의 분기점이 되는 병세의 변화를 가리키는 의학 용어로 사용되었는데, 서양인들은 위기에 어떻게 대응하느냐에 따라 결과가 달라진다고 보았다. 상황에 위축되지 않고 침착하게 위기의 원인을 분석하여 사리에 맞는 해결 방안을 찾을 수 있다면 긍정적 결과가 나올 수 있다는 것이다. 한편, 동양에서는 위기(危機)를 '위험(危險)'과 '기회(機會)'가 합쳐진 것으로 해석하여, 위기를 통해 새로운 기회를 모색하라고 한다. 동양인들 또한 상황을 바라보는 관점에 따라 위기가 기회로 변모될 수도 있다고 본 것이다.

① 위기가 아예 다가오지 못하게 미리 대처해야 한다.
② 위기 상황을 냉정하게 판단하고 긍정적으로 받아들인다.
③ 위기가 지나갔다고 해서 반드시 기회가 오는 것은 아니다.
④ 욕심에서 비롯된 위기를 통해 자신의 상황을 되돌아봐야 한다.

단권화 MEMO

*논지
논하는 말이나 글의 취지를 말한다.

|정답해설|
제시된 글을 요약하면, 위기가 닥쳤을 때 서양인들은 상황에 위축되지 않고 위기의 원인을 분석하여 사리에 맞는 해결 방안을 찾으면 긍정적 결과가 나올 수 있다고 보았고, 동양인들은 상황을 보는 관점에 따라 위기가 기회로 변모될 수 있다고 보았다.
② 제시된 글의 중심 내용은 '위기 상황에서의 냉정한 판단과 긍정적 자세의 필요성'이라고 볼 수 있다.

|정답| ②

단권화 MEMO

|정답해설|

⑤ '주시경은 근대 국어학의 기틀을 세운 선구적인 인물', '놀라운 통찰력', '의의가 크다', '큰 공헌을 하였다', '우리에게 지대한 영향' 등의 표현에서 글쓴이는 주시경의 업적을 객관적인 입장에서 소개하는 것이 아니라, 적극적으로 가치 부여를 하고 있음을 알 수 있다.

|유형해설|

제시된 글과 관련하여 문제를 풀 때 만약 (3)문단이 잘 읽히지 않는다면 연연하지 말고 건너뛰어도 된다. 단, 넘어가더라도 '주시경 선생님의 업적 중 하나를 예로 들고 있는데 무슨 말인지는 잘 모르겠네.' 정도로는 생각하고 (4)문단으로 넘어가야 글 전체의 맥락을 놓치지 않고 이어서 읽을 수 있다. 그리고 넘어가기 전에 다행히 (3)문단에 밑줄 그어 놓은 부분 정도는 이해가 되었다면 기억하고 넘어가는 것도 좋다. 그 정도면 충분하다. '주제 찾기' 유형은 세부 내용을 이해하는 것이 정답을 고르는 것과는 큰 상관이 없다. 제시된 지문에 밑줄 쳐 놓은 부분들만 파악할 수 있다면 정답을 고를 수 있다.

|정답| ⑤

STEP 6 수능형 문제 살펴보기

● 중심 화제에 대한 글쓴이의 서술 태도로 가장 적절한 것은? 2007 9월 고3 모의고사

(1) 한힌샘 주시경은 국어학자이면서 국어 교육자이다. 그는 과학적이고 독창적인 국어 연구를 통해 국어학을 하나의 학문으로 정립시켰을 뿐 아니라 국어 교육의 필요성을 널리 인식시키기 위해 노력하였다. 또한 맞춤법의 통일 같은 국어 정책의 수립에도 관심을 갖고 참여하였다.

(2) 국어학자로서 주시경은 근대 국어학의 기틀을 세운 선구적인 인물이었다. 과학적 연구 방법이 전무하다시피 했던 국어학 연구에서, 그는 단어의 원형을 밝혀 적는 형태주의적 입장을 가지고 독자적으로 문법 현상을 분석하고 이론으로 체계화하는 데 힘을 쏟았다. 이를 위해 순수 고유어를 사용하여 학술 용어를 만들기도 했다. 오늘날의 관점에서 보면 모호하거나 엄밀하지 못한 부분이 있는 것도 사실이지만, 그의 연구는 체계적이고 분석적이었을 뿐 아니라 놀라운 통찰력을 보여 주는 것이었다. 특히 '늣씨'와 '속뜻'의 개념을 도입한 것은 주목할 만하다.

(3) 그는 단어를 뜻하는 '씨'를 좀 더 작은 단위로 분석하면서 여기에 '늣씨'라는 이름을 붙였다. 예컨대 '해바라기'를 '해^바라^기', '이더라'를 '이^더라'처럼 늣씨 단위로 분석했다. 이는 그가 오늘날 '형태소'라 부르는 것과 유사한 개념을 인식하고 있었음을 보여 준다. 이것은 1930년대에 언어학자 블룸필드가 이 개념을 처음 사용하기 훨씬 이전이었다. 또한 그는 숨어 있는 구조인 '속뜻'을 통해 겉으로는 구조를 파악하기 어려운 문장을 분석했고, 말로 설명하기 어려운 문장의 계층적 구조는 그림을 그려 풀이하는 방식으로 분석했다. 이러한 방법은 현대 언어학의 분석적인 연구 방법과 유사하다는 점에서 연구사적 의의가 크다.

(4) 주시경은 국어학사에서 길이 기억될 연구 업적을 남겼을 뿐 아니라, 국어 교육자로서도 큰 공헌을 하였다. 그는 언어를 민족의 정체성을 나타내는 징표로 보았으며, 국가와 민족의 발전이 말과 글에 달려 있다고 생각하여 국어 교육에 온 힘을 다하였다. 여러 학교에서 우리말을 가르쳤을 뿐만 아니라, 국어 강습소를 만들어 장차 교사가 될 사람들에게 국어 문법을 체계적으로 교육하였다. 이러한 교육은 그의 국어학 연구가 없었더라면 불가능한 일이었다. 세종대왕이 훈민정음을 창제하였다면, 주시경은 '한글'이라는 용어를 만들고 우리말과 글을 바르게 보급하는 일에 앞장섰던 인물이었다.

(5) 그는 맞춤법을 확립하는 정책에도 자신의 학문적 성과를 반영하고자 했다. 이를 위해 연구 모임을 만들어 맞춤법의 이론적 근거를 확보하기 위한 논의를 지속해 나갔다. 그리고 1907년에 설치된 '국문 연구소'의 위원으로 국어 정책을 수립하는 일에도 적극 참여하였다. 그의 이러한 노력은 오늘날 우리에게 지대한 영향을 미치고 있다. 우리가 사용하고 있는 현행 '한글 맞춤법'도 일찍이 주시경이 취했던 형태주의적 입장으로부터 영향을 받은 바 크다.

① 중심 화제의 위상을 주관적으로 평가하고 있다.

② 중심 화제의 성격을 객관적으로 평가하고 있다.

③ 중심 화제의 의의를 권위적으로 평가하고 있다.

④ 중심 화제의 문제점을 비판적으로 접근하고 있다.

⑤ 중심 화제의 가치를 적극적으로 부각시키고 있다.

STEP 7 NCS 문제 살펴보기

● 다음 글의 주제로 가장 적절한 것을 고르면? 2021 10월 시행 한국전력공사 기출 변형

한옥은 자연과 조화롭게 살고자 하였던 한국인의 삶과 철학을 고스란히 담고 있다. 흙으로 구운 기와를 지붕에 올린 기와집이든, 볏짚을 엮어 만든 초가지붕을 얹은 초가집이든 모든 한옥은 자연을 거스르지 않는다. 자연과 완벽하게 조화를 이루는 한옥의 매력은 그 외형에서부터 드러난다. 한옥의 지붕이나 처마의 선은 완만한 곡선을 나타낸다. 자연스럽게 끝을 올린 한옥의 곡선은 중국과 일본의 전통 건축에서 볼 수 있는 직선적인 지붕 형태와 비교하였을 때 고전적인 아름다움이 돋보인다. 한옥은 대문과 현관, 거실로 이어지는 흐름 또한 직선적인 구조를 피하며, 자연 속을 산책하게 함으로써 사색하는 철학자가 되게 한다.

한옥에 사용되는 재료들은 대부분 재활용이 가능하다. 돌과 나무, 흙 등의 재료는 가공하지 않은 자연 상태 그대로를 사용하기 때문에 아파트 등 다른 재료의 건물에 비해 독성이 없어서 인간의 몸에 해롭지 않다. 이와 더불어 한옥은 건물을 짓기 위해 터전을 훼손시키지 않고, 주변 환경에 순응하여 그곳의 지세에 맞는 형태로 지어진다. 자연과의 상생을 추구하는 한옥은 계절에 따라 자연과 편안하게 어우러진다.

한옥에서 가장 중요한 특징은 바로 온돌이라 할 수 있다. 온돌은 역사적으로 오랜 기간 유지되어 온 우리의 전통문화이다. 온돌은 불을 때는 아궁이, 아궁이에서 나온 열을 전달받은 구들, 그리고 열기가 빨리 빠져 나가는 것을 막는 개자리, 연기가 통하는 연도, 그리고 연기를 배출하는 굴뚝으로 구성된다. 온돌은 열의 전도를 이용한 복사 난방 방식의 원리를 이용하여 습기가 차지 않고 화재에도 안전하다. 이러한 온돌은 꾸준히 개량되어 오늘날 아파트 난방에도 널리 사용되고 있다.

과거 근대화 과정에서 한옥의 맥은 거의 단절되었다고 여겨지는데, 최근 한옥의 건축 양식에 대해 사람들의 관심이 높아지고 있다. 환경 친화적인 한옥의 장점과 완만한 곡선이 돋보이는 건축 양식이 현대 건축에도 충분히 접목 가능한 요소가 되었기 때문이다. 뜨거운 여름에도 시원함을 유지하는 대청마루, 자연과 조화를 이루는 안정성 있는 설계 등이 현대 도시건축에서도 중요하게 다뤄진다. 즉, 한국의 미래 건축 양식은 한옥의 건축 양식에서부터 시작된다고 보아야 할 것이다.

① 한옥의 특징과 미래 전망
② 자연 친화적인 한옥의 구성 요소
③ 한옥 구조의 역사적 변천 과정
④ 한옥의 보존 및 현대화를 위한 논의
⑤ 건축사에서 한옥이 갖는 중요성

단권화 MEMO

|정답해설|
① 제시된 글은 한옥의 자연 친화적인 특징과 한옥에서 가장 중요한 온돌에 대해 설명하고, 한옥의 미래 전망을 서술하고 있다. 따라서 이 글의 주제로 가장 적절한 것은 ①이다.

|오답해설|
② 1문단과 2문단에서 자연 친화적인 한옥의 구성 요소에 대해 설명하고 있지만, 글 전체를 포괄할 수 없으므로 적절하지 않다.
③ 한옥 구조의 역사적 변천 과정에 대해서는 다루고 있지 않으므로 적절하지 않다.
④ 4문단에서 환경 친화적인 한옥의 장점과 완만한 곡선이 돋보이는 건축 양식이 현대 건축에도 충분히 접목 가능한 요소가 되었기 때문에 최근 한옥의 건축 양식에 대해 많은 사람들의 관심이 높아지고 있다고 하였으나, 글 전체를 포괄할 수 없으므로 적절하지 않다.
⑤ 건축사에서 한옥이 갖는 중요성에 대해서는 다루고 있지 않으므로 적절하지 않다.

|정답| ①

CHAPTER

02 내용 일치/불일치 유형

□ 1회독 월 일
□ 2회독 월 일
□ 3회독 월 일
□ 4회독 월 일
□ 5회독 월 일

교수님 코멘트▶ 내용 일치/불일치 유형은 단순 일치/불일치 유형과 추론형 일치/불일치 유형으로 나눌 수 있다. 단순 일치/불일치 유형이 본문 속에 정답의 근거가 표면적으로 드러나는 유형이라면, 추론형 일치/불일치 유형의 경우는 정답의 근거가 표면적으로 드러나지 않고 행간의 의미를 고려하여 근거를 찾는 유형이라 할 수 있다. 하지만 추론형 또한 실제 시험 문제에서는 단순 일치/불일치 유형과 크게 다르지 않은 모습을 보인다. 언뜻 내용을 바탕으로 추론을 하게 하는 문제인 듯 보이지만 결국 표면적으로 드러난 내용에서 '아' 다르고 '어' 다른 수준으로 행간의 맥락을 묻기 때문이다.

STEP 1 출제기조 전환 예시문제 보기

● **다음 글을 이해한 내용으로 적절하지 않은 것은?** 2025 출제기조 전환 예시문제

한국 신화에 보이는 신과 인간의 관계는 다른 나라의 신화와 견주어 볼 때 흥미롭다. 한국 신화에서 신은 인간과의 결합을 통해 결핍을 해소함으로써 완전한 존재가 되고, 인간은 신과의 결합을 통해 혼자 할 수 없었던 존재론적 상승을 이룬다.

한국 건국신화에서 주인공인 신은 지상에 내려와 왕이 되고자 한다. 천상적 존재가 지상적 존재가 되기를 바라는 것인데, 인간들의 왕이 된 신은 인간 여성과의 결합을 통해 자식을 낳음으로써 결핍을 메운다. 무속신화에서는 인간이었던 주인공이 신과의 결합을 통해 신적 존재로 거듭나게 됨으로써 존재론적으로 상승하게 된다. 이처럼 한국 신화에서 신과 인간은 서로의 존재를 필요로 한다는 점에서 상호의존적이고 호혜적이다.

다른 나라의 신화들은 신과 인간의 관계가 한국 신화와 달리 위계적이고 종속적이다. 히브리 신화에서 피조물인 인간은 자신을 창조한 유일신에 대해 원초적 부채감을 지니고 있으며, 신이 지상의 모든 일을 관장한다는 점에서 언제나 인간의 우위에 있다. 이러한 양상은 북유럽이나 바빌로니아 등에 퍼져 있는 신체 화생 신화에도 유사하게 나타난다. 신체 화생 신화는 신이 죽음을 맞게 된 후 그 신체가 해체되면서 인간 세계가 만들어지게 된다는 것인데, 신의 희생 덕분에 인간 세계가 만들어질 수 있었다는 점에서 인간은 신에게 철저히 종속되어 있다.

① 히브리 신화에서 신과 인간의 관계는 위계적이다.
② 한국 무속신화에서 신은 인간을 위해 지상에 내려와 왕이 된다.
③ 한국 건국신화에서 신은 인간과의 결합을 통해 완전한 존재가 된다.
④ 한국 신화에 보이는 신과 인간의 관계는 신체 화생 신화에 보이는 신과 인간의 관계와 다르다.

단권화 MEMO

|정답해설|
② 2문단에 따르면 신이 지상에 내려와 왕이 되고자 하는 내용은 '한국 무속신화'가 아니라 '한국 건국신화'의 내용에 해당하고, 신이 지상에 내려오는 목적이 '인간을 위해'라는 내용은 확인할 수 없다.

|오답해설|
①④ 3문단을 보면 다른 나라의 신화들은 신과 인간의 관계가 한국 신화와 달리 위계적이고 종속적이라고 설명하고 있다.
③ 1문단을 보면 한국 신화에서 신은 인간과의 결합을 통해 결핍을 해소함으로써 완전한 존재가 된다고 설명하고 있다.

|정답| ②

STEP 2 유형 분석하기

독해 비문학의 두 번째 유형은 '내용 일치/불일치'이다. 이 유형 역시 기존 시험에서도 많이 볼 수 있었던 유형으로 2025년 전환될 시험에서도 '주제(중심 내용, 제목 등) 찾기' 유형과 함께 매우 중요한 유형이다.

'내용 일치/불일치' 유형은 일반적으로 길지 않은 글을 제시하고 선택지의 정보를 확인하게 하는 유형으로 출제된다. 글의 전반적인 내용 파악보다는 글의 세부적인 내용 파악이 중요한 유형으로, '주제 찾기' 유형보다는 상대적으로 어렵게 느낄 수 있는 유형이다. 글의 전체 내용을 놓치는 부분 없이 세부적으로 살펴봐야 하기 때문이다.

단문 독해인 경우에는 큰 문제가 되지 않을 수 있는 유형이지만, '주제 찾기'와 마찬가지로 요즈음은 단문 독해보다는 중문 독해 이상으로 출제되는 경향을 보이기 때문에 수험생 입장에서 다소 어렵게 느낄 수 있다. 따라서 짧은 지문보다는 긴 지문으로 제시되는 문항 위주로 학습하고 훈련하여야 한다.

STEP 3 독해방법 알아보기

1 단문 독해방법

'내용 일치/불일치' 유형은 '주제 찾기' 유형에 비해 지문을 더 자세히 읽어야 하는 부담이 있다는 점을 제외하고는 접근법에 있어 '주제 찾기' 유형과 다르지 않다. 문단 두세 개 정도 분량의 글이 주어졌다면 특히나 어렵지 않게 해결할 수 있다. 단문 독해의 경우 설령 글을 잘 읽지 못했다 하더라도 선택지의 근거가 되는 단어 또는 단어의 또 다른 표현을 지문에서 찾고 선택지를 소거해 나가면 된다.

● **다음 글의 내용에 부합하지 않는 것은?** 2014 지방직 9급

책은 인간이 가진 그 독특한 네 가지 능력의 유지, 심화, 계발에 도움을 주는 유효한 매체이다. 하지만, ❷ 문자를 고안하고 책을 만들고 책을 읽는 일은 결코 '자연스러운' 행위가 아니다. 인간의 뇌는 애초부터 책을 읽으라고 설계된 것이 아니기 때문이다. 문자가 등장한 역사는 6천 년, 지금과 같은 형태의 책이 등장한 역사 또한 6백여 년에 불과하다. 책을 쓰고 읽는 기능은 생존에 필요한 다른 기능들을 수행하도록 설계된 뇌 건축물의 부수적 파생 효과 가운데 하나이다. 말하자면 그 능력은 덤으로 얻어진 것이다.

그런데 이 '덤'이 참으로 중요하다. ❸ 책이 없이도 인간은 기억하고 생각하고 상상하고 표현할 수 있기는 하나 책과 책 읽기는 인간이 이 능력을 키우고 발전시키는 데 중대한 차이를 낳기 때문이다. 또한 ❹ 책을 읽는 문화와 책을 읽지 않는 문화는 기억, 사유, 상상, 표현의 층위에서 상당한 질적 차이를 가진 사회적 주체들을 생산한다. 그렇기는 해도 모든 사람이 맹목적인 책 예찬자가 될 필요는 없다. 그러나 중요한 것은, 인간을 더욱 인간적이게 하는 소중한 능력들을 지키고 발전시키기 위해서 책은 결코 희생할 수 없는 매체라는 사실이다. 그 능력을 지속적으로 발전시키는 데 드는 비용은 적지 않다. 무엇보다 책 읽기는 결코 손쉬운 일이 아니기 때문이다. ❶ 책 읽기에는 상당량의 정신 에너지와 훈련이 요구되며, 독서의 즐거움을 경험하는 습관 또한 요구된다.

① 책 읽기는 별다른 훈련이나 노력 없이도 마음만 먹으면 가능한 일이다.
② 책을 쓰고 읽는 기능은 인간 뇌의 본래적 기능은 아니다.
③ 책과 책 읽기는 인간의 기억, 사유, 상상 등과 관련된 능력을 키우는 데 상당히 중요한 변수로 작용한다.
④ 독서 문화는 특정 층위에서 사회적 주체들의 질적 차이를 유발한다.

단권화 MEMO

|정답해설|
① 마지막 문장 "책 읽기에는 ~ 습관 또한 요구된다."를 통해 책 읽기에는 상당한 정신 에너지와 훈련이 요구됨을 알 수 있다. 따라서 책 읽기는 별다른 훈련이나 노력 없이도 가능하다는 ①의 진술은 적절하지 않다.

|오답해설|
제시된 글에서 밑줄 친 ❷~❹를 통해 파악할 수 있다.

|정답| ①

단권화 MEMO

2 장문 독해방법

장문 독해방법은 앞에서 언급한 단문 독해방법과 접근법이 다르지 않다. 장문 독해 또한 설령 글을 잘 읽지 못했다 하더라도 선택지의 근거가 되는 단어 또는 단어의 또 다른 표현을 지문에서 찾고 선택지를 소거해 나가면 된다. 다만, 단문 독해보다 지문이 길어 세부 정보를 확인할 때 복잡하게 느낄 수 있다.

따라서 장문 독해의 경우에는 발문과 선택지를 먼저 보고 지문을 읽은 후 문제를 푸는 것이 요령이 될 수 있다. 선택지를 먼저 보고 그다음에 지문을 읽으며 선택지와 관련된 단어나 문장이 나오면 밑줄을 그어 가며 읽는 것이 좋다. 이때 지문을 놓치는 것 없이 읽고, 선택지에 제시된 단어나 문장을 놓치지 않고 밑줄을 그었다면, 문제를 풀 때 속도를 높일 수 있을 것이다. 만약 지문을 100% 파악하며 읽지 못했더라도 지문에 표시한 밑줄이 선택지의 맥락을 비교해 보며 정답을 구성하는 데 중요한 구심점 역할을 할 것이다.

장문에서 근거를 찾는 문제는 무엇보다 많은 문제를 풀어 보는 연습이 중요하다. 특히 잘 안 읽히는 글을 놓고 선택지의 근거를 찾는 연습을 많이 하면 할수록 실력이 향상된다. 오히려 잘 읽히는 글을 읽고 근거를 확인하는 연습은 실력이 향상되는 데 큰 도움이 되지 않을 수도 있다.

STEP 4 대표 기출발문

- 다음 글에서 다루고 있는 내용이 아닌 것은?
- 다음 글의 내용에 부합되지 않는 것은?
- 다음 글의 내용과 일치하지 않는 것은?
- 필사의 견해로 볼 수 없는 것은?
- 다음 글의 내용과 무관한 것은?
- 다음 글을 통해 알 수 있는 내용으로 적절하지 않은 것은?
- 다음 글의 내용과 관련이 가장 적은 것은?
- 다음 글의 내용과 사실이 다른 것은?
- 다음 글에 대한 이해로 적절하지 않은 것은?
- 다음 글에서 말하는 '발전 기술'의 효과를 전망한 것으로 적절하지 않은 것은?
- 다음 글에서 추론할 수 있는 내용으로 적절하지 않은 것은?

※ 추론형 문제는 '주제 찾기' 유형일 수도 있고 '일치/불일치' 유형일 수도 있다.

STEP 5 기출문제 살펴보기

단권화 MEMO

● 필자의 견해로 볼 수 없는 것은? 2017 국가직 9급

우리는 우리가 생각한 것을 말로 나타낸다. 또 다른 사람의 말을 듣고, 그 사람이 무슨 생각을 가지고 있는가를 짐작한다. 그러므로 생각과 말은 서로 떨어질 수 없는 깊은 관계를 가지고 있다.

그러면 말과 생각이 얼마만큼 깊은 관계를 가지고 있을까? 이 문제를 놓고 사람들은 오랫동안 여러 가지 생각을 하였다. 그 가운데 가장 두드러진 것이 두 가지 있다. 그 하나는 말과 생각이 서로 꼭 달라붙은 쌍둥이인데 한 놈은 생각이 되어 속에 감추어져 있고 다른 한 놈은 말이 되어 사람 귀에 들리는 것이라는 생각이다. 다른 하나는 생각이 큰 그릇이고 말은 생각 속에 들어가는 작은 그릇이어서 생각에는 말 이외에도 다른 것이 더 있다는 생각이다.

이 두 가지 생각 가운데서 앞의 것은 조금만 깊이 생각해 보면 틀렸다는 것을 즉시 깨달을 수 있다. 우리가 생각한 것은 거의 대부분 말로 나타낼 수 있지만, 누구든지 가슴속에 응어리진 어떤 생각이 분명히 있기는 한데 그것을 어떻게 말로 표현해야 할지 애태운 경험을 가지고 있을 것이다. 이것 한 가지만 보더라도 말과 생각이 서로 안팎을 이루는 쌍둥이가 아님은 쉽게 판명된다.

인간의 생각이라는 것은 매우 넓고 큰 것이며 말이란 결국 생각의 일부분을 주워 담는 작은 그릇에 지나지 않는다. 그러나 아무리 인간의 생각이 말보다 범위가 넓고 큰 것이라고 하여도 그것을 가능한 한 말로 바꾸어 놓지 않으면 그 생각의 위대함이나 오묘함이 다른 사람에게 전달되지 않기 때문에 생각이 형님이요, 말이 동생이라고 할지라도 생각은 동생의 신세를 지지 않을 수가 없게 되어 있다. 그러니 말을 통하지 않고는 생각을 전달할 수가 없는 것이다.

① 말은 생각보다 범위가 좁다.
② 말은 생각을 나타내는 매개체이다.
③ 말과 생각은 불가분의 관계에 놓여 있다.
④ 말을 통하지 않고도 얼마든지 생각을 전달할 수 있다.

|정답해설|
④ 마지막 문단을 보면, 말은 생각보다 범위가 좁지만 말을 통하지 않고는 생각을 전달할 수 없다는 것을 분명히 제시하고 있다.

|정답| ④

단권화 MEMO

| 정답해설 |

② 기업의 이익에는 장기 이익과 단기 이익이 있다. 이 둘은 상충하기도 하지만 단기적 손해를 감수한다고 해서 장기적 이익을 얻는 것은 아니다. 2문단에 '기업은 단기 이익의 극대화가 장기 이익의 극대화와 상충할 때에는 단기 이익을 과감히 포기하기도 한다.'라는 내용이 있다. 그러나 이를 '단기적 손해를 감수함으로써 장기적 이익을 얻는다'로 해석하는 것은 잘못이다.

| 유형해설 |

장문 독해 또한 단문 독해와 마찬가지로 비록 글을 100% 이해하지는 못했다 하더라도 선택지의 근거를 충분히 찾을 수 있다. 선택지의 단어를 지문에서 확인하고 맥락이 맞는지를 살펴보면 된다. 다만 지문의 길이가 길다 보니 다소 복잡하게 느껴질 뿐이다. 아무리 복잡해도 모든 근거는 지문 속에 있다. 자신감을 갖고 근거를 찾아 밑줄을 긋는 연습을 해 보자.

| 정답 | ②

STEP 6 수능형 문제 살펴보기

● 이 글의 내용과 일치하지 않는 것은? 2002 수능

자본주의 경제 체제는 이익을 추구하려는 인간의 욕구를 최대한 보장해 주고 있다. ❶ 기업 또한 이익 추구라는 목적에서 탄생하여, 생산의 주체로서 자본주의 체제의 핵심적 역할을 수행하고 있다. 곧, 이익은 기업가로 하여금 사업을 시작하게 하는 동기가 된다.

이익에는 단기적으로 실현되는 이익과 장기간에 걸쳐 지속적으로 실현되는 이익이 있다. 기업이 장기적으로 존속, 성장하기 위해서는 단기 이익보다 장기 이익을 추구하는 것이 더 중요하다. 실제로 기업은 ❷ 단기 이익의 극대화가 장기 이익의 극대화와 상충할 때에는 단기 이익을 과감히 포기하기도 한다. 하루 세 번 칫솔질할 것을 권장하는 치과 의사의 경우를 생각해 보자. 모두가 이처럼 이를 닦으면 사람들의 치아 상태가 좋아져서 치과 의사의 단기 이익은 줄어들 것이다. 하지만 많은 사람들이 치아를 오랫동안 보존하게 되므로 치과 의사로서는 장기적인 고객을 확보하는 셈이 된다. 반대로 칫솔질을 자주 하지 않으면 단기 이익은 증가하겠지만, 의치를 하는 사람들이 많아지면서 장기 이익은 오히려 감소하게 된다.

자본주의 초기에는 기업이 단기 이익과 장기 이익을 구별하여 추구할 필요가 없었다. 소자본끼리의 자유 경쟁 상태에서는 단기든 장기든 이익을 포기하는 순간에 경쟁에서 탈락하기 때문이다. 그에 따라 기업은 치열한 경쟁에서 살아남기 위해 주어진 자원을 최대한 효율적으로 활용하여 가장 저렴한 가격으로 상품을 공급하게 되었다. ❸ 이는 기업의 이익 추구가 결과적으로 사회 전체의 이익도 증진시켰다는 의미이다. 이 단계에서는 기업의 소유자가 곧 경영자였기 때문에, 기업의 목적은 자본가의 이익을 추구하는 것으로 집중되었다.

그러나 기업의 규모가 점차 커지고 경영 활동이 복잡해지면서 전문적인 경영 능력을 갖춘 경영자가 필요하게 되었다. 이에 따라 소유와 경영이 분리되어 경영의 효율성이 높아졌지만, 동시에 기업이 단기 이익과 장기 이익 사이에서 갈등을 겪게 되는 일도 발생하였다. ❹ 주주의 대리인으로 경영을 위임받은 전문 경영인은 기업의 장기적 전망보다 단기 이익에 치중하여 경영 능력을 과시하려는 경향이 있기 때문이다. 주주는 경영자의 이러한 비효율적 경영 활동을 감시함으로써 자신의 이익은 물론 기업의 장기 이익을 극대화하고자 하였다.

오늘날의 기업은 경제적 이익뿐 아니라 사회적 이익도 포함된 다원적인 목적을 추구하는 것이 일반적이다. ❺ 현대 사회가 어떠한 집단도 독점적 권력을 행사할 수 없는 다원(多元) 사회로 변화하였기 때문이다. 이는 많은 이해 집단이 기업에게 상당한 압력을 행사하기 시작했다는 것을 의미한다. 기업 활동과 직·간접적 이해 관계에 있는 집단으로는 노동 조합, 소비자 단체, 환경 단체, 지역 사회, 정부 등을 들 수 있다. 기업이 이러한 다원 사회의 구성원이 되어 장기적으로 생존하기 위해서는, 주주의 이익을 극대화하는 것은 물론 다양한 이해 집단들의 요구도 모두 만족시켜야 한다. 그래야만 기업의 장기 이익이 보장되기 때문이다.

① 기업은 자본주의 체제의 생산 주체이다.

② 기업은 단기적 손해를 감수하면 장기적 이익을 보장받는다.

③ 자본주의 초기에도 기업은 사회 전체의 이익을 증진시켰다.

④ 전문 경영인에 대한 적절한 감시가 없으면 기업의 장기 이익이 감소할 수도 있다.

⑤ 현대 사회에서 기업은 직·간접적으로 관계되는 이해 집단을 모두 만족시켜야 한다.

STEP 7 NCS 문제 살펴보기

● 다음 글의 내용과 일치하지 않는 것을 고르면? 2021 10월 시행 한국전력공사 기출 변형

거리 예술은 예술이 주로 공연장, 전시관 등 정형화된 장소에서 소수의 특권층에게만 전유되던 시기에 예술을 즐길 기회를 갖지 못하는 대중에게 예술을 제공한다는 명분으로 시작되었다. 거리는 쉽게 대중을 만날 수 있는 장소이지만 예술 행위를 하기에는 너무 소란스럽고 산만하다. 예술을 추구하자니 거리와 대중을 떠나야 할 것 같고, 거리의 대중을 좇자니 예술을 포기해야 할 것처럼 보인다. 하지만 거리 예술은 예술이 향유되는 장소가 다수의 사람을 만날 수 있는 거리라는 점에서 큰 의의를 갖는다.

거리 공연의 풍경은 우리에게 친숙하다. 보통은 도심의 광장 같은 데서 노래하거나 악기를 연주하는 버스킹을 떠올리기 쉽다. 그러나 실제로는 음악 이외에도 춤, 마임, 코미디, 마술 등 그 종류가 매우 다양하다. 공연자가 목재를 들고 사다리를 타면서 집 짓는 흉내를 내는 건축적 마임 등은 거리 공연의 재미있는 예다. 일상 공간을 무대로 삼는 거리 예술은 삶과 밀접한 소재를 다루며 사회적 메시지를 담아내기도 한다. 우리나라 거리극의 시초라 할 수 있는 마당극이 시대정신을 담은 것처럼 현대 거리 예술도 대중에게 삶과 사회에 대한 질문을 던진다.

야외에서 진행되는 작품일지라도 무대 세트를 그대로 옮겨와 극장과 같은 환경을 갖추어 진행하는 작품들은 거리 예술의 범주에 포함되지 않는다. 거리 예술에서 공간을 읽어내고 이에 작품을 반영하는 것이 무엇보다도 중요한 지점임을 알 수 있다. 이와 더불어 거리 예술은 극장처럼 객석이 완비된 환경과는 달리 밀집된 공간에서 군중을 상대하는 만큼, 예술가와 관객의 상호작용을 전제하므로 관객의 참여를 이끌어 내는 것이 매우 중요하다.

유럽의 경우 공간적, 문화적인 면에서 거리 예술이 발달하기 좋은 환경을 갖추고 있다. 거리 예술의 무대가 되는 유럽의 광장, 공원, 도로, 지하철역 등은 번잡하지 않고 그 터가 넓어 거리 예술을 하는 데 최적의 환경을 가지고 있다. 특히 영국과 프랑스를 비롯한 많은 유럽 국가의 지하철역은 역사가 오래되어 낡고 좁다는 단점을 지니고 있지만 사이사이 구역을 지정하여 지하철역에서 공연을 하도록 배려하여 삭막한 환경을 개선하는 효과를 누리고 있다.

오늘날 우리나라의 지하철역도 문화 예술의 공간으로 다양한 탈바꿈을 시도하고 있다. 정거장을 하나의 상설 무대로 인식하고 승객을 관람객으로 연결하려는 노력이 이어지고 있다. 사람들이 일상생활 속에서 자주 오가는 도심의 거리, 그리고 지하철역 등의 공공시설에서 거리 예술이 보편적으로 행해진다면 사람들에게 예술은 굳이 공연장이나 전시관을 찾지 않아도 쉽게 접할 수 있는 분야로 자리 잡을 수 있을 것이다.

① 거리에서 행해지더라도 거리 예술로 분류되지 않을 수 있다.
② 마당극은 관객에게 시대정신을 담은 사회적 메시지를 전달하기도 했다.
③ 거리 예술가들은 관객과 상호작용하며 참여를 유도해야 한다.
④ 유럽에서는 지하철역을 제외하고 거리 어느 곳에서나 거리 공연을 할 수 있다.
⑤ 거리 예술은 소수의 특권층이 예술을 전유하던 시기에 등장하였다.

단권화 MEMO

|정답해설|
④ 4문단에서 많은 유럽 국가의 지하철역은 역사가 오래되어 낡고 좁지만 사이사이 구역을 지정하여 지하철역에서 공연을 하도록 배려하여 삭막한 환경을 개선하고 있다고 하였으므로 ④의 설명은 적절하지 않다.

|오답해설|
① 3문단에서 야외에서 진행되는 작품일지라도 무대 세트를 그대로 옮겨 와 극장과 같은 환경을 갖추어 진행하는 작품들은 거리 예술의 범주에 포함되지 않는다고 하였으므로 적절하다.
② 2문단에서 거리 예술은 삶과 밀접한 소재를 다루며 사회적 메시지를 담아내기도 하는데, 우리나라 거리극의 시초라 할 수 있는 마당극이 시대정신을 담은 것처럼 현대 거리 예술도 대중에게 삶과 사회에 대한 질문을 던진다고 하였으므로 적절하다.
③ 3문단에서 거리 예술은 예술가와 관객의 상호작용을 전제하므로 관객의 참여를 이끌어 내는 것이 매우 중요하다고 하였으므로 적절하다.
⑤ 1문단에서 거리 예술은 예술이 주로 공연장, 전시관 등 정형화된 장소에서 소수의 특권층에게만 전유되던 시기에 예술을 즐길 기회를 갖지 못하는 대중에게 예술을 제공한다는 명분으로 시작되었다고 하였으므로 적절하다.

|정답| ④

CHAPTER

03 밑줄/괄호 유형

□ 1회독 월 일
□ 2회독 월 일
□ 3회독 월 일
□ 4회독 월 일
□ 5회독 월 일

교수님 코멘트▶ 밑줄/괄호 유형은 실제 시험에서 단순 어휘부터 문단을 다루는 문제까지 매우 다양한 유형으로 제시된다. 하지만 이 유형의 공통점을 생각해 보면 모두 전체 맥락과 괄호, 밑줄 근처의 맥락을 함께 고려해야 문제를 정확하게 풀 수 있다는 점을 알 수 있다. 따라서 글의 전체 맥락과 세부 맥락을 고려하는 연습이 필요하다.

STEP 1 출제기조 전환 예시문제 보기

● **다음 글의 ㉠~㉢에 들어갈 말을 적절하게 나열한 것은?** 2025 출제기조 전환 예시문제

소설과 현실의 관계를 온당하게 살피기 위해서는 세계의 현실성, 문제의 현실성, 해결의 현실성을 구별해야 한다. 우리가 살고 있는 이 입체적인 시공간에서 특히 의미 있는 한 부분을 도려내어 서사의 무대로 삼을 경우 세계의 현실성이 확보된다. 그 세계 안의 인간이 자신을 둘러싼 세계와 고투하면서 당대의 공론장에서 기꺼이 논의해 볼 만한 의제를 산출해 낼 때 문제의 현실성이 확보된다. 한 사회가 완강하게 구조화하고 있는 '가능한 것'과 '불가능한 것'의 좌표를 흔들면서 특정한 선택지를 제출할 때 해결의 현실성이 확보된다.

최인훈의 「광장」은 밀실과 광장 사이에서 고뇌하는 주인공의 모습을 통해 '남(南)이냐 북(北)이냐'라는 민감한 주제를 격화된 이념 대립의 공론장에 던짐으로써 (㉠)을 확보하였다. 작품의 시공간으로 당시 남한과 북한을 소설적 세계로 선택함으로써 동서 냉전 시대의 보편성과 한반도 분단 체제의 특수성을 동시에 포괄할 수 있는 (㉡)도 확보하였다. 「광장」에서 주인공이 남과 북 모두를 거부하고 자살을 선택하는 결말은 남북으로 상징되는 당대의 이원화된 이데올로기를 근저에서 흔들었다. 이로써 (㉢)을 확보할 수 있었다.

	㉠	㉡	㉢
①	문제의 현실성	세계의 현실성	해결의 현실성
②	문제의 현실성	해결의 현실성	세계의 현실성
③	세계의 현실성	문제의 현실성	해결의 현실성
④	세계의 현실성	해결의 현실성	문제의 현실성

단권화 MEMO

|정답해설|

㉠ 문제의 현실성은 당대의 공론장에서 기꺼이 논의해 볼 만한 의제를 산출해 낼 때 확보된다고 설명하고 있다. 따라서 남이냐 북이냐라는 민감한 주제를 격화된 이념 대립의 공론장에 던진다고 언급하고 있으므로 ㉠에 들어갈 말은 '문제의 현실성'이 된다.

㉡ 세계의 현실성은 우리가 살고 있는 입체적인 시공간에서 특히 의미 있는 한 부분을 도려내어 서사의 무대로 삼을 경우 확보된다고 설명하고 있다. 따라서 작품의 시공간으로 당시 남한과 북한을 선택하고 동서 냉전 시대의 보편성과 한반도 분단 체제의 특수성을 포괄한다고 언급하고 있으므로 ㉡에 들어갈 말은 '세계의 현실성'이 된다.

㉢ 해결의 현실성은 한 사회가 완강하게 구조화하고 있는 가능한 것과 불가능한 것의 좌표를 흔들면서 특정한 선택지를 제출할 때 확보된다고 설명하고 있다. 따라서 주인공이 남과 북 모두를 거부하고 자살을 선택하여 이원화된 이데올로기를 근저에서 흔들었다고 언급하고 있으므로 ㉢에 들어갈 말은 '해결의 현실성'이 된다.

|정답| ①

STEP 2 유형 분석하기

독해 비문학의 세 번째 유형은 '밑줄/괄호'이다. 이 유형 역시 기존 시험에서도 많이 볼 수 있었던 유형으로, 2025년부터 전환될 시험에서도 난이도나 형식 모두 기존의 시험과 크게 다르지 않다.

이 유형은 보통 길지 않은 글을 제시하고 글 안에 있는 밑줄이나 괄호를 활용하여 문제를 구성하는 유형이다. 일반적으로 '괄호' 유형은 글 속에 괄호를 비워 두고 괄호에 들어갈 단어나 문장 등을 묻거나, 지문 뒤에 이어질 내용이나 지문 앞에 올 내용을 묻는 경우가 많다. '밑줄' 유형은 밑줄 친 단어나 문장의 의미를 묻거나, 〈보기〉를 통해 문장을 주고 글 속에 문장이 들어갈 위치를 묻는 경우가 많다. 독해 유형 중 특별히 어려운 유형은 아니지만, 일부 괄호 안에 들어갈 단어나 문장에서 밑줄 친 부분이 의미하는 내용이 생소할 경우라든지, 선택지에 제시된 단어들이 미세한 의미 차이를 가지고 있는 경우에는 수험생 입장에서 까다롭게 느낄 수 있는 유형이다. 이 유형 역시 독해를 기반으로 하므로 독해 연습이 무엇보다 중요하다.

STEP 3 독해방법 알아보기

공무원 국어 영역에서 '밑줄/괄호' 유형은 독해력 평가 유형이다. 따라서 무엇보다 글을 잘 읽는 것이 선행되어야 한다. 글을 잘 읽기 위한 방법은 앞에서 언급한 '주제 찾기' 유형의 접근법과 다르지 않다. 먼저 선택지를 잘 살펴보고 빈칸에 들어갈 단어 또는 밑줄의 의미가 될 선택지들을 점검한 후 글 전체 맥락을 읽어 나가되, 앞에서와 마찬가지로 잘 읽히지 않는 부분을 만났을 때는 연연하지 않고 건너뛰며 읽는다. 그리고 빈칸의 바로 앞과 뒤의 맥락(특히 바로 앞의 문장과 바로 뒤의 문장)을 특별히 잘 살펴보며 '그러나', '한편', '그리고'와 같은 접속어를 파악하여 먼저 확인했던 선택지들 중 빈칸에 들어가거나 밑줄의 의미로 쓰이기에 적절한 문장이나 단어를 선택하면 된다. 이 유형을 잘 풀기 위해서는 어떤 특별한 기술보다도 앞의 유형들처럼 맥락을 잃지 않고 읽어 나가는 연습이 중요하다.

● **괄호 안에 들어갈 문장으로 가장 적절한 것은?** 2013 국가직 9급

> 힐링(Healing)은 사회적 압박과 스트레스 등으로 손상된 몸과 마음을 치유하는 방법을 포괄적으로 일컫는 말이다. 우리보다 먼저 힐링이 정착된 서구에서는 질병 치유의 대체 요법 또는 영적·심리적 치료 요법 등을 지칭하고 있다.
> 국내에서도 최근 힐링과 관련된 갖가지 상품이 유행하고 있다. 간단한 인터넷 검색을 통해 수천 가지의 상품을 확인할 수 있을 정도다. 종교적 명상, 자연 요법, 운동 요법 등 다양한 형태의 힐링 상품이 존재한다. 심지어 고가의 힐링 여행이나 힐링 주택 등의 상품들도 나오고 있다. 그러나 (　　　　　　　　　　　　　　　　　　　　) 우선 명상이나 기도 등을 통해 내면에 눈뜨고, 필라테스나 요가를 통해 육체적 건강을 회복하여 자신감을 얻는 것부터 출발할 수 있다.

① 힐링이 먼저 정착된 서구의 힐링 상품들을 참고해야 할 것이다.
② 많은 돈을 들이지 않고서도 쉽게 할 수 있는 일부터 찾는 것이 좋을 것이다.
③ 이러한 상품들의 값이 터무니없이 비싸다고 느껴지지는 않을 것이다.
④ 자신을 진정으로 사랑하는 법을 알아야 할 것이다.

단권화 MEMO

|정답해설|

② '고가의 힐링 여행이나 힐링 주택 등의 상품들도 나오고 있다.'를 '그러나'로 연결하고 있으므로 '많은 돈을 들이지 않는 힐링'에 관한 내용이 나와야 한다. 따라서 '많은 돈을 들이지 않고서도 쉽게 할 수 있는 일부터 찾는 것이 좋을 것이다.'가 적절한 내용이다. 괄호 뒤 맥락을 보더라도 '명상', '기도' 등 모두 '많은 돈을 들이지 않는 힐링'과 관련된 예를 들고 있음을 알 수 있다.

|정답| ②

단권화 MEMO

STEP 4 대표 기출발문

• 빈칸에 들어갈 단어로 적절한 것은?
• 괄호 안에 공통적으로 들어갈 단어로 가장 적합한 것은?
• ㉠~㉡에 들어갈 적절한 단어를 순서대로 옳게 나열한 것은?
• 밑줄 친 부분에 들어갈 말로 가장 적절한 것은?
• 괄호 안에 들어갈 문장으로 가장 적절한 것은?
• ㉠~㉣ 중 다음 〈보기〉가 들어갈 자리로 가장 적절한 것은?
• 다음 중 (A)가 들어갈 위치로 가장 적절한 것은?
• (　　　) 안에 들어갈 표현으로 가장 적절한 것은?
• ㉠~㉣ 중 밑줄 친 문장에서 강조하는 내용과 의미가 가장 가까운 것은?
• 밑줄 친 부분에 대한 풀이로 가장 적절한 것은?
• ㉠~㉣에서 온돌과 관련된 의미 중 나머지 셋과 거리가 가장 먼 것은?
• ㉠과 ㉡에 가장 알맞은 접속어는?
• 〈보기〉에 이어질 내용으로 가장 적절한 것은?
• 다음의 내용을 서론으로 하여 글을 쓸 때, 본론에 들어갈 내용으로 가장 적절하지 않은 것은?

STEP 5 기출문제 살펴보기

● **다음 글의 괄호 안에 들어갈 말로 가장 적절한 것은?** 2014 지방직 9급

우리는 대체로 머리끝에서 발끝까지를 서양식(西洋式)으로 꾸미고 있다. "목은 잘라도 머리털은 못 자른다."라고 하던 구한말(舊韓末)의 비분강개(悲憤慷慨)를 잊은 지 오래다. 외양(外樣)뿐 아니라, 우리가 신봉(信奉)하는 종교(宗敎), 우리가 따르는 사상(思想), 우리가 즐기는 예술(藝術), 이 모든 것이 대체로 서양적(西洋的)인 것이다.

우리가 연구하는 학문(學問) 또한 예외가 아니다. 피와 뼈와 살을 조상(祖上)에게서 물려받았을 뿐, 문화(文化)라고 일컬을 수 있는 거의 모든 것이 서양(西洋)에서 받아들인 것들인 듯싶다. 이러한 현실(現實)을 앞에 놓고서 민족 문화(民族文化)의 전통(傳統)을 찾고 이를 계승(繼承)하고자 한다면, 이것은 편협(偏狹)한 배타주의(排他主義)나 국수주의(國粹主義)로 오인(誤認)되기에 알맞은 이야기가 될 것 같다.

그러면 민족 문화의 전통을 말하는 것이 반드시 보수적(保守的)이라는 멍에를 메어야만 하는 것일까? 이 문제(問題)에 대한 올바른 해답(解答)을 얻기 위해서는, 전통이란 어떤 것이며, 또 (　　　　　　　　)를 살펴보아야 할 것이다.

① 전통은 서구 문화와 어떤 관계를 맺고 있는가
② 전통은 어떻게 계승되어 왔는가
③ 전통은 앞으로 어떤 변화를 겪을 것인가
④ 전통은 서구 문화와 어떤 차이가 있는가

|정답해설|
② '~ 전통을 찾고 이를 계승하고자 한다면,'을 통해 '전통이란 어떤 것인가'에 이어 괄호 안에 '전통은 어떻게 계승되어 왔는가'가 들어가야 함을 알 수 있다.

|정답| ②

STEP 6 수능형 문제 살펴보기

● 문맥상 ㉠에 들어갈 말로 적당한 것은? 2006 9월 고3 모의고사

날마다 언론에서는 주식 시장이나 부동산 시장의 움직임을 설명하면서 투자 심리에 대해 이야기하지만, 정작 경제학에서는 '심리'에 대해 그다지 가르쳐 주지 않는다. 이 때문에 2002년에 카네만이라는 심리학자에게 노벨 경제학상이 수여되었을 때 많은 이들이 의아해했던 것이 사실이다. 경제학과 심리학이 무슨 상관이란 말인가?

물론, 1930년대 세계 대공황의 시기에 등장하여 자유방임의 철학에 수정을 가했던 케인스의 경제학이 인간의 심리적 측면에 대한 성찰에 근거하고 있음은 잘 알려진 사실이다. 그러나 케인스는 인간의 심리 그 자체를 과학적으로 파고들었다기보다, 우리의 의사 결정은 늘 미래가 불확실한 상황에서 이루어진다는 점과 우리가 직면하는 불확실성은 확률적으로도 파악하기 힘든 것이 대부분이라는 점을 강조하였다. 앞으로 어떻게 될지 모르는 상황에서도 무엇인가를 선택할 수밖에 없는 것이 인간의 운명이기에 인간의 행동은 경제학에서 가정하는 합리성을 갖추기보다는 때로는 직관에 의존하기도 하고 때로는 충동에 좌우되기도 한다는 것이다. [㉠] 그의 생각은 경제학도들 사이에서 인간 심리의 중요성을 강조하는 경구로 회자되었을지언정 합리성을 전제로 한 경제학의 접근 방법을 바꾸어 놓는 데까지 나아가지는 못했다.

그런데 카네만과 같은 확률 인지 심리학자들의 연구는 경제학의 방법론을 바꾸는 계기를 마련하였다. 그들은 사람들이 확률에 대해 판단할 때에 '주관적 추론'에 의존하는 경향이 매우 크다는 사실을 알아냈다. 예를 들어, A가 B에 속할 확률을 판단할 때 실제 확률에 영향을 미치는 정보보다 A가 B를 얼마나 닮았는지에 더 영향을 받는다거나, A의 구체적인 예를 떠올리기 쉬울수록 A가 발생할 확률이 더 크다고 판단한다거나, 또한 새로운 정보가 추가됨에 따라 자신의 평가를 조정하지만 최종적인 추정 결과는 처음의 평가 쪽으로 기울기 쉬운 경향이 있다는 것 등이다. 이러한 주관적 추론은 편리한 인지 방법이지만, 체계적인 편향이나 심각한 오류를 낳기 쉽다.

이러한 성과에 기초하여 이들은 합리적인 인간 행동에 대한 기존의 인식을 비판하는 연구로 나아갔다. 그 가운데 하나가 이득에 관한 의사 결정과 손실에 관한 의사 결정 사이의 비일관성에 대한 연구이다. 이들은 매우 다양한 실험을 통해, 이득이 생기는 경우에는 사람들이 '위험(risk)'을 기피하지만, 손실을 보는 경우에는 위험을 선호하는 비일관성이 나타난다는 사실을 발견하였다. 이러한 행동은 이해할 만한 것이기는 해도 불확실한 상황에서의 합리적인 행동에 대한 가장 핵심적인 가정, 즉 위험에 대한 태도의 일관성과는 모순된다. 카네만 등은 이러한 실험 결과가 사람들이 위험을 싫어하는 것이 아니라 손실을 싫어하는 것임을 보여 준다고 해석하였다. 손실은 언제나 이득보다 더 크게 보인다는 것이다.

이러한 연구는 합리성에 대한 일정한 가정에 기초하여 사회 현상을 다루어 온 경제학으로 하여금 인간의 행동에 대한 가정보다는 그에 대한 관찰에서 출발할 것을 요구하는 것이라 하겠다. 과연 심리학이 경제학을 얼마나, 그리고 어떻게 바꾸어 놓을지 그 귀추가 기대된다.

① 투자 관리는 예술도 과학도 아니고 공학이라는
② 직관은 많은 것을 하지만, 모든 것을 하지는 않는다는
③ 시장에만 맡겨 둔다면 비참한 결과를 낳을 수 있을 것이라는
④ 기업 투자는 이자율보다 기업가의 동물적 본능에 더 크게 영향을 받는다는
⑤ 과학의 장점은 우리 인간을 미혹으로 이끄는 감정을 배제한다는 것이라는

단권화 MEMO

|정답해설| ④ ㉠의 앞부분에서 케인스는 인간의 행동은 합리성을 갖추기보다는 직관에 의존하기도 하고 충동에 좌우되기도 한다는 점을 제시하였다. 그러므로 ㉠에는 인간이 직관에 의해서 행동한다는 내용이 들어가는 것이 적절하다. 따라서 ④ '기업 투자는 이자율보다 기업가의 동물적 본능에 더 크게 영향을 받는다는'이 들어가는 것이 적절하다.

|유형해설| 장문 독해 또한 단문 독해와 마찬가지로 글을 전반적으로 이해하면서 읽어 나가되, 괄호 앞 문장과 뒤 문장은 특별히 주의하여 읽어야 한다. ㉠의 앞 문장에서 제시하고 있는 '직관', '충동' 등의 단어를 통해 정답을 쉽게 찾아낼 수 있다.

|정답| ④

단권화 MEMO

|정답해설|
③ 기존 규정에서 바뀐 사항을 설명하고 있으므로 반대되는 내용인 빈칸 앞의 문장과 뒤의 문장을 이어 주는 '하지만'이 들어가는 것이 가장 적절하다.

|오답해설|
① '또한'은 '어떤 것을 전제로 하고 그것과 같게'라는 의미로, 첨가 보충 관계를 나타낼 때 쓰는 접속어이다.
② '그리고'는 앞의 내용이 뒤의 내용과 같거나 유사한 내용으로 접속되는 순접 관계를 나타낼 때 쓰는 접속어이다.
④ '예를 들면'은 예시 관계를 나타낼 때 쓰는 접속어이다.

|정답| ③

STEP 7 NCS 문제 살펴보기

● 다음 글의 빈칸에 들어갈 접속어로 가장 적절한 것을 고르면?

2020년 하반기 시행 국민건강보험공단 기출 복원

앞으로 민간에서 임용된 지방 자치 단체의 개방형 직위 임기제 공무원이 우수한 성과를 내면, 별도의 선발 시험 없이 임기를 연장할 수 있게 된다. 행정안전부는 이런 내용을 담은 '지방 자치 단체의 개방형 직위 및 공모 직위의 운영 등에 관한 규정' 개정안이 1일 국무 회의를 통과했다고 밝혔다.

기존에는 지자체 개방형 직위 공무원이 임용 후 5년이 지나면 업무 성과가 아무리 좋아도 임기 연장을 위해서는 다시 선발 시험에 응시해야 했다. (   ) 개정안은 개방형 직위에 임용된 민간 출신 임기제 공무원이 뛰어난 성과를 낸 경우 별도 선발 절차 없이 일정 기간 단위로 임기를 연장할 수 있도록 근거를 마련했다.

개정안은 또한 개방형 선발시험위원회에서 적격자가 1명뿐이라고 판단하면, 그대로 1명을 후보자로 추천할 수 있도록 했다. 기존에는 위원회에서 임용 후보자를 반드시 2명 이상 선발해 인사위원회에 추천해야 했다.

개정안은 이밖에 지자체별로 규정을 마련해 운영하던 선발시험위원회 제척·기피·회피 기준과 절차, 개의·의결 정족수 등을 명확하게 규정했다.

행안부 지방 자치 분권실장은 "지자체의 개방형 직위 민간인 채용 확대 추세와 개방형 임기제 공무원의 성과 창출을 고려했다"며, "개방형 공무원 임기 연장으로 우수한 민간 인재의 공직 유치와 근무 의욕 제고를 기대한다"고 말했다.

① 또한　② 그리고　③ 하지만　④ 예를 들면

CHAPTER

04 전개 순서(배열) 유형

☐ 1회독 월 일
☐ 2회독 월 일
☐ 3회독 월 일
☐ 4회독 월 일
☐ 5회독 월 일

교수님 코멘트 ▶ 전개 순서(배열) 유형은 기존 시험에서도 출제 빈도가 높았던 유형이다. 2025년부터 전환되는 시험에서도 역시 출제 비중이 매우 높을 것으로 예상된다.

STEP 1 출제기조 전환 예시문제 보기

● (가)~(라)를 맥락에 맞추어 가장 적절하게 나열한 것은? 2025 출제기조 전환 예시문제

(가) 다음으로 시청자의 마음을 사로잡을 수 있는 참신한 인물을 창조해야 한다. 특히 주인공은 장애를 만나 새로운 목표를 만들고, 그것을 이루는 과정에서 최종적으로 영웅이 된다. 시청자는 주인공이 목표를 이루는 데 적합한 인물로 변화를 거듭할 때 그에게 매료된다.
(나) 스토리텔링 전략에서 제일 먼저 해야 할 일이 로그라인을 만드는 것이다. 로그라인은 '장애, 목표, 변화, 영웅'이라는 네 가지 요소를 담아야 하며, 3분 이내로 압축적이어야 한다. 이를 통해 스토리의 목적과 방향이 마련된다.
(다) 이같은 인물 창조의 과정에서 스토리의 주제가 만들어진다. '사랑과 소속감, 안전과 안정, 자유와 자발성, 권력과 책임, 즐거움과 재미, 인식과 이해'는 수천 년 동안 성별, 나이, 문화를 초월하여 두루 통용된 주제이다.
(라) 시청자가 드라마나 영화에 대해 시청 여부를 결정하는 데 걸리는 시간은 8초에 불과하다. 제작자는 이 짧은 시간 안에 시청자를 사로잡을 수 있는 스토리텔링 전략이 필요하다.

① (나) – (가) – (라) – (다)
② (나) – (다) – (가) – (라)
③ (라) – (나) – (가) – (다)
④ (라) – (나) – (다) – (가)

단권화 MEMO

| 정답해설 |
③ (라)에서 드라마 제작자가 시청자를 사로잡기 위해서는 스토리텔링 전략이 필요하다고 언급하고 있다. (나)에서는 스토리텔링 전략에서 해야 할 일을 언급하고 있으므로 순서상 (라)가 (나)보다 앞선 내용임을 알 수 있다. (가)에서는 '다음으로'라는 순서를 알려 주는 표현을 쓰며 스토리텔링 전략의 다음 순서를 설명하고 있다. 따라서 (나) 뒤에 (가)가 와야 함을 알 수 있다. 그리고 (가)에서 인물 창조를 해야 한다고 설명하고 있고 (나)에서는 '이같은'을 통해 인물 창조라는 표현을 받고 있으므로 (가) 뒤에 (다)가 와야 함을 알 수 있다. 따라서 최종 순서는 '(라)–(나)–(가)–(다)'이다.

| 정답 | ③

STEP 2 유형 분석하기

'전개 순서(배열)'는 일반적인 독해 비문학 유형으로 보기는 어렵지만 공무원 시험문제에서 쉽게 볼 수 있는 유형으로, 2025년 전환될 시험에서도 확인할 수 있는 유형이다.
주로 4~5개의 문장을 제시하고 그 순서를 바로잡게 하는 것이 일반적이다. 보통은 난도가 높지 않게 출제되는 경우가 많지만 일부 어렵게 출제되는 경우에는 수험생들이 시간적으로 고민을 많이 하게 하는 유형이다. 따라서 이 유형을 풀어 내는 원리를 학습하고 그와 관련된 문제를 최대한 많이 풀어 보며 이런 유형의 문제에 익숙해지는 것이 중요하다.

단권화 MEMO

STEP 3 독해방법 알아보기

1 문장의 상대적 위치 파악

'전개 순서(배열)' 유형을 잘 풀기 위한 첫 번째 방법은, 문장의 '상대적 위치'를 따져 보는 것이다. 즉, 글이 시작되는 첫 번째 문장을 찾는 것이다. 예를 들어, 아래와 같은 선택지가 있다고 가정해 보자.

① ㄱ－ㄷ－ㄴ－ㄹ	② ㄱ－ㄹ－ㄷ－ㄴ
③ ㄷ－ㄱ－ㄴ－ㄹ	④ ㄷ－ㄴ－ㄱ－ㄹ

첫 번째 문장이 될 수 있는 후보는 'ㄱ'이 아니면 'ㄷ'이다. 따라서 첫 번째 문장 후보가 정해졌으므로 다른 문장들은 순서에서 배제한다. 이렇게 첫 번째 문장의 후보를 추린 다음, 'ㄱ'과 'ㄷ'의 상대적 위치를 확인해야 한다. 상대적 위치는 'ㄱ'과 'ㄷ', 이 둘을 놓고 봤을 때 '조금이라도 앞에 올 수 있는 문장이 무엇인가?, 그 근거가 무엇인가?'의 대답을 통해 확인할 수 있다. 예를 들어, 'ㄱ' 문장이 '따라서 우리가 해야 할 일은 민족 문화를 보호하는 것이다.'라고 한다면 'ㄱ'은 첫 번째 문장이 될 수 없다. 그 이유는 '따라서' 때문이다. '따라서'라는 접속 부사의 사용은 'ㄱ' 문장 앞에 다른 문장이 필수적으로 있어야 함을 말해 준다. 하나의 예를 더 들어 보면 'ㄱ' 문장이 '도플러 효과란 파동을 발생시키는 파원과 그 파동을 관측하는 관측자 중 하나 이상이 운동하고 있을 때 발생하는 효과로……'이고, 'ㄴ' 문장이 '도플러 효과가 우리 실생활에 사용된 예를 들자면……'이라고 한다면 'ㄱ' 문장과 'ㄴ' 문장의 상대적 위치는 'ㄱ' 문장이 앞이 된다. 그 이유는 'ㄱ' 문장에서 '도플러 효과'를 정의하였기 때문에 'ㄴ' 문장에서 아무 부담 없이 '도플러 효과'라는 용어를 사용한 것이기 때문이다.

2 받는 표현인 문장 파악

'전개 순서(배열)' 유형을 잘 풀기 위한 두 번째 방법은, '받는 표현'을 잘 살펴보는 것이다. '받는 표현'이란 앞에 오는 문장의 내용을 뒤에 오는 문장이 받아서 표현해 주는 것을 말한다. 예를 들어, 아래 문장에서 밑줄 그은 부분이 '받는 표현'이다. 일반적으로 공무원 국어 '전개 순서(배열)' 문제는 받는 표현이 잘 드러나므로 받는 표현을 통해 앞 문장과 뒤 문장의 선후 관계를 파악할 수 있다.

① 철수는 어제 영희를 만나서 밥도 먹고 영화도 보고 산책도 하며 즐거운 시간을 보냈다.
② 데이트를 한 철수는 집에 돌아와 부모님을 도와 청소도 하고 음식도 만들고 부모님 안마도 해 드렸다.
③ 오랜만에 효도를 한 철수는 기분이 좋기도 했지만 그동안 부모님께 자신이 너무 무심했다는 생각이 들어 반성도 하였다.

● 다음 글의 전개 순서로 가장 자연스러운 것은? 2022 지방직 9급

(가) 과거에는 고통만을 안겨 주었던 지정학적 조건이 이제는 희망의 조건이 되고 있습니다. 이제 한반도는 사람과 물자가 모여드는 동북아 물류와 금융, 비즈니스의 중심지가 될 것입니다. 우리가 주도해서 평화와 번영의 동북아 시대를 열어 나가야 합니다.
(나) 100년 전 우리는 수난과 비극의 역사를 겪었습니다. 해양으로 나가려는 세력과 대륙으로 진출하려는 세력이 한반도를 가운데 놓고 싸움을 벌였습니다. 마침내 우리는 국권을 상실하는 아픔을 감수해야 했습니다.
(다) 지금은 무력이 아니라 경제력이 국력을 좌우하는 시대입니다. 우리나라는 전쟁의 폐허를 극복하고 세계적인 경제 강국을 건설하고 있습니다. 우수한 인력과 세계 선두권의 정보화 기반을 갖추고 있습니다. 바다와 하늘과 땅을 연결하는 물류 기반도 손색이 없습니다.
(라) 그 아픔은 분단으로 이어져서 오늘에 이르고 있습니다. 그 과정에서는 정의가 패배하고 기회주의가 득세하는 불행한 역사를 겪었습니다. 그러나 이제 우리에게도 새로운 희망의 시대가 열리고 있습니다. 세계의 변방으로 미물러 있던 동북아시아가 북미·유럽 시역과 함께 세계 경제의 3대 축으로 떠오르고 있습니다.

① (가) – (나) – (다) – (라)
② (가) – (라) – (나) – (다)
③ (나) – (가) – (라) – (다)
④ (나) – (라) – (다) – (가)

단권화 MEMO

| 정답해설 |
④ (가)는 고통을 주던 한반도의 지정학적 조건이 이제 희망의 조건이 되고 있다고 설명하며, 우리가 나아가야 할 길을 언급하고 있다. 반면, (나)는 수난과 비극의 역사를 겪었던 우리 민족을 언급하고 있으므로 맥락상 (나)가 먼저 와야 한다. (라)의 '그 아픔'은 (나)에 언급된 '아픔'과 이어지는 표현으로서, (라)는 불행한 역사를 겪었던 우리도 현재 세계 경제의 3대 축으로 떠오르고 있다는 언급을 하며 현재의 상황을 말하고 있다. 따라서 현재의 상황을 통해 나아가야 할 길을 제시하고 있는 (가)가 (라)보다 뒤에 와야 한다. (다) 역시 경제 강국을 건설하고 있는 우리의 상황을 언급하고 있으므로 (가)를 맨 뒤에 두고 '(나)–(라)–(다)–(가)'의 순서로 전개해야 한다.

| 정답 | ④

STEP 4 대표 기출발문

• 다음 글의 전개 순서로 가장 자연스러운 것은?
• 다음 글을 문맥에 맞게 배열한 것은?
• 다음 글의 내용에 이어지는 순서로 가장 자연스러운 것은?

단권화 MEMO

STEP 5 기출문제 살펴보기

● **내용의 전개에 따라 바르게 배열한 것은?** 2017 국가직 9급

(가) 사물은 저것 아닌 것이 없고, 또 이것 아닌 것이 없다. 이쪽에서 보면 모두가 저것, 저쪽에서 보면 모두가 이것이다.

(나) 그러므로 저것은 이것에서 생겨나고, 이것 또한 저것에서 비롯된다고 한다. 이것과 저것은 저 혜시(惠施)가 말하는 방생(方生)의 설이다.

(다) 그래서 성인(聖人)은 이런 상대적인 방법에 의하지 않고, 그것을 절대적인 자연의 조명(照明)에 비추어 본다. 그리고 커다란 긍정에 의존한다. 거기서는 이것이 저것이고 저것 또한 이것이다. 또 저것도 하나의 시비(是非)이고 이것도 하나의 시비이다. 과연 저것과 이것이 있다는 말인가. 과연 저것과 이것이 없다는 말인가.

(라) 그러나 그, 즉 혜시(惠施)도 말하듯이 삶이 있으면 반드시 죽음이 있고, 죽음이 있으면 반드시 삶이 있다. 역시 된다가 있으면 안 된다가 있고, 안 된다가 있으면 된다가 있다. 옳다에 의거하면 옳지 않다에 기대는 셈이 되고, 옳지 않다에 의거하면 옳다에 의지하는 셈이 된다.

① (가) – (나) – (다) – (라)
② (가) – (나) – (라) – (다)
③ (가) – (다) – (나) – (라)
④ (가) – (라) – (나) – (다)

| 정답해설 |
② 선택지를 통해 (가)가 가장 먼저 나옴을 알 수 있다. (나)와 (라)는 '혜시'로 연결되는데, (라)에서 '혜시도'의 조사 '도'를 통해 (나)가 (라)보다 우선함을 유추할 수 있다. (다)와 (라)는 '상대적인 방법'을 통해 연결되며, 문맥상 (라)가 (다)보다 우선함을 알 수 있다. 따라서 '(가)–(나)–(라)–(다)'의 순서로 배열해야 한다.

| 정답 | ②

STEP 6 NCS 문제 살펴보기

● 주어진 글의 [가]~[마]를 글의 흐름에 따라 순서대로 바르게 나열한 것을 고르면?

2020 한국토지주택공사 9월 시행 기출 복원

[가] 1923년에 만들어진 디즈니는 애니메이션의 역사 그 자체다. 이 회사는 밝은 색감과 예쁘고 아름다운 캐릭터들을 사용해 누가 봐도 디즈니 영화라는 것을 쉽게 알 수 있도록 제작한다. 또한 항상 권선징악이라는 주제가 깔려 있어서 아이들을 키우는 부모들도 선호해 왔다. 심지어 디즈니의 영향으로 사람들의 관념이 달라지기도 하였는데, 단적인 예가 미키마우스 캐릭터이다. 기존에 생쥐는 징그러운 동물이라는 인식이 강했지만, 디즈니가 미키마우스라는 캐릭터로 귀엽게 그려 냄에 따라 미국인들의 생쥐에 대한 생각 자체를 긍정적으로 바꿔 놓은 것이다.

[나] 슈렉은 디즈니 주인공들과는 달리 못생겼고 냄새도 심하게 난다. 음식도 들쥐처럼 이상한 것들이다. 여주인공인 피오나는 예쁜 공주이긴 하지만 나쁜 마법에 걸려 밤이 되면 괴물로 변한다. 그런데 공주일 때보다 괴물일 때 마음이 더 예쁘다. 영화의 마지막 장면에서 피오나는 마법이 풀리자 예쁘장한 공주가 아닌 유쾌한 괴물의 모습으로 남는다. 이렇게 드림웍스는 '얼굴이 예쁘지 않아도 마음이 예쁜 것이 더 중요하다'라는 메시지를 담은 애니메이션을 만들며 대성공을 거뒀다.

[다] 이렇듯 디즈니라는 브랜드는 다른 어떤 애니메이션 회사도 넘볼 수 없는 최고의 위치를 수십 년간 지켜왔다. 수많은 애니메이션 회사들이 디즈니와 경쟁하려 했지만 큰 소득을 거두지 못했다. 아무리 더 예쁘고 재미있는 애니메이션 작품을 만들어 내놔도 소비자들은 '예쁘고 재밌는 만화영화는 역시 디즈니가 최고'라는 인식을 갖고 있었기 때문이다.

[라] 실제로 그때까지 디즈니 애니메이션에 등장한 '공주' 캐릭터만 해도 백설공주, 인어공주 등 12명에 달했고, 이들은 모두 예쁘고 착하며 좋은 남편을 만났다는 공통점이 있다. 심지어 그 남편들도 모두 훤칠하고 잘생겼다. 따라서 드림웍스는 예쁜 사람은 마음도 예쁘고, 날씬하고, 목소리도 꾀꼬리 같으며, 키도 크고, 노래도 잘해야 한다는 생각을 아이들에게 심어 줄 수 있다는 우려 하에 마음이 예쁘면 외모는 중요하지 않다는 메시지를 전달하고자 했다. 그래서 만든 것이 '슈렉'이라는 녹색 괴물이다.

[마] 하지만 2001년 '슈렉'이라는 작품으로 도전장을 던진 드림웍스는 역발상을 통해 디즈니의 아성을 무너뜨렸다. 물론 디즈니와 정반대로 하는 것 그 자체가 목적은 아니었다. 디즈니에서 일하던 일부 직원을 포함해 디즈니 스타일의 애니메이션에 불만을 가진 사람들이 모인 것이 시작이었다. 제프리 카첸버그를 비롯한 드림웍스 경영진은 디즈니의 캐릭터들이 다들 예쁘고 잘생겼기 때문에 의도하지 않게 사람들, 특히 아이들에게 잘못된 생각을 심어줄 수 있다고 보고 이를 고쳐 보자고 생각했다.

① [가] − [나] − [다] − [라] − [마]
② [가] − [다] − [라] − [나] − [마]
③ [가] − [다] − [마] − [라] − [나]
④ [마] − [가] − [나] − [다] − [라]
⑤ [마] − [라] − [다] − [가] − [나]

단권화 MEMO

|정답해설|
③ 선택지를 통해 [가] 또는 [마]가 가장 먼저 나옴을 알 수 있고, 이 중 [마]는 '하지만'으로 시작하므로 [가]가 도입부에 와야 한다. [가]는 애니메이션의 역사 그 자체로 여겨졌던 디즈니에 대해 소개하며 화제를 제시하고 있으므로 '이렇듯'이라는 부사어로 문단을 시작하며 디즈니에 대해 부연 설명하고 있는 [다]가 [가] 뒤에 오는 것이 적절하다. 그다음에는 드림웍스가 디즈니에 도전장을 내민 이유, 디즈니의 아성을 무너뜨린 전략 등을 구체적으로 설명한 뒤 그 의의를 제시하고 있는 [마], [라], [나]가 순서대로 오는 것이 자연스럽다.

|정답| ③

CHAPTER

05 개요 수정/완성 유형

- [ ] 1회독 월 일
- [ ] 2회독 월 일
- [ ] 3회독 월 일
- [ ] 4회독 월 일
- [ ] 5회독 월 일

교수님 코멘트▶ 개요 수정/완성 유형은 기존 시험에서는 출제 빈도가 별로 높지 않았던 유형이다. 그러나 2025년부터 전환되는 시험에서는 출제 비중이 매우 높을 것으로 예상된다.

STEP 1 출제기조 전환 예시문제 보기

● 〈지침〉에 따라 〈개요〉를 작성할 때 ㉠~㉣에 들어갈 내용으로 적절하지 않은 것은?

2025 출제기조 전환 예시문제

〈지침〉

- 서론은 중심 소재의 개념 정의와 문제 제기를 1개의 장으로 작성할 것.
- 본론은 제목에서 밝힌 내용을 2개의 장으로 구성하되 각 장의 하위 항목끼리 대응되도록 작성할 것.
- 결론은 기대 효과와 향후 과제를 1개의 장으로 작성할 것.

〈개요〉

제목: 복지 사각지대의 발생 원인과 해소 방안

Ⅰ. 서론
  1. 복지 사각지대의 정의
  2. (㉠)
Ⅱ. 복지 사각지대의 발생 원인
  1. (㉡)
  2. 사회복지 담당 공무원의 인력 부족
Ⅲ. 복지 사각지대의 해소 방안
  1. 사회적 변화를 반영하여 기존 복지 제도의 미비점 보완
  2. (㉢)
Ⅳ. 결론
  1. (㉣)
  2. 복지 사각지대의 근본적이고 지속가능한 해소 방안 마련

① ㉠: 복지 사각지대의 발생에 따른 사회 문제의 증가
② ㉡: 사회적 변화를 반영하지 못한 기존 복지 제도의 한계
③ ㉢: 사회복지 업무 경감을 통한 공무원 직무 만족도 증대
④ ㉣: 복지 혜택의 범위 확장을 통한 사회 안전망 강화

단권화 MEMO

|정답해설|

③ 지침에서 본론은 각 장의 하위 항목끼리 대응되도록 작성하라고 지시하고 있다. 따라서 ㉢과 대응되어야 하는 항목은 'Ⅱ-2. 사회복지 담당 공무원의 인력 부족'이다. 이 항목에서 제시하고 있는 복지 사각지대의 발생 원인에 대한 해소 방안이 ㉢에 들어갈 내용이 되는 것이다. 따라서 '사회복지 업무 경감을 통한 공무원 직무 만족도 증대'는 ㉢에 들어갈 내용이 될 수 없음을 알 수 있다. 더군다나 '복지 사각지대의 발생 원인과 해소 방안'이 제목인 글에서 '공무원 직무 만족도 증대'는 관련이 없는 내용이다.

|오답해설|

① 지침에서 서론은 중심 소재의 개념 정의와 문제 제기를 하라고 지시하고 있다. 서론의 '1'이 '복지 사각지대의 정의'이므로 '2'는 '복지 사각지대의 발생에 따른 사회 문제의 증가'가 적절하다.

② 지침에서 본론은 각 장의 하위 항목끼리 대응되도록 작성하라고 지시하고 있다. ㉡과 대응되어야 하는 항목은 'Ⅲ-1. 사회적 변화를 반영하여 기존 복지 제도의 미비점 보완'이다. 따라서 이와 관련하여 원인을 생각해 보면 '사회적 변화를 반영하지 못한 기존 복지 제도의 한계'는 적절한 내용이다.

④ 지침에서 결론은 기대 효과와 향후 과제를 제시하라고 지시하고 있다. 결론의 '2'의 내용이 향후 과제에 해당하므로 ㉣은 '기대 효과'와 관련된 내용이어야 한다. 따라서 '복지 혜택의 범위 확장을 통한 사회 안전망 강화'는 적절한 내용이다.

|정답| ③

STEP 2 유형 분석하기

'개요 수정/완성' 유형은 기존에는 매 시험마다 고정적으로 출제되던 유형은 아니었지만 2025년 전환될 시험부터는 출제될 확률이 매우 높을 것으로 예상되는 유형이다.

본격적인 글쓰기에 앞서 생성한 내용들을 주제에 맞게 배치한 것을 '개요'라고 한다. 이 유형은 실제 개요의 예를 〈보기〉 등으로 제시하고 이를 수정, 보완, 완성하게 하는 경우가 일반적이다. 전체 주제와 각 항목들의 유기성을 잘 고려하여 문제를 풀어야 하며, 일반적으로 난도는 높지 않다. 다만, 단순하게 제시되는 개요가 아닌 복잡하게 제시되는 개요의 경우 수험생들이 시간적으로 어려움을 겪을 수 있다. 다른 유형과 마찬가지로 이 유형을 풀어 내는 원리를 학습하고 그와 관련된 문제를 최대한 많이 풀어 보며 이런 유형의 문제에 익숙해지는 것이 중요하다.

STEP 3 독해방법 알아보기

'개요 수정/완성' 유형은 결과적으로 좋은 개요를 만들어 가는 과정을 묻는 문제들이다. 따라서 어떤 개요가 좋은 개요인지를 잘 기억해 두면 문제를 푸는 데 도움이 될 수 있다. 실제 기출 문제를 살펴보면 좋은 개요의 원리 틀 안에서 문제가 제시되는 것을 알 수 있다. 따라서 좋은 개요의 원리를 잘 학습하고 그와 관련된 문제를 최대한 많이 풀어 보는 것이 중요하다.

● **다음은 '청소년의 디지털 중독의 폐해와 해결 방안'이라는 주제로 글을 쓰기 위한 개요이다. 수정·보완하기 위한 방안으로 적절하지 않은 것은?** 2014 국가직 9급

Ⅰ. 서론: 청소년 디지털 중독의 심각성
Ⅱ. 본론:
  1. 청소년 디지털 중독의 폐해 ………… ㉠
    가. 타인과의 관계를 원활하게 하지 못하는 사회 부적응 야기
    나. 다양한 기능과 탁월한 이동성을 가진 디지털 기기의 등장 ………… ㉡
  2. 청소년 디지털 중독에 영향을 미치는 요인
    가. 디지털 중독의 심각성에 대한 개인적, 사회적 인식 부족
    나. 뇌의 기억 능력을 심각하게 퇴화시키는 디지털 치매의 심화 ………… ㉢
    다. 신체 활동을 동반한 건전한 놀이를 위한 시간 및 프로그램의 부족
    라. 자극적이고 중독적인 디지털 콘텐츠의 무분별한 유통
  3. 청소년 디지털 중독을 해결하기 위한 방안
    가. 디지털 중독의 심각성에 대한 교육과 홍보를 위한 전문기관 확대
    나. 학교, 지역 사회 차원에서 신체 활동을 위한 시간 및 프로그램의 확대
    다. (   ) ………… ㉣
Ⅲ. 결론: 청소년 디지털 중독을 줄이기 위한 개인적, 사회적 노력의 촉구

① ㉠의 하위 항목으로 '우울증이나 정서 불안 등의 심리적 질환 초래'를 추가한다.
② ㉡은 'Ⅱ－1'과 관련된 내용이 아니므로 삭제한다.
③ ㉢은 'Ⅱ－2'의 내용과 어울리지 않으므로, 'Ⅱ－1'의 하위 항목으로 옮긴다.
④ ㉣에는 'Ⅱ－2'와의 관련성을 고려하여 '청소년을 대상으로 디지털 기기의 사용 시간 제한'이라는 내용을 넣는다.

단권화 MEMO

|정답해설|
④ 'Ⅱ–2'와의 관련성을 고려하면 '2–가', '2–다'에 대한 해결 방안이 '3–가', '3–나'에 제시되어 있으므로 '2–라. 자극적이고 중독적인 디지털 콘텐츠의 무분별한 유통'과 관련된 해결 방안이 ㉣에 제시되어야 한다. 그러므로 '디지털 기기의 사용 시간 제한'은 해결 방안으로 적절하지 않고, 디지털 콘텐츠의 무분별한 유통과 관련된 해결 방안이 제시되어야 한다.

|오답해설|
① '우울증', '정서 불안'은 디지털 중독의 폐해에 해당한다.
② 디지털 기기의 다양한 기능과 탁월한 이동성은 디지털 중독의 폐해와 관련이 없다.
③ '디지털 치매의 심화'는 디지털 중독에 영향을 미치는 요인이 아니라 디지털 중독의 폐해에 해당한다.

|정답| ④

단권화 MEMO

STEP 4 대표 기출발문

- 글을 쓰기 위해 개요를 작성하였다. (　　)에 들어갈 내용으로 적절하지 않은 것은?
- ~ 주제로 글을 쓰기 위한 개요이다. 수정·보완하기 위한 방안으로 적절하지 않은 것은?
- 다음의 개요를 기초로 하여 글을 쓸 때 주제문으로 가장 적절한 것은?

STEP 5 기출문제 살펴보기

● ㉠~㉣에 들어갈 말로 적절하지 않은 것은? 2021 지방직(= 서울시) 7급

제목: ○○ 청소기 관련 고객 만족도 제고 방안
Ⅰ. 고객 불만 현황
　1. [㉠]
　2. 인터넷 고객 문의 접수 및 처리 지연
Ⅱ. [㉡]
　1. 해외 공장에서 제작한 모터 품질 불량
　2. 인터넷 고객 지원 서비스 시스템의 잦은 오류
Ⅲ. [㉢]
　1. 동종 제품 전량 회수 후 수리 또는 신제품으로 교환
　2. 고객 지원 서비스 시스템 최신화 및 관리 인력 충원
Ⅳ. [㉣]
　1. 제품에 대한 고객 민원 해결 및 회사 이미지 제고
　2. 품질 결함 최소화를 위한 품질 관리 체계의 개선 방향

① ㉠: 소음 과다 및 흡입력 미흡
② ㉡: 고객 불만 발생의 원인
③ ㉢: 고객 지원 센터의 지원 인력 부족
④ ㉣: 기대 효과와 향후 과제

|정답해설|
③ ㉢의 하위 항목은 '고객 불만 해결 방안'과 관련된 내용들이다. 따라서 '고객 지원 센터의 지원 인력 부족'과는 관련이 없다.

|오답해설|
① ㉠의 '소음 과다 및 흡입력 미흡'은 '고객 불만 현황'에 해당한다.
② ㉡의 하위 항목은 '고객 불만 발생의 원인'과 관련된 내용인 것을 알 수 있다.
④ ㉣의 하위 항목은 고객 불만을 해결하였을 때 나타날 수 있는 '기대 효과와 향후 과제'와 관련된 내용인 것을 알 수 있다.

|정답| ③

● '교통사고의 원인과 대책'이라는 제목으로 글을 쓰기 위해 개요를 작성하였다. (　　)에 들어갈 내용으로 적절하지 않은 것은? 2008 지방직 9급

Ⅰ. 서론: 문제의 제기
　1. 교통사고에 대한 언론 보도 현황
　2. 교통사고 사망자 수가 한국전쟁 사망자 수를 앞지름
Ⅱ. 본론 1: 교통사고의 원인
　1. 물리적 원인: (　　　　　　)
　2. 심리적 원인: 공중도덕 의식 부족, 질서 의식 부족, 인명 경시 풍조
Ⅲ. 본론 2: 문제의 해결 방법
　1. 도로의 정비, 벌칙 강화
　2. 국민의 의식 개혁
Ⅳ. 결론: 요약 및 제언

① 비효율적인 교통행정 의사결정 구조
② 인구 증가로 인한 교통 수요 증가
③ 파손된 도로와 협소한 도로
④ 자가용의 증가로 인한 교통량 급증

|정답해설|
① 개요를 검토하면 이 글이 '문제 제기-원인-해결 방법'으로 조직된 글임을 알 수 있다. 즉, 서론은 문제 제기, 본론 1은 원인, 본론 2는 해결 방법을 제시하는 글이다. 그러므로 본론 1의 빈칸에는 본론 2의 도로 정비 등이 해결 방법이 될 수 있는 원인이 제시되어야 한다. 이런 측면에서 보면 ②③④는 물리적 원인이 될 수 있는 요인들이지만 ① '비효율적인 교통행정 의사결정 구조'는 행정적·제도적 원인에 해당하므로 빈칸에 들어갈 원인으로 적절하지 않다.

|정답| ①

06 문학 이론/비평 지문 유형

1 회 독	월	일
2 회 독	월	일
3 회 독	월	일
4 회 독	월	일
5 회 독	월	일

교수님 코멘트▶ 문학 이론/비평 지문 유형은 기존 시험의 출제 범위였던 문학 문제를 대체하여 출제되는 유형이므로 2025년부터 전환되는 시험에서 출제 비중이 매우 높을 것으로 예상된다.

STEP 1 출제기조 전환 예시문제 보기

● 다음 글을 이해한 내용으로 가장 적절한 것은? 2025 출제기조 전환 예시문제

이육사의 시에는 시인의 길과 투사의 길을 동시에 걸었던 작가의 면모가 고스란히 담겨 있다. 가령, 「절정」은 크게 두 부분으로 나누어지는데, 투사가 처한 냉엄한 현실적 조건이 3개의 연에 걸쳐 먼저 제시된 후, 시인이 품고 있는 인간과 역사에 대한 희망이 마지막 연에 제시된다.

우선, 투사 이육사가 처한 상황은 대단히 위태로워 보인다. 그는 "매운 계절의 채찍에 갈겨 / 마침내 북방으로 휩쓸려" 왔고, "서릿발 칼날진 그 위에 서" 바라본 세상은 "하늘도 그만 지쳐 끝난 고원"이어서 가냘픈 희망을 품는 것조차 불가능해 보인다. 이러한 상황은 "한발 제겨 디딜 곳조차 없다"는 데에 이르러 극한에 도달하게 된다. 여기서 그는 더 이상 피할 수 없는 존재의 위기를 깨닫게 되는데, 이때 시인 이육사가 나서면서 시는 반전의 계기를 마련한다.

마지막 4연에서 시인은 3연까지 치달아 온 극한의 위기를 담담히 대면한 채, "이러매 눈감아 생각해" 보면서 현실을 새롭게 규정한다. 여기서 눈을 감는 행위는 외면이나 도피가 아니라 피할 수 없는 현실적 조건을 새롭게 반성함으로써 현실의 진정한 면모와 마주하려는 적극적인 행위로 읽힌다. 이는 다음 행, "겨울은 강철로 된 무지갠가보다"라는 시구로 이어지면서 현실에 대한 새로운 성찰로 마무리된다. 이 마지막 구절은 인간과 역사에 대한 희망을 놓지 않으려는 시인의 안간힘으로 보인다.

① 「절정」에는 투사가 처한 극한의 상황이 뚜렷한 계절의 변화로 드러난다.
② 「절정」에서 시인은 투사가 처한 현실적 조건을 외면하지 않고 새롭게 인식한다.
③ 「절정」은 시의 구성이 두 부분으로 나누어지면서 투사와 시인이 반목과 화해를 거듭한다.
④ 「절정」에는 냉엄한 현실에 절망하는 시인의 면모와 인간과 역사에 대한 희망을 놓지 않으려는 투사의 면모가 동시에 담겨 있다.

단권화 MEMO

|정답해설|
② 마지막 문단을 보면 '시인은 3연까지 치달아 온 극한의 위기를 담담히 대면한 채~현실을 새롭게 규정한다'라고 하였다. 따라서 '시인은 투사가 처한 현실적 조건을 외면하지 않고 새롭게 인식한다.'라는 설명은 적절하다.

|오답해설|
① 투사가 처한 극한의 상황이 뚜렷한 계절의 변화로 드러난다는 근거는 찾기 어렵다.
③ 투사와 시인이 반목과 화해를 거듭한다고 볼 수 있는 근거는 찾기 어렵다.
④ 마지막 문단을 보면 '인간과 역사에 대한 희망을 놓지 않으려는 시인의 안간힘으로 보인다.'라고 하였으므로 '냉엄한 현실에 절망하는 시인의 면모'라는 설명은 적절하지 않다.

|정답| ②

단권화 MEMO

STEP 2 유형 분석하기

'문학 이론/비평 지문' 유형은 문학에 관한 전반적인 설명이나 문학 작품에 대한 해설, 비평 등 문학을 내용으로 하는 글을 읽고 문제를 푸는 유형이다. 지문 속에 문학 작품 자체가 제시되지는 않고 작품을 설명하는 형식의 글만 제시된다. 이런 이유로 엄밀히 말하자면 문학 유형이라고 보기는 어렵고, 단순 독해 유형으로 보는 것이 적절하다. 문제 유형도 지문과 관련하여 일치/불일치를 묻거나 주제 등을 묻는 경우가 많고, 다른 비문학 유형으로 변형되어 출제될 때도 있다. 따라서 이 유형 역시 일반 독해 유형과 접근 방법이 크게 다르지 않다. 기존 기출문제에서도 문학을 소재로 다룰 뿐 앞서 제시한 여러 독해 비문학 문제로 많이 출제된 바 있다. 따라서 새로운 유형이라고 볼 수는 없다.

STEP 3 독해방법 알아보기

'문학 이론/비평 지문' 유형을 위해 특별한 접근 방법을 익힐 필요는 없다. 물론 문학사나 주요 작품에 대한 배경 지식 등이 이런 유형의 문제를 푸는 데 도움이 될 수도 있겠지만, 문제에서 문학의 어떤 내용, 어떤 작품을 소재로 하여 설명할지 예상하기 어려우므로 이 문제 유형을 위해 문학사나 주요 작품을 정리하는 것은 매우 비효율적인 학습 방법이다. 따라서 앞서 언급한 독해 비문학 유형들의 공부법과 접근법을 바탕으로 공부하는 것이 좋다.

● **다음 글의 내용과 부합하지 않는 것은?** 2013 지방직 9급

> 소설 속에는 세 개의 욕망이 들끓고 있다. 하나는 소설가의 욕망이다. 소설가의 욕망은 세계를 변형시키려는 욕망이다. 소설가는 자기 욕망의 소리에 따라 세계를 자기 식으로 변모시키려고 애를 쓴다. 둘째 번의 욕망은 소설 속의 주인공들의 욕망이다. 소설 속의 인물들 역시 소설가의 욕망에 따라 혹은 그 욕망에 반대하여 자신의 욕망을 드러내고, 자신의 욕망에 따라 세계를 변형하려 한다. 주인공, 아니 인물들의 욕망은 서로 부딪쳐 다채로운 모습을 드러낸다. 마지막의 욕망은 소설을 읽는 독자의 욕망이다. 소설을 읽으면서 독자들은 소설 속의 인물들은 무슨 욕망에 시달리고 있는가를 무의식적으로 느끼고, 나아가 소설가의 욕망까지를 느낀다. 독자의 무의식적인 욕망은 그 욕망들과 부딪쳐 때로 소설 속의 인물들을 부인하기도 하고, 나아가 소설까지를 부인하기도 하며, 때로는 소설 속의 인물들에 빠져 그들을 모방하려 하기도 하고, 나아가 소설까지를 모방하려 한다. 그 과정에서 읽는 사람의 무의식 속에 숨어 있던 욕망은 그 욕망을 서서히 드러내, 자기가 세계를 어떻게 변형시키려 하는가를 깨닫게 한다. 소설 속의 인물들은 무엇 때문에 괴로워하는가, 그 괴로움은 나도 느낄 수 있는 것인가, 아니면 소설 속의 인물들은 왜 즐거워하는가, 그 즐거움에 나도 참여할 수 있는가, 그것들을 따지는 것이 독자가 자기의 욕망을 드러내는 양식이다.
>
> – 김현, '소설은 왜 읽는가' 중에서 –

① 소설가는 자기의 욕망에 따라 세계를 변형시키고자 한다.
② 소설 속의 인물은 자신의 욕망을 소설가의 욕망에 일치시킨다.
③ 독자는 소설을 읽으면서 소설가의 욕망을 느낀다.
④ 독자는 소설을 통해 자신의 욕망을 깨닫게 된다.

|정답해설|
② '소설 속의 인물들 역시 소설가의 욕망에 따라 혹은 그 욕망에 반대하여 자신의 욕망을 드러내고, 자신의 욕망에 따라 세계를 변형하려 한다.'라고 하였으므로, 소설 속의 인물이 자신의 욕망을 소설가의 욕망에 일치시킨다고 볼 수 없다.

|오답해설|
① '소설가의 욕망은 세계를 변형시키려는 욕망이다.'에서 알 수 있다.
③ '소설을 읽으면서 독자들은 ~ 소설가의 욕망까지를 느낀다.'에서 알 수 있다.
④ '읽는 사람의 무의식 속에 숨어 있던 욕망은 ~ 깨닫게 한다.'에서 독자는 소설 속 인물과 작가의 욕망을 느끼고 평가하는 과정에서 자신의 욕망을 드러내게 되는 것을 알 수 있다.

|정답| ②

STEP 4 대표 기출발문

• 다음 글을 이해한 내용으로 가장 적절한 것은?
• 다음 글이 설명하는 내용과 일치하는 것은?

STEP 5 기출문제 살펴보기

● 괄호 안에 들어갈 알맞은 접속어를 순서대로 나열한 것은? 2012 지방직 9급

> 각 시대는 그 시대의 특징을 나타내는 문학이 있다고 한다. 우리나라도 무릇 四千年이 넘는 생활의 역사를 가진 만큼 그 발전 시기마다 각각 특색을 가진 문학이 없을 수 없고, 문학이 있었다면 그 중추가 되는 것은 아무래도 시가문학이라고 볼 수밖에 없다. (　　　) 대개 어느 민족을 막론하고 인간 사회가 성립하는 동시에 벌써 각자의 감정과 의사를 표시하려는 욕망이 생겼을 것이며, 삼라만상의 대자연은 자연 그 자체가 율동적이고 음악적이라고 할 수 있기 때문이다. 다시 말하면 인간이 생활하는 곳에는 자연적으로 시가가 발생하였다고 할 수 있다. (　　　) 사람의 지혜가 트이고 비교적 언어의 사용이 능란해짐에 따라 종합 예술체의 한 부분으로 있었던 서정문학적 요소가 분화·독립되어 제요나 노동요 따위의 시가의 원형을 이루고 다시 이 집단적 가요는 개인적 서정시로 발전하여 갔으리라 추측된다. (　　　) 다른 나라도 마찬가지이겠지만 우리 문학사상 시가의 지위는 상당히 중요한 몫을 지니고 있다.

① 왜냐하면 – 그리고 – 그러므로
② 그리고 – 왜냐하면 – 그러므로
③ 그러므로 – 그리고 – 왜냐하면
④ 왜냐하면 – 그러나 – 그럼에도 불구하고

단권화 MEMO

| 정답해설 |
① 첫 번째 괄호를 포함하는 문장이 '~ 때문이다'로 끝나기 때문에 첫 번째 괄호에는 '왜냐하면'이 들어가야 한다. 두 번째 괄호를 포함하는 문장은 앞 문장의 시가 발전 양상을 이어서 서술하고 있으므로 두 번째 괄호에는 순접인 '그리고'가 들어가야 한다. 마지막으로 세 번째 괄호를 포함하는 문장은 앞의 내용에 대한 결론이므로 세 번째 괄호에는 '그러므로'가 들어가야 한다.

| 정답 | ①

CHAPTER

07 글/문단/문장 수정 유형

□ 1회독 월 일
□ 2회독 월 일
□ 3회독 월 일
□ 4회독 월 일
□ 5회독 월 일

교수님 코멘트▶ 글/문단/문장 수정 유형은 기존 시험에서도 자주 출제되었던 유형이다. 2025년부터 전환되는 시험에서도 역시 출제 비중이 매우 높을 것으로 예상된다.

STEP 1 출제기조 전환 예시문제 보기

● 다음 글의 ㉠~㉣ 중 어색한 곳을 찾아 가장 적절하게 수정한 것은? 2025 출제기조 전환 예시문제

> 수명을 늘릴 수 있는 여러 방법 중 가장 좋은 방법은 노화 문제를 해결하는 것이다. 이 방법은 인간이 젊고 건강한 상태로 수명을 연장할 수 있다는 점에서 ㉠ 늙고 병든 상태에서 단순히 죽음의 시간을 지연시킨다는 기존 발상과 근본적으로 다르다. ㉡ 노화가 진행된 상태를 진행되기 전의 상태로 되돌린다거나 노화가 시작되기 전에 노화를 막는 장치가 개발된다면, 젊음을 유지한 채 수명을 늘리는 것은 충분히 가능하다.
> 그러나 노화 문제와 관련된 현재까지의 연구는 초라하다. 이는 대부분 연구가 신약 개발의 방식으로만 진행되어 왔기 때문이다. 현재 기준에서는 질병 치료를 목적으로 개발한 신약만 승인받을 수 있는데, 식품의약국이 노화를 ㉢ 질병으로 본 탓에 노화를 멈추는 약은 승인받을 수 없었다. 노화를 질병으로 보더라도 해당 약들이 상용화되기까지는 아주 오랜 시간이 필요하다.
> 그런데 노화 문제는 발전을 거듭하고 있는 인공지능 덕분에 신약 개발과는 다른 방식으로 극복될 수 있을지 모른다. 일반 사람들에 비해 ㉣ 노화가 더디게 진행되는 사람들의 유전자 자료를 데이터화하면 그들에게서 노화를 지연시키는 생리적 특징을 추출할 수 있는데, 이를 통해 유전자를 조작하는 방식으로 노화를 막을 수 있다.

① ㉠: 늙고 병든 상태에서 담담히 죽음의 시간을 기다린다
② ㉡: 노화가 진행되기 전의 신체를 노화가 진행된 신체
③ ㉢: 질병으로 보지 않은 탓에 노화를 멈추는 약은 승인받을 수 없었다.
④ ㉣: 노화가 더디게 진행되는 사람들의 유전자 자료를 데이터화하면 그들에게서 노화를 촉진

단권화 MEMO

|정답해설|
③ 2문단을 보면 현재 기준에서는 질병 치료를 목적으로 개발한 신약만 승인받을 수 있다고 설명하고 있다. 따라서 '질병으로 본 탓에 노화를 멈추는 약은 승인받을 수 없었다.'라는 내용은 어색하다. 따라서 '질병으로 보지 않은 탓에 노화를 멈추는 약은 승인받을 수 없었다.' 정도로 수정하는 것이 적절하다.

|오답해설|
① 수명을 늘리는 것과 관련된 설명을 하는 글이므로 담담히 죽음의 시간을 기다린다는 설명보다는 죽음의 시간을 지연시킨다는 설명이 더욱 적절할 것이다. 즉, ㉠은 어색한 곳이 없다.
② 젊음을 유지한 채 수명을 늘리는 것과 관련이 있어야 하므로 노화가 진행되기 전의 신체를 노화가 진행된 신체로 되돌린다는 설명은 바르지 않다. 즉, ㉡은 어색한 곳이 없다.
④ 노화 문제를 해결하고자 하는 글이므로 노화가 더디게 진행되는 사람들의 유전자 자료를 데이터화하여 그들에게서 노화를 촉진시키는 생리적 특징을 추출할 필요는 없을 것이다. 즉, ㉣은 어색한 곳이 없다.

|정답| ③

STEP 2 유형 분석하기

이 유형도 역시 기존 시험에서 자주 출제되던 유형이다. '글/문단/문장 수정' 유형의 문제는 크게 두 가지의 경우로 나누어 볼 수 있다. 첫째는 문법적 지식을 묻는 유형이다. 조사의 올바른 사용 여부, 이중 피동 등 어법적으로 잘못된 표현을 바로잡게 하는 유형이다. 이는 사실 비문학 영역이라기보다는 문법 영역으로 볼 수 있다. 둘째는 독해적 맥락을 묻는 유형이다. 글이 주어지고 글에 쓰인 문장들이 맥락에 비추어 적절한지를 묻는 것으로 글의 통일성, 일관성, 완결성과 관련하여 각 문장들의 쓰임이 올바른지를 살펴야 하는 유형이다. 물론 이 두 유형이 하나의 문제에 섞여 있는 경우도 있을 수 있다. 앞서 말한 두 유형 중 첫째 유형은 문법 지식의 학습을 통해 성장할 수 있는 영역이므로 이 책에서는 문법 영역에서 다루도록 하겠다. 여기서는 둘째 유형을 중심으로 설명하고자 한다.

STEP 3 독해방법 알아보기

이 유형을 잘 해결하기 위해서는 글의 맥락을 잘 살펴야 한다. 글에 쓰인 각 문장들이 전체 주제에서 벗어나지는 않는지, 접속어 사용 등 연결이 자연스러운지, 주제를 뒷받침하는 내용들이 온전히 잘 제시되고 있는지 등 글을 전반적으로 잘 읽고 어색한 부분을 파악하는 연습을 해야 한다. 특히 통일성과 관련된 문제가 자주 출제되므로 항상 글 전체의 주제를 생각해 보고 각 문장이 주제와 밀접한 관련이 있는지를 명확히 살피며 문제를 푸는 연습을 해야 한다.

● ㉠~㉣의 고쳐 쓰기로 적절하지 않은 것은? 2022 지방직(= 서울시) 9급

> 파놉티콘(panopticon)은 원형 평면의 중심에 감시탑을 설치해 놓고, 주변으로 빙 둘러서 죄수들의 방이 배치된 감시 시스템이다. 감시탑의 내부는 어둡게 되어 있는 반면 죄수들의 방은 밝아 교도관은 죄수를 볼 수 있지만, 죄수는 교도관을 바라볼 수 없다. 죄수가 잘못했을 때 교도관은 잘 보이는 곳에서 처벌을 가한다. 그렇게 수차례의 처벌이 있게 되면 죄수들은 실제로 교도관이 자리에 ㉠ 있을 때조차도 언제 처벌을 받을지 모르는 공포감에 의해서 스스로를 감시하게 된다. 이렇게 권력자에 의한 정보 독점 아래 ㉡ 다수가 통제된다는 점에서 파놉티콘의 디자인은 과거 사회 구조와 본질적으로 같았다.
>
> 현대사회는 다수가 소수의 권력자를 동시에 감시할 수 있는 시놉티콘(synopticon)의 시대가 되었다. 시놉티콘에 가장 크게 기여한 것은 인터넷의 ㉢ 동시성이다. 권력자에 대한 비판을 신변 노출 없이 자유롭게 표현할 수 있게 되었기 때문이다. 정보화 시대가 오면서 언론과 통신이 발달했고, ㉣ 특정인이 정보를 수용하고 생산하게 되었다. 그로 인해 사회에서 일어나는 일에 대한 비판적 인식 교류와 부정적 현실 고발 등 네티즌의 활동으로 권력자들을 감시하는 전환이 일어났다.

① ㉠을 '없을'로 고친다.
② ㉡을 '소수'로 고친다.
③ ㉢을 '익명성'으로 고친다.
④ ㉣을 '누구나가'로 고친다.

단권화 MEMO

| 정답해설 |
② 소수의 교도관이 다수의 죄수를 통제한다는 맥락이므로 통제되는 대상은 '소수'가 아닌 '다수'가 맞는 표현이다.

| 오답해설 |
① 죄수들은 교도관을 볼 수 없으므로 교도관이 없을 때에도 교도관이 보고 있다는 공포감을 느끼게 된다. 따라서 '있을'이 아닌 '없을'이 맥락상 적절한 표현이다.
③ ㉢ 다음 문장에서 신변 노출 없이 자유롭게 표현할 수 있게 되었다는 내용이 있으므로 '익명성'이 적절한 표현이다.
④ 2문단은 시놉티콘의 시대에 대한 설명으로, 다수가 소수의 권력자를 동시에 감시할 수 있는 경우를 설명하고 있다. 따라서 감시하는 주체는 '특정인'이 아니라 '누구나'와 같은 다수로 보아야 한다.

| 정답 | ②

단권화 MEMO

STEP 4 대표 기출발문

- ㄱ~ㄹ의 고쳐 쓰기로 적절하지 않은 것은?
- 어색한 곳을 찾아 수정하는 방안으로 가장 적절한 것은?

STEP 5 기출문제 살펴보기

● ㉠~㉣ 중 어색한 곳을 찾아 수정하는 방안으로 가장 적절한 것은? 2023 지방직(= 서울시) 9급

> 조선 후기에 서학으로 불린 천주학은 '학(學)'이라는 말에서도 짐작할 수 있듯이 ㉠ 종교적인 관점에서보다 학문적인 관점에서 받아들여졌다. 당시의 유학자 중 서학 수용에 적극적인 이들까지도 서학을 무조건 따르자고 ㉡ 주장하지는 않았는데, 서학은 신봉의 대상이 아니라 분석의 대상이었기 때문이다. 그들은 조선 사회를 바로잡고 발전시키기 위해 새로운 학문과 지식이 필요하다고 생각했지만, 외부에서 유입된 사유 체계에는 양명학이나 고증학 등도 있어서 서학이 ㉢ 유일한 대안은 아니었다. 그들은 서학을 검토하며 어떤 부분은 수용했지만, 반대로 어떤 부분은 ㉣ 지향했다.

① ㉠: '학문적인 관점에서보다 종교적인 관점에서'로 수정한다.
② ㉡: '주장하였는데'로 수정한다.
③ ㉢: '유일한 대안이었다'로 수정한다.
④ ㉣: '지양했다'로 수정한다.

|정답해설|
④ "어떤 부분은 수용했지만, 반대로 어떤 부분은" 뒤의 맥락에 해당하므로 '수용하지 않았다'와 관련이 있어야 한다. 따라서 '어떤 목표로 뜻이 쏠리어 향하다.'의 의미인 '지향하다'가 아닌 '더 높은 단계로 오르기 위하여 어떠한 것을 하지 아니하다.'의 의미인 '지양하다'를 쓰는 것이 적절하다.

|오답해설|
① '학(學)'이라는 말에서 짐작할 수 있다고 하였으므로 종교적인 관점보다는 학문적인 관점에서 받아들여졌음을 알 수 있다.
② 서학은 신봉의 대상이 아니라 분석의 대상이었다고 하였으므로 무조건 따르자고 주장하지는 않았다는 맥락이 적절하다.
③ 외부에서 유입된 사유 체계에는 양명학이나 고증학 등도 있었다고 하였으므로 유일한 대안은 아니라는 맥락이 적절하다.

|정답| ④

● 올바르고 자연스러운 글을 쓰려고 한다. 오류가 없는 것은? 2008년 국가직 9급

> 영어만 잘 하면 성공한다는 믿음에 온 나라가 야단법석이다. ㉠ 한술 더 떠 일본을 따라 영어를 공용어로 하자는 주장이 만만찮게 들리고 있다. ㉡ 그러나 영어는 배워서 나쁠 것 없고 국제 경쟁력을 키우는 차원에서 반드시 배워야 한다. ㉢ 하지만 영어보다 더 중요한 것은 우리말이다. ㉣ 우리말을 제대로 세우지 않고 영어를 들여오는 일은 우리 개구리들을 돌보지 않은 채 황소개구리를 들여온 우를 또다시 범하게 된다.
>
> – 최재천, '황소개구리와 우리말' –

① ㉠ ② ㉡
③ ㉢ ④ ㉣

|오답해설|
㉠ 문맥상 '만만찮게'를 '드물지 않고 꽤 잦게'의 의미인 '심심찮게'로 바꿔야 한다.
㉡ 문맥상 앞 절을 긍정하는 내용이므로 서술어 '그러나'를 '물론' 정도로 바꿔야 한다.
㉣ '영어를 들여오는 일은'이 주어이므로 서술어 '범하게 된다'를 '범하게 되는 것이다'로 바꿔야 주어와 서술어가 바르게 호응한다.

|정답| ③

CHAPTER

08 화법 지문 유형

□ 1회독	월	일
□ 2회독	월	일
□ 3회독	월	일
□ 4회독	월	일
□ 5회독	월	일

교수님 코멘트▶ 기존 시험에서도 다양한 종류의 화법 지문 유형 문제가 출제되었다. 2025년부터 전환되는 시험에서도 다양한 화법 상황에 관한 문제들이 출제될 것으로 예상된다.

STEP 1 출제기조 전환 예시문제 보기

● 다음 대화를 분석한 내용으로 가장 적절한 것은? 2025 출제기조 전환 예시문제

> 갑: 전염병이 창궐했을 때 마스크를 착용하는 것은 당연한 일인데, 그것을 거부하는 사람이 있다니 도대체 이해가 안 돼.
> 을: 마스크 착용을 거부하는 사람들을 무조건 비난하지 말고 먼저 왜 그러는지 정확하게 이유를 파악하는 것이 필요해.
> 병: 그 사람들은 개인의 자유가 가장 존중받아야 하는 기본권이라고 생각하기 때문일 거야.
> 갑: 개인의 자유로운 선택이 타인의 생명을 위협한다면 기본권이라 하더라도 제한하는 것이 보편적 상식 아닐까?
> 병: 맞아. 개인이 모여 공동체를 이루는데 나의 자유만을 고집하면 결국 사회는 극단적 이기주의에 빠져 붕괴하고 말 거야.
> 을: 마스크를 쓰지 않는 행위를 윤리적 차원에서만 접근하지 말고, 문화적 차원에서도 고려할 필요가 있어. 어떤 사회에서는 얼굴을 가리는 것이 범죄자의 징표로 인식되기도 해.

① 화제에 대해 남들과 다른 측면에서 탐색하는 사람이 있다.
② 자신의 의견이 반박되자 질문을 던져 화제를 전환하는 사람이 있다.
③ 대화가 진행되면서 논점에 대한 찬반 입장이 바뀌는 사람이 있다.
④ 사례의 공통점을 종합하여 자신의 주장을 강화하는 사람이 있다.

단권화 MEMO

|정답해설|
① '을'은 마스크를 쓰지 않는 행위를 윤리적 차원에서만 접근하지 말고, 문화적 차원에서도 고려할 필요가 있다고 말하였다. 따라서 화제에 대해 남들과 다른 측면에서 탐색하고 있다고 볼 수 있다.

|오답해설|
② '갑'이 자신의 의견이 반박되자 '보편적 상식 아닐까?'와 같이 질문을 던지고 있다. 하지만 화제를 전환한다고 볼 수는 없다.
③ 논점에 대한 찬반 입장이 바뀌는 사람은 찾기 어렵다.
④ 사례의 공통점을 종합하여 자신의 주장을 강화하는 사람은 찾기 어렵다.

|정답| ①

단권화 MEMO

STEP 2 유형 분석하기

'화법 지문' 유형은 독해 지문이 설명문이나 논설문 등과 같은 일반적인 형식의 글이 아니라 토론, 토의, 인터뷰, 발표 등 주로 대화 상황이 드러나는 글이다. 대화 상황을 제시하고 주제, 일치/불일치를 파악하게 하거나 대화해 나가는 방식을 묻는 문제 유형이 대부분이다. 지문이 대화 상황을 글로 적어 놓은 것이다 보니 일반적인 독해 유형에 비해 어렵지 않게 읽고 풀 수 있다. 기존 기출문제에서도 거의 빠지지 않고 매번 출제되었던 유형이고, 앞으로 변경되는 2025년 시험에서도 마찬가지로 자주 출제될 유형이라고 판단된다.

STEP 3 독해방법 알아보기

'화법 지문' 유형도 일반적인 독해 유형과 마찬가지로 지문을 읽고 문제를 풀면 되는 유형이므로 지문을 잘 읽어 내는 것이 중요하다. 다만, 지문으로 일반적인 글의 형식이 아니라 다양한 대화 상황이 제시되므로 독해 과정이 다소 낯설 수 있다. 따라서 여러 대화 상황과 관련된 글과 문제들을 많이 접해 보는 것이 중요하다. 토론, 토의, 인터뷰, 발표 등 다양한 형식의 지문과 문제들을 읽어 보며 주로 어떤 포인트를 묻는지 익혀 두어야 한다. 그리고 각 대화 상황의 일반적인 흐름을 가볍게 정리해 보는 것도 도움이 될 수 있다. 예를 들어, 토론이나 회의의 일반적인 진행 과정을 가볍게 정리해 두면 관련된 형식의 지문을 읽어 나갈 때 도움이 될 수 있다. 다만, 지식적으로 정리한다는 생각보다는 대화의 흐름 정도만 가볍게 살핀다는 생각으로 정리해 보는 것이 효율적이다.

● **다음 대화에 대한 설명으로 적절한 것은?** 2021 지방직(= 서울시) 9급

> A: 지난번 제안서 프레젠테이션을 마친 후 "검토하고 연락드리겠습니다."라고 답변을 받았는데 아직 별다른 연락이 없어서 고민이에요.
> B: 어떤 연락을 기다리신다는 거예요?
> A: 해당 사업에 관하여 제 제안서를 승낙했다는 답변이잖아요. 그런데 후속 사업 진행을 위해 지금쯤 연락이 와야 할 텐데 싶어서요.
> B: 글쎄요. 보통 그런 상황에서는 완곡하게 거절하는 의사 표현이라 볼 수 있어요. 그리고 해당 고객이 제안서 내용은 정리가 잘되었지만, 요즘 같은 코로나 시기에는 이전과 동일한 사업적 효과가 있을지 궁금하다고 말한 것을 보면 알 수 있죠.
> A: 네, 기억납니다. 하지만 궁금하다고 말한 것이지 사업을 수용하지 않는다는 것은 아니지 않나요? 답변을 할 때도 굉장히 표정도 좋고 박수도 쳤는데 말이죠. 목소리도 부드러웠고요.

① A와 B는 고객의 답변에 대해 제안서 승낙이라는 의미로 동일하게 이해한다.
② A는 동일한 사업적 효과가 있을지 궁금하다는 표현을 제안한 사업에 대한 부정적 평가라고 판단한다.
③ B는 고객이 제안서에 의문을 제기한 내용을 근거로 고객의 답변에 대해 판단한다.
④ A는 비언어적 표현을 바탕으로 하여 고객의 답변을 제안서에 대한 완곡한 거절로 해석한다.

| 정답해설 |
③ B는 고객이 '동일한 사업적 효과가 있을지 궁금하다고 말한 것'을 근거로 고객의 답변이 완곡하게 거절하는 의사 표현이라고 판단하고 있다. 이는 B가 "보통 그런 상황에서는 완곡하게 거절하는 의사 표현이라 볼 수 있어요."라고 말한 부분에서 알 수 있다.

| 오답해설 |
① A는 고객의 답변을 부정적으로 보고 있지 않으므로 연락을 기다리고 있다. 반면, B는 고객의 답변을 완곡하게 거절하는 의사 표현으로 보고 있다. 즉, 제안서 승낙이라는 의미로 이해하고 있지 않다.
② A는 동일한 사업적 효과가 있을지 궁금하다는 고객의 말을 부정적 평가라고 판단하지 않고 있다.
④ A는 "표정도 좋고 박수도 ~ 부드러웠고요."와 같은 비언어적 표현을 근거로 고객의 답변을 완곡한 거절이 아닌 승낙으로 해석한다.

| 정답 | ③

STEP 4 대표 기출발문

• 다음 대화에 나타난 말하기 방식을 설명한 것으로 가장 적절하지 않은 것은?
• 다음 대화에서 나타난 '지민'의 의사소통 방식으로 가장 적절한 것은?

STEP 5 기출문제 살펴보기

● ㉠~㉣의 말하기 방식을 설명한 내용으로 가장 적절한 것은? 2023 지방직(= 서울시) 9급

> 김 주무관: AI에 대한 국민 이해도를 높이기 위해 설명회를 개최할 필요가 있다고 생각해요.
> 최 주무관: ㉠ 저도 요즘 그 필요성을 절감하고 있어요.
> 김 주무관: ㉡ 그런데 어떻게 준비해야 효과적으로 전달할 수 있을지 고민이에요.
> 최 주무관: 설명회에 참여할 청중 분석이 먼저 되어야겠지요.
> 김 주무관: 청중이 주로 어떤 분야에 관심이 있는지 알면 준비할 때 유용하겠네요.
> 최 주무관: ㉢ 그럼 청중의 관심 분야를 파악하려면 청중의 특성 중에서 어떤 것들을 조사하면 좋을까요?
> 김 주무관: ㉣ 나이, 성별, 직업 등을 조사할까요?

① ㉠: 상대의 의견에 대해 공감을 표현하고 있다.
② ㉡: 정중한 표현을 사용하여 직접 질문하고 있다.
③ ㉢: 자신의 반대 의사를 우회적으로 드러내고 있다.
④ ㉣: 의문문을 통해 상대의 의견을 반박하고 있다.

● 토론자들의 주장을 가장 적절하게 분석한 것은? 2016 지방직 9급

> 사회: 최근 보이스피싱 범죄가 모든 금융권으로 확산되면서 피해액이 늘어나고 있습니다. 이에 금융 당국이 은행에도 일부 보상 책임을 지게 하는 방안을 검토하는 것으로 알려지고 있습니다. 이에 대해 어떻게 생각하십니까?
> 영수: 개인들이 자신의 정보를 잘못 관리한 책임까지 은행에서 진다는 것은 문제가 있습니다. 도와드릴 수 있다면 좋겠지만, 은행 입장에서도 한계가 있는 부분이 있어 안타까울 뿐입니다.
> 민수: 소비자들이 자신의 개인 정보 관리에 다소 부주의함이 있다는 것은 인정합니다. 그러나 개인의 부주의를 얘기하는 것보다는 정부가 근본적인 해결책을 모색하는 것이 더욱 시급합니다.

① 영수와 달리, 민수는 보이스피싱 피해에 대한 책임을 소비자에게만 전가해서는 안 된다고 생각한다.
② 영수와 민수는 보이스피싱 범죄의 확산에 대한 일차적 책임이 은행과 정부에 있다고 생각한다.
③ 영수와 민수는 보이스피싱 범죄로 인한 피해를 방지하기 위해 은행에서 노력하고 있다고 생각한다.
④ 영수는 보이스피싱 범죄를 근본적으로 해결하기 위해 은행의 역할을, 민수는 정부의 역할을 강조한다.

단권화 MEMO

|정답해설|
① 설명회를 개최할 필요가 있다는 김 주무관의 발언에 대해 "저도 요즘 그 필요성을 절감하고 있어요."라고 최 주무관이 공감을 표현하고 있다.
|오답해설|
② 의문형이 아닌 '평서형'으로 표현(고민이에요)하고 있으므로 직접 질문하고 있는 것이 아님을 알 수 있다.
③ 청중의 관심 분야를 알면 유용하겠다는 김 주무관의 언급에 대해 청중의 관심 분야를 파악하기 위해 어떤 것을 조사해야 할지를 묻는 경우이므로 반대 의사를 표현하고 있다고 볼 수 없다.
④ 어떤 것을 조사하면 좋을지 묻는 최 주무관의 발화에 대해 김 주무관이 '나이, 성별, 직업' 등을 조사하자고 의문문의 형식으로 말하는 부분으로, 상대의 의견을 반박하는 것이 아니다.
|정답| ①

|정답해설|
① 영수는 보이스피싱 피해의 책임이 일차적으로 개인들에게 있다고 보고 있다. 민수는 개인들에게 책임이 있지만 정부 측의 근본적 해결책이 필요하다고 보고 있다. 따라서 '영수와 달리, 민수는 보이스피싱 피해에 대한 책임을 소비자에게만 전가해서는 안 된다고 생각한다.'라고 분석한 것은 적절하다.
|오답해설|
② 영수는 보이스피싱 범죄의 일차적 책임이 '개인'에게 있다고 보고 있다.
③ '은행에서 노력하고 있다.'라는 말은 영수와 민수 모두 언급하지 않았다.
④ 영수는 보이스피싱 범죄를 근본적으로 해결하기 위해 '은행'이 아닌 '개인'에게 그 책임을 돌리고 있다.
|정답| ①

CHAPTER

어휘 의미 파악 유형

- [ ] 1회독 월 일
- [ ] 2회독 월 일
- [ ] 3회독 월 일
- [ ] 4회독 월 일
- [ ] 5회독 월 일

교수님 코멘트▶ 어휘 의미 파악 유형은 기존 시험에서도 자주 출제되었던 유형이다. 2025년부터 전환되는 시험에서는 매 시험마다 빠지지 않고 출제될 것으로 예상한다.

STEP 1 출제기조 전환 예시문제 보기

● **㉠~㉣과 바꿔 쓸 수 있는 유사한 표현으로 적절하지 않은 것은?** 2025 출제기조 전환 예시문제

> 한국 신화에 보이는 신과 인간의 관계는 다른 나라의 신화와 ㉠ 견주어 볼 때 흥미롭다. 한국 신화에서 신은 인간과의 결합을 통해 결핍을 해소함으로써 완전한 존재가 되고, 인간은 신과의 결합을 통해 혼자 할 수 없었던 존재론적 상승을 이룬다.
>
> 한국 건국신화에서 주인공인 신은 지상에 내려와 왕이 되고자 한다. 천상적 존재가 지상적 존재가 되기를 ㉡ 바라는 것인데, 인간들의 왕이 된 신은 인간 여성과의 결합을 통해 자식을 낳음으로써 결핍을 메운다. 무속신화에서는 인간이었던 주인공이 신과의 결합을 통해 신적 존재로 ㉢ 거듭나게 됨으로써 존재론적으로 상승하게 된다. 이처럼 한국 신화에서 신과 인간은 서로의 존재를 필요로 한다는 점에서 상호의존적이고 호혜적이다.
>
> 다른 나라의 신화들은 신과 인간의 관계가 한국 신화와 달리 위계적이고 종속적이다. 히브리 신화에서 피조물인 인간은 자신을 창조한 유일신에 대해 원초적 부채감을 지니고 있으며, 신이 지상의 모든 일을 관장한다는 점에서 언제나 인간의 우위에 있다. 이러한 양상은 북유럽이나 바빌로니아 등에 ㉣ 퍼져 있는 신체 화생 신화에도 유사하게 나타난다. 신체 화생 신화는 신이 죽음을 맞게 된 후 그 신체가 해체되면서 인간 세계가 만들어지게 된다는 것인데, 신의 희생 덕분에 인간 세계가 만들어질 수 있었다는 점에서 인간은 신에게 철저히 종속되어 있다.

① ㉠: 비교해

② ㉡: 희망하는

③ ㉢: 복귀하게

④ ㉣: 분포되어

단권화 MEMO

| 정답해설 |

③ 인간이었던 주인공이 신적 존재로 새롭게 시작하는 것이므로 '복귀하다'로 바꾸면 어색하다. '복귀하다'는 본디의 자리나 상태로 되돌아가다는 뜻이다.

| 오답해설 |

맥락상 '견주다'는 '비교하다'로, '바라다'는 '희망하다'로, '퍼지다'는 '분포되다'로 바꿔 쓸 수 있다.

| 정답 | ③

STEP 2 유형 분석하기

'어휘 의미 파악' 유형은 지문 속 밑줄 그어져 있는 단어의 의미를 파악하는 유형으로 주로 다의어와 관련하여 출제되는 경향이 있다. 단어의 사전적 의미를 정확하게 파악하고 있는지를 묻는 유형이라기보다는 단어가 글의 맥락 속에서 대략적으로 어떤 의미를 가지고 있는지를 파악하게 하는 유형으로 보는 것이 맞다. 이 유형은 단독 문제로 출제되기도 하고 하나의 지문에 여러 문제가 세트형으로 제시될 때 다른 일반 유형의 문제들과 함께 출제되기도 한다. 또한 지문의 형식이 아닌 문장을 제시하고 문장 속 단어의 의미를 파악하게 하는 유형으로 출제되기도 한다. 기존에는 하나의 문장을 제시하는 유형으로 주로 출제되었지만, 앞으로 변경되는 2025년 시험에서는 세트형 문제에서 다른 일반 유형의 문제들과 함께 출제될 가능성이 높다.

STEP 3 독해방법 알아보기

'어휘 의미 파악' 유형은 단어의 의미를 묻는 문제이므로 단어의 사전적 의미를 정확하게 알고 있다면 당연히 쉽게 풀 수 있을 것이다. 하지만 '가다'라는 단어 하나만 예를 들어 보더라도 사전상 그 의미가 너무도 다양하다는 것을 알 수 있다. 따라서 우리가 공부 과정에서 모든 단어의 사전적 의미를 미리 정확하게 암기하고 이를 바탕으로 문제를 푸는 것은 현실적으로 불가능하다. 따라서 이 유형은 어쩌면 단어에 대한 모국어적 느낌에 기대어 문제를 풀어야 하는 유형으로 볼 수 있다. 그리고 모국어적인 느낌을 보다 정확하게 판단하기 위해서는 밑줄 그어진 단어가 어떤 맥락에서 쓰인 것인지를 잘 살펴야 한다. 글의 맥락이라는 것은 결국 독해의 영역이다. 따라서 이 유형 역시 앞서 제시한 독해 영역들과 함께 독해 실력이 성장해야 하는 영역으로 볼 수 있다. 독해를 잘하는 연습, 그리고 글의 맥락에 비추어 단어의 의미를 파악하는 연습을 열심히 해야 한다.

● **다음 중 ㉠~㉣의 문맥적 의미와 다르게 사용된 것은?** 2019 법원직 9급

> 고전은 왜 읽는가? 고전 속에는 오랜 세월을 견뎌 온 지혜가 살아 있다. 그때도 그랬고 지금도 그렇다. 고전은 시간을 타지 않는다. 아주 오래전에 쓰인 고전이 지금도 힘이 있는 것은 인간의 삶이 본질적으로 변한 적이 없기 때문이다. 사람은 누구나 태어나 성장하고, 늙고 병들어 죽는다. 자기 성취를 위해 애쓰고, 좋은 배우자를 얻어 경제적으로 넉넉한 삶을 누리며 살고 싶어 한다. 하지만 좋은 집과 많은 돈만으로 채워지지 않는 그 무엇이 있다. 사람이 태어나 이 세상에 왔다 간 보람을 어디서 찾을까?
>
> 연암 박지원 선생의 글 두 편에서 그 대답을 찾아본다. 먼저 '창애에게 답하다'[답창애(答蒼厓)]란 편지글에는 문득 눈이 뜨인, 앞을 못 보던 사람의 이야기가 나온다. 수십 년 동안 앞을 못 보며 살던 사람이 길 가던 도중에 갑자기 사물을 또렷이 볼 수 있게 되었다. 얼마나 놀라운 일인가? 늘 꿈꾸던 믿을 수 없는 일이 일어났다. 하지만 기쁨은 잠시, 앞을 못 보는 삶에 길들여져 있던 그는 한꺼번에 쏟아져 들어온 엄청난 정보를 도저히 처리할 능력이 없었다. 그는 갑자기 자기 집마저 찾지 못하는 바보가 되고 말았다. 답답하여 길에서 울며 서 있는 그에게 화담 선생은 도로 눈을 감고 지팡이에게 길을 물으라는 ㉠ 처방을 내려 준다.
>
> 또 '하룻밤에 아홉 번 강물을 건넌 이야기'[일야구도하기(一夜九渡河記)]에서는 황하를 건널 때 사람들이 하늘을 우러러 보는 이유를 설명했다. 거센 물결의 소용돌이를 직접 보면 그만 현기증이 나서 물에 빠지게 되기 때문이다. 그럼에도 물결 소리는 귀에 하나도 들리지 않는다. 눈에 보이는

단권화 MEMO

|정답해설|

③ ㉢에서 쓰인 '존재'는 '현실에 실제로 있음.'의 의미이다. 반면 ③의 '존재'는 '다른 사람의 주목을 끌 만한 두드러진 품위나 처지.'를 의미한다.

|오답해설|

① '처방'은 '일정한 문제를 처리하는 방법.'을 의미한다.
② '현혹'은 '정신을 빼앗겨 해야 할 바를 잊어버림.'을 의미한다.
④ '섭렵'은 '많은 책을 널리 읽거나 여기저기 찾아다니며 경험함.'을 의미한다.

|정답| ③

단권화 MEMO

것에 신경 쓸 겨를도 없는데 무슨 소리가 들리겠는가? 하지만 한밤중에 강물을 건널 때에는 온통 압도해 오는 물소리 때문에 모두들 공포에 덜덜 떨었다. 연암은 결국 눈과 귀는 전혀 믿을 것이 못 되고, 마음을 텅 비워 바깥 사물에 ㉡ 현혹되지 않는 것만 못하다고 결론을 맺는다.

이 두 이야기는 사실은 복잡한 정보화 사회를 살아가는 우리들이 귀담아들어야 할 내용이다. 사람들은 날마다 수없이 많은 정보를 받아들여 처리한다. 그런데 정보의 양이 감당할 수 없을 만큼 늘어나고 그 속에 진짜와 가짜가 뒤섞이게 되면, 갑자기 앞을 보게 된 그 사람처럼 제 집조차 못 찾거나, 정신을 똑바로 차린다는 것이 도리어 강물에 휩쓸리고 마는 결과를 낳는다. 앞을 못 보던 사람이 눈을 뜨는 것은 더없이 기쁘고 좋은 일이다. 위기 상황에서 정신을 똑바로 차리는 것은 언제나 중요하다. 하지만 그로 인해 자기 집을 잃고 미아가 되거나 더 큰 위험에 처하게 된다면, 차라리 눈과 귀를 믿지 않는 편이 더 나을지도 모른다.

한편, 길 가다가 문득 눈이 뜨인 그 사람은 앞으로도 계속 눈을 감고 지팡이에 의존해서 살아가야 하는 것일까? 한번 뜨인 눈을 다시 감을 수는 없다. 그의 문제는 길 가는 도중에 눈을 뜨는 바람에 제 집을 찾지 못하게 된 데서 생겼다. 그러니 지팡이를 짚고서라도 집을 찾는 것이 먼저다. 그다음에 눈을 똑바로 뜨고 제 집 대문 색깔과 골목의 위치를 잘 확인하고 나오면 된다. 그때부터는 지팡이가 전혀 필요 없다.

그 사람에게 눈을 도로 감으라는 것은 앞을 못 보던 예전의 삶으로 돌아가라는 것이 아니다. 주체적으로 판단하고 능동적으로 대처할 수 있는 상태를 유지하라는 말이다. 강물을 건널 때 물결을 보지 않으려고 하늘을 우러르고, 밤중에 강물 소리에 현혹되지 않아야 하는 것도 같은 이유이다. 변화는 그 다음에 온다. 길은 눈먼 사람만 잃고 헤매는 것이 아니다. 우리는 두 눈을 멀쩡히 뜨고도 날마다 길을 잃고 헤맨다. 운전자들은 차에 내비게이션을 달고도 길을 놓쳐 번번이 당황한다. 새로운 문제가 닥칠 때마다 여전히 혼란스럽다. 물결은 어디서나 밀려오고, 소음은 항상 마음을 어지럽힌다.

고전은 '창애에게 답하다'에 나오는 그 지팡이와 같다. 갑자기 길을 잃고 헤맬 때 길을 알려 준다. 지팡이가 있으면 길에서 계속 울며 서 있지 않아도 된다. 하지만 사람들은 일단 눈을 뜨고 나면 지팡이의 ㉢ 존재를 까맣게 잊는다. 그러고는 집을 못 찾겠다며 길에서 운다. 고전은 그러한 사람에게 길을 알려 주는 든든한 지팡이다. 뱃길을 잃고 캄캄한 밤바다를 헤매는 배에게 멀리서 방향을 일러 주는 듬직한 등댓불이다.

사물이 익숙해지면 지팡이는 필요 없다. 환한 대낮에는 등댓불이 없어도 괜찮다. 하지만 막 새롭게 눈을 뜬 사람에게는 지팡이가, 뱃길을 벗어나 밤바다를 헤매는 배에게는 등댓불의 도움이 절실하다. 우리는 길을 놓칠 때마다 고전을 통해 문제의 중심 위에 나를 다시 세워야 한다. 그러자면 긴 호흡으로 여러 분야의 고전들을 꾸준히 ㉣ 섭렵하는 성찰과 노력이 필요하다.

지금 당장 별 문제가 없어도 문제는 늘 다시 생겨난다. 밤중에 길 잃는 배는 항상 있게 마련이라 등대는 밤마다 불을 밝힌다. 평소 눈길조차 주지 않아도 고전은 늘 우리 곁을 지키고 있다. 삶이 문득 방향을 잃고 갈팡질팡할 때 고전의 힘은 눈먼 사람의 지팡이보다 더 큰 위력을 발휘한다. 어떤 상황에 놓이든지 당황하지 않고 침착하게 대응할 수 있으려면 평소에 생각의 힘을 든든하게 길러 놓지 않으면 안 된다. 다양한 고전을 늘 가까이에 두고 읽어야 하는 이유가 여기에 있다. 고전 속에서 현재 내가 처한 상황을 타개할 깨달음을 얻게 될 때의 그 기쁨은 말로 다 할 수가 없다. 고전에 대한 든든한 신뢰를 바탕으로 생활 속에서 고전을 늘 가까이하는 적극적인 태도가 필요하다.

– 정민, 「고전으로 무너진 중심을 다시 세워라」 –

① 지구 온난화를 막기 위한 다양한 처방이 학계에서 논의되고 있다.

② 그녀는 쇼핑 호스트의 말에 현혹되어 필요도 없는 물건을 한가득 샀다.

③ 사회적으로 성공한 그녀는 이제 남이 함부로 할 수 없는 존재가 되었다.

④ 그는 우선 철학서 섭렵을 통해 정의에 대해 알고자 하였다.

STEP 4 대표 기출발문

- 문맥상 ㄱ~ㄹ의 의미로 가장 적절하지 않은 것은?
- 다음 중 문맥상 ㄱ~ㄹ의 문맥적 의미와 다르게 사용된 것은?

STEP 5 기출문제 살펴보기

● **문맥상 ㉠~㉣의 의미로 가장 적절하지 않은 것은?** 2023 법원직 9급

> 프레임(frame)은 영화와 사진 등의 시각 매체에서 화면 영역과 화면 밖의 영역을 구분하는 경계로서의 틀을 말한다. 카메라로 대상을 포착하는 행위는 현실의 특정한 부분만을 떼어내 프레임에 담는 것으로, 찍은 사람의 의도와 메시지를 ㉠ 내포한다. 그런데 문, 창, 기둥, 거울 등 주로 사각형이나 원형의 형태를 갖는 물체들을 이용하여 프레임 안에 또다른 프레임을 만드는 경우가 있다. 이런 기법을 '이중 프레이밍', 그리고 안에 있는 프레임을 '이차 프레임'이라 칭한다.
>
> 이차 프레임의 일반적인 기능은 크게 세 가지로 구분할 수 있다. 먼저, 화면 안의 인물이나 물체에 대한 시선 ㉡ 유도 기능이다. 대상을 틀로 에워싸기 때문에 시각적으로 강조하는 효과가 있으며, 대상이 작거나 구도의 중심에서 벗어나 있을 때도 존재감을 부각하기가 용이하다. 또한 프레임 내 프레임이 많을수록 화면이 다층적으로 되어, 자칫 밋밋해질 수 있는 화면에 깊이감과 입체감이 부여된다. 광고의 경우, 설득력을 높이기 위해 이차 프레임 안에 상품을 위치시켜 주목을 받게 하는 사례들이 있다.
>
> 다음으로, 이차 프레임은 작품의 주제나 내용을 암시하기도 한다. 이차 프레임은 시각적으로 내부의 대상을 외부와 분리하는데, 이는 곧잘 심리적 단절로 이어져 구속, 소외, 고립 따위를 ㉢ 환기한다. 그리고 이차 프레임 내부의 대상과 외부의 대상 사이에는 정서적 거리감이 조성되기도 한다. 어떤 영화들은 작중 인물을 문이나 창을 통해 반복적으로 보여 주면서, 그가 세상으로부터 격리된 상황을 암시하거나 불안감, 소외감 같은 인물의 내면을 시각화하기도 한다.
>
> 마지막으로, 이차 프레임은 '이야기 속 이야기'인 액자형 서사 구조를 지시하는 기능을 하기도 한다. 일례로, 어떤 영화는 작중 인물의 현실 이야기와 그의 상상에 따른 이야기로 구성되는데, 카메라는 이차 프레임으로 사용된 창을 비추어 한 이야기의 공간에서 다른 이야기의 공간으로 들어가거나 빠져 나온다.
>
> 그런데 현대에 이를수록 시각 매체의 작가들은 이차 프레임의 ㉣ 범례에서 벗어나는 시도들로 다양한 효과를 끌어내기도 한다. 가령 이차 프레임 내부 이미지의 형체를 식별하기 어렵게 함으로써 관객의 지각 행위를 방해하여, 강조의 기능을 무력한 것으로 만들거나 서사적 긴장을 유발하기도 한다. 또 문이나 창을 봉쇄함으로써 이차 프레임으로서의 기능을 상실시켜 공간이나 인물의 폐쇄성을 드러내기도 한다. 혹은 이차 프레임 내의 대상이 그 경계를 넘거나 파괴하도록 하여 호기심을 자극하고 대상의 운동성을 강조하는 효과를 낳는 사례도 있다.

① ㉠: 어떤 성질이나 뜻 따위를 속에 품음.
② ㉡: 사람이나 물건을 목적한 장소나 방향으로 이끎.
③ ㉢: 탁한 공기를 맑은 공기로 바꿈.
④ ㉣: 예시하여 모범으로 삼는 것

단권화 MEMO

|정답해설|
③ 제시문의 맥락에서 ㉢ '환기'는 '주의나 여론, 생각 따위를 불러일으킴.'을 뜻한다.

|정답| ③

단권화 MEMO

|정답해설|
○○철도는 중국철도와 교류 정례화, 국제기구 활동 협력, 교육과정 운영 등 (실무와 관계된) 교류방안에도 뜻을 모았다고 하였으므로, 맥락상 ㉢에는 '실무적(實務的)'이 들어가는 것이 적절하다.

- 피상적(皮相的): 본질적인 현상은 추구하지 아니하고 겉으로 드러나 보이는 현상에만 관계하는 것.

|오답해설|
① 기술적(技術的): 기술에 관계가 있거나 기술에 의한 것.
② 정례화(定例化): 규칙적이지 않았던 일이 규칙적인 일로 됨. 또는 그렇게 함.
④ 친환경적(親環境的): 자연환경을 오염하지 않고 자연 그대로의 환경과 잘 어울리는 것.
⑤ 중장기적(中長期的): 중기와 장기를 아우르는 말로, 중간 정도 기간에서 오랜 기간에 걸치는 것.

|정답| ③

STEP 6 NCS 문제 살펴보기

● 다음 글의 밑줄 친 ㉠~㉤ 중 맥락상 쓰임이 적절하지 않은 것을 고르면?

2022 4월 오후 시행 코레일 기출 복원

○○철도는 11일 오전 서울사옥에서 중국국가철로집단유한공사(이하 '중국철도단')와 교류협력을 위한 업무협약을 체결했다고 밝혔다. 이번 업무협약은 ○○철도가 중국 철도기관과 맺는 첫 번째 협정으로 두 기관은 △유라시아 철도화물운송 협력과 경쟁력 강화 △철도 발전을 위한 인적·㉠ 기술적(技術的) 교류와 공동 연구 △제3국 철도시장 개척에 힘을 모으기로 약속했다. 또한 ○○철도는 중국철도와 교류 ㉡ 정례화(定例化), 국제기구 활동 협력, 교육과정 운영 등 ㉢ 피상적(皮相的)인 교류방안에도 뜻을 모았다. 지난 10일 방한한 중국철도단은 부산역 항만물류시설과 서울역 도심공항터미널을 방문하고 KTX를 시승하는 등 철도물류환적시설과 고속철도운영시스템을 시찰하며 상호 협력을 논의했다. 중국국가철로집단유한공사(CR, China Railway)는 국무원 산하 국유기업으로 18개의 철도 운영 및 유지보수 회사와 17개 자회사 업무를 총괄하고 있다.(직원 204만여 명, 2017년 기준) 중국철도의 고속선 길이는 29,000여km로 세계 고속철도의 60%에 이르며, 연간 전체 철도 수송인원은 31억여 명이다. 루동푸(陸東福) 중국철도단 회장은 "에너지 효율이 높고 ㉣ 친환경적(親環境的)인 철도는 중국과 한국의 미래 경제성장을 견인할 동력이다"며 "㉤ 중장기적(中長期的)인 철도건설계획에 함께 참여하고 지속적으로 관계를 이어가자"고 말했다. ○○철도 사장은 "세계 최대의 중국 고속철도 인프라가 한국과 세계철도 발전에 이바지할 수 있기를 기대한다"며 "중국의 규모와 한국의 운영기술이 협력해 제3국 철도시장 진출에도 앞장서자"고 밝혔다.

① ㉠: 기술적(技術的)
② ㉡: 정례화(定例化)
③ ㉢: 피상적(皮相的)
④ ㉣: 친환경적(親環境的)
⑤ ㉤: 중장기적(中長期的)

CHAPTER

10 논리형 문제 유형

1 회 독	월	일
2 회 독	월	일
3 회 독	월	일
4 회 독	월	일
5 회 독	월	일

교수님 코멘트▶ 논리형 문제 유형은 기존 시험에서는 보기 어려웠고, 2025년부터 전환되는 시험에서 새롭게 출제되는 유형이다. 앞으로 매 시험마다 빠지지 않고 출제될 것으로 예상한다.

STEP 1 출제기조 전환 예시문제 보기

● **다음 진술이 모두 참일 때 반드시 참인 것은?** 2025 출제기조 전환 예시문제

- 오 주무관이 회의에 참석하면, 박 주무관도 참석한다.
- 박 주무관이 회의에 참석하면, 홍 주무관도 참석한다.
- 홍 주무관이 회의에 참석하지 않으면, 공 주무관도 참석하지 않는다.

① 공 주무관이 회의에 참석하면, 박 주무관도 참석한다.
② 오 주무관이 회의에 참석하면, 홍 주무관은 참석하지 않는다.
③ 박 주무관이 회의에 참석하지 않으면, 공 주무관은 참석한다.
④ 홍 주무관이 회의에 참석하지 않으면, 오 주무관도 참석하지 않는다.

STEP 2 유형 분석하기

'논리형 문제' 유형은 기존 시험에는 없던 것으로, 2025년부터 전환되는 시험에서 새롭게 출제되는 유형이다. 이는 흔히 논리 게임으로 불리는 유형으로, 명제가 주어지고 그 명제를 근거로 내용을 추론하거나 옳고 그름을 판단하거나 결론을 추론하게 하는 유형으로 주로 출제된다. 이 문제를 정확하게 이해하고 풀려면 형식논리학적 지식이 요구된다. 다만, 이 유형을 위해 형식논리학 자체를 심도 있게 공부하는 것은 비효율적일 것이다. 역, 이, 대우 등 형식논리학의 기초적인 내용 정도를 숙지하고, 이를 바탕으로 문제에 접근하는 연습을 해야 한다.

단권화 MEMO

|정답해설|

④ 'A면 B이다.'라는 명제가 주어질 때 이 명제가 참이라면 'B가 아니면 A가 아니다.'라는 진술은 항상 참이 된다. 이처럼 후건을 부정하여 전건을 부정하는 것을 '대우'라고 한다. 명제가 참이라면 대우는 항상 참이 된다.
제시된 진술과 대우를 이용하여 조건을 정리해 보면 다음과 같다.
- 오 주무관이 회의에 참석하면, 박 주무관도 참석한다.
- 박 주무관이 회의에 참석하지 않으면, 오 주무관도 참석하지 않는다.
- 박 주무관이 회의에 참석하면, 홍 주무관도 참석한다.
- 홍 주무관이 회의에 참석하지 않으면, 박 주무관도 참석하지 않는다.
- 홍 주무관이 회의에 참석하지 않으면, 공 주무관도 참석하지 않는다.
- 공 주무관이 회의에 참석하면, 홍 주무관도 참석한다.

따라서 '홍 주무관이 회의에 참석하지 않으면, 박 주무관도 참석하지 않는다. 박 주무관이 회의에 참석하지 않으면, 오 주무관도 참석하지 않는다.'는 것을 알 수 있다.

|오답해설|

① 공 주무관이 회의에 참석하면, 홍 주무관도 참석하는 것은 확실히 알 수 있다. 하지만 박 주무관이 참석하는지는 확실히 알 수 없다.
② 오 주무관이 회의에 참석하면, 박 주무관도 참석한다. 박 주무관이 회의에 참석하면 홍 주무관도 참석한다. 따라서 홍 주무관이 참석하지 않는다는 진술은 바르지 않다.
③ 박 주무관이 회의에 참석하면, 홍 주무관도 참석하는 것은 알 수 있다. 하지만 공 주무관이 참석하는지는 정확히 알 수 없다.

|정답| ④

단권화 MEMO

STEP 3 독해방법 알아보기

형식논리학을 공부하는 것이 가장 정석적인 공부 방법이겠지만 이 유형만을 위해 방대하고 어려운 형식논리학을 공부하는 것은 매우 비효율적이다. 특히나 이 유형은 전문적인 형식논리학을 적용하는 문제들이라기보다는 단순히 역, 이, 대우 등 형식논리학의 기초적인 내용을 기반으로 풀어 나가는 유형이라고 볼 수 있다. 따라서 역, 이, 대우 등의 기초 개념을 숙지하고, 이 개념을 문제에 적용하는 연습을 많이 하는 것이 효율적이다. 몇몇 유형들이 반복 출제되는 경향이 있으므로 문제를 많이 풀며 연습하다 보면 문제 풀이 방식과 요령에 충분히 익숙해질 수 있다.

STEP 4 대표 기출발문

- 다음 조건이 모두 참이라고 할 때 항상 옳은 것은?
- 다음 중 한 명은 반드시 거짓말을 한다고 할 때 반드시 참인 사람은?

STEP 5 NCS 문제 살펴보기

● **A~E 중 두 명이 회의에 참석하였고, 세 명은 회의에 참석하지 않았다. 다음 중 한 명은 반드시 거짓말을 하고, 나머지 네 명은 반드시 참을 말한다고 할 때, 회의에 참석한 사람을 고르면?**

2021 5월 시행 한국전력공사 기출 변형

- A: B와 D 중 참석한 사람이 있어.
- B: C는 참석했어.
- C: 나는 참석하지 않았고, D는 참을 말하고 있어.
- D: 나는 참석하였고, E는 참석하지 않았어.
- E: 나는 참석하지 않았고, A도 참석하지 않았어.

① A, C ② A, D ③ B, D
④ B, E ⑤ D, E

|정답해설|
③ C는 D가 참을 말하고 있다고 하였으므로 C가 참이면 D도 참, C가 거짓이면 D도 거짓이다. 거짓을 말하는 사람은 1명이므로 C와 D 모두 반드시 참이어야 한다. C와 D가 참이면 C와 E는 참석하지 않았고, D는 참석하였다. 이에 따라 A와 E의 발언이 참, B의 발언은 거짓이므로 A도 참석하지 않았다. 이때 A, C, E가 참석하지 않았으므로 회의에 참석한 사람은 B, D이다.

|정답| ③

● **이번 주 월요일, 수요일, 금요일에 7명의 직원들이 나누어서 외근을 한다. 다음 〈조건〉에 따라 외근한다고 할 때, 항상 옳은 것을 고르면?**

2021 5월 시행 한국전력공사 기출 변형

〈조건〉

- 매일 1명 이상이 외근을 하고, 모두 1번씩 외근을 한다.
- 매 요일마다 외근하는 사람의 수는 다르다.
- 월요일에 외근을 하는 사람이 금요일에 외근하는 사람보다 많다.

① 월요일에 외근하는 사람의 수가 홀수이면 금요일에 외근하는 사람의 수는 짝수이다.
② 수요일에 외근하는 사람의 수가 2명이면 월요일에 외근하는 사람의 수는 1명이다.
③ 수요일에 외근하는 사람의 수는 홀수이다.
④ 금요일에 외근하는 사람의 수는 2명이다.
⑤ 수요일에 외근하는 사람의 수가 4명이면 금요일에 외근하는 사람의 수는 1명이다.

|정답해설|
⑤ 7명이 서로 다른 인원수로 외근을 하려면 반드시 4명, 2명, 1명으로 나뉘어 외근해야 한다. 월요일은 금요일보다 외근하는 사람이 많으므로 월요일은 반드시 2명 또는 4명이 외근한다. 월요일에 2명이 외근한다면 금요일에는 1명이 외근하고, 수요일에 4명이 외근한다. 월요일에 4명이 외근한다면 수요일 또는 금요일에 1명 또는 2명이 외근한다. 따라서 수요일에 외근하는 사람의 수가 4명이면 금요일에 외근하는 사람의 수는 1명이다.

|오답해설|
① 월요일에는 반드시 2명 또는 4명이 외근하므로 월요일에 외근하는 사람의 수가 홀수인 경우는 존재하지 않는다.
② 수요일에 외근하는 사람의 수가 2명이면 월요일에 외근하는 사람의 수는 4명, 금요일에 외근하는 사람의 수는 1명이다.
③ 수요일에 외근하는 사람의 수는 1명 또는 2명 또는 4명이므로 반드시 홀수라고 할 수 없다.
④ 금요일에 외근하는 사람의 수는 1명 또는 2명이므로 반드시 2명이라고 할 수 없다.

|정답| ⑤

● 한국수자원공사에서 A~H까지 8명의 직원이 원탁에 둘러앉아 회의하고 있다. 직원의 직급과 인원 수는 부장 1명, 차장 1명, 과장 2명, 대리 3명, 사원 1명이고, 직원의 배치가 아래 〈조건〉과 같을 때, 다음 중 부장의 왼쪽에 앉은 사람과 차장의 오른쪽에 앉은 사람을 차례대로 나열한 것을 고르면?

2021 상반기 시행 한국수자원공사 기출 복원

〈조건〉

- 과장들끼리는 이웃하여 앉아 있다.
- D는 차장이고, E의 오른쪽에 앉아 있다.
- G는 자신과 직급이 같은 사람과 이웃하여 앉아 있다.
- 사원은 A와 마주 보고 있고, F의 오른쪽에 앉아 있다.
- B의 왼쪽에는 과장이 앉고, 오른쪽에는 대리가 앉아 있다.
- 차장은 부장과 마주 보고 있고, 2명의 대리 사이에 앉아 있다.
- C는 과장과 마주 보고 있고, 그의 양옆에는 직급이 같은 사람이 앉아 있다.

① A 대리, H 대리 ② F 과장, E 대리

③ G 과장, H 대리 ④ E 대리, C 사원

단권화 MEMO

|정답해설|

③ B의 왼쪽에는 과장이, 오른쪽에는 대리가 앉아 있으며, 과장들끼리는 이웃하여 앉아 있으므로 과장–과장–B–대리 순으로 앉아 있다. 차장은 부장과 마주 보고 있으므로 B는 부장이다. D는 차장이고, E의 오른쪽에 앉아 있으며, 2명의 대리 사이에 앉아 있다. 이때 남은 한 자리는 사원이다. 이를 정리하면 다음과 같다.

C는 과장과 마주 보고 있고, 양옆 사람의 직급이 같으므로 사원이 C가 되며, 사원은 A와 마주 보고 있고, F의 오른쪽에 앉아 있다. 이때 G는 자신과 직급이 같은 사람과 이웃하여 앉아 있으므로 G는 과장이다. 이에 따라 남은 대리가 H임을 알 수 있다. 이를 정리하면 다음과 같다.

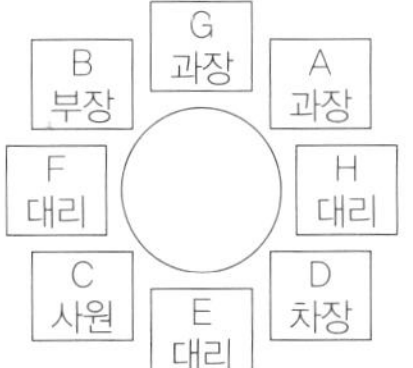

따라서 부장의 왼쪽에 앉은 사람은 G 과장이고, 차장의 오른쪽에 앉은 사람은 H 대리이다.

|정답| ③

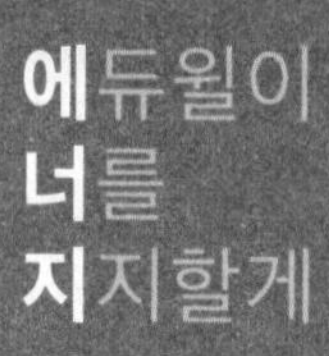

ENERGY

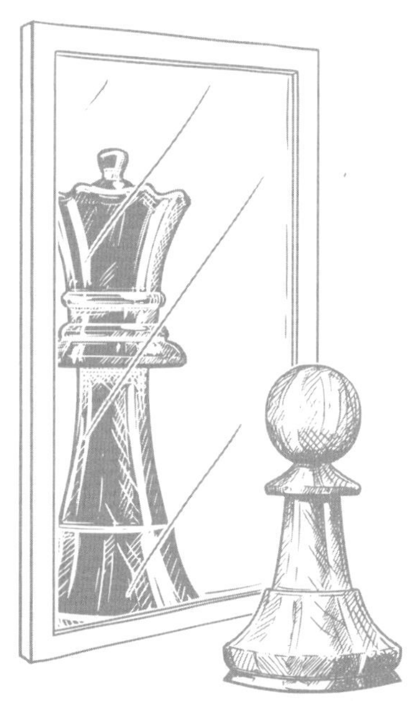

되고 싶은 사람의 모습에
자신의 현재의 모습을 투영하라.

– 에드거 게스트(Edgar Guest)

I 독해 비문학

교수님 코멘트 ▶ 이 영역에서는 글의 주제 찾기, 일치/불일치 확인하기, 문장이나 문단 배열하기, 괄호에 들어갈 단어, 문장, 문단 추론하기 등이 자주 출제된다. 특히 최근에는 독해 중에서도 장문 독해 부분의 출제 비중이 높아지고 있는 추세이다. 짧은 글을 읽는 연습뿐만 아니라 긴 글을 빠르게 읽고 문제를 푸는 연습도 필요하다.

주제 찾기

01

2023 지방직 9급

다음 글의 중심 내용으로 가장 적절한 것은?

교환가치는 거래를 통해 발생하는 가치이며, 사용가치는 어떤 상품을 사용할 때 느끼는 가치이다. 전자가 시장에서 결정된다는 점에서 객관적이라면, 후자는 개인에 따라 다르다는 점에서 주관적이다. 상품에는 사용가치와 교환가치가 섞여 있는데, 교환가치가 아무리 높아도 '나'에게 사용가치가 없다면 해당 상품을 구매하지 않을 것이다.

하지만 이 같은 상식이 통하지 않는 경우를 종종 볼 수 있다. 예를 들어 보자. 인터넷 커뮤니티에서 백만 원짜리 공연 티켓을 판매하는데, 어떤 사람이 "이 공연의 가치는 돈으로 환산할 수 없어요." 등의 댓글들을 보고서 애초에 관심도 없던 이 공연의 티켓을 샀다. 그에게 그 공연의 사용가치는 처음에는 없었으나 많은 댓글로 인해 사용가치가 있을 것으로 잘못 판단한 것이다. 안타깝게도, 그는 그 공연에서 조금도 만족하지 못했다.

이 사례에서 볼 때 건강한 소비를 위해서는 구매하려는 상품의 사용가치가 어떤 과정을 거쳐 결정된 것인지 곰곰이 생각해봐야 한다. '나'에게 얼마나 필요한가에 대한 고민 없이 다른 사람들의 말에 휩쓸려 어떤 상품의 사용가치가 결정될 때, 그 상품은 '나'에게 쓸모없는 골칫덩이가 될 수 있다.

① 사용가치보다 교환가치가 큰 상품을 구매해야 한다.
② 상품을 구매할 때 사용가치와 교환가치를 두루 고려해야 한다.
③ 상품에 대한 다른 사람들의 평가를 반영해서 상품을 구매해야 한다.
④ 상품을 구매할 때 사용가치가 자신의 필요에 의해 결정된 것인지 신중하게 따져야 한다.

02

2018 국가직 9급

다음 글의 중심 내용으로 가장 적절한 것은?

'언문'은 실용 범위에 제약이 있었는데, 이런 현실은 '언간'에도 적용된다. '언간' 사용의 제약은 무엇보다 이것을 주고받은 사람의 성별(性別)에서 뚜렷이 드러난다. 15세기 후반 이래로 숱한 언간이 현전하지만 남성 간에 주고받은 언간은 찾아보기 어렵다. 이는 남성 간에는 한문 간찰이 오간 때문이나 남성이 공적인 영역을 독점했던 당시의 현실을 감안하면 '언문'이 공식성을 인정받지 못했던 사실과 상통한다. 결국 조선시대에는 언간의 발신자나 수신자 어느 한쪽으로 반드시 여성이 관여하는 특징을 보인다고 할 수 있다.

이러한 사용자의 성별 특징으로 인하여 종래 '언간'은 '내간'으로 일컬어지기도 하였다. 그러나 이러한 명칭 때문에 내간이 부녀자만을 상대로 하거나 부녀자끼리만 주고받은 편지로 오해되어서는 안 된다. 16, 17세기의 것만 하더라도 수신자는 왕이나 사대부를 비롯하여 한글 해독 능력이 있는 하층민에 이르기까지 거의 전 계층의 남성이 될 수 있었기 때문이다. 한문 간찰이 사대부 계층 이상 남성만의 전유물이었다면 언간은 특정 계층에 관계없이 남녀 모두의 공유물이었다고 할 수 있다.

① '언문'과 마찬가지로 '언간'의 실용 범위에는 제약이 있었다.
② 사용자의 성별 특징으로 인해 '언간'은 '내간'으로 일컬어졌다.
③ 언간은 특정 계층과 성별에 관계없이 이용된 의사소통 수단이었다.
④ 조선 시대에는 언간의 발신자나 수신자 어느 한쪽으로 반드시 여성이 관여하는 특징을 보인다.

03

2016 국가직 9급

다음 글을 읽고 추론한 내용으로 가장 적절한 것은?

한 연구원이 어떤 실험을 계획하고 참가자들에게 이렇게 설명했다.

"여러분은 지금부터 둘씩 조를 지어 함께 일을 하게 됩니다. 여러분의 파트너는 다른 작업장에서 여러분과 똑같은 일을, 똑같은 노력을 기울여야 할 것입니다. 이번 실험에 대한 보수는 각 조당 5만 원입니다."

실험 참가자들이 작업을 마치자 연구원은 참가자들을 세 부류로 나누어 각각 2만 원, 2만 5천 원, 3만 원의 보수를 차등 지급하면서, 그들이 다른 작업장에서 파트너가 받은 액수를 제외한 나머지 보수를 받은 것으로 믿게 하였다.

그 후 연구원은 실험 참가자들에게 몇 가지 설문을 했다. '보수를 받고 난 후에 어떤 기분이 들었는지, 나누어 받은 돈이 공정하다고 생각하는지'를 묻는 것이었다. 연구원은 설문을 하기 전에 3만 원을 받은 참가자가 가장 행복할 것이라고 예상했다. 그런데 결과는 예상과 달랐다. 3만 원을 받은 사람은 2만 5천 원을 받은 사람보다 덜 행복해했다. 자신이 과도하게 보상을 받아 부담을 느꼈기 때문이다. 2만 원을 받은 사람도 덜 행복해한 것은 마찬가지였다. 받아야 할 만큼 충분히 받지 못했다고 생각했기 때문이다.

① 인간은 공평한 대우를 받을 때 더 행복해한다.
② 인간은 남보다 능력을 더 인정받을 때 더 행복해한다.
③ 인간은 타인과 협력할 때 더 행복해한다.
④ 인간은 상대를 위해 자신의 몫을 양보했을 때 더 행복해한다.

정답&해설

01 ④ 주제 찾기

마지막 문단의 "'나'에게 얼마나 필요한가에 대한 고민 없이 ~ 골칫덩이가 될 수 있다."를 통해 건강한 소비를 위해서는 구매하려는 상품의 사용가치가 합리적인 과정을 거쳐 결정된 것인지 곰곰이 생각해 봐야 한다는 내용의 글임을 알 수 있다.

02 ③ 주제 찾기

제시된 글의 요지는 '언간은 발신자나 수신자 어느 한쪽으로 반드시 여성이 관여하는 특징을 보이지만 그렇다고 남성이 배제된 것은 아니었으며, 언간은 특정 계층에 관계없이 남녀 모두의 공유물이었다.'이다. 따라서 정답은 ③이다.

| 오답해설 | ①②④ 지문에 내용이 언급되기는 하지만 중심 내용으로 보기 어렵다.

03 ① 주제 찾기

제시된 글의 실험 결과는 피험자가 자신의 파트너보다 더 보상받거나 덜 보상받을 때 모두 행복해하지 않았음을 보여 준다. 그러므로 인간은 공평한 대우를 받을 때 더 행복해한다는 ①이 정답이다.

| 정답 | 01 ④ 02 ③ 03 ①

04

2019 국가직 7급

다음 글의 주장으로 가장 적절한 것은?

> 사람은 일곱 자의 몸뚱이를 지니고 있지만 마음과 이치를 제하고 나면 귀하다 할 만한 것은 없다. 온통 한 껍데기의 피고름이 큰 뼈 덩어리를 감싸고 있을 뿐이다. 배고프면 밥 먹고 목마르면 물 마신다. 옷을 입을 줄도 알고 음탕한 욕심을 채울 줄도 안다. 가난하고 천하게 살면서 부귀를 사모하고, 부귀하게 지내면서 권세를 탐한다. 성날 때는 싸우고 근심이 생기면 슬퍼한다. 궁하게 되면 못하는 짓이 없고, 즐거우면 음란해진다. 무릇 백 가지 하는 바가 한결같이 본능에 따르니, 늙어 죽은 뒤에야 그만둘 따름이다. 그렇다면 이를 짐승이라 말하여도 괜찮을 것이다.

① 근심과 슬픔은 늙기 전까지 끊이지 않는다.
② 빈부 격차는 인간 삶의 지향성에 영향을 준다.
③ 마음으로 본능을 다스리는 삶의 자세가 필요하다.
④ 자연의 이치를 알고자 하는 욕구는 사람에게 본능적이다.

05

2019 지방직 9급

다음 글의 제목으로 가장 적절한 것은?

> 계몽주의 사상가들은 명백히 모순되는 두 개의 견해를 취했다. 그들은 인간의 위치를 자연계 안에서 해명하려고 애썼다. 역사의 법칙이란 것을 자연의 법칙과 동일한 것으로 여겼다. 다른 한편, 그들은 진보를 믿었다. 그렇다면 그들이 자연을 진보하는 것으로, 다시 말해 끊임없이 어떤 목적을 향해서 전진하는 것으로 받아들인 데에는 어떤 근거가 있었던가? 헤겔은 역사는 진보하는 것이고 자연은 진보하지 않는 것이라고 뚜렷이 구분했다. 반면, 다윈은 진화와 진보를 동일한 것으로 주장함으로써 모든 혼란을 정리한 듯했다. 자연도 역사와 마찬가지로 진보하는 것으로 본 것이다. 그러나 이것은 진화의 원천인 생물학적인 유전(biological inheritance)을 역사에서의 진보의 원천인 사회적인 획득(social acquisition)과 혼동함으로써 훨씬 더 심각한 오해에 이를 수 있는 길을 열어 놓았다. 오늘날 그 둘이 분명히 구별된다는 것은 익히 알려진 것이다.

① 자연의 진보에 대한 증거
② 인간 유전의 사회적 의미
③ 역사의 법칙과 자연의 법칙
④ 진보와 진화에 관한 견해들

06

2016 국가직 9급

글의 제목으로 가장 적절한 것은?

> 평화로운 시대에 시인의 존재는 문화의 비싼 장식일 수 있다. 그러나 시인의 조국이 비운에 빠졌거나 통일을 잃었을 때 시인은 장식의 의미를 떠나 민족의 예언가가 될 수 있고, 민족혼을 불러일으키는 선구자적 지위에 놓일 수도 있다. 예를 들면 스스로 군대를 가지지 못한 채 제정 러시아의 가혹한 탄압 아래 있던 폴란드 사람들은 시인의 존재를 민족의 재생을 예언하고 굴욕스러운 현실을 탈피하도록 격려하는 예언자로 여겼다. 또한 통일된 국가를 가지지 못하고 이산되어 있던 이탈리아 사람들은 시성 단테를 유일한 '이탈리아'로 숭앙했고, 제1차 세계 대전 때 독일군의 잔혹한 압제하에 있었던 벨기에 사람들은 베르하렌을 조국을 상징하는 시인으로 추앙하였다.

① 시인의 생명(生命)　② 시인의 운명(運命)
③ 시인의 사명(使命)　④ 시인의 혁명(革命)

07

2016 지방직 9급

다음 글의 제목으로 가장 적절한 것은?

> 어느 대학의 심리학 교수가 그 학교에서 강의를 재미없게 하기로 정평이 나 있는, 한 인류학 교수의 수업을 대상으로 실험을 계획했다. 그 심리학 교수는 인류학 교수에게 이 사실을 철저히 비밀로 하고, 그 강의를 수강하는 학생들에게만 사전에 몇 가지 주의 사항을 전달했다. 첫째, 그 교수의 말 한 마디 한 마디에 주의를 집중하면서 열심히 들을 것. 둘째, 얼굴에는 약간 미소를 띠면서 눈을 반짝이며 고개를 끄덕이기도 하고 간혹 질문도 하면서 강의가 매우 재미있다는 반응을 겉으로 나타내며 들을 것.
>
> 한 학기 동안 계속된 이 실험의 결과는 흥미로웠다. 우선 재미없게 강의하던 그 인류학 교수는 줄줄 읽어 나가던 강의 노트에서 드디어 눈을 떼고 학생들과 시선을 마주치기 시작했고 가끔씩은 한두 마디 유머 섞인 농담을 던지기도 하더니, 그 학기가 끝날 즈음엔 가장 열의 있게 강의하는 교수로 면모를 일신하게 되었다. 더욱더 놀라운 것은 학생들의 변화였다. 처음에는 실험 차원에서 열심히 듣는 척하던 학생들이 이 과정을 통해 정말로 강의에 흥미롭게 참여하게 되었고, 나중에는 소수이긴 하지만 아예 전공을 인류학으로 바꾸기로 결심한 학생들도 나오게 되었다.

① 학생 간 의사소통의 중요성
② 교수 간 의사소통의 중요성
③ 언어적 메시지의 중요성
④ 공감하는 듣기의 중요성

08

2014 국가직 7급

다음 글의 제목으로 가장 적절한 것은?

> 소설가는 자신이 인생에서 발견한 것을 이야기로 풀어 쓰는 사람이다. 그가 발견하는 것은 사회의 모순일 수도 있고 본능의 진실이거나 영혼의 전율일 수도 있다. 어쨌든 소설가는 그것을 써서 발견자로서의 책임을 짊어진다.
>
> 인터넷 시대의 디지털 환경은 이 같은 발견자의 자신감을 뒤흔들어 놓았다. 심란한 얼굴로 소설의 위기를 말하는 작가들이 늘어났다. 멀티미디어의 등장으로 독자들의 관심이 문학에서 멀어져 가는 현상은 차라리 표면적인 위기라고 한다. 정보 혁명이 초래한 현실의 복잡성 때문에 인생을 관찰하고 뭔가를 발견하기 힘들다는 무력감이야말로 한층 더 심층적인 위기라는 것이다.
>
> 누구나 자유롭게 자기를 표현할 수 있는 인터넷의 쌍방향성은 독자와 작가의 구별을 없애 버렸다. 또 독자 스스로 이야기의 중요 지점에 개입하여 뒷이야기를 선택할 수 있는 하이퍼텍스트 픽션이 등장했다. 미국에서 CD로 출판된 셸리 잭슨의 하이퍼텍스트 픽션 '패치워크 걸(Patchwork Girl)'은 상업적으로 성공했을 뿐만 아니라 다중 인격의 역동성과 여성적인 몸의 상징성을 잘 표현한 걸작이라는 찬사를 받고 있다. 소설은 빠른 속도로 시뮬레이션 게임에 가까워지고 있는 것이다.
>
> 언어에 대한 날카로운 감수성으로 삶의 궁극적인 의문들을 다뤄 온 소설가들에게 작품이 네트워크 위에 떠서 음악, 사진, 동영상과 결합돼 가는 이런 변화는 확실히 당혹스럽다. 그러나 이것이 과연 소설가의 존재 이유를 뒤흔들 만큼 본질적인 변화일까. 단연코 아니라고 말하고 싶다.

① 정보 혁명과 소설의 몰락
② 디지털 시대와 소설가의 변화
③ 소설가의 사명과 소설의 본질
④ 소설과 하이퍼텍스트

정답&해설

04 ③ 주제 찾기

필자는 마음과 이치를 제외하면 우리 몸뚱이는 귀할 것이 없다고 주장한다. 우리 몸은 다만 본능에 따르는 짐승일 뿐이라고 생각하고 이를 비판하고 있다. 따라서 마음과 이치를 통해 본능을 다스리는 삶을 살아가기를 요구한다고 볼 수 있다.

05 ④ 주제 찾기

글쓴이는 계몽주의 사상가인 헤겔과 다윈 등을 소개하며 진보와 진화에 대한 다양한 견해를 설명하고 있다. 따라서 글의 제목으로 ④가 가장 적절하다.

06 ③ 주제 찾기

제시된 글에서는 시인이 평화로운 시대에는 장식적 존재일 수 있으나 그렇지 않은 시대에는 민족의 예언가나 선구자적 지위에 놓인다고 주장하였다. 이때의 예언가, 선구자는 시인의 역할로 볼 수 있으므로, '맡겨진 임무'를 뜻하는 ③ '시인의 사명'이 글의 제목으로 가장 적절하다.

07 ④ 주제 찾기

학생들이 인류학 교수에게 보인 반응은 적극적인 언어적·비언어적 메시지를 활용한 듣기이므로 공감적 듣기라고 할 수 있다. 또한 학생들의 이러한 반응은 교수를 변화시켰을 뿐 아니라 학생들의 행동과 태도의 변화도 가져왔으므로 제시된 글의 내용은 ④ '공감하는 듣기의 중요성'을 설명하고 있는 것으로 볼 수 있다.

08 ② 주제 찾기

제시된 글은 인터넷 시대의 디지털 환경으로 인한 소설가들의 위기의식을 말하고 있다. 하지만 필자는 이는 소설가들의 본질을 흔들 만한 것은 아니라고 말하며, 결국 '위기'가 아닌 '변화 과정'이라는 입장을 밝히고 있다. 따라서 ② '디지털 시대와 소설가의 변화'가 제시된 글의 제목으로 적절하다.

| 정답 | 04 ③ 05 ④ 06 ③ 07 ④ 08 ②

09

2014 지방직 9급

다음 글의 제목으로 가장 적절한 것은?

예술에 해당하는 '아트(art)'는 '조립하다', '고안하다'라는 의미를 가진 라틴어의 '아르스(ars)'에서 비롯되었고, 예술을 의미하는 독일어 '쿤스트(Kunst)'는 '알고 있다', '할 수 있다'라는 의미의 '쾬넨(können)'에서 비롯되었다. 이러한 의미 모두 일정한 목적을 가진 일을 잘 해낼 수 있는 숙련된 기술을 의미한다. 따라서 이들 용어는 예술뿐만 아니라 수공이나 기타 실용적인 기술들을 모두 포괄하고 있다고 볼 수 있다.

미적인 의미로 한정해서 쓰이는 예술의 개념은 18세기에 들어와서야 비로소 두드러지게 나타나기 시작했으며 예술을 일반적인 기술과 구별하기 위하여 특별히 '미적 기술(영어: fine arts, 프랑스어: beaux-arts)'이라고 하는 표현이 사용되었다. 생활에 유용한 것을 만들기 위한 실용적인 기술과 구별되는 좁은 의미의 예술은 조형 예술에 국한되기도 하지만, 일반적으로는 조형 예술 이외의 음악, 문예, 연극, 무용 등을 포함한 미적 가치의 실현을 본래의 목적으로 하는 기술을 가리키는 것으로 이해된다.

① '예술'과 '기술'의 차이
② '예술'의 변천과 그 원인
③ '예술'의 속성과 종류
④ '예술'의 어원과 그 의미의 변화

10

2014 지방직 7급

다음 글의 중심 내용으로 가장 적절한 것은?

옛날 어느 나라에 장군이 있었다. 병사들과 생사고락을 같이하는, 능력 있는 장군이었다. 하루는 전쟁터에서 휘하의 군사들을 점검하다가 등창이 나서 고생하는 한 병사를 만났다. 장군은 그 병사의 종기에 입을 대고 피고름을 빨아냈다. 종기로 고생하던 병사는 물론 그 장면을 지켜본 모든 군사들이 장군의 태도에 감동했다. 하지만 이 소식을 들은 그 병사의 어머니는 슬퍼하며 소리 내어 울었다. 마을 사람들이 의아해하며 묻자 그 어머니는 말했다. 장차 내 아들이 전쟁터에서 죽게 될 텐데, 어찌 슬프지 않겠는가.

이 병사의 어머니는, 교환의 질서와 구분되는 증여의 질서를 정확하게 간파하고 있다. 말뜻 그대로 보자면 교환은 주고받는 것이고, 증여는 그냥 주는 것이다. 교환의 질서가 현재 우리 삶의 핵심적인 요소라는 점에는 긴 설명이 필요 없을 것이다. 자본주의 시장 경제의 으뜸가는 원리가 등가교환이기 때문이다. 그렇다면 증여의 질서란 무엇인가. 단지 주기만 하는 것인가. 일단 간 것이 있는데 오는 것이 없기는 어렵다. 위의 예에서처럼 장군은 단지 자기 휘하 병사의 병을 걱정했을 뿐이지만 그 행위는 다른 형태로 보답받는다. 자기를 배려하고 인정해 준 장군에게 병사가 돌려줄 수 있는 최고의 것은 목숨을 건 충성일 것이다. 어머니가 슬퍼했던 것이 바로 그것이기도 했다. 내게 주어진 신뢰와 사랑이라는 무형의 선물을 목숨으로 갚아야 한다는 것.

그렇다면 교환이나 증여는 모두 주고받는 것이라는 점에서는 마찬가지가 아닌가. 이 둘은 어떻게 구분되는가. 최소한 세 가지 점을 지적할 수 있겠다. 첫째, 교환과 달리 증여는 계량 가능한 물질을 매개로 하지 않는다. 둘째, 교환에서는 주고받는 일이 동시적으로 이루어지지만, 선물을 둘러싼 증여와 답례는 시간을 두고 이루어진다. 그래서 증여는 '지연된 교환'이다. 셋째, 교환과는 달리 증여에는 이해관계가 개입하지 않는다.

① 증여와 교환의 차이
② 어머니의 자식 사랑
③ 자본주의 시장 경제의 원리
④ 장군의 헌신과 사랑

11

2014 지방직 9급

다음 글의 중심 내용으로 가장 적절한 것은?

> 한 번에 두 가지 이상의 일을 할 때 당신은 마음에게 흩어지라고 지시하는 것입니다. 그것은 모든 분야에서 좋은 성과를 내는 데 필수적인 요소가 되는 집중과는 정반대입니다. 당신은 자신의 마음이 분열되는 상황에 처하도록 하는 경우도 많습니다. 마음이 흔들리도록, 과거나 미래에 사로잡히도록, 문제들을 안고 낑낑거리도록, 강박이나 충동에 따라 행동하는 때가 그런 경우입니다. 예를 들어, 읽으면서 동시에 먹을 때 마음의 일부는 읽는 데 가 있고, 일부는 먹는 데 가 있습니다. 이런 때는 어느 활동에서도 최상의 것을 얻지 못합니다. 다음과 같은 부처의 가르침을 명심하세요. '걷고 있을 때는 걸어라. 앉아 있을 때는 앉아 있어라. 갈팡질팡하지 마라.' 당신이 하는 모든 일은 당신의 온전한 주의를 받을 가치가 있는 것이어야 합니다. 단지 부분적인 주의를 받을 가치밖에 없다고 생각하면, 그것이 진정으로 할 가치가 있는지 자문하세요. 어떤 활동이 사소해 보이더라도, 당신은 마음을 훈련하고 있다는 사실을 명심하세요.

① 일을 시작하기 전에 먼저 사소한 일과 중요한 일을 구분하는 습관을 기르라.
② 한 번에 두 가지 이상의 일을 성공적으로 수행할 수 있도록 훈련하라.
③ 자신이 하는 일에 전적으로 주의를 집중하라.
④ 과거나 미래가 주는 교훈에 귀를 기울이라.

정답&해설

09 ④ 주제 찾기

제시된 글은 예술을 의미하는 단어인 '아트(art)'와 '쿤스트(Kunst)'의 어원을 소개하면서, 해당 용어의 의미가 예술뿐만 아니라 수공이나 기타 실용적인 기술들을 모두 포괄하는 것에서 어떻게 미적인 의미로 한정해서 쓰이게 되었는지 설명하고 있다. 따라서 ④ '예술의 어원과 그 의미의 변화'가 제목으로 적절하다.

10 ① 주제 찾기

제시된 글은 '장군의 일화'를 통해 끌어온 '증여'의 개념을 바탕으로 '증여와 교환'의 의미를 3가지 관점에서 구별하고 있다. 따라서 전체 맥락을 통해 ① '증여와 교환의 차이'가 중심 내용임을 알 수 있다.

11 ③ 주제 찾기

'한 번에 두 가지 이상을 같이 하지 마라. 그러면 어느 것도 최상의 것을 얻지 못한다. 당신이 하는 모든 일에 온전한 주의를 기울여라.'가 제시된 글의 핵심 내용이다. 이를 정리하면 ③ '자신이 하는 일에 전적으로 주의를 집중하라.'가 정답이다.

| 정답 | 09 ④ 10 ① 11 ③

12

2020 지방직(= 서울시) 9급

다음 글의 주장으로 가장 적절한 것은?

> 우리에게 친숙한 동물들의 사소한 행동을 살펴보면 그들이 자신의 환경을 개조한다는 것을 알 수 있다. 가장 단순한 생명체는 먹이가 그들에게 헤엄쳐 오게 만들고, 고등동물은 먹이를 구하기 위해 땅을 파거나 포획 대상을 추적하기도 한다. 이처럼 동물들은 자신의 목적을 위해 행동함으로써 환경을 변형시킨다. 이러한 생존 방식을 흔히 환경에 적응하는 것으로 설명한다. 그러나 이러한 설명은 생명체들이 그들의 환경 개변(改變)에 능동적으로 행동한다는 중요한 사실을 놓치고 있다.
>
> 가장 고등한 동물인 인간도 다른 생명체와 마찬가지로 생존이나 적응을 넘어서 환경에 대해 적극성을 보인다. 이는 인간의 세 가지 충동—사는 것, 잘 사는 것, 더 잘 사는 것—으로 인하여 가능하다. 잘 살기 위한 노력은 순응적이기보다는 능동적인 모습으로 나타나게 된다. 인간도 생명체이다. 더 잘 살기 위해서는 환경에 순응할 수만은 없다.

① 인간은 환경에 적응해 왔다.
② 삶의 기술은 생존을 위한 것이다.
③ 생명체는 환경을 능동적으로 변형한다.
④ 인간은 잘 사는 것을 삶의 목표로 한다.

13

2021 상반기 한국수자원공사 기출 복원

다음 기사의 제목으로 가장 적절한 것을 고르면?

> 한국수자원공사에서 디지털 업무환경 조성으로 일하는 방식의 혁신을 통해 미래 경쟁력을 확보하기 위하여 '디지털 워크플레이스(Digital Workplace)'를 구축한다.
>
> '디지털 워크플레이스'란 디지털 기술을 활용하여 미래 업무환경에 부합하는 플랫폼 및 서비스를 제공하고, 업무 경험과 생산성을 최적화함으로써 직원들의 협업 및 몰입, 민첩성을 높이는 비즈니스 전략을 말한다. 이는 코로나19로 개인의 일상생활은 물론 비대면 원격근무 등 기업의 업무형태 변화가 요구되는 상황에서, 변화에 기민하게 대응하여 기업 경쟁력을 강화하는 한편, 일하는 방식을 개선하여 생산성을 높이기 위하여 추진되었다.
>
> 한국수자원공사의 '디지털 워크플레이스'는 '더 긴밀한 협업, 더 열린 소통, 더 높은 생산성, 더 편리한 기반환경 조성'을 목표로 하며, 이를 위한 12개 세부 추진 과제를 선정하고 2023년까지 400억 원을 투자하여 구축을 완료할 계획이다. 각 추진 목표의 구체적인 내용은 다음과 같다.
>
> 먼저 더 긴밀한 협업의 공간을 위해 다양한 사내 협업 서비스의 연결성 강화로 언택트 시대의 디지털 협업공간이 구현된다. 특히, 새로운 협업 플랫폼은 프로젝트별 업무관리, 문서 중앙화를 통해 사내 축적된 비정형 콘텐츠를 쉽게 나누고 공유할 수 있는 장을 제공한다. 다음으로 더 열린 소통체계를 위해 대국민 소통 플랫폼인 '단비톡톡'의 고도화, 직원 간 소통채널 확대 등 다양한 채널을 활용하여 열려 있는 디지털 소통 체계를 구현한다. 특히, 클라우드 기반의 가상화 PC 업무환경을 제공하여 시간, 장소에 제약 없이 업무수행이 가능한 스마트한 업무환경을 조성한다. 또한 더 높은 생산성을 위해서는 로봇 기반 업무자동화(RPA) 및 내·외부 고객 상담을 위한 챗봇 서비스를 확대하여 단순·반복적인 업무를 줄이고, 가상화 기반의 데이터 댐을 구축하여 데이터 활용 기반의 고부가가치 창출 및 생산성 향상을 추진한다. 마지막으로 더 편리한 기반환경을 위해 보다 빠르고, 편리하고, 안심할 IT 인프라 조성을 위해 전국 120개 사업장 간 초고속 통신망을 구축하고, 무선 네트워크를 활용하여 사무환경을 개선한다.
>
> 한국수자원공사는 '디지털 워크플레이스'를 통해 언제 어디서든 스마트하고 안전하게 일할 수 있는 환경을 구축함으로써 업무 생산성을 향상할 수 있을 뿐만 아니라, 효율적 업무를 바탕으로 일과 삶의 균형을 통해 직원들의 만족도 또한 높아질 것이라 기대하고 있다. 한국수자원공사 사장은 "포스트(Post) 코로나 시대에 디지털 워크플레이스 구축을 통해 업무의 연속성 및 편의성, 생산성 향상을 도모할 계획"이라며, "앞으로도 지속적인 혁신을 통해 새로운 가치를 창출하고 기업 경쟁력을 제고해 나가겠다"라고 밝혔다.

① 환경부, 관계기관과 손잡고 디지털 물산업 혁신성장 지원
② 한국수자원공사, 디지털 업무환경 전환을 위한 전략 구축
③ 한국수자원공사, 물관리에 4차 산업혁명 기술 도입
④ 한국수자원공사, 디지털 물산업 생태계 활성화 위한 업무협약 체결

14

2021 상반기 한국수자원공사 기출 복원

다음 글의 주제로 가장 적절한 것을 고르면?

> 사회를 보다 지속가능한 방향으로 전환하는 데 있어 물, 에너지를 포함한 자원 문제는 매우 시급하고 중요하다. 특히, 물, 에너지, 식량 자원은 인간의 삶과 사회 경제적 지속가능성을 유지하는 데 필수적인 요소이다. UN에 따르면 2050년까지 전 세계 인구가 약 100억 명까지 증가할 것이며, 약 40억 명이 심각한 물 스트레스 유역에 거주하게 될 것으로 예상된다.
>
> 국제에너지기구(International Energy Agency, IEA)는

에너지 효율이 높은 기술의 보급 확대와 서비스 부문으로의 세계 경제 전환으로 인해 세계 에너지 수요의 증가는 비교적 낮을 것이라고 예상하였으나, 2040년까지 약 37%의 수요증가를 예상하고 있다. 이외에도 많은 연구에서 이미 전 세계에서 물, 에너지 및 식량자원에 대한 심각한 스트레스와 부족을 경험하고 있음을 강조하고 있다. 세계 인구 증가 및 경제성장에 따른 보다 나은 삶에 대한 지속가능개발 요구는 물, 에너지 및 식량에 대한 수요를 더욱 증가시킬 것으로 예상된다. 물, 에너지, 식량 자원은 사회의 기능 및 삶을 지속하기 위한 기본 요소이기 때문에 이러한 자원에 대한 수요의 증가는 자원의 안정성에 심각한 문제를 일으킬 수 있다.

물-에너지-식량(Water-Energy-Food, WEF) 시스템에서 일반적으로 한 분야의 개발은 대개 다른 두 분야의 자원을 필요로 하며 다른 두 분야의 자원을 감소시킨다. 그러나 많은 나라들이 별도의 정부 부처를 두는 등 기존의 분절화된 제도적 장치로 인해 물, 에너지 및 식량에 대한 중요한 의사결정에 통합적인 조정이 부족한 실정이다. 정책 당국자들은 전체적인 측면에서 지속가능성의 문제를 고려하기보다는 각각 독립적으로 관련 분야에서의 지속가능성만을 고려하는 실수를 범하고 있으며, 물-에너지-식량(WEF) 간의 상호 연결 작용에 대한 인식이 부족하다.

세계 최대 규모의 셰일가스 매장량을 보유한 것으로 추정되는 중국은 셰일가스 개발 계획(2011년~2015년)에 따라 2020년까지 셰일가스 생산량을 연간 600억m³~1000억m³의 개발을 계획하였으나 셰일가스 생산에 필요한 충분한 수원 확보 실패와 운송비용 등의 제약으로 인해 셰일가스 생산량을 300억m³로 수정하였다. 우리나라의 경우에도 지난 2015년 충남 서부권 지역에 극심한 가뭄으로 인해 충남 화력발전소에 냉각수 공급 차질이 발생하여 발전소 비상 가동을 실시하기도 하였다. 그뿐만 아니라 2007년~2008년의 급격한 식량 가격 상승과 이로 인해 연쇄적으로 발생했던 전 세계의 사회적 불안정성은 전 세계적인 가치사슬 사이에서 물, 에너지, 식량 간에 상호 파급효과에 대한 우리 사회의 경제적, 정치적 취약성을 보여 주었다.

이를 통해 중요한 연관관계를 무시한 정책은 문제를 해결하기보다는 더 많은 문제를 발생시킬 수 있음을 알 수 있다. 따라서 물, 에너지, 식량 안보에 대한 접근은 개별적으로 해결하기보다는 물-에너지-식량(WEF) 간의 상호 연결된 구조하에서 접근하여야 하며, 이로 인해 두 개 또는 세 개 분야 간 관련된 문제들을 고려하여야 한다.

① WEF 자원 문제는 세 자원의 물리적인 부족을 해결하는 절대적인 방식으로 접근해야 한다.
② WEF 자원의 안보에 대한 접근은 세 자원에 대한 통합적 관점에서의 정책적 접근이 필요하다.
③ 향후 인구 증가로 인한 문제에서 WEF 자원 중 에너지와 식량이 가장 많은 비중을 차지할 것이다.
④ WEF 자원은 국가의 경제성장뿐만 아니라 삶의 질 개선에 있어서 중요한 자원이다.

정답&해설

12 ③ 주제 찾기

1문단 "우리에게 친숙한 동물들의 사소한 행동을 살펴보면 그들이 자신의 환경을 개조한다는 것을 알 수 있다."와 2문단 "인간도 생명체이다. 더 잘 살기 위해서는 환경에 순응할 수만은 없다."를 통해 '생명체는 환경을 능동적으로 변형한다.'라는 주장을 확인할 수 있다.

13 ② 주제 찾기

제시된 기사의 1~2문단에서는 한국수자원공사에서 코로나19로 인한 변화에 대응하여 기업 경쟁력을 강화하고 업무의 생산성을 높이기 위한 디지털 업무환경을 조성하기 위해 '디지털 워크플레이스'를 구축한다고 언급하였고, 이어 3~4문단에서는 디지털 워크플레이스의 세부 추진 과제와 추진 목표를 제시하며 이에 대한 구체적인 내용을 설명하고 있다. 마지막으로 5문단에서는 한국수자원공사의 디지털 워크플레이스를 통한 기대효과와 앞으로의 목표를 제시하며 기사를 마무리하고 있다. 따라서 기사의 제목으로는 '한국수자원공사, 디지털 업무환경 전환을 위한 전략 구축'이 가장 적절하다.

14 ② 주제 찾기

제시된 글은 사회를 보다 지속가능한 방향으로 전환하는 데 있어 물-에너지-식량 자원을 일컫는 WEF 자원이 기본적인 요소라고 언급하며, 이와 같은 WEF 시스템에서 일반적으로 한 분야의 개발은 대개 다른 두 분야의 자원을 필요로 하여 다른 두 분야의 자원을 감소하는, 즉 상호 상충관계에 있다고 설명하였다. 이어 그럼에도 불구하고 정책 당국자들은 각각의 분야에서만 지속가능성을 고려하고 있다고 지적하며, 중국 셰일가스 개발, 우리나라 충남 서부권의 화력발전소, 전 세계적인 식량 가격 상승 등을 예시로 언급하며 물, 에너지, 식량 안보에 대한 접근은 개별적이기보다는 상호 연결된 구조, 즉 통합적 관점에서의 정책적 접근이 필요하다고 강조하며 글을 마무리하고 있다. 따라서 글의 주제로는 'WEF 자원의 안보에 대한 접근은 세 자원에 대한 통합적 관점에서의 정책적 접근이 필요하다'가 가장 적절하다.

| 정답 | 12 ③ 13 ② 14 ②

15

2021 5월 시행 한국전력공사 기출 복원

다음 글의 제목으로 가장 적절한 것을 고르면?

공동체는 어떻게 정의되어야 할까? 공동체에 대한 사회적 관심은 왜 공동체를 추구하는가에서 시작된다. 소유의 시대에 공유를 주장하는 것이 과연 타당한가? 즉 개인의 자유보다 집단 전체의 이익이 우선인 것이 과연 타당한가에 대한 의문이 제기될 수밖에 없다. 사회학의 관점에서 공동체를 규정한다면 집단, 사회에 공동체라는 용어가 사용되면서 개념이 일반화되어 버린다. 그래서 오래된 힐러리(Hillery)의 정의에서 출발하고자 한다. 힐러리가 규정한 사회학적 의미에서, 공동체는 세 가지 측면을 가지고 있다. 첫째는 공간, 둘째는 상호작용, 셋째는 연대성이다.

첫째, 사회 집단은 일정한 물리적 공간이 필요하다. 특히 공동체는 기존과는 다른 삶을 살아가는 '곳', '장소'이다. 따라서 물리적 경계가 필요하다. 관념적, 추상적 공동체가 아닌 실제의 공동체에서는 반드시 필요한 요소이다. 물론 물리적 경계는 이념적 경계와 함께한다. 단순한 물리적 공간의 의미를 넘어선다는 의미이다.

둘째, 상호작용이다. 지속적인 관계가 존재해야 한다. 즉 관계가 제도화되어 있어야 한다. 특히 일상의 공유는 매우 중요하다. 대표적으로 공동식사, 공동노동, 공동주거가 있다. 또한, 공동체의 의사결정도 제도화되어야 한다. 상호작용은 기본적인 사회적 관계인 동시에 그 관계가 구체적인 집단으로 표면화되기 위해서 존재한다. 모든 사회적 관계에서도 당연히 상호작용은 이루어진다. 그러나 공동체에서 상호작용은 근접성과 친밀성의 강도가 깊고 시간적으로도 지속성을 가지고 있어야 한다. 그래서 단순한 상호작용의 의미를 넘어선다.

셋째, 연대성이다. 공동체와 종교의 관계에서 주목해야 될 부분이다. 뒤르켐(Durkheim)이 지적하다시피 근대사회 이후에도 집단의 연대성은 사회 집단의 한 요소였다. 연대성에 대한 언급은 공동체를 다른 사회와 구별하는 기준으로 작용한다. 유기적 연대의 강조는 '상호의존'이라는 새로운 이념이 연대성의 핵심이 된다. 뒤르켐의 유기적 연대는 퇴니스의 이익사회처럼 계약에 의한 것이 아니라, 이념과 신념의 공유를 통해서 나타난다. 특히 공동체가 유지되기 위해서는 종교, 이념, 신념을 통한 연대성은 필수적이다. 현대사회에서 물리적 공간은 이전의 시대와 다른 의미를 가진다. 정보사회의 기술은 공간이라는 개념을 더 확대시킨다. 즉 공간은 이제 과거와 다르게 물리적 한계를 넘어선다. 그럼에도 불구하고 공동체는 가상이든 실제든 간에 여전히 일정한 공간을 필요로 한다. 공간의 의미의 변화가 공동체의 공간이라는 점을 침해하지 않는다. 공동체에서 공간은 기존 사회와는 서로 다른 이념과 일상을 통해 구체화된다. 공동체에서 상호작용은 가족, 친밀한 관계를 전제로 한다. 우리는 공동체라는 말을 상식적으로 사용할 때 가족, 형제애라는 점을 굳이 드러낸다. 그래서 공동체에서는 희생, 헌신이라는 것이 덕목으로 사용된다. 마지막으로 연대성은 그 자체의 존재를 의미하지 않는다. 사실 사회집단은 연대성이라는 것이 존재한다. 그러나 공동체에서 연대성은 그 집단의 이념, 신념 그리고 그것이 종교라면 더 큰 효과를 가져온다. 공동체는 그래서 자신만의 공동체 이념을 통해 연대성을 추구하고, 그 자체를 목표로 하기도 한다.

① 사회적 공동체에서 종교의 역할
② 사회학적 의미에서의 공동체
③ 종교가 공동체에 미치는 영향
④ 공동체의 이념과 종교의 의미
⑤ 공동체에서 물리적 공간이 갖는 의미

16

다음 글의 제목으로 가장 적절한 것을 고르면?

'애매모호한, 경계가 불명확한'이라는 뜻의 'Fuzzy'를 딴 퍼지 이론은 1965년 미국 캘리포니아주 버클리 대학의 L.A. 자데(L.A. Zadeh) 교수가 발표한 이론이다. 퍼지 이론이 제안되기 전의 컴퓨터는 0과 1이라는 기준만으로 판단을 했지만, 퍼지 이론이 제안된 후에는 생각, 학습 등을 인간 수준에 좀 더 근접하게 할 수 있게 되었다. 다시 말해 '예' 또는 '아니요'의 두 가지 기준으로만 처리할 수 있었던 컴퓨터 시스템이 인간이 생각하는 것처럼 다양한 결정을 할 수 있게 된 것이다. 이렇게 이분법적 결론에서 벗어나도록 한 퍼지 이론은 컴퓨터가 사용되는 곳곳에 적용되어 우리의 생활을 더욱 윤택하게 하고 있다.

지하철에는 자동으로 정지하는 시스템이 있다. 이때 정지 명령을 내리는 시스템이 '예' 또는 '아니요'의 방법으로 사고한다면 출발할 때 갑자기 속도가 빨라지거나, 멈출 때 속도가 급격히 줄어들게 된다. 하지만 퍼지 이론을 적용함으로써 급하게 속도가 늘어나거나 줄어들면서 지하철에 타고 있는 사람들이 관성으로 인해 위험해질 수 있는 상황을 없애고, 보다 편하게 지하철을 탈 수 있도록 시스템을 구축할 수 있는 것이다.

밥을 따뜻하게 유지하는 전기밥솥도 퍼지 이론이 적용되면서 더욱 발전하게 되었다. 기존의 전기밥솥은 밥의 온도가 내려가면 자동으로 밥을 다시 데워 주고, 일정 온도가 되면 더 이상 올라가지 않도록 데우는 것을 멈추었다. 하지만 퍼지 이론이 적용된 전기밥솥은 좀 더 정교하게 온도를 통제한다. 퍼지 이론의 등장으로 '낮은 온도에서 조금 가열'과 같이 수학적으로 불명확하다고 판단되었던 명령어를 이해하고 수행할 수 있게 된 것이다.

① 퍼지 이론의 탄생 배경
② 퍼지 이론의 적용 사례
③ 퍼지 이론이 다루는 대상
④ 퍼지 이론이 적용되기 전의 컴퓨터

정답&해설

15 ② 주제 찾기

제시된 글에서는 힐러리(Hillery)의 정의를 인용하여 사회학적인 관점에서 바라보는 공동체에 대해 설명하고 있으며, 사회학에서 규정하는 세 가지 측면인 공간, 상호작용, 연대성으로 범주를 나누어 사회학적 의미에서의 공동체에 대하여 서술하고 있다. 따라서 글의 제목으로 가장 적절한 것은 ②이다.

| 오답해설 | ①③ 종교를 통해 부여된 연대성이 공동체 유지를 위해 필수적임을 알 수 있으나, 글의 전체 내용을 포함하지 않으므로 글의 제목으로 적절하지 않다.
④ 제시된 글은 공동체의 이념과 종교의 의미를 연관 지어 설명하고 있지 않다.
⑤ 물리적 공간에 대한 내용이 언급되어 있으나, 상호작용 및 연대성에 대한 내용을 포함하지 않았으므로 제목이 될 수 없다. 또한 정보사회에서 공간의 개념은 물리적으로 한정짓지 않는다고 하였으므로 글의 제목으로 적절하지 않다.

16 ② 주제 찾기

제시된 글에서는 애매하고 불명확한 상황을 수학적으로 판단하고 접근하는 퍼지 이론이 적용된 사례를 제시하고 있다. 퍼지 이론이 제안되기 전에는 '예' 또는 '아니요'의 두 가지 기준으로만 컴퓨터 시스템을 처리할 수 있었지만, 퍼지 이론 적용 후 '조금 더'와 '조금 덜'과 같은 상황을 수용할 수 있게 되었음을 설명하고 있다. 그리고 이 같은 퍼지 이론의 실제 적용 사례로 지하철 자동 정지 시스템의 속도가 늘어나고 줄어드는 단계를 여러 단계로 나눔으로써 사람들이 보다 편리하게 지하철을 탈 수 있게 된 것과 전기밥솥의 온도를 좀 더 정교하게 통제할 수 있게 된 것을 들고 있다.

| 오답해설 | ① 퍼지 이론의 개념과 퍼지 이론을 제안한 사람이 누구인지 밝히고 있으나, 퍼지 이론이 어떤 배경 아래에서 탄생하게 되었는지는 언급하지 않았다.
③ 퍼지 이론이 애매하고 불명확한 대상을 다룬다고 언급하였을 뿐 구체적으로 어떤 대상을 다루는지에 대해서는 설명하지 않았다.
④ 퍼지 이론이 적용되기 전에는 이분법적 결론만 가능했다고 간단히 언급하고 있어, 글의 일부분에 해당하는 내용이다.

| 정답 | 15 ② 16 ②

17

한국수자원공사 기출 복원

다음 글의 주제로 가장 적절한 것을 고르면?

에티오피아 수도 아디스아바바에 있는 최대 시장 마르카토에서 여자들에게 가장 인기 있는 상품은 우리나라 돈으로 약 4,500원 정도 하는 플라스틱 물통이다. 여자들이 플라스틱 물통을 갖고 싶어 하는 이유는 무엇일까? 에티오피아에서는 물동이를 지고 마실 물을 구하기 위해 길을 나선 여자들의 모습을 흔히 볼 수 있다. 하루 최대 7~8시간을 걸어 몇 번씩 강이나 공동 수도를 찾아 물을 길어온다. 물통은 단순한 도구가 아니라 식수를 구하기 위해 매일 반복되는 에티오피아 주민의 고달픈 삶을 대변한다.

물은 지구상에 있는 가장 흔한 천연자원으로 언뜻 보기에는 풍부해 보이지만, 현재 전 세계에는 에티오피아처럼 심각한 물 부족으로 고통을 겪는 나라가 많다. 과연 지구에는 전 인류가 사용할 수 없을 만큼 물이 부족한가? 문제는 물의 전체적인 양이 부족한 것이 아니라 사람들이 필요로 하는 곳에서 사용할 수 없을 정도로 고갈되고 있는 곳이 많다는 데 있다. 즉, 지역에 따라 물 부족량의 편차가 크다. 캐나다, 러시아, 브라질, 미국 등은 물이 풍부한 데 반해, 강수량이 적은 튀니지·수단·파키스탄을 연결하는 서남아시아와 아프리카 일부 국가는 심각한 물 부족 문제를 겪고 있다.

무엇보다 물 부족 현상의 가장 큰 원인은 지속적인 인구 증가에 있다. 또 산업 발달로 물 자원에 대한 수요가 늘어남과 더불어 이상 기후 현상으로 가뭄이 지속되는 것도 큰 요인이다. 현재 세계 인구의 약 40%가 인접국의 물에 의존하고, 국제 하천은 214개에 달한다. 그러니 인접국으로부터 물 공급이 원활하지 못하면 물이 국가 간 갈등을 불러일으키는 요인이 될 수도 있다. 가까운 장래에 전 세계적인 물 부족 현상이 예상되는 가운데 이미 서남아시아와 아프리카 등 지구촌 곳곳에서 물 분쟁이 발생하고 있다. 앞으로 이러한 물 부족 사태가 더욱 심각해져 국가 간의 물 분쟁은 더욱 빈번해질 전망이다.

① 세계의 물 부족은 지속적인 인구 증가와 산업 발달로 인한 이상 기후 현상으로 가뭄이 지속되는 것이 큰 요인이다.

② 많은 국가가 물 부족으로 인해 고통을 겪고, 지역마다 물 부족 편차가 점차 심각해질 전망이다.

③ 에티오피아의 물 부족으로 인한 고달픈 삶은 다른 국가로도 이어질 것으로 예상된다.

④ 지구는 전 인류가 사용할 수 없을 만큼 물 부족이 심각한 상황에 놓여 있다.

18

2021 4월 오후 시행 코레일 기출 복원

다음 글의 제목으로 적절한 것을 고르면?

수면은 우리 삶의 큰 비중을 차지하는 건강의 중요한 영역이다. 불면증은 잠들기가 어려운 입면 장애와 잠은 들지만 자는 도중 자주 깨거나 너무 일찍 잠에서 깨어나는 수면유지 장애를 뜻한다. 밤에 충분히 잠을 자지 못하면 수면 부족 상태가 되어 낮 동안 졸음, 피로감, 의욕 상실 등을 초래하여 일상생활에 지장을 주고, 삶의 질을 떨어뜨린다. 잠을 하루 이틀 잘 이루지 못했다고 해서 다 불면증인 것은 아니며, 상당기간 불면으로 불편을 느끼면서 일상생활에 심각한 문제가 생겼을 때 불면증이라고 한다. 그리고 이러한 불면의 상태가 3개월 이상 지속되면 만성 불면증, 이런저런 원인으로 인해 잠을 못 자는 경우를 이차성 불면증, 불면증이 최소한 한 달 이상 계속되는데 원인을 알 수 없는 경우를 일차성 불면증이라고 한다.

불면증은 가족 내 갈등이 있는 주부, 업무에서의 스트레스 받는 직장인, 시험을 앞둔 학생처럼 명백한 스트레스가 있을 때 생기는 경우가 많다. 하지만 종종 이러한 문제가 해결된 이후에도 불면증상이 지속되기도 한다. 불면증을 일으키는 가장 흔한 약물은 카페인으로, 카페인 복용 시 잠이 들 때까지 시간이 오래 걸리고, 잠에서 자주 깨게 된다. 커피 3~5잔만 마셔도 불면증을 일으킬 수 있으니 이런 증상이 있다면 카페인 섭취를 중단하는 것이 좋다. 잠이 안 올 때 술을 먹는 사람이 있는데, 알코올은 당장 졸리게 하는 데는 효과가 있지만 수면 후반기에 자주 깨게 되므로 불면증 환자에게는 그다지 좋은 방법이 아니다. 또한 기관지 천식, 류마티스 관절염, 갑상선 항진증 등 만성적인 신체 질환이 있는 경우 증상이 불면증과 동반될 수 있다. 코골이(수면 무호흡증), 하지불안 증후군, 주기적 사지운동증 등도 불면증이 동반될 수 있다. 기분이 우울하거나 불안한 심리적인 문제도 불면증에 영향을 준다. 정신과 환자의 80% 정도가 불면증을 호소하는데 우울증 환자의 경우 잠이 드는 게 어려우며 잠이 들었다 해도 금방 깨게 되며, 조증이나 불안장애, 강박 신경증이 있을 때도 불면증이 찾아온다. 수면제 복용 기간이 너무 오래 되어도 수면 단계의 변화로 불면증이 심해질 수 있고 각성제, 스테로이드제, 항우울제, 교감신경 차단제 등의 약물도 불면증의 원인이 된다.

다른 질병으로 인해 불면증이 온 경우 그 질환을 치료하면 불면증이 개선될 수 있다. 원인을 모르는 일차성 불면증인 경우에도 수면위생을 개선하는 등의 비약물적 방법이 약물치료보다 우선시되어야 한다. 수면제를 쓰면 내성과 의존성이 생길뿐더러 약을 끊은 경우 금단증상이 나타날 수 있으므로 가급적이면 짧게 쓰는 게 좋다. 비약물적 방법에는 여러 종류의 행동치료가 나와 있는데, 대표적인 것이 '침대에선 잠만 잔다'는 전략이다. 아침에는 매일 같은 시각에 잠을 깨는 습관을 들이고, 낮잠은 피하는 게 좋다. 다소 역설적인 전략도 있는데, '잠을 안 자려고 노력하기'이다. 불면증 환자들은 잠이 안 올까 봐 불안해하며, 잠을 자야 한다는 강박에 시달리는데, 그런 고통 없이 잠에 들게 하기 위해 이 전략을 활용한다.

① 불면증의 다양한 원인별 치료법
② 불면증으로 잘못 알고 있는 질환
③ 불면증의 약물적 치료 방법의 필요성
④ 불면증과 스트레스의 관계와 개선 방법
⑤ 하지불안 증후군으로 인한 불면증 치료법

정답&해설

17 ② 주제 찾기

제시된 글은 에티오피아가 마실 물이 부족한 상황을 문제 상황의 예로 들어, 문제 원인이 물의 전체적인 양이 부족해서가 아니라 물을 필요로 하는 지역에서의 물 고갈이 심화되기 때문임을 밝히고, 나라에 따라 물 부족량의 편차가 커지고 있음을 알리고 있다.

18 ① 주제 찾기

제시된 글은 잠들기가 어려운 입면 장애와 잠은 들지만 자는 도중 자주 깨거나 너무 일찍 잠에서 깨어나는 수면유지 장애를 뜻하는 불면증의 다양한 원인과 그에 따른 치료법을 설명하고 있다.

| 정답 | 17 ② 18 ①

19

2021 4월 오전 시행 코레일 기출 복원

다음 글의 핵심 내용으로 옳은 것을 고르면?

대체의학이란 간단히 말하여 정통의학이 아닌 모든 치료법을 말한다. 증명되지 않은 비정통적·보조적인 요법으로 과학자나 임상의사의 평가에 근거하여 증명되지 않았거나 현재 권장되지 않는 예방·진단·치료에 사용되는 검사나 치료의 방침을 통틀어 지칭한다. 이러한 치료법을 시술하는 사람들은 자신들의 기술이 효과가 있다는 것을 증명하기 위해, 오랫동안 끈질기게 힘겨운 투쟁을 벌여 왔다.

대체의학이 지닌 문제점의 일부는 상식에 반하는 그 치료법에 있다. 대체의학의 치료법들은 종종 치료하고자 하는 질환과는 아무 상관이 없는 것처럼 보인다. 그렇지만 대체의학의 효험을 보았다고 증언하는 사람들은 수도 없이 많다. 그렇다면 왜 이 의문스러운 치료법들은 엄격한 과학적 검증을 거치는 과정을 시도하지 않았는가? 그것은 말처럼 그렇게 쉬운 일이 아니기 때문이다. 우선 대체의학은 대개, 치료에 목적을 두기보다 예방에 목적을 두고 있다. 예컨대 영양 및 비타민 요법은 신체를 최적의 건강 상태로 유지하여, 감기나 암을 비롯한 질병이 침투하지 못하게 하는 것을 목표로 삼고 있다.

어쩌면 보다 중요한 요인일 수도 있는데, 대체의학에서 사용되는 치료법들은 엄격하게 통제된 실험으로 인해 검증이 어렵다는 사실도 지적할 수 있다. 예를 들면 미국 식품의약국의 승인을 얻으려면 이중맹검법이라는 테스트를 거쳐야 한다. 즉, 똑같은 환자들로 이루어진 두 집단을 대상으로, 한 집단에는 진짜 약을 주고 다른 집단에는 가짜 약을 준다. 있을 수 있는 모든 선입견을 없애기 위해, 대상 환자들이나 실험자들은 연구가 끝날 때까지 어느 집단이 어떤 약을 복용했는지 알지 못하게 한다. 그래서 이중맹검법이란 이름이 붙었다. 이것은 오랜 시간을 거쳐 유효한 방법으로 증명된 과학적 연구 방법이다. 하지만 맹검법은 대부분의 대체의학 요법들에 대해서는 실시하기 곤란하다. 그것은 심장 절개 수술 같은 정통의학의 치료법에 대해 맹검법의 실시가 어려운 것과 마찬가지 이유에서이다.

그러나 많은 사람들의 대체의학의 효험에 대한 증언은 대체의학자들의 입지를 충분히 굳혀 준다. 대체의학자들은 확실한 과학적 증명이 부재한 상황에서, 그들이 겪은 특수한 경험들을 신뢰하는 것이다. 또한 정통의학이 질환의 원인은 확실하게 밝혀내지만 안전하고 확실한 치료법을 제시하지 못하고 있는 상황에서, 대체의학자들은 오히려 희망을 이야기 하며, 수술이나 의약품보다 상대적으로 공포심이 적은 방식으로 치료하기 때문에 대체의학을 따르는 사람들이 늘어나는 것이다.

① 대체의학의 의미와 특성
② 대체의학의 역사와 전망
③ 대체의학의 비과학적 문제점
④ 대체의학과 정통의학의 관계
⑤ 대체의학의 문제와 해결 방안

20

2020 10월 오후 시행 코레일 기출 복원

주어진 글의 제목으로 가장 적절한 것을 고르면?

도시철도 차량은 높은 수송력을 가지고 정시성 및 높은 수준의 주행안전성을 확보하여 승객을 운송하는 대표적인 대중교통 시스템으로서 인구가 밀집한 도시는 물론 외곽지역의 도시와도 연결되는 중요 교통수단으로 발전하였다. 지금까지는 차량의 성능확보를 차량제작의 기준으로 하여 완성차 검사 및 본선 시운전 등을 중심으로 진행하여 왔다. 하지만 최근 발생하는 열차의 탈선 및 충돌 등 국·내외에서 발생되고 있는 대규모 철도차량 사고내용을 보면 사고의 파급효과는 어느 교통수단보다도 크게 나타나고 있다.

사고발생 시 일어나는 인적·물적 피해는 안전관리 기준 강화 및 이용자의 안전욕구 수준도 크게 증가하게 되었다. 따라서 철도차량 제작 시 불안전한 요인들이 운영자 및 이용자(고객)들에게 위험요소가 노출되지 않도록 안전에 대한 내용들을 사전 예측·판단하여 위험요소를 제거하거나 허용 범위 안에서 관리되도록 하기에 이르렀다. 이것으로 인하여 성능 기반의 도시철도 차량 제작에서 안전 기반의 도시철도 차량의 개발로 전환되고 있다.

안전 기반 도시철도 차량시스템의 설계 및 제작은 기본적으로 안전 요구조건의 선정과 단계별 분석을 통해 위험원 선정 및 저감 방안 수립, 검증 및 확인, 마지막으로 폐기 단계를 거치게 된다. 위험원의 식별은 설계 및 제작, 시운전 단계까지 모든 단계에서 진행되며, 특히 상세 설계 전 사전 위험분석을 통해 안전 설계의 기본 방향을 설정한다. 사전 위험분석은 시스템 안전 프로그램에서 정의하는 안전 관련 항목과 잠재적 사고 위험을 내재한 설비나 기능을 위주로 평가를 진행하며, 특히 본 연구에서는 영향, 감전, 실족, 유독물질, 질식, 열소모, 폭발, 탈선, 화상, 고립, 상처의 11가지 고수준 위험원 리스트를 식별하여 사전 위험분석을 실시하였다.

사전 위험분석을 위한 대상 시스템은 표준규격의 대형 전동차를 적용하였으며, 가장 많이 운행되고 있는 DC 1,500V 전동차를 대상으로 진행하였다. 위험도 평가기준은 준정량적 방법으로 실시하였으며, 발생 빈도를 동종 시스템의 운행 경험을 통해 운행 주기별 고장 발생 빈도로 별도 정의하였으며, 심각도는 가장 많이 적용하고 있는 항목을 적용하여 위험도 매트릭스를 작성하였다.

도시철도 차량시스템에 적용되는 사전 위험분석을 실시한 결과 차량분야 109개의 위험원이 도출되었으며, 이 중 31개는 허용 불가능한 위험원으로 분류하였다. 정리된 위험원은 경감 및 사고대책을 실시하여 위험도를 관리 범위 내로 낮추었으며, 몇 개 위험원의 경우는 세부설계 과정에서 분석되는 시스템 위험분석(System Hazard Analysis, SHA)에서도 같은 종류의 위험원으로 구분하여 관리토록 하였다.

이러한 연구 활동을 통하여 표준규격 전동차의 안전 요구사항을 도출하고 상세 설계 전 위험원을 제거할 수 있었다. 잔존하는 위험원은 상세 설계 단계에서 추적 관리를 통해 위험원 경감대책을 다시 적용하여 경감하는 것을 제안하며, 본 연구를 통해 일반론적 접근 방법으로 시스템 위험분석(System Hazard Analysis, SHA), 하부 시스템 위험분석(Sub System Hazard Analysis, SSHA), 인터페이스 위험분석(Interface Hazard Analysis, IHA)이 이루어질 수 있도록 기반이 될 것이다.

① 도시철도 차량시스템의 성능 개선에 관한 연구
② 도시철도 차량시스템의 안전관리 기준에 관한 연구
③ 도시철도 차량시스템의 사고 대처방안에 관한 연구
④ 도시철도 차량시스템의 사전 위험분석에 관한 연구
⑤ 도시철도 차량시스템의 표준규격 적절성에 관한 연구

정답&해설

19 ① 주제 찾기

제시된 글은 대체의학의 의미와 특성을 설명하는 글이다. 1~2문단에서 대체의학이란 증명되지 않은 비정통적·보조적인 요법으로 과학자나 임상의사의 평가에 근거하여 증명되지 않았거나 현재 권장되지 않는 예방·진단·치료에 사용되는 검사나 치료의 방침을 통틀어 지칭한다고 언급하였다. 3~4문단에서 대체의학에서 사용되는 치료법들은 엄격하게 통제된 실험으로 인해 검증이 어렵지만, 과학적 증명이 어려운 상황에서 대체의학의 효험에 대한 증언은 정통의학이 할 수 없는 특수한 경험으로 대체의학의 효과를 증명하며 대체의학을 따르는 사람들이 늘어나고 있다고 언급하였다.

20 ④ 주제 찾기

제시된 글은 도시철도 차량시스템의 설계 및 제작 단계에서 안전에 대한 내용들을 사전에 예측하여 위험요소를 제거하고 관리하는 방법에 대한 연구 내용이다. 따라서 '도시철도 차량시스템의 사전 위험분석에 관한 연구'가 제목으로 가장 적절하다.

| 정답 | 19 ① 20 ④

내용 일치/불일치

21

2024 국가직 9급

다음 글을 이해한 내용으로 가장 적절한 것은?

A가 주장한 다중지능이론은 기존 지능이론의 대안으로 제시되었다. 그는 기존 지능이론이 언어지능이나 논리수학지능 등 인간의 인지 능력에만 초점을 맞추고 있다고 비판하면서 이뿐 아니라 신체와 정서, 대인 관계의 능력까지 포괄한 총체적 지능 개념을 창안해 냈다. 다중지능이론은 뇌과학 연구에 일정 부분 영향을 받았는데, 뇌과학 연구에 따르면 인간의 좌뇌는 분석적, 논리적 능력을 담당하고, 우뇌는 창조적, 감성적 능력을 담당한다. 다중지능이론에서는 좌뇌의 능력에만 초점을 둔 기존의 지능 검사에 대해 반쪽짜리 검사라고 혹평한다.

그런데 다중지능이론에 대해 비판적인 연구자들은 다음과 같은 점들을 지적한다. 우선, 다중지능이론에서 주장하는 새로운 지능의 종류들이 기존 지능이론에서 주목했던 지능의 종류들과 상호 독립적일 수 있는가 하는 점이다. 그들에 따르면, 전자는 후자의 하위 영역에 속해 있고, 둘 사이에는 유의미한 상관 관계가 있으므로 서로 독립적일 수 없으며, 따라서 '다중'이라는 개념이 성립하지 않는다. 다음으로, 다중지능을 정확하게 측정할 수 있는 도구가 만들어질 수 있겠는가 하는 점이다. 그들은 지능이라는 말이 측정 가능한 인지 능력을 전제하는 것인데, 다중지능이론이 설정한 새로운 종류의 지능들을 정확하게 측정할 수 있는 도구가 만들어지기는 어려울 것이라 주장한다.

① 논리수학지능은 다중지능이론의 지능 개념에 포함되지 않는다.
② 대인 관계의 능력과 관련된 지능을 정확하게 측정할 수 있는 도구의 개발 가능성에 대해 회의적인 사람들이 있다.
③ 다중지능이론에서는 인간의 우뇌에서 담당하는 능력과 관련된 지능보다 좌뇌에서 담당하는 능력과 관련된 지능에 더 많이 주목한다.
④ 다중지능이론에 대해 비판적인 연구자들은 인간의 모든 지능 영역들이 상호 독립적이라는 이유에서 '다중' 개념이 성립하지 않는다고 주장한다.

22

2025 출제기조 전환 예시문제

다음 중 글에서 추론한 내용으로 가장 적절한 것은?

'크로노토프'는 그리스어로 시간과 공간을 뜻하는 두 단어를 결합한 것으로, 시공간을 통합적으로 이해하기 위한 개념이다. 크로노토프의 관점에서 보면 고소설과 근대소설의 차이를 명확하게 파악할 수 있다.

고소설에는 돌아가야 할 곳으로서의 원점이 존재한다. 그것은 영웅소설에서라면 중세의 인륜이 원형대로 보존된 세계이고, 가정소설에서라면 가장을 중심으로 가족 구성원들이 평화롭게 공존하는 가정이다. 고소설에서 주인공은 적대자에 의해 원점에서 분리되어 고난을 겪는다. 그들의 목표는 상실한 원점을 회복하는 것, 즉 그곳에서 향유했던 이상적 상태로 돌아가는 것이다. 주인공과 적대자 사이의 갈등이 전개되는 시간을 서사적 현재라 한다면, 주인공이 도달해야 할 종결점은 새로운 미래가 아니라 다시 도래할 과거로서의 미래이다. 이러한 시공간의 배열을 '회귀의 크로노토프'라고 한다.

근대소설 「무정」은 회귀의 크로노토프를 부정한다. 이것은 주인공인 이형식과 박영채의 시간 경험을 통해 확인된다. 형식은 고아지만 이상적인 고향의 기억을 갖고 있다. 그것은 박 진사의 집에서 영채와 함께하던 때의 기억이다. 이는 영채도 마찬가지기에, 그들에게 박 진사의 집으로 표상되는 유년의 과거는 이상적 원점의 구실을 한다. 박 진사의 죽음은 그들에게 고향의 상실을 상징한다. 두 사람의 결합이 이상적 상태의 고향을 회복할 수 있는 유일한 방법이겠지만, 그들은 끝내 결합하지 못한다. 형식은 새 시대의 새 인물이 되어야 한다고 생각하며 과거로의 복귀를 거부한다.

① 「무정」과 고소설은 회귀의 크로노토프를 부정한다는 점에서 공통적이다.
② 영웅소설의 주인공과 「무정」의 이형식은 그들의 이상적 원점을 상실했다는 공통점을 가지고 있다.
③ 「무정」에서 이형식이 박영채와 결합했다면 새로운 미래로서의 종결점에 도달할 수 있었을 것이다.
④ 가정소설은 가족 구성원들이 평화롭게 공존하는 결말을 통해 상실했던 원점으로의 복귀를 거부한다.

23

다음 중 글에 대해 평가한 내용으로 가장 적절한 것은?

영국의 유명한 원형 석조물인 스톤헨지는 기원전 3,000년경 신석기시대에 세워졌다. 1960년대에 천문학자 호일이 스톤헨지가 일종의 연산장치라는 주장을 하였고, 이후 엔지니어인 톰은 태양과 달을 관찰하기 위한 정교한 기구라고 확신했다. 천문학자 호킨스는 스톤헨지의 모양이 태양과 달의 배열을 나타낸 것이라는 의견을 제시해 관심을 모았다.

그러나 고고학자 앳킨슨은 그들의 생각을 비난했다. 앳킨슨은 스톤헨지를 세운 사람들을 '야만인'으로 묘사하면서, 이들은 호킨스의 주장과 달리 과학적 사고를 할 줄 모른다고 주장했다. 이에 호킨스를 옹호하는 학자들이 진화적 관점에서 앳킨슨을 비판하였다. 이들은 신석기시대보다 훨씬 이전인 4만 년 전의 사람들도 신체적으로 우리와 동일했으며 지능 또한 우리보다 열등했다고 볼 근거가 없다고 주장했다.

하지만 스톤헨지의 건설자들이 포괄적인 의미에서 현대인과 같은 지능을 가졌다고 해도 과학적 사고와 기술적 지식을 가지지는 못했다. 그들에게는 우리처럼 2,500년에 걸쳐 수학과 천문학의 지식이 보존되고 세대를 거쳐 전승되어 쌓인 방대하고 정교한 문자 기록이 없었다. 선사시대의 생각과 행동이 우리와 똑같은 식으로 전개되지 않았으리라는 점은 매우 중요하다. 지적 능력을 갖췄다고 해서 누구나 우리와 같은 동기와 관심, 개념적 틀을 가졌으리라고 생각하는 것은 잘못이다.

① 스톤헨지가 제사를 지내는 장소였다는 후대 기록이 발견되면 호킨스의 주장은 강화될 것이다.
② 스톤헨지 건설 당시의 사람들이 숫자를 사용하였다는 증거가 발견되면 호일의 주장은 약화될 것이다.
③ 스톤헨지의 유적지에서 수학과 과학에 관련된 신석기시대 기록물이 발견되면 글쓴이의 주장은 강화될 것이다.
④ 기원전 3,000년경 인류에게 천문학 지식이 있었다는 증거가 발견되면 앳킨슨의 주장은 약화될 것이다.

정답&해설

21 ② 내용 일치/불일치

대인 관계 능력과 관련된 지능은 다중지능이론에 포함된 새로운 부분이다. 2문단에서 연구자들에 의하면 다중지능을 정확하게 측정할 수 있는 도구가 만들어질 수 있을지 회의적이라는 언급이 나오므로 맞는 설명으로 볼 수 있다.

|오답해설| ① 다중지능이론은 기존의 지능이론도 포함하는 개념이다. 따라서 기존 지능이론에 포함되는 논리수학지능 역시 다중지능이론에 포함된다.
③ 다중지능이론은 좌뇌의 능력에만 초점을 둔 기존의 지능이론을 비판하고 있을 뿐이지, 어떤 뇌의 능력에 더욱 초점을 두었다는 언급은 찾기 어렵다.
④ 2문단을 보면 다중지능이론을 비판하는 연구자들은 여러 지능들이 상호 독립적일 수 없다는 이유에서 다중이라는 개념이 성립할 수 없다고 언급하고 있다.

22 ② 내용 일치/불일치

2문단을 보면 '그들의 목표는 상실한 원점을 회복하는 것'이라고 언급하고 있고, 3문단을 보면 '박 진사의 집으로 표상되는 유년의 과거는 이상적 원점의 구실을 한다. 박 진사의 죽음은 그들에게 고향의 상실을 상징한다.'고 언급하고 있다. 따라서 영웅소설의 주인공과 무정의 이형식이 그들의 이상적 원점을 상실했다는 설명은 적절하다.

|오답해설| ① 「무정」이 회귀의 크로노토프를 부정하는 것은 맞는 설명이다. 하지만 2문단을 보면 고소설은 주인공이 도달해야 할 종결점을 다시 도래할 과거로서의 미래로 언급하고 있다. 따라서 회귀의 크로노토프를 부정하지 않는다는 것을 알 수 있다.
③ 3문단을 보면 '두 사람의 결합이 이상적 상태의 고향을 회복할 수 있는 유일한 방법이겠지만 그들은 끝내 결합하지 못한다.'라고 언급하였다. 따라서 만약 이형식이 박영채와 결합했다면 미래로서의 종결점이 아니라 이상적 상태의 고향을 회복하게 되는 것으로 생각해 볼 수 있다.
④ 2문단을 보면 '가정소설이라면 가장을 중심으로 가족 구성원들이 평화롭게 공존하는 가정'이 돌아가야 할 원점이라고 언급하고 있다. 따라서 원점으로의 복귀를 거부하는 것이 아니라 원점을 회복하는 경우로 볼 수 있다.

23 ④ 내용 일치/불일치

2문단을 보면 앳킨슨은 스톤헨지를 세운 사람들을 '야만인'으로 묘사하며 이들이 과학적 사고를 할 줄 모른다고 주장했다. 따라서 스톤헨지가 세워졌던 기원전 3,000년경 인류에게 천문학 지식과 같은 과학적 지식이 있었다는 증거가 발견되면 앳킨슨의 주장은 약화될 수밖에 없을 것이다.

|오답해설| ① 호킨스의 주장과 제사를 연관 지을 만한 내용은 찾기 어렵다.
② 1문단을 보면 호일은 스톤헨지가 일종의 연산장치라는 주장을 하였으므로, 스톤헨지 건설 당시의 사람들이 숫자를 사용하였다는 증거가 발견되면 호일의 주장은 강화될 것이다.
③ 3문단을 보면 글쓴이는 스톤헨지 건설 당시의 사람들이 우리와 같은 과학적, 기술적, 개념적 틀을 갖지 못하였다고 생각하므로, 스톤헨지 유적지에서 수학과 과학에 관련된 신석기시대 기록물이 발견되면 글쓴이의 주장은 약화될 것이다.

|정답| 21 ② 22 ② 23 ④

24

2022 국가직 9급

다음 글에 대한 이해로 적절하지 않은 것은?

국가정보자원관리원과 ○○시는 빅데이터 기반의 맞춤형 복지 서비스 분석 사업을 수행했다. 국가정보자원관리원은 자체 확보한 공공 데이터와 ○○시로부터 받은 복지 사업 관련 데이터를 활용하여 '복지 공감 지도'를 제작하고, 복지 기관 접근성 분석을 통해 취약 지역 지원 방안을 제시했다.

복지 공감 지도는 공간 분석 시스템을 활용하여 ○○시에 소재한 복지 기관들의 다양한 지원 항목과 이를 필요로 하는 복지 대상자, 독거노인, 장애인 등의 수급자 현황을 한눈에 확인할 수 있도록 구현한 것이다. 이 지도를 활용하면 복지 혜택이 필요한 지역과 수급자를 빨리 찾아낼 수 있으며, 생필품 지원이나 방문 상담 등 복지 기관의 맞춤형 대응이 가능하고, 최적의 복지 기관 설립 위치를 선정할 수 있다.

이 사업을 통해 ○○시는 그동안 복지 기관으로부터 도보로 약 15분 내 위치한 수급자에게 복지 혜택이 집중되고 있는 것도 확인했다. 이에 교통이나 건강 등의 문제로 복지 기관 방문이 어려운 수급자를 위해 맞춤형 복지 서비스가 절실하게 필요한 상황임을 발견하고, 복지 셔틀버스 노선을 4개 증설할 계획을 수립했다.

① 빅데이터를 활용하여 복지 사각지대를 줄이는 방안을 마련할 수 있다.
② 복지 기관과 수급자 거주지 사이의 거리는 복지 혜택의 정도에 영향을 준다.
③ 복지 기관 접근성 분석 결과는 복지 셔틀버스 노선 증설의 근거가 된다.
④ 복지 공감 지도로 복지 혜택에 대한 수급자들의 개별 만족도를 파악할 수 있다.

25

2022 국가직 9급

다음 글에 대한 이해로 적절하지 않은 것은?

△△시 시장님께

안녕하십니까? 저는 △△시에서 농장을 운영하는 □□□입니다. 이렇게 글을 쓰게 된 것은 우리 농장 근처에 신축된 골프장의 빛 공해 문제에 대해 말씀드리기 위함입니다. 빛이 공해가 될 수 있다는 말이 다소 생소하실 수도 있습니다. 하지만 지나친 야간 조명이 식물의 성장에 부정적인 영향을 끼쳐 작물 수확량을 감소시킬 수 있음은 이미 여러 연구를 통해 입증된 바 있습니다. 좀 늦었지만 △△시에서도 이 문제에 대해 경각심을 가질 필요가 있습니다. 실제로 골프장이 야간 운영을 시작했을 때를 기점으로 우리 농장의 수확률이 현저히 낮아졌음을 제가 확인했습니다. 물론, 이윤을 추구하는 골프장의 야간 운영을 무조건 막는다면 골프장 측에서 반발할 것입니다. 그래서 계절에 따라 야간 운영 시간을 조정하거나 운영 제한에 따른 손실금을 보전해 주는 등의 보완책도 필요합니다. 또한 ○○군에서도 빛 공해 문제를 해결하기 위해 야간 조명의 조도를 조정하는 프로젝트를 진행한 바 있으니 참고해 보시기 바랍니다. 모쪼록 시장님께서 이 문제에 관심을 가지고 농장과 골프장이 상생할 수 있는 정책을 펼쳐 주시기를 부탁드립니다.

① 시장에게 빛 공해로 농장이 겪는 어려움에 대해 관심을 촉구하고 있다.
② 건의에 대한 신뢰성을 높이기 위해 인용한 자료의 출처를 밝히고 있다.
③ 다른 지역에서 야간 조명으로 인한 폐해를 해결하기 위해 노력한 사례를 언급하고 있다.
④ 골프장의 야간 운영을 제한할 때 예상되는 문제점과 그 해결 방안에 대해 제시하고 있다.

26

2022 국가직 9급

다음 글에 대한 이해로 적절하지 않은 것은?

아동이 부모의 소유물 또는 종족의 유지나 국가의 방위를 위한 수단으로 간주되었던 전근대사회에서는 아동의 권리에 대한 인식이 존재하지 않았다. 산업혁명으로 봉건제도가 붕괴되고 자본주의가 탄생한 근대사회에 이르러 구빈법에 따른 국가 개입과 민간단체의 자발적인 참여로 아동보호가 시작되었다.

1922년 잽 여사는 아동권리사상을 담아 아동권리에 대한 내용을 성문화하였다. 이를 기초로 1924년 국제연맹에서는 전문과 5개의 조항으로 된 「아동권리에 관한 제네바 선언」을 채택하였다. 여기에는 "아동은 물질적으로나 정신적으로 정상적인 발달을 위해 필요한 조건이 충족되어야 한다."라든지 "아동의 재능은 인류를 위해 쓰인다는 자각 속에서 양육되어야 한다." 등의 내용이 포함되었다.

그러나 여기에서도 아동은 보호의 객체로만 인식되었을 뿐 생존, 보호, 발달을 위한 적극적인 권리의 주체로 인식되지는 않았다. 최근에 와서야 국제사회의 노력에 힘입어 아동은 보호되어야 할 수동적인 존재에서 자신의 권리를 주장할 수 있는 능동적인 존재로 자리매김할 수 있게 되었다. 1989년 유엔총회에서 채택된 「아동권리협약」이 그것이다.

우리나라는 이를 토대로 2016년 「아동권리헌장」 9개 항을 만들었다. 이 헌장은 '생존과 발달의 권리', '아동이 최선의 이익을 보장받을 권리', '차별받지 않을 권리', '자신의 의견이 존중될 권리' 등 유엔의 「아동권리협약」의 네 가지 기본원칙을 포함하고 있다. 또한 전문에는 아동의 권리와 더불어 "부모와 사회, 국가와 지방자치단체는 아동의 이익을 최우선으로 고려해야 하며, 다음과 같은 아동의 권리를 확인하고 실현할 책임이 있다."라고 명시하여 아동을 둘러싼 사회적 주체들의 책임을 명확히 하였다.

① 아동의 권리에 대한 인식은 근대 이후에 형성되었다.
② 「아동권리헌장」은 「아동권리협약」을 토대로 만들어졌다.
③ 「아동권리에 관한 제네바 선언」, 「아동권리협약」, 「아동권리헌장」에는 모두 아동의 발달에 대한 내용이 들어가 있다.
④ 「아동권리에 관한 제네바 선언」은 아동을 적극적인 권리의 주체로 인식함으로써 아동의 권리에 대한 진전된 성과를 이루었다.

정답&해설

24 ④ 내용 일치/불일치

복지 공감 지도로 복지 혜택에 대한 수급자들의 개별 만족도를 파악할 수 있다는 내용은 제시된 글에서 찾기 어렵다.

|오답해설| ① 1문단의 '국가정보자원관리원은 ~ 복지 기관 접근성 분석을 통해 취약 지역 지원 방안을 제시했다.'를 통해 알 수 있다.
② 3문단의 '도보로 약 15분 내 위치한 수급자에게 복지 혜택이 집중되고 있는 것도 확인했다.'를 통해 알 수 있다.
③ 3문단의 '이에 교통이나 ~ 증설할 계획을 수립했다.'를 통해 알 수 있다.

25 ② 내용 일치/불일치

'이미 여러 연구를 통해 입증된 바 있습니다.'라는 표현은 있지만 이 연구의 출처를 정확하게 밝히고 있는 것은 아니다.

|오답해설| ① '이렇게 글을 쓰게 된 것은 ~ 빛 공해 문제에 대해 말씀드리기 위함입니다.'를 통해 알 수 있다.
③ 'OO군에서도 ~ 참고해 보시기 바랍니다.'를 통해 알 수 있다.
④ '이윤을 추구하는 골프장의 ~ 보완책도 필요합니다.'를 통해 알 수 있다.

26 ④ 내용 일치/불일치

3문단의 '여기(「아동권리에 관한 제네바 선언」)에서도 아동은 보호의 객체로만 인식되었을 뿐 ~ 적극적인 권리의 주체로 인식되지는 않았다.'를 통해 「아동권리에 관한 제네바 선언」이 아동을 적극적인 권리의 주체로 인식하지 않았음을 알 수 있다.

|오답해설| ① 1문단의 '근대사회에 이르러 ~ 아동보호가 시작되었다.'를 통해 확인할 수 있다.
② 4문단의 '우리나라는 이(「아동권리협약」)를 토대로 2016년 「아동권리헌장」 9개 항을 만들었다.'를 통해 알 수 있다.
③ 2문단의 '정상적인 발달', 3문단의 '발달을 위한 적극적인 권리의 주체', 4문단의 '생존과 발달의 권리'를 통해 확인할 수 있다.

|정답| 24 ④ 25 ② 26 ④

27

2022 국가직 9급

글쓴이의 견해에 부합하는 것은?

문화란 공동체의 구성원들이 공유하는 생각과 행동 양식의 총체라고 할 수 있다. 문화를 연구하는 사람들의 주된 관심사는 특정 생각과 행동 양식이 하나의 공동체 안에서 전파되는 기제이다.

이에 대한 견해 중 하나는 문화를 생각의 전염이라는 각도에서 바라보는 것이다. 예컨대, 리처드 도킨스는 '밈(meme)'이라는 개념을 통해 생각의 전염 과정을 설명하고자 했다. 그에 따르면 문화는 복수의 밈으로 이루어져 있는데, 유전자에 저장된 생명체의 주요 정보가 번식을 통해 복제되어 개체군 내에서 확산되듯이, 밈 역시 유전자와 마찬가지로 공동체 내에서 복제를 통해 확산된다.

그러나 문화 전파의 기제를 설명하는 이론으로는 밈 이론보다 의사소통 이론이 더 적절해 보인다. 일례로, 요크셔 지역에 내려오는 독특한 푸딩 요리법은 누군가가 푸딩 만드는 것을 지켜본 후 그것을 그대로 따라 하는 방식으로 전파되었다기보다는 요크셔 푸딩 요리법에 대한 부모와 친척, 친구들의 설명을 통해 입에서 입으로 전파되고 공유되었을 가능성이 크다.

생명체의 경우와 달리 문화는 완벽하게 동일한 형태로 전파되지 않는다. 전파된 문화와 그것을 수용한 결과는 큰 틀에서는 비슷하더라도 세부적으로는 다를 수밖에 없다. 다시 말해 요크셔 지방의 푸딩 요리법은 다른 지방의 푸딩 요리법과 변별되는 특색을 지니는 동시에 요크셔 지방 내부에서도 가정이나 개인에 따라 약간씩의 차이를 보인다. 이는 푸딩 요리법의 수신자가 발신자가 전해 준 정보에다 자신의 생각을 덧붙였기 때문인데, 복제의 관점에서 문화의 전파를 설명하는 이론으로는 이와 같은 현상을 설명하기 어렵다. 반면, 의사소통 이론으로는 설명 가능하다. 이에 따르면 사람들은 자신이 들은 이야기를 남에게 전달할 때 들은 이야기에다 자신의 생각을 더해서 그 이야기를 전달하기 때문이다.

① 문화의 전파 기제는 밈 이론보다는 의사소통 이론으로 설명하는 것이 적절하다.
② 의사소통 이론에 따르면 문화의 수용 과정에는 수용 주체의 주관이 개입하지 않는다.
③ 의사소통 이론에 따르면 특정 공동체의 문화는 다른 공동체로 복제를 통해 전파될 수 있다.
④ 요크셔 푸딩 요리법이 요크셔 지방의 가정이나 개인에 따라 세부적인 차이를 보이는 현상은 밈 이론에 의해 설명할 수 있다.

28

2019 국가직 9급

(가)와 (나)를 통해서 추정하기 어려운 내용은?

(가) 찬성공 형제께서 정경부인의 상(喪)을 당하였다. 부윤공의 부인 이 씨가 우연히 언문 소설을 읽다가 그 소리가 밖으로 들렸다. 찬성공이 기뻐하지 않으며 제수를 계단 아래에 서게 하고, "부녀자의 무식을 심하게 책망할 필요는 없지만, 어찌 상중(喪中)에 있으면서 예의에 어긋난 책을 소리 내어 읽어서 스스로 평민과 같아지려 할 수 있는가?" 하고 꾸짖었다.

(나) 전기수: 늙은이가 동문 밖에 살면서 입으로 언문 소설을 읽었는데, 「숙향전」, 「소대성전」, 「심청전」, 「설인귀전」과 같은 전기 소설이었다. …(중략)… 잘 읽었기 때문에 옆에서 구경하는 사람들이 빙 둘러섰다. 가장 재미있고 긴요하여 매우 들을 만한 구절에 이르면 갑자기 침묵하고 소리를 내지 않았다. 사람들이 다음 이야기를 듣고 싶어서 다투어 돈을 던졌다. 이를 바로 '요전법(돈을 요구하는 법)'이라 한다.

① 상층 남성들은 상중의 예법에 대해 매우 엄격하였다.
② 혼자 소설을 보면서 소리 내어 읽기도 하였다.
③ 하층에서도 소설을 창작하는 사람이 많았다.
④ 상층이 아닌 하층에서도 소설을 즐겼다.

29

2019 국가직 9급

다음 글의 글쓰기 전략으로 볼 수 없는 것은?

고전파 음악은 어떤 음악인가? 서양 음악의 뿌리는 종교 음악에서 비롯되었다. 바로크 시대까지는 음악이 종교에 예속되어 있었으며, 음악가들 또한 종교에 예속되어 있었다. 고전파는 이렇게 종교에 예속되었던 음악을, 음악을 위한 음악으로 정립하려는 예술 운동에서 출발하였다. 따라서 종래의 신을 위한 음악에서 탈피해 형식과 내용의 일체화를 꾀하고 균형 잡힌 절대 음악을 추구하였다. 즉 '신'보다는 '사람'을 위한 음악, '음악'을 위한 음악을 이루어 나가겠다는 굳은 결의를 보여 준 것이다.

또한 고전파 음악은 음악적 형식과 내용의 완숙을 이룬 음악이기도 하다. 이 시기에는 하이든, 모차르트, 베토벤 등 음악의 역사에서 가장 위대한 작곡가들이 배출되기도 하였다. 이때에는 성악이 아닌 기악만으로도 음악이 가능하게 되었으며, 교향곡의 기본을 이루는 소나타 형식이 완성되었다. 특히 옛 그리스나 로마 때처럼 보다 정돈된 형식을 가진 음악을 해 보자고 주장하였기에 '옛것에서 배우자는 의미의 고전'과 '청정하고 우아하며 흐림 없음, 최고의 예술적 경지에 다다름으로서의 고전'을 모두 지향하게 되었다.

이렇듯 역사적으로 고전파 음악은 종교의 영역에서 음악 자체의 영역을 확보하였으며 최고 수준의 음악적 내용과 형식을 수립하였다. 고전파 음악이 서양 전통 음악 전체를 대표하게 된 것은 고전파 음악이 이룩한 역사적인 성과에서 비롯된 것일지도 모른다. 따라서 고전 음악의 개념을 이해하기 위해서는 고전파 음악의 성격과 특질에 대한 이해가 선행되어야 할 것이다.

① 고전파 음악이 지닌 음악사적 의의를 밝힌다.
② 고전파 음악의 음악가를 예시하여 이해를 돕는다.
③ 고전파 음악의 특징이 형식과 내용의 분리에 있음을 강조한다.
④ 질문을 통해 화제를 제시함으로써 호기심을 유발한다.

정답&해설

27 ① 내용 일치/불일치

3문단의 '문화 전파의 기제를 설명하는 이론으로는 밈 이론보다 의사소통 이론이 더 적절해 보인다.'를 통해 확인할 수 있다.

| 오답해설 | ② 4문단의 '수신자가 발신자가 전해 준 정보에다 자신의 생각을 덧붙였기 때문인데'에서 문화 수용 과정에서 수용 주체의 주관이 개입한다는 것을 알 수 있다.

③ 2문단의 '밈 역시 유전자와 마찬가지로 공동체 내에서 복제를 통해 확산된다.'에서 특정 공동체의 문화가 다른 공동체로 복제를 통해 전파되는 것은 '밈 이론'이라는 것을 알 수 있다.

④ 4문단은 '의사소통 이론'의 예이다. 따라서 '요크셔 푸딩 요리법'의 경우는 의사소통 이론에 의해 설명할 수 있다.

28 ③ 내용 일치/불일치

(나)를 보면 하층의 인물인 전기수가 소설을 읽고 하층의 사람들이 전기수의 이야기를 재미있게 즐기고 있음을 알 수 있다. 그러나 하층에서도 소설을 창작했다는 내용은 찾을 수 없다.

| 오답해설 | ① (가)의 '어찌 상중에 있으면서 ~ 하고 꾸짖었다.'를 통해 상층 남성들이 상중의 예법에 대해 매우 엄격하였다는 것을 알 수 있다.

② (가)의 '언문 소설을 읽다가 그 소리가 밖으로 들렸다.'를 통해 알 수 있다.

④ (가)가 상층이라면 (나)는 하층이므로 적절한 설명이다.

29 ③ 내용 일치/불일치

1문단의 '형식과 내용의 일체화를 꾀하고 ~'를 통해 형식과 내용의 '분리'가 아닌 형식과 내용의 '일체화'를 꾀하는 것이 고전파 음악의 특징임을 알 수 있다.

| 오답해설 | ① 1문단의 마지막 부분인 "신'보다는 '사람'을 위한 음악 ~ 보여 준 것이다.', 2문단의 처음 부분인 '또한 고전파 음악은 ~ 완숙을 이룬 음악이기도 하다.' 등을 통해 알 수 있다.

② '하이든, 모차르트, 베토벤' 등을 예로 들고 있다.

④ 1문단의 시작 부분 '고전파 음악은 어떤 음악인가?'를 통해 알 수 있다.

| 정답 | 27 ① 28 ③ 29 ③

30

2019 국가직 9급

(가)를 바탕으로 (나)에 담긴 글쓴이의 생각을 적절히 추론한 것은?

> (가) 철학사에서 합리론의 전통은 감각에 대해 매우 비판적이었다. 예컨대 플라톤은 감각이 보여 주는 세계를 끊임없이 변화하는, 전적으로 불안정한 세계로 간주하고 이에 근거하여 지식을 얻는 것은 불가능하다고 생각했다. 반대로 경험론자들은 우리의 모든 관념과 판단은 감각 경험에서 출발한다고 주장하면서 어떤 지식도 절대적으로 확실할 수는 없다고 결론짓는다.
>
> (나) 모든 사람은 착시 현상 등을 경험해 본 적이 있기에 감각이 우리를 속일 수 있다는 것을 분명히 알고 있고 감각에 대한 어느 정도의 경계심을 지니고 있다. 하지만 그렇다고 해서 일상생활에서 자신의 감각을 신뢰하고 이에 따라 행동하는 것은 잘못이 아니다. 모든 감각적 정보를 검증 절차를 거친 후 받아들이다가는 정상적 생활을 영위하는 것 자체가 불가능해질 것이기 때문이다. 반대로, 실용적 기술 개발이나 평범한 일상적 행동과는 달리 과학적 연구는 상당한 정도의 정확성을 요구하므로 경험적 자료에 대해 어느 정도의 경계심을 유지하는 것도 당연하다.

① 실용적 기술을 개발하는 것은 일차적으로 경험론적 사고에 토대를 둔다.

② 세계는 끊임없이 변화하므로 일상생활에서는 합리론적 사고를 우선하여야 한다.

③ 과학 연구는 합리론을 버리고 철저히 경험론을 바탕으로 이루어져야 한다.

④ 감각에 대한 신뢰는 어느 분야에나 전적으로 차별 없이 요구된다.

31

2019 국가직 9급

다음 글에 대한 설명으로 적절하지 <u>않은</u> 것은?

> 믿기 어렵겠지만 자장면 문화와 미국의 피자 문화는 닮은 점이 많다. 젊은 청년들이 오토바이를 타고 배달한다는 점에서 참으로 닮은꼴이다. 이사한다고 짐을 내려놓게 되면 주방 기구들이 부족하게 되고 이때 자장면은 참으로 편리한 해결책이다. 미국에서의 피자도 마찬가지다. 갑자기 아이들의 친구들이 많이 몰려왔을 때 피자는 참으로 편리한 음식이다.
>
> 남자들이 군에 가 훈련을 받을 때 비라도 추적추적 오게 되면 자장면 생각이 제일 많이 난다고 한다. 비가 오는 바깥을 보며 따뜻한 방에서 입에 자장을 묻히는 장면은 정겨울 수밖에 없다. 프로 농구 원년에 수입된 미국 선수들은 하루도 빠지지 않고 피자를 시켜 먹었다고 한다. 음식이 맞지 않는 탓도 있겠지만 향수를 달래고자 함이 아닐까?
>
> 싸게 먹을 수 있는 이국 음식이란 점에서 자장면과 피자는 특별한 의미를 갖는다. 외식을 하기엔 부담되고 한번쯤 식단을 바꾸어 보고 싶을 즈음이면 중국식 자장면이나 이탈리아식 피자는 한국이나 미국의 서민에겐 안성맞춤이다. 그런데 한국에서나 미국에서나 변화가 생기기 시작했다. 한국에서는 피자 배달이 보편화되기 시작했다. 피자를 간식이 아닌 주식으로 삼고자 하는 아이들도 생겼다. 졸업식을 마치고 중국집으로 향하던 발걸음들이 이제 피자집으로 돌려졌다. 피자보다 자장면을 좋아하는 아이들을 찾아보기가 힘들어졌다.

① 피자는 쉽게 배달시켜 먹을 수 있는 편리한 음식이다.

② 자장면과 피자는 이국적인 음식이다.

③ 자장면과 피자는 값이 싸면서도 기분 전환이 되는 음식이다.

④ 자장면은 특별한 날에 어린이들에게 여전히 가장 사랑받는 음식이다.

32

2019 국가직 9급

다음 글에 대한 설명으로 적절하지 않은 것은?

(가) 20세기 들어서 생태학자들은 지속성 농약이 자연 생태계에 어떤 악영향을 미치는지를 밝힐 수 있었다. 예컨대 제2차 세계 대전 이후 전 세계에서 해충 구제용으로 널리 사용됨으로써 농업 생산량 향상에 커다란 기여를 한 디디티(DDT)는 유기 염소계 살충제의 대명사이다.

(나) 그렇지만 이 유기 염소계 살충제는 물에 잘 녹지 않고 자연에서 햇빛에 의한 광분해나 미생물에 의한 생물학적 분해가 거의 이루어지지 않는다. 그래서 디디티는 토양이나 물속의 퇴적물 속에 수십 년간 축적된다. 게다가 디디티는 지방에는 잘 녹아서 먹이 사슬을 거치는 동안 지방 함량이 높은 동물 체내에 그 농도가 높아진다. 이렇듯 많은 양의 유기 염소계 살충제를 체내에 축적하게 된 맹금류는 물질대사에 장애를 일으켜서 껍질이 매우 얇은 알을 낳기 때문에, 포란 중 대부분의 알이 깨져 버려 멸종의 길을 걷게 된다.

(다) 디디티는 쉽게 분해되지 않기 때문에 한번 뿌려진 디디티는 물과 공기, 생물체 등을 매개로 세계 전역으로 퍼질 수 있다. 그래서 디디티에 한 번도 노출된 적이 없는 알래스카 지방의 에스키모 산모의 젖에서도 디디티가 검출되었고, 남극 지방의 펭귄 몸속에서도 디디티가 발견되었다. 이러한 생물 농축과 잔존성의 특성이 밝혀짐으로써 미국에서는 1972년부터 디디티 생산이 전면 중단되었고, 1980년대에 이르러서는 유기 염소계 농약의 사용이 대부분 금지되었다.

(라) 이와 같이 디디티의 생물 농축 현상에서처럼 생태학자들은 한 생물 종에 미치는 오염의 영향이 오랫동안 누적되면 전체 생태계를 훼손시킬 수 있다는 사실을 발견하였다. 그래서인지 최근 우리나라에서도 사소한 환경 오염 행위가 장차 어떠한 재앙을 몰고 올 수 있는지에 대한 연구가 활발히 이루어지고 있다.

① (가)는 중심 화제를 소개하고, 핵심어를 제시함으로써 전개될 내용을 암시하고 있다.
② (나)는 디디티가 끼칠 생태계의 영향을 인과 분석의 방법으로 설명하고 있다.
③ (다)는 디디티의 악영향을 제시하고, 그것의 사용 금지를 주장하고 있다.
④ (라)는 환경 오염에 대한 경각심을 암시적으로 드러내고 있다.

정답&해설

30 ① 내용 일치/불일치

(나)의 마지막 부분 '실용적 기술 개발이나 평범한 일상적 행동과는 달리 과학적 연구는 ~ 경계심을 유지하는 것도 당연하다.'를 통해 실용적 기술 개발은 경험적 자료에 대해 경계심을 유지해야 하는 과학적 연구와 다르다는 것을 알 수 있다. 이것은 실용적 기술 개발은 경험론적 사고에 토대를 둔다는 의미로 생각해 볼 수 있다.

| 오답해설 | ②③ (나)의 마지막 부분 '실용적 기술 개발이나 평범한 일상적 행동과는 달리 과학적 연구는 ~ 경계심을 유지하는 것도 당연하다.'를 통해 '일상생활'도 실용적 기술 개발과 같이 합리론적 사고가 아닌 경험론적 사고에 토대를 둔다는 것을 알 수 있다(②). 또한 과학 연구는 경험적 자료에 경계심을 유지해야 하는 것임을 알 수 있다(③).

④ (나)의 앞부분 '모든 사람은 착시 현상 ~ 어느 정도의 경계심을 지니고 있다.'를 통해 감각에 대한 경계심이 존재함을 알 수 있다.

31 ④ 내용 일치/불일치

3문단의 마지막 부분 '중국집으로 향하던 ~ 찾아보기가 힘들어졌다.'를 통해 요즘 아이들은 자장면보다 피자를 더 좋아한다는 것을 알 수 있다.

| 오답해설 | ① 1문단의 앞부분 '젊은 청년들이 ~ 피자도 마찬가지다.'를 통해 알 수 있다.

② 3문단의 '싸게 먹을 수 있는 이국 음식이란 점에서 자장면과 피자는 특별한 의미를 갖는다.'를 통해 알 수 있다.

③ 3문단의 '싸게 먹을 수 있는 ~ 서민에겐 안성맞춤이다.'를 통해 알 수 있다.

32 ③ 내용 일치/불일치

디디티(DDT)의 악영향과 금지된 사례를 예로 들어 사실적으로 설명하고 있을 뿐, 디디티(DDT)의 사용 금지를 주장하고 있지 않다.

| 오답해설 | ① '디디티(DDT)'라는 핵심어를 제시하며 지속성 농약이 자연 생태계에 악영향을 미칠 수 있음을 언급하고 있다.

② 디디티(DDT)의 농축 과정과 그 후유증을 인과 분석의 방법으로 설명하고 있다.

④ '경각심을 갖자' 등의 직접적 표현을 사용하지 않고, 상황 설명을 통해 경각심을 암시적으로 드러내고 있다.

| 정답 | 30 ① 31 ④ 32 ③

33

2019 지방직 9급

다음 글쓴이의 입장에 부합하는 것은?

효(孝)가 개인과 가족, 곧 일차적인 인간관계에서 일어나는 행위를 규정한 것이라면, 충(忠)은 가족이 아닌 사람들과의 관계, 곧 이차적인 인간관계에서 일어나는 사회적 행위를 규정한 것이었다. 그런데 언제부터인가 우리는 효를 순응적 가치관을 주입하는 봉건 가부장제 사회의 유습이라고 오해하는가 하면, 충과 효를 동일시하는 오류를 저지르는 경향이 많아졌다. 다음을 보자.

"부모에게 효도하고 형제를 사랑하는 사람은 윗사람의 명령을 거역하는 경우가 드물다. 또 윗사람의 명령을 어기지 않는 사람은 난동을 일으키는 경우도 드물다. 군자는 근본에 힘쓴다. 근본이 확립되면 도가 생기기 때문이다. 효도와 우애는 인(仁)의 근본이다."

위 구절에 담긴 입장을 기준으로 보면 효는 윗사람에 대한 절대 복종으로 연결된다. 곧 종족 윤리의 기본이 되는 연장자에 대한 예우는 물론이고 신분 사회의 엄격한 상하 관계까지 포괄적으로 인정하는 것이다. 하지만 이 구절만을 근거로 효를 복종의 윤리라고 보는 것은 성급한 판단이다. 왜냐하면 원래부터 효란 가족 윤리 또는 종족 윤리로서 사회 윤리였던 충보다 우선시되었을 뿐만 아니라, 유교의 기본 입장은 설사 부모의 명령이라 하더라도 옳고 그름을 가리지 않는 맹목적인 복종은 그 자체가 불효라고 보았기 때문이다. 유교에서는 부모와 자식의 관계가 자연에 의해서 결정된다고 한다. 이 때문에 부모와 자식의 관계는 인위적으로 끊을 수 없다고 본다. 이에 비해 임금과 신하의 관계는 공동의 목표를 위한 관계로서 의리에 의해서 맺어진 관계로 본다. 의리가 맞지 않는다면 언제라도 끊을 수 있다고 생각하는 것이다.

① 효는 봉건 가부장제 사회에서 비롯한 일차적 인간관계이다.
② 효는 부모와 자식 간의 관계이므로 조건 없는 신뢰에 기초한 덕목이다.
③ 윗사람에 대한 복종을 절대시하지 않는 것이 유교적 윤리의 한 바탕이다.
④ 충의 도리를 다함으로써 효의 도리에 도달할 수 있다는 것이 인의 이치다.

34

2019 국가직 7급

다음 글에서 알 수 없는 것은?

팰림시스트(palimpsest)란 원래 양피지 위에 글자가 여러 겹 겹쳐서 보이는 것을 일컫는다. 종이가 발명되기 전에는 양피지에 글을 썼는데 양피지는 귀했기 때문에 이를 재활용하기 위해 이미 쓰여 있는 글자를 지우고 그 위에 다시 글자를 쓰는 일이 빈번했다. 이로 인해 이전에 쓴 글자 위로 새로 쓴 글자가 중첩되어 보이는 현상이 벌어졌다. 건축에서는 이러한 팰림시스트를 오래된 역사적 흔적이 현재의 공간에 영향을 미칠 때 그것을 은유적으로 설명하기 위해 원용하고 있다.

가장 손쉬운 예로 서울 강북의 복잡한 도로망을 들 수 있다. 조선 시대 한양에는 상하수도 시설이 부재하였다. 하지만 물은 인간 생활에 가장 필요한 기본 요건인 바, 물을 효율적으로 사용하기 위해 이 당시 주거들은 한강의 지류 하천을 따라서 형성될 수밖에 없었다. 실개천 주변으로 주거들이 들어서게 되고 그 옆으로 사람과 말들이 지나다니면서 자연 발생적으로 도로가 만들어지게 되었다. 수변(水邊) 공간에서 일상생활을 영위하고 하천을 상하수도 시설처럼 사용하는 커뮤니티가 자연스럽게 형성되었다고 볼 수 있다.

그러나 이후 인구 밀도가 높아지면서 위생 문제가 심각해지고, 동시에 자동차가 급증하여 자동차 도로를 확보하는 것이 도시 형성의 필수 조건으로 부각되면서 하천 주변은 상당 부분 자동차 도로로 바뀌었다. 강북의 도로망 가운데 많은 부분이 구불구불한 자연 하천과도 같은 모습을 갖게 된 것은 이러한 연유에서이다. 산업화 이후 대형 간선 도로의 등장이 본격화되면서 하천을 중심으로 형성되었던 기존 커뮤니티는 간선 도로에 의해 나눠지게 된 것이다.

① 팰림시스트는 종이가 발명되기 이전, 양피지를 재활용하면서 빚어진 현상을 말한다.
② 하천이 커뮤니티의 중심이었던 과거와 달리 지금은 간선 도로가 커뮤니티를 나누고 있다.
③ 도시 주거의 기본 요건 중 하나가 상하수도 시설이기 때문에 하천 주변이 자동차 도로가 된 것은 필연적이다.
④ 강북의 복잡한 도로망은 상하수도 시설이 없었던 시절의 흔적이 현재의 공간에 영향을 미친 팰림시스트의 예이다.

35

2018 국가직 9급

다음 글의 내용과 부합하는 것은?

> 동양의 음식 중에는 특별한 의미가 담긴 것들이 있다. 우리나라 대표적인 명절 음식 중 하나인 송편은 반달의 모습을 본뜬 음식으로 풍년과 발전을 상징한다. 『삼국사기』에 따르면, 백제 의자왕 때 궁궐 땅속에서 파낸 거북이 등에 쓰여 있는 '백제는 만월(滿月) 신라는 반달'이라는 글귀를 두고 점술사가 백제는 만월이라서 다음 날부터 쇠퇴하고 신라는 앞으로 크게 발전할 징조라고 해석했다고 한다. 결과적으로 점술가의 예언이 적중했다. 이때부터 반달은 더 나은 미래를 기원하는 뜻으로 쓰이며, 그러한 뜻을 담아 송편도 반달 모양의 떡으로 빚었다고 한다.
>
> 중국에서는 반달이 아닌 보름달 모양의 월병을 빚어 즐겨 먹었다. 옛날에 월병은 송편과 마찬가지로 제수 용품이었다. 점차 제례 음식으로서 위상을 잃었지만 모든 가족이 모여 보름달을 바라보면서 함께 나눠 먹는 음식으로 자리 잡았다. 이 때문에 보름달 모양의 월병은 둥근 원탁에 온가족이 모인 것을 상징한다. 한국에서 지역의 단합을 위해 수천 명분의 비빔밥을 만들듯이 중국에서는 수천 명이 먹을 수 있는 월병을 만들 정도로 이는 의미 있는 음식으로 대접받고 있다.

① 중국의 월병은 제수 음식으로서의 명맥을 유지하고 있다.
② 신라인들은 더 나은 미래를 기원하는 마음을 담아 송편을 빚었다.
③ 중국의 월병은 한국에서 비빔밥을 만들어 먹는 것을 본떠 만든 음식이다.
④ 『삼국사기』에 따르면 점술가의 예언 덕분에 신라가 크게 발전할 수 있었다.

정답&해설

33 ③ 내용 일치/불일치

3문단의 '유교의 기본 입장은 설사 부모의 명령이라 하더라도 옳고 그름을 가리지 않는 맹목적인 복종은 그 자체가 불효라고 보았기 때문이다.'를 통해 윗사람에 대한 복종을 절대시하지 않는 것이 유교적 윤리의 한 바탕임을 확인할 수 있다.

|오답해설| ① 1문단의 '그런데 언제부터인가 우리는 효를 ~ 오해하는가 하면'이라는 부분을 통해 글쓴이의 입장에 부합하지 않음을 알 수 있다.
② 3문단의 '옳고 그름을 가리지 않는 맹목적인 복종은 그 자체가 불효라고 보았기 때문이다.'를 통해 효가 조건 없는 신뢰에 기초하지 않는다는 것을 추론할 수 있다.
④ 제시된 글에서 확인할 수 없는 내용이다.

34 ③ 내용 일치/불일치

도시 주거의 기본 요건 중 하나가 상하수도 시설이기 때문에 예전 주거들은 한강의 지류 하천을 따라서 형성될 수밖에 없었다. 이후 도시 형성의 필수 조건 중 하나가 자동차 도로를 확보하는 것이었고, 이러한 상황이 부각되면서 기존의 하천 주변이 자동차 도로로 바뀌게 된 것이다. 따라서 ③ '도시 주거의 기본 요건 중 하나가 상하수도 시설이기 때문에 하천 주변이 자동차 도로가 된 것은 필연적'이라는 설명은 옳지 않다.

|오답해설| ① 1문단에서 알 수 있는 내용이다.
② 3문단에서 알 수 있는 내용이다.
④ 2~3문단에서 알 수 있는 내용이다.

35 ② 내용 일치/불일치

1문단의 마지막 문장을 통해 신라인들은 더 나은 미래를 기원하는 마음을 담아 송편을 빚었음을 알 수 있다.

|오답해설| ① 2문단의 '(월병은) 점차 제례 음식으로서 위상을 잃었지만'을 통해 잘못된 내용임을 알 수 있다.
③ 2문단 마지막 부분에서 한국의 비빔밥과 중국의 월병을 서로 비교하고 있지만 ③의 내용은 찾을 수 없다.
④ 1문단을 보면 점술가의 예언이 적중한 것이지 점술가의 예언 덕분에 신라가 크게 발전한 것은 아니다.

|정답| 33 ③ 34 ③ 35 ②

36

2021 법원직 9급

다음 글을 읽고 이해한 내용으로 가장 적절한 것은?

미생물은 오늘날 흔히 질병과 연관된 것으로 여겨진다. 1762년 마르쿠스 플렌치즈는 미생물이 체내에서 증식함으로써 질병을 일으키고, 이는 공기를 통해 전염될 수 있다고 주장했으며, 모든 질병은 각자 고유의 미생물을 갖고 있다고 말했다. 그러나 유감스럽게도 그 주장에 대한 증거가 없었으므로 플렌치즈는 외견상 하찮아 보이는 미생물들도 사실은 중요하다는 점을 다른 사람들에게 납득시킬 수가 없었다. 심지어 한 비평가는 그처럼 어처구니없는 가설에 반박하느라 시간을 허비할 생각이 없다며 대꾸했다.

그런데 19세기 중반 들어 프랑스의 화학자 루이 파스퇴르에 의해 상황이 바뀌기 시작했다. 파스퇴르는 세균이 술을 식초로 만들고 고기를 썩게 한다는 사실을 연달아 증명한 뒤 만약 세균이 발효와 부패의 주범이라면 질병도 일으킬 수 있을 것이라고 주장했다. 이러한 배종설은 오랫동안 이어져 내려온 자연발생설에 반박하는 이론으로서 플렌치즈 등에 의해 옹호되었지만 아직 논란이 많았다. 사람들은 흔히 썩어가는 물질이 내뿜는 나쁜 공기, 즉 독기가 질병을 일으킨다고 생각했다. 1865년 파스퇴르는 이런 생각이 틀렸음을 증명했다. 그는 미생물이 누에에게 두 가지 질병을 일으킨다는 사실을 입증한 뒤, 감염된 알을 분리하여 질병이 전염되는 것을 막음으로써 프랑스의 잠사업을 위기에서 구했다.

한편 독일에서는 로베르트 코흐라는 내과 의사가 시역농장의 사육동물을 휩쓸던 탄저병을 연구하고 있었다. 때마침 다른 과학자들이 동물의 시체에서 탄저균을 발견하자, 1876년 코흐는 이 미생물을 쥐에게 주입한 뒤 쥐가 죽은 것을 확인했다. 그는 이 암울한 과정을 스무 세대에 걸쳐 집요하게 반복하여 번번이 똑같은 현상이 반복되는 것을 확인했고, 마침내 세균이 탄저병을 일으킨다는 결론을 내렸다. 배종설이 옳았던 것이다.

파스퇴르와 코흐가 미생물을 효과적으로 재발견하자 미생물은 곧 죽음의 아바타로 캐스팅되어 전염병을 옮기는 주범으로 여겨지기 시작했다. 탄저병이 연구된 뒤 20년에 걸쳐 코흐를 비롯한 과학자들은 한센병, 임질, 장티푸스, 결핵 등의 질병 뒤에 도사리고 있는 세균들을 속속 발견했다. 이러한 발견을 견인한 것은 새로운 도구였다. 이전에 있었던 렌즈를 능가하는 렌즈가 나왔고, 젤리 비슷한 배양액이 깔린 접시에서 순수한 미생물을 배양하는 방법이 개발되었으며, 새로운 염색제가 등장하여 세균의 발견과 확인을 도왔다.

세균을 확인하자 과학자들은 거두절미하고 세균을 제거하는 작업에 착수했다. 조지프 리스터는 파스퇴르에게서 영감을 얻어 소독 기법을 실무에 도입했다. 그는 자신의 스태프들에게 손과 의료 장비와 수술실을 화학적으로 소독하라고 지시함으로써 수많은 환자들을 극심한 감염으로부터 구해냈다. 또, 다른 과학자들은 질병 치료, 위생 개선, 식품 보존이라는 명분으로 세균 차단 방법을 궁리했다. 그리고 세균학은 응용과학이 되어 미생물을 쫓아내거나 파괴하는 데 동원되었다. 과학자들은 미생물과의 전쟁을 선포하고, 병든 개인과 사회에서 미생물을 몰아내는 것을 목표로 삼은 것이다. 이렇게 미생물에 대한 인식이 형성되었으며 그 부정적 태도는 오늘날에도 지속되고 있다.

① 미생물이 질병을 일으킨다는 플렌치즈의 주장은 당시 모든 사람들의 긍정적 반응을 이끌었다.
② 플렌치즈는 썩어가는 물질이 내뿜는 독기가 질병을 일으킨다는 주장이 틀렸음을 증명하였다.
③ 코흐는 동물의 시체에서 탄저균을 발견한 후 미생물을 쥐에게 주입하는 실험을 실시하였다.
④ 파스퇴르는 프랑스의 잠사업과 환자들을 감염으로부터 보호하는 일에 긍정적인 영향을 미쳤다.

37

2021 국가직 9급

하버마스의 주장에 부합하는 사례로 가장 적절한 것은?

하버마스는 18세기부터 현대까지 미디어의 등장 배경과 발전 과정을 분석하면서, 공공 영역의 부상과 쇠퇴를 추적했다. 하버마스에게 공공 영역은 일반적 쟁점에 대한 토론과 의견을 형성하는 공공 토론의 민주적 장으로서 역할을 한다.

하버마스는 17세기와 18세기 유럽 도시의 살롱에서 당시의 공공 영역을 찾았다. 비록 소수의 사람들만이 살롱 토론 문화에 참여했으나, 공공 토론을 통해 정치적 문제를 해결하는 논리를 도입할 수 있었기 때문에 살롱이 초기 민주주의 발전에 중요한 역할을 했다고 그는 주장한다. 적어도 살롱 문화의 원칙에서 공개적 토론을 위한 공공 영역은 각각이 참석자들에게 동등한 자격을 부여했다.

그러나 하버마스에 따르면, 현대 사회에서 민주적 토론은 문화 산업의 발달과 함께 퇴보했다. 대중매체와 대중오락의 보급은 공공 영역이 공허해지는 원인으로 작용했다. 상업적 이해관계는 공공의 이해관계에 우선하게 되었다. 공공 여론은 개방적이고 합리적 토론을 통해서가 아니라 광고에서처럼 조작과 통제를 통해 형성되고 있다.

미디어가 점차 상업화되면서 하버마스가 주장한 대로 공공 영역이 침식당하고 있다. 상업화된 미디어는 광고 수입에 기대어 높은 시청률과 수익을 보장하는 콘텐츠 제작만을 선호하게 되었다. 그 결과 공적 주제에 대한 시민들의 논의와 소통의 장이 줄어들어 결과적으로 공공 영역이 축소되었다. 많은 것을 약속한 미디어는 이제 민주주의 문제의 일부로 변해 버린 것이다.

① 살롱 문화에서 특정 사회 계층에 대한 비판적인 토론은 허용되지 않았다.

② 인터넷의 발달과 보급은 상업적 광고뿐만 아니라 공익 광고도 증가시켰다.

③ 글로벌 미디어가 발달하더라도 국제 사회의 공공 영역은 공허해지지 않는다.

④ 수익성 위주의 미디어 플랫폼과 콘텐츠가 더 많아지면서 민주적 토론이 감소되었다.

정답&해설

36 ④ 내용 일치/불일치

2문단의 '1865년 파스퇴르는 이런 생각이 틀렸음을 ~ 프랑스의 잠사업을 위기에서 구했다.'를 통해 근거를 찾을 수 있다.

| 오답해설 | ① 1문단에서 플렌치즈의 주장은 증거가 없었으므로 다른 사람들에게 납득시킬 수 없었다고 설명하고 있다.

② 2문단을 보면 썩어가는 물질이 내뿜는 독기가 질병을 일으킨다는 주장이 틀렸음을 증명한 사람은 플렌치즈가 아닌 파스퇴르이다.

③ 3문단을 보면 코흐는 다른 과학자들이 동물 시체에서 발견한 탄저균을 쥐에게 주입하는 실험을 하였다.

37 ④ 내용 일치/불일치

3문단 첫 번째 문장인 '현대 사회에서 민주적 토론은 문화 산업의 발달과 함께 퇴보했다.'와 4문단의 전반적인 내용을 통해 확인할 수 있다.

| 오답해설 | ① 1문단 '공공 영역은 일반적 쟁점에 대한 ~ 역할을 한다.'와 2문단 '17세기와 18세기 유럽 도시의 살롱에서 당시의 공공 영역을 찾았다.'를 통해 살롱 문화에서 비판적 토론이 허용되었음을 알 수 있다.

②③ 4문단 첫 번째~두 번째 문장인 '미디어가 점차 상업화되면서 ~ 선호하게 되었다.'를 통해 공익 광고의 영역, 공공 영역이 오히려 '침식당하고 있음'을 알 수 있다.

| 정답 | 36 ④ 37 ④

38

2021 국가직 9급

다음 글에서 추론한 내용으로 적절하지 않은 것은?

> 과학의 개념은 분류 개념, 비교 개념, 정량 개념으로 구분할 수 있다. 식물학과 동물학의 종, 속, 목처럼 분명한 경계를 가지고 대상들을 분류하는 개념들이 분류 개념이다. 어린이들이 맨 처음에 배우는 단어인 '사과', '개', '나무' 같은 것 역시 분류 개념인데, 하위 개념으로 분류할수록 그 대상에 대한 정보가 더 많이 전달된다. 또한, 현실 세계에 적용 대상이 하나도 없는 분류 개념도 있을 수 있다. 예를 들어 '유니콘'이라는 개념은 '이마에 뿔이 달린 말의 일종임' 같은 분명한 정의가 있기에 '유니콘'은 분류 개념으로 인정되는 것이다.
>
> '더 무거움', '더 짧음' 등과 같은 비교 개념은 분류 개념보다 설명에 있어서 정보 전달에 더 효과적이다. 이것은 분류 개념처럼 자연의 사실에 적용되어야 하지만, 분류 개념과 달리 논리적 관계도 반드시 성립해야 한다. 예를 들면, 대상 A의 무게가 대상 B의 무게보다 더 무겁다면, 대상 B의 무게가 대상 A의 무게보다 더 무겁다고 말할 수 없는 것처럼 '더 무거움' 같은 비교 개념은 논리적 관계를 반드시 따라야 한다.
>
> 마지막으로 정량 개념은 비교 개념으로부터 발전된 것인데, 이것은 자연의 사실로부터 파악할 수 있는 물리량을 측정함으로써 만들어진다. 물리량을 측정하기 위해서는 몇 가지 규칙이 필요한데, 그 규칙에는 두 물리량의 크기를 비교하는 경험적 규칙과 물리량의 측정 단위를 정하는 규칙 등이 포함된다. 이러한 정량 개념은 자연에 의해서 주어지는 것이 아니라 우리가 자연현상에 수를 적용하는 과정에서 생겨나는 것이다. 정량 개념은 과학의 언어를 수많은 비교 개념 대신 수를 사용할 수 있게 하여 과학 발전의 기초가 되었다.

① '호랑나비'는 '나비'와 동일한 종에 속하지만, 나비에 비해 정보량이 적다.

② '용(龍)'은 현실 세계에 적용할 수 있는 지시물이 없더라도 분류 개념으로 인정된다.

③ '꽃'이나 '고양이'와 같은 개념은 논리적 관계를 따라야 하는 것은 아니기 때문에 비교 개념에 포함되지 않는다.

④ 물리량을 측정할 수 있는 'cm'나 'kg'과 같은 측정 단위는 자연현상에 수를 적용할 수 있게 해 주었다.

39

2014 국가직 7급

다음 글을 읽은 독자의 반응으로 적절하지 않은 것은?

> 인간의 변화는 단지 성숙의 산물만은 아니다. 성숙에 의한 변화는 대체로 신체적, 성적 발달에 국한되는 경우가 많다. 인간은 자기가 속한 환경 속에서 여러 가지를 경험하고 배우며 살아간다. 이러한 경험과 배움을 학습이라고 하는데, 인간의 지적, 정의적 특성은 특히 그와 같은 후천적 학습의 영향이 크다 할 수 있다.
>
> 그런데 학습이라 할 때는 경험한 것 모두를 다 지칭하지는 않는다. 학습이란 경험의 결과 상당히 지속적으로 변화가 일어나는 경우를 두고 말한다. 약을 복용한 후나 우리 몸이 피로할 때 일어나는 일시적 변화는 학습이라 하지 않는다.
>
> 학습을 개념화하는 데는 어떤 측면을 강조하여 보느냐에 따라 약간 차이가 있을 수 있다. 행동에 초점을 맞추어 행동의 변화를 학습이라 하기도 하고, 지식에 초점을 두어 지식의 획득을 학습으로 보기도 하며, 정의적 측면을 강조하여 유의미한 인간적 경험, 예를 들면 무엇을 배운 결과 삶의 보람을 느낀 것을 학습이라 보기도 한다.
>
> 따라서 좀 더 넓은 뜻으로 학습을 정의하자면, 학습은 경험에 의한 비교적 지속적인 지적, 정서적, 행동적 변화를 의미한다고 볼 수 있다.

① 인간의 변화에는 성숙만이 아니라 학습도 있는 거야.

② 아이가 자라서 키가 커지는 것은 성숙에 의한 변화겠네.

③ 학습의 개념이 성립되려면 비교적 지속적인 변화라는 성격을 지녀야 해.

④ 과학을 배워서 보람을 느꼈다면, 이는 지적 변화에 초점을 둔 학습 개념이지.

40

2014 국가직 9급

다음 글을 통해 알 수 있는 내용으로 적절하지 않은 것은?

> 우리나라를 찾는 외국인들이 가장 즐겨 찾는 곳은 이태원이다. 여기서 '원(院)'이란 이곳이 과거에 여행자들을 위한 휴게소였다는 것을 말해 준다. 사리원, 조치원 등의 '원'도 마찬가지이다. 조선 전기에는 여행자가 먹고 자고 쉴 수 있는 휴게소를 '원'이라고 불렀다. 1530년에 발간된 『신증동국여지승람』에 따르면 원은 당시 전국에 무려 1,210개나 있었다고 한다.

조선 전기에도 여행자를 위한 편의 시설은 잘 갖추어져 있었다. 주요 도로에는 이정표와 역(驛), 원(院)이 일정한 원칙에 따라 세워졌다. 10리마다 지명과 거리를 새긴 작은 장승을 세우고, 30리마다 큰 장승을 세워 길을 표시했다. 그리고 큰 장승이 있는 곳에는 역과 원을 설치했다. 주요 도로마다 30리에 하나씩 원이 설치되다 보니, 전국적으로 1,210개나 될 정도로 많아진 것이다.

역이 국가의 명령이나 공문서, 중요한 군사 정보의 전달, 사신 왕래에 따른 영송(迎送)과 접대 등을 위해 마련된 교통 통신 기관이었다면, 원은 그런 일과 관련된 사람들을 위해 마련된 일종의 공공 여관이었다. 원은 주로 공공 업무를 위한 여관이었지만 민간인들에게 숙식을 제공하기도 했다.

원은 정부에서 운영했기 때문에 재원도 정부에서 마련했는데, 주요 도로인 대로와 중로, 소로 등에 설치된 원에는 각각 원위전(院位田)이라는 땅을 주어 운영 경비를 마련하도록 했다. 그렇다면 누가 원을 운영했을까? 역에는 종육품 관리인 찰방(察訪)이 파견되어 여러 개의 역을 관리하며 역리와 역노비를 감독했지만, 원에는 정부가 일일이 관리를 파견할 수 없었다. 그래서 대로변에 위치한 원에는 다섯 가구, 중로에는 세 가구, 소로에는 두 가구를 원주(院主)로 임명했다. 원주는 승려, 향리, 지방 관리 등이었는데 원을 운영하는 대신 각종 잡역에서 제외시켜 주었다.

조선 전기에는 원 이외에 여행자를 위한 휴게 시설이 따로 없었으므로 원을 이용하지 못하는 민간인 여행자들은 여염집 대문 앞에서 "지나가는 나그네인데, 하룻밤 묵어 갈 수 있겠습니까?"라고 물어 숙식을 해결할 수밖에 없었다. 그러나 임진왜란과 병자호란을 거치면서 점사(店舍)라는 민간 주막이나 여관이 생기고, 관리들도 지방 관리의 대접을 받아 원의 이용이 줄어들게 되면서 원의 역할은 점차 사라지고 지명에 그 흔적만 남게 되었다.

① 여행자는 작은 장승 두 개를 지나 10리만 더 가면 '역(驛)'이 나온다는 것을 알았을 것이다.
② '원(院)'을 운영하는 승려는 나라에서 요구하는 각종 잡역에서 빠졌을 것이다.
③ 외국에서 사신이 오면 관리들은 '역(驛)'에서 그들을 맞이하거나 보냈을 것이다.
④ 민간인 여행자들도 자유롭게 '원(院)'에서 숙식을 해결했을 것이다.

정답&해설

38 ① 내용 일치/불일치

1문단 '하위 개념으로 분류할수록 그 대상에 대한 정보가 더 많이 전달된다.'를 통해 나비의 하위 개념인 호랑나비가 나비보다 정보량이 많다는 것을 알 수 있다.

| 오답해설 | ② 1문단 '현실 세계에 적용 대상이 하나도 없는 분류 개념도 있을 수 있다.' 부분을 통해 알 수 있다.
③ 2문단에서 '비교 개념'은 논리적 관계를 반드시 따라야 한다고 설명하고 있다. 하지만 '꽃'이나 '고양이'는 논리적 관계를 따라야 하는 것이 아니다. 따라서 비교 개념에 포함되지 않는다.
④ 3문단의 내용을 통해 확인할 수 있다.

39 ④ 내용 일치/불일치

인간의 변화는 신체적, 성적 발달인 성숙에 국한되는 것이 아니며 후천적 학습의 영향이 크다면서, 학습이란 일시적 변화를 제외한 지속적인 지적, 정서적, 행동적 변화를 의미한다고 하였다.
④ 과학을 배워 보람을 느끼는 것은 지적 변화가 아닌 정서적 변화에 초점을 둔 학습 개념이다. 이 내용은 3문단에서 확인할 수 있다.

| 오답해설 | ① 1문단에서 인간의 변화에는 '성숙과 학습'이 모두 요인으로 작용함을 언급하고 있다.
② 1문단에서 신체적, 성적 발달은 '성숙'이라고 했다. 키가 크는 것은 신체적 변화이므로 '성숙'이다.
③ 2, 4문단에서 학습이 비교적 지속적인 변화임을 언급하고 있다.

40 ④ 내용 일치/불일치

'원'은 주로 공공 업무를 위한 여관이었지만 민간인들에게 숙식을 제공하기도 했다는 것이지, 애초에 민간인들이 자유롭게 숙식을 해결할 수 있었다는 의미는 아니다.

| 오답해설 | ① 2문단에서 10리마다 작은 장승을 세우고 30리마다 역과 원을 설치했다는 내용을 통해 작은 장승 2개를 지나고(20리) 10리를 더 가면 '역'이 나온다는 것을 알 수 있다.
② 4문단의 마지막 문장 '원주는 승려, 향리, 지방 관리 ~ 제외시켜 주었다.'를 통해 알 수 있다.
③ 3문단에 '역'이 사신 왕래에 따른 영송과 접대를 위한 기관이었음이 제시되어 있다.

| 정답 | 38 ① 39 ④ 40 ④

41

2021 지방직(= 서울시) 9급

다음 글의 내용과 부합하는 것은?

미국의 어머니들은 자녀와 함께 놀이를 할 때 특정 사물에 초점을 맞추고 그 사물의 속성을 아이들에게 가르친다. 사물의 속성 자체에 관심을 기울이도록 훈련받은 아이들은 스스로 독립적인 행동을 하도록 교육받는다. 미국에서는 아이들에게 의사소통을 가르칠 때 자신의 생각을 분명하게 표현하고 말하는 사람의 입장에서 대화에 임해야 하며, 대화 과정에서 오해가 발생하면 그것은 말하는 사람의 잘못이라고 강조한다.

반면에 일본의 어머니들은 대상의 '감정'에 특별히 신경을 써서 가르친다. 특히 자녀가 말을 안 들을 때에 그러하다. 예를 들어 "네가 밥을 안 먹으면, 고생한 농부 아저씨가 얼마나 슬프겠니?", "인형을 그렇게 던져 버리다니, 저 인형이 울잖아. 담장도 아파하잖아." 같은 말들로 꾸중하는 모습을 자주 볼 수 있다. 다른 사람과의 관계에 초점을 맞춘 훈련을 받은 아이들은 자신의 생각을 드러내기보다는 행동에 영향을 받는 다른 사람들의 감정을 미리 예측하도록 교육받는다. 곧 일본에서는 아이들에게 듣는 사람의 입장에서 말할 것을 강조한다.

① 미국의 어머니는 듣는 사람의 입장, 일본의 어머니는 말하는 사람의 입장을 강조한다.
② 일본의 어머니는 사물의 속성을 아는 것이 관계를 아는 것보다 더 중요하다고 생각한다.
③ 미국의 어머니는 어떤 일을 있는 그대로 보지 말고 이면에 있는 감정을 읽어야 한다고 생각한다.
④ 미국의 어머니는 자녀가 독립적인 행동을 하도록 교육하며, 일본의 어머니는 자녀가 타인의 감정을 예측하도록 교육한다.

42

2021 지방직(= 서울시) 9급

다음 글의 결론으로 가장 적절한 것은?

인공지능(AI)은 비즈니스 패러다임을 획기적으로 바꾸고 있다. 인공지능은 생물학 분야에도 광범위하게 영향을 미칠 것이며, 애완동물이 인공지능(AI)으로 대체될 수도 있을 것이다. 인공지능(AI)은 스스로 수학도 풀고 글도 쓰고 바둑을 두며 사람을 이길 수도 있다. 어느 영화에서처럼 실제로 인간관계를 대신할 수도 있다. 인공지능(AI)은 배우면서 성장할 수도 있다. 인공지능(AI)이 사람보다 똑똑해질 수 있을지도 모른다.

인공지능(AI)이 사람보다 똑똑해질 수 있는지는 차치하고, 인공지능(AI)이 사람을 게으르게 만들 수도 있지 않을까? 이 게으름은 우리의 건강과 행복, 그리고 일상생활의 패턴을 바꿔 놓을 수도 있다.

인공지능(AI)이 앱을 통해 좀 더 편리한 삶을 제공하여 사람의 뇌를 어떻게 바꾸는지를 일상에서 보여 주는 대표적 사례가 바로 GPS다. 불과 몇 년 전만 해도 지도를 보고 스스로 거리를 가늠하고 도착 시간을 계산했던 운전자들은 이 내비게이션의 등장으로 어디에서 어떻게 가라는 기계 속 음성에 전적으로 의존하기 시작했다. 예전의 방식으로도 충분히 잘 찾아가던 길에서조차 습관적으로 내비게이션을 켠다. 이것이 없으면 자주 다니던 길도 제대로 찾지 못하고 멀쩡한 어른도 길을 잃는다.

이와 같이 기계에 의존해서 인간이 살아가는 사례는 오늘날 우리의 두뇌가 게을러진 것을 보여 주는 여러 사례 가운데 하나일 뿐이다. 삶을 더 편하게 해 준다며 지름길을 제시하는 도구들이 도리어 우리의 기억력과 창조력을 퇴보시키고 있다. 인간을 태만하고 나태하게 만들어 뇌의 가장 뛰어난 영역인 상상력을 활용하지 않도록 만드는 것이다.

① 인간의 인공지능(AI)에 대한 독립성은 지속적으로 증가하게 될 것이다.
② 인공지능(AI)으로 인해 인간의 두뇌가 게을러지는 부작용이 발생하게 될 것이다.
③ 인공지능(AI)은 인간을 능가하는 사고력을 가질 것이다.
④ 인공지능(AI)은 궁극적으로 상상력을 가지게 될 것이다.

43

2020 국가직 9급

다음 글에 대한 이해로 적절하지 않은 것은?

> 희극의 발생 조건에 대하여 베르그송은 집단, 지성, 한 개인의 존재 등을 꼽았다. 즉 집단으로 모인 사람들이 자신들의 감성을 침묵하게 하고 지성만을 행사하는 가운데 그들 중 한 개인에게 그들의 모든 주의가 집중되도록 할 때 희극이 발생한다고 보았다. 그러나 그가 말하는 세 가지 사항은 웃음을 유발하는 것이 아니라 그러한 것을 가능케 하는 조건들이다. 웃음을 유발하는 단순한 형태의 직접적인 장치는 대상의 신체적인 결함이나 성격적인 결함을 들 수 있다. 관객은 이러한 결함을 지닌 인물을 통하여 스스로 자기 우월성을 인식하고 즐거워질 수 있게 된다. 이와 관련해 "한 인물이 우리에게 희극적으로 보이는 것은 우리 자신과 비교해서 그 인물이 육체의 활동에는 많은 힘을 소비하면서 정신의 활동에는 힘을 쓰지 않는 경우이다. 어느 경우에나 우리의 웃음이 그 인물에 대하여 우리가 지니는 기분 좋은 우월감을 나타내는 것임은 부정할 수 없다."라는 프로이트의 말은 시사적이다.

① 베르그송에 의하면 희극은 관객의 감성이 집단적으로 표출된 결과이다.

② 베르그송에 의하면 집단, 지성, 한 개인의 존재는 희극 발생의 조건이다.

③ 한 개인의 신체적·성격적 결함은 집단의 웃음을 유발하는 직접적인 장치이다.

④ 프로이트에 의하면 상대적으로 정신 활동보다 육체 활동에 힘을 쓰는 상대가 희극적인 존재이다.

정답&해설

41 ④ 내용 일치/불일치

1문단의 '독립적인 행동을 하도록 교육받는다.'를 통해 미국의 어머니는 자녀가 독립적인 행동을 하도록 교육함을 알 수 있다. 또한 2문단의 '다른 사람들의 감정을 미리 예측하도록 교육받는다.'를 통해 일본의 어머니는 자녀가 타인의 감정을 예측하도록 교육함을 알 수 있다.

| 오답해설 | ① 1문단의 마지막 문장에서 '말하는 사람의 입장에서 대화에 임해야 하며'를 통해 미국의 어머니는 말하는 사람의 입장을, 2문단의 마지막 문장에서 '일본에서는 아이들에게 ~ 강조한다.'를 통해 일본의 어머니는 듣는 사람의 입장을 강조한다는 것을 알 수 있다.

② 2문단의 '다른 사람과의 관계에 초점을 맞춘 훈련을 받은 아이들은'을 통해 일본의 어머니는 관계에 초점을 맞추고 있다는 것을 알 수 있다.

③ 2문단의 '일본의 어머니들은 대상의 감정에 특별히 신경을 써서 가르친다.'를 통해 '이면에 있는 감정'에 초점을 둔 것은 일본의 어머니들이라는 것을 알 수 있다.

42 ② 내용 일치/불일치

마지막 문단의 '이와 같이 ~ 하나일 뿐이다.'에서 인공지능으로 인해 인간의 두뇌가 게을러지는 부작용을 언급하고 있다. 따라서 ②가 글의 결론으로 가장 적절하다.

| 오답해설 | ① 내비게이션의 사례를 통해 인간은 인공지능에 매우 의존적이라는 것을 알 수 있다.

③ 1문단의 '인공지능(AI)이 사람보다 똑똑해질 수 있을지도 모른다.'를 통해 추측할 수 있지만, 글의 결론으로는 적절하지 않다.

④ 이 글에서 알 수 없는 내용이다.

43 ① 내용 일치/불일치

'집단으로 모인 사람들이 자신들의 감성을 침묵하게 하고 ~ 희극이 발생한다고 보았다.'를 통해 희극은 관객의 감성 표출이 지양된다는 것을 알 수 있다.

| 오답해설 | ② '희극의 발생 조건에 대하여 베르그송은 집단, 지성, 한 개인의 존재 등을 꼽았다.'에서 확인할 수 있다.

③ '웃음을 유발하는 단순한 형태의 직접적인 장치는 대상의 신체적 결함이나 성격적인 결함을 들 수 있다.'를 통해 확인할 수 있다.

④ '한 인물이 우리에게 희극적으로 보이는 것은 ~ 육체의 활동에는 많은 힘을 소비하면서 정신의 활동에는 힘을 쓰지 않는 경우이다.'를 통해 확인할 수 있다.

| 정답 | 41 ④ 42 ② 43 ①

44

2020 지방직(= 서울시) 9급

다음 글을 통해 추론할 수 없는 것은?

자신의 신념과 일치하는 정보는 받아들이고 그렇지 않은 정보는 무시하는 경향을 확증 편향(confirmation bias)이라 한다. 자신의 믿음이나 견해와 일치하는 정보는 수용하고 그에 반대되는 정보는 무시하거나 부정하는 심리 경향이다. 사회 심리학자인 로버트 치알디니는 자신이 가진 기존의 견해와 일치하는 정보는 두 가지 이점을 가지고 있다고 한다. 첫째, 그러한 정보는 어떤 문제에 대해 더 이상 고민하지 않고 마음의 휴식을 취할 수 있게 해 준다. 둘째, 그러한 정보는 우리를 추론의 결과에서 자유롭게 해 준다. 즉 추론의 결과 때문에 행동을 바꿔야 할 필요가 없다. 첫째는 생각하지 않게 하고, 둘째는 행동하지 않게 함을 말한다.

일례로 특정 정치 성향을 가진 사람들을 대상으로 조사했을 때, 사람들은 반대당 후보의 주장에서는 모순을 거의 완벽하게 찾은 반면, 지지하는 당 후보의 주장에서는 모순을 절반 정도만 찾아냈다. 이 판단의 과정을 자기 공명 영상 장치로도 촬영했다. 그 결과, 자신이 동의하지 않는 정보를 접했을 때는 뇌 회로가 활성화되지 않았고, 자신이 동의하는 주장을 접했을 때는 긍정적인 반응을 보이면서 뇌 회로가 활성화되는 것을 확인할 수 있었다.

① 사람에게는 자신의 신념이나 행동을 바꾸려 하지 않는 경향이 있다.
② 사람에게는 정보를 객관적으로 판단하지 못하는 심리적 특성이 있다.
③ 사람에게는 지지자들의 말만을 듣고 자기 신념을 강화하는 경향이 있다.
④ 사람에게는 새로운 정보를 접했을 때 심리적 불안을 느끼는 특성이 있다.

45

2021 지방직(= 서울시) 9급

다음 글에서 추론할 수 있는 것은?

포도주는 유럽 문명을 대표하는 술이자 동시에 음료수다. 우리는 대개 포도주를 취하기 위해 마시는 술로만 생각하기 쉬우나 유럽에서는 물 대신 마시는 '음료수'로서의 역할이 크다. 유럽의 많은 지역에서는 물이 워낙 안 좋아서 맨 물을 그냥 마시면 위험하기 때문에 제조 과정에서 안전성이 보장된 포도주나 맥주를 마시는 것이다. 이런 용도로 일상적으로 마시는 식사용 포도주로는 당연히 고급 포도주와는 다른 저렴한 포도주가 쓰이며, 술이 약한 사람들은 여기에 물을 섞어서 마시기도 한다.

소비의 확대와 함께, 포도주의 생산을 다른 지역으로 확산시키려는 노력도 계속되어 왔다. 포도주 생산의 확산에서 가장 큰 문제는 포도 재배가 추운 북쪽 지역으로 확대되기 힘들다는 점이다. 자연 상태에서는 포도가 자라는 북방한계가 이탈리아 정도에서 멈춰야 했지만, 중세 유럽에서 수도원마다 온갖 노력을 기울인 결과 포도 재배가 상당히 북쪽까지 올라갔다. 대체로 대서양의 루아르강 하구로부터 크림반도와 조지아를 잇는 선이 상업적으로 포도를 재배할 수 있는 북방한계선이다.

적정한 기온은 포도주 생산 가능 여부뿐 아니라 생산된 포도주의 질을 결정하는 중요한 요인이다. 너무 추운 지역이나 너무 더운 지역에서는 포도주의 품질이 떨어질 수밖에 없다. 추운 지역에서는 포도에 당분이 너무 적어서 그것으로 포도주를 담그면 신맛이 강하게 된다. 반면 너무 더운 지역에서는 섬세한 맛이 부족해서 '흐물거리는' 포도주가 생산된다(그 대신 이를 잘 활용하면 포르토나 셰리처럼 도수를 높인 고급 포도주를 만들 수 있다). 그러므로 고급 포도주 주요 생산지는 보르도나 부르고뉴처럼 너무 덥지도 않고 너무 춥지도 않은 곳이다. 다만 달콤한 백포도주의 경우는 샤토 디켐(Chateau d'Yquem)처럼 뜨거운 여름 날씨가 지속하는 곳에서 명품이 만들어진다.

포도주의 수요는 전 유럽적인 데 비해 생산은 이처럼 지리적으로 제한됐기 때문에 포도주는 일찍부터 원거리 무역 품목이 됐고, 언제나 고가품 취급을 받았다. 그런데 한 가지 기억해야 할 점은 이렇게 수출되는 고급 포도주는 오래된 포도주가 아니라 바로 그해에 만든 술이라는 점이다. 우리는 포도주는 오래될수록 좋아진다고 믿는 경향이 있지만, 대부분의 백포도주 혹은 중급 이하 적포도주는 시간이 지날수록 오히려 품질이 떨어진다. 시간이 흐를수록 품질이 개선되는 것은 일부 고급 적포도주에만 한정된 이야기이며, 그나마 포도주를 병에 담아 코르크 마개를 끼워 보관한 이후의 일이다.

① 고급 포도주는 모두 너무 덥지도 춥지도 않은 곳에서 재배된 포도로 만들어졌다.
② 루아르강 하구로부터 크림반도와 조지아를 잇는 선은 이탈리아보다 남쪽에 있을 것이다.
③ 유럽에서 일상적으로 마시는 식사용 포도주는 저렴한 포도주거나 고급 포도주에 물을 섞은 것이다.
④ 병에 담겨 코르크 마개를 끼운 고급 백포도주는 보관 기간에 비례하여 품질이 개선되지는 않을 것이다.

46

다음 글의 내용과 일치하지 않는 것을 고르면?

국제사회는 뉴노멀 시대를 맞아 지속가능한 개발과 사회적 가치 확산에 주력하고 있다. 우리 정부 또한 세계적 흐름에 발맞춰 2020년 7월 '한국판 뉴딜' 정책을 발표하며 디지털 사회와 그린 경제로의 전환을 선언했다. 그중 4차 산업 기반의 스마트 댐 안전관리는 한국판 뉴딜의 주요 과제로 꼽힌다. 이에 K-water와 환경부는 댐 안전을 확보하고 국민 물 복지 강화를 위해 '스마트 댐 안전관리 체계 구축' 사업을 진행 중이다.

이제까지 댐 안전점검은 현장 전문가가 작업줄에 의존해 댐 벽체를 타고 내려가며 육안으로 댐 결함 유무를 점검해 왔다. 이러한 방식은 작업자의 경험 또는 주관에 따라 결함을 판단할 수밖에 없었고, 일부 구간은 접근마저 어려워 작업자의 사고 위험도 뒤따랐다. 이에 지난해 12월 K-water는 국내 댐 37개소 현장에 항공 드론 37기를, 댐안전관리센터에 특수 드론 6기를 도입함으로써 스마트 댐 안전관리 체계 구축을 위한 기반을 마련했다. 작업자가 위험을 무릅쓰면서 댐체에 몸을 싣지 않고도 항공·수중 드론이 촬영한 비대면 3차원 영상을 통해 댐 결함 여부를 정밀하게 점검할 수 있게 된 것이다. 또 작업자 안전 문제 또는 시설 구조 특성상 점검하기 어려웠던 사각지대 역시 말끔히 해소했다. 이뿐만 아니라 드론 기반 안전점검 도입 후 댐 1개소당 점검 시간을 70% 단축했으며, 점검 비용 역시 78% 절감해 효율성도 입증했다.

K-water는 드론 기반 댐 안전점검의 성공적 정착을 위해 2020년 국내 최초로 '댐 분야 드론 운용 표준 매뉴얼'을 수립했고, 2021년 2월에는 드론 점검 영상 데이터를 기반으로 한 3D 모델링을 통해 0.1mm 단위의 정밀한 댐 손상까지 분석하는 시스템을 구축해 운영하고 있다. 또 올해 4월과 7월에는 각 댐별 안전 관리자를 대상으로 드론 비행 실습 교육을 진행해 드론 활용도와 작업자의 현장 대응력을 높이기도 했다. 현재 드론을 활용한 댐 안전점검은 각 댐 지사에서 월 1회 이상 실시하는 일상 점검과 댐안전관리센터에서 홍수기 전후로 진행하는 정밀 점검을 중심으로 운영되고 있다. 또 집중호우, 지진으로 발생하는 균열이나 누수 등의 이상 징후에 대비한 특별 점검도 실시할 예정이다.

① 특수 드론 도입 전 댐 안전점검은 전문가가 육안으로 확인하는 방식으로 이루어졌다.
② 드론 기반 댐 안전점검은 각 댐 지사에서 매달 1회 이상 운영하고 있다.
③ 드론을 활용한 댐 안전점검 도입 이후 점검 시간은 단축되었으나 점검 비용은 늘어났다.
④ 4차 산업 기반의 스마트 댐 안전관리는 한국판 뉴딜 과제에 포함된다.

정답&해설

44 ④ 내용 일치/불일치

새로운 정보를 접했을 때 심리적 불안을 느끼는 것이 아니라, 자신의 신념과 일치하지 않는 정보를 접했을 때 그 정보를 받아들이지 않는 것이다.

|오답해설| ① 1문단 첫 번째 문장인 '자신의 신념과 ~ 확증 편향이라 한다.'를 통해 알 수 있다.
② 1문단 두 번째 문장인 '자신의 믿음이나 견해와 ~ 반대되는 정보는 무시하거나 부정하는 심리 경향이다.'와 2문단 마지막 문장인 '그 결과, ~ 확인할 수 있었다.'를 통해 확인할 수 있다.
③ 2문단 첫 번째 문장인 '사람들은 반대당 후보의 주장에서는 ~ 절반 정도만 찾아냈다.'를 통해 확인할 수 있다.

45 ④ 내용 일치/불일치

4문단의 '일부 고급 적포도주에만 한정된 이야기이며'를 통해 '백포도주'와는 관련이 없음을 알 수 있다.

|오답해설| ① 3문단의 '그 대신 이를 잘 활용하면 ~ 만들 수 있다.', '달콤한 백포도주의 ~ 명품이 만들어진다.'를 통해 모든 고급 포도주가 너무 덥지도 춥지도 않은 곳에서 재배된 포도로만 만들어지는 것은 아님을 알 수 있다.
② 2문단의 '이탈리아 정도에서 ~ 북방한계선이다.'를 통해 이탈리아보다 '남쪽'이 아닌 '북쪽'임을 알 수 있다.
③ 1문단의 '이런 용도로 일상적으로 ~ 마시기도 한다.'를 통해 '고급 포도주와는 다른 저렴한 포도주'가 일상적으로 마시는 용도임을 알 수 있다.

46 ③ 내용 일치/불일치

2문단에서 드론 기반 안전점검 도입 후 댐 1개소당 점검 시간은 70% 단축되었으며, 점검 비용 역시 78% 절감되었다고 하였다.

|오답해설| ① 2문단에서 이제까지 댐 안전점검은 현장 전문가가 작업줄에 의존해 댐 벽체를 타고 내려가며 육안으로 댐 결함 유무를 점검하는 방식으로 이루어졌다고 하였다.
② 3문단에서 현재 드론을 활용한 댐 안전점검은 각 댐 지사에서 월 1회 이상 실시하는 일상 점검과 댐안전관리센터에서 홍수기 전후로 진행하는 정밀 점검을 중심으로 운영된다고 하였다.
④ 1문단에서 4차 산업 기반의 스마트 댐 안전관리는 2020년 7월에 정부에서 발표한 '한국판 뉴딜'의 주요 과제로 꼽힌다고 하였다.

|정답| 44 ④ 45 ④ 46 ③

47

2021 상반기 한국수자원공사 기출 복원

다음 중 '미래형 스마트 정수장'에 대한 내용으로 적절하지 않은 것을 고르면?

미래형 스마트 정수장은 그간 사람이 분석·판단해서 운영하는 정수장을 빅데이터 기반의 인공지능 기술을 활용해서 최적 에너지관리, 스마트 안전관리, 설비 예지보전, 정수장 자율설비운영 등을 하는 것을 의미한다. 여기서 최적 에너지관리란 펌프모터 고도설비 등 에너지 소비가 많은 설비에 대해 각종 센서와 인공지능 기술을 활용한 실시간 전력량의 감시분석제어를 통해 에너지 사용을 최적화하는 시스템을 의미한다. 예를 들어 펌프모터는 지역, 계절, 시간대별 용수수요 및 설비운영 패턴 등을 통해 수요예측모델을 생성하고 지능형 알고리즘을 활용하여 24시간 펌프별 최적 운영을 제어함으로써 저(低)에너지형 공급시스템을 구축할 수 있다. 이러한 기술을 통해 현재 사람의 분석과 판단에 따라 운영되는 펌프모터의 가동효율을 표준화하고 시스템화함으로써 수도사업장 전력비의 80% 이상을 차지하는 펌프모터 전력비를 절감할 수 있다. 또 근무자에 의해 발생하는 휴먼에러 또한 제로(Zero)화함으로써 수도관로 운영 안정성을 극대화할 수 있다.

또한 현재 정수장 안전관리체계는 CCTV, 경광등, 경보알람 등 시설물관리 중심의 경보체계로 되어 있어 염소 가스실, 밀폐 공간 등 위험장소 내 근로자에 대한 안전관리는 전무한 상태이나. 따라서 작업자용 스마트폰, 위치확인 및 동작감지 센서 등 최신 ICT 기술을 활용하여 근로자의 위험상황을 실시간으로 파악하고, 위험에 처한 근로자에 대해서 신속한 구조가 가능하도록 하는 것이 스마트 안전관리시스템이다. 특히 근로자 안전관리시스템(e-Call)은 고위험 장소의 작업자에게 안전수칙을 안내하고, 일정시간 이상 위험구역 내 체류 시 또는 움직임 미감지 시 사고 발생으로 인지하여 안전관리 담당자에게 자동으로 경보를 발송하여 신속한 초동조치를 위한 골든타임 확보가 가능하도록 한다.

예지보전 플랫폼은 펌프모터, 수배전반 등 중요설비 대상으로 센서(IoT)와 인공지능 기술을 활용하여 설비 상태를 실시간 감시 분석하고 이상 징후를 자율 진단하여 적기에 유지보수 시기를 결정하는 시스템이다. 스마트센서에서 수집된 유량, 압력, 온도, 진동, 소음 등 설비의 상태를 나타내는 빅데이터를 실시간으로 수집 전송 후, 인공지능 종합예측진단 엔진으로 결함 부위, 고장 종류, 고장 발생 시기 등 설비고장을 사전 예측하고 설비보수 방식 및 프로세스를 제공함으로써 예측정비가 가능하게 한다. 이러한 예측정비는 기존의 주기적인 점검정비를 설비상태 및 예측기반에 의한 점검으로 변화시킴으로써 효율적인 설비 유지가 가능해지도록 하며, 유지관리 인력 및 자재의 효율적 관리도 가능하게 된다.

마지막으로 현재의 정수장 운영은 그간 축적된 운영관리 빅데이터 활용은 전무한 상태이므로 오로지 근무자의 역량과 경험을 기반으로 운영여건 분석을 통해 의사결정이 이뤄지고 있어 휴먼에러와 급격한 수질변동에 대한 대응력이 떨어진다. 그러나 빅데이터와 인공지능 플랫폼을 기반으로 운영되는 정수장 자율운영시스템은 정수 생산량, 약품 주입율 등 주요 운영 인자들을 자동적으로 결정한다. 또한 자율 정수처리공정을 통해 약품비, 전력비, 위기대응 비용 등 생산원가 절감효과도 기대된다.

① 센서에서 자동으로 정보를 수집하여 설비 결함을 실시간으로 진단한다.

② 근무자의 실수로 수도관로에 발생하는 문제를 줄임으로써 운영 안정성을 높였다.

③ 위험구역 내 일정시간 이상 근무자의 움직임이 파악되지 않으면 담당자에게 자동으로 경보가 발송된다.

④ 기존의 정수장 운영관리에 사용되던 빅데이터를 보다 발전시킨 자율운영시스템을 도입하였다.

48

2021 5월 시행 한국전력공사 기출 복원

다음 글에 대한 설명으로 옳지 않은 것을 고르면?

산업통상자원부가 추진하는 '국민DR시장'은 기업이 전기를 덜 쓰는 대신 정부 보조금을 받는 수요자원(DR; Demand Response) 거래시장 제도를 일반 가정으로 확대하는 것이다. 국민이 자발적으로 전력 감축에 동참하고 보상받는 제도로, 정부는 이 제도가 정착될 경우 발전기 건설비용 절감과 에너지 소비 효율화 등의 효과가 있을 것으로 기대하고 있다. 10일 산업부와 전력거래소에 따르면 에너지 빅데이터 업체인 '인코어드'는 한국에너지기술평가원 연구과제로 국민DR 실증시험을 진행하고 있다. 작년에는 1만 2천여 가구가 참여하였으며, 올해에는 2만 5천여 가구를 대상으로 국민DR 제도를 시험하고 있다. 산업부는 실증시험 결과를 바탕으로 국민DR 운영 규칙과 보상 방식 등을 정하고 내년부터 시범사업에 들어갈 계획이다.

국민DR은 현재 기업을 대상으로 운영 중인 DR시장 제도와 유사하게 운영될 전망이다. 현재 실증시험에 참여하는 가구들은 스마트폰 앱을 통해 특정 시간 동안 전력감축을 요청받으면 조명을 낮추거나 보온밥솥을 끄는 등의 방식으로 참여한다. 각 세대에는 스마트미터가 설치되어 있어 원격으로 실시간 세대별 전력 사용 현황과 전력감축 여부 등을 확인할 수 있다. 요청대로 전기 사용을 줄인 가구는 감축량에 따라 일종의 보상을 받는다. 예를 들어 통신사 요금 할인이나 케이블 TV VOD 무료 이용권, 고객 명의의 자선단체 기부 등이다. 실제 ○○통신은 참여 고객이 주 1회 특정 시간에 전력 사용량 절감 미션을 받고 이에 성공하면 통신비 할인, 모바일 쿠폰 등을 주고 있다.

산업부는 아직 보상 수준을 정하지 않았다. 산업부가 DR 시장을 일반 가정으로 확대하는 이유는 집이나 상가에서 냉난방에 사용하는 전력 사용량이 여름·겨울철 최대 전력수요에 큰 영향을 미치기 때문이다. 에너지 업계에서는 일반 가정의 전력 사용량이 많게는 피크 시간대 전력수요의 60%를 차지하는 것으로 보고 있다. 그러나 국민DR은 기업DR보다 어려운 점이 있다. 기업DR의 경우 17개 민간 수요관리 사업자가 3천 195개 기업을 관리하지만, 일반 가정은 가구당 전력 사용량이 적기 때문에 국민DR이 충분한 효과를 보려면 수백만 세대가 참여해야 할 것으로 보인다.

이렇게 많은 사람이 제도에 참여하게 하는 것 자체가 어려운 일이기 때문에 정부는 통신사 등 이미 다수의 고객을 확보한 기업이 중간에서 수요관리 사업자 역할을 할 것으로 기대하고 있다. 탈원전 반대 진영에서는 정부가 원전을 더 지을 필요가 없다는 논리를 만들려고 일반 가정의 전력 사용까지 줄이려고 한다고 지적한다. 그러나 산업부는 이 정책이 탈원전과 관련이 없으며 제도 참여는 강제가 아닌 자율에 따른 것이라고 설명했다. 이와 관련하여 산업부는 2015년 10월 국민DR 도입 등을 포함한 '수요자원 거래시장 중장기 육성 방안'을 발표한 바 있다.

① DR시장 제도는 이미 시행 중이며 여러 기업에서 참여하고 있다.
② 국민DR을 시행하기 위해 에너지 빅데이터 업체에서는 빅데이터 수집 등 실증실험을 하고 있다.
③ 국민DR은 스마트폰 앱을 통해 특정 시간 동안 전기 사용을 줄이는 방식으로 운영될 예정이다.
④ 국민DR이 시행되면 수백만 세대가 참여하게 되므로 수요관리 사업자 역할이 필요하지 않을 것이다.
⑤ 현재 실증실험으로 시행되고 있는 국민DR의 보상제도는 현재 통신비 할인, 모바일 쿠폰 제공 등으로 운영되고 있다.

정답&해설

47 ④ 내용 일치/불일치

4문단에서 현재의 정수장 운영은 그간 축적된 운영관리 빅데이터 활용이 전무한 상태라고 하였으므로, 미래형 스마트 정수장이 기존의 정수장 운영관리에 사용되던 빅데이터를 보다 발전시킨 것이라는 내용은 적절하지 않다.

|오답해설| ① 3문단에서 예지보전 플랫폼에서는 펌프모터, 수배전반 등 중요설비 대상으로 센서(IoT)와 인공지능 기술을 활용하여 설비 상태를 실시간 감시 분석하고 이상 징후를 자율 진단하여 적기에 유지보수 시기를 결정한다고 하였다.
② 1문단에서 최적 에너지관리 시스템을 통해 근무자에 의해 발생하는 휴먼에러를 제로화하여 수도관로 운영 안정성을 극대화할 수 있다고 하였다.
③ 2문단에 따르면 근로자 안전관리시스템에서는 고위험 장소의 작업자에게 안전수칙을 안내하고, 일정시간 이상 위험구역 내 체류 시 또는 움직임 미감지 시 사고 발생으로 인지하여 안전관리 담당자에게 자동으로 경보를 발송한다고 하였다.

48 ④ 내용 일치/불일치

기업DR의 경우 17개 민간 수요관리 사업자가 3천 195개 기업을 관리하지만, 국민DR이 충분한 효과를 보려면 일반 가정 수백만 세대가 참여해야 하는데, 많은 사람이 제도에 참여하게 하는 것 자체가 어려운 일이기 때문에 정부는 통신사 등 이미 다수의 고객을 확보한 기업이 중간에서 수요관리 사업자 역할을 할 것으로 기대하고 있다고 하였다. 즉, 국민DR이 시행되면 수백만 세대가 참여하게 되며, 이때에는 통신사 등이 수요관리 사업자의 역할을 하게 된다고 볼 수 있으므로 수요관리 사업자 역할이 필요하지 않을 것이라는 진술은 적절하지 않다.

|오답해설| ①② DR이란 전기를 덜 쓰는 대신 정부 보조금을 받는 수요자원(DR; Demand Response) 거래시장 제도로서 현재 기업을 대상으로 시행 중이며, 일반 가정으로 확대하기 위해 빅데이터 수집 등 다양한 실험을 하고 있다.
③ 2문단을 통해 현재 실증시험에 참여하는 가구들이 쉽게 스마트폰 앱을 통해 조명을 낮추거나 보온밥솥을 끄는 등의 방식으로 참여한다는 것을 알 수 있다.
⑤ 2문단에 따르면 실제 ㅇㅇ통신은 실증시험에 참여한 가구를 대상으로 통신비 할인, 모바일 쿠폰 등을 보상해 주고 있음을 알 수 있다.

|정답| 47 ④ 48 ④

49

2021 5월 시행 한국전력공사 기출 복원

[가]와 [나]에서 주장하는 내용으로 옳은 것을 고르면?

[가] 인천지역 내 통행량이 많은 대로변에는 횡단보도 없이 육교나 지하보도만 설치되어 있는 경우가 있다. 횡단보도를 찾아 먼 길을 돌아가지 않는 이상 이 시설물을 이용해야 하는데, 장애인이나 노약자 등 교통약자에 대한 배려는 찾아볼 수 없는 실정이다. 인천중구 장애인복지관에서 만난 ○○○ 씨는 지팡이와 같은 도구 없이는 제대로 걷기 힘든 뇌병변 2급 장애인이다. ○○○ 씨가 복지관에서 일과를 보내고 집으로 향할 시간, ○○○ 씨의 발걸음이 무겁다. 장애인 셔틀버스를 타기 위해선 넘어야 할 장애물이 많기 때문이다. 처음으로 만난 장애물은 육교. 경사가 60~70도 정도 되어 보이는 이 육교를 오르내리는 시간은 3분. 비장애인의 걸음으론 1분이면 충분한 거리이지만, ○○○ 씨의 절뚝거리는 걸음으로 지나가기엔 위태롭기 짝이 없다. ○○○ 씨는 "우리 같은 장애인들에게 육교 계단은 물론 경사로도 너무 힘들고 날씨가 좋지 않으면 더 심하다. 인천지역 대부분이 다 이러한 것 같다."라고 말한다. 이를 해결하기 위한 현실적인 방안은 사실 간단하다. 횡단보도를 설치하는 것이다. 장애인이나 노약자, 임산부 등 교통약자들이 육교 계단을 오르내리는 불편을 없애고, 걷는 사람이 편안한 도로를 위해 육교 철거와 횡단보도 복원을 추진하면 된다. 다만 철저한 교통 흐름 조사와 더불어 인근 주민들의 의견 청취가 중요할 것이다. 선진 교통문화 정착을 위해 교통약자를 배려하는 기준 마련과 행정적 뒷받침이 필요한 시점이다.

[나] 최근 보행자 중심의 교통환경을 만든다는 명목하에 노량진 육교와 남대문 육교 등 유서 깊은 육교들이 역사 속으로 사라졌다. 그러나 이 같은 육교 철거에 모든 시민이 찬성하는 것은 아니다. 최근 서울 종로구에서는 육교 철거와 재건설을 두고 시민들 간 갑론을박이 벌어지고 있다. 현재 종로구에 남은 3개의 육교 중 하나인 신영동 세검보도육교가 논란의 주인공이다. 지어진 지 40년이 지나 안전등급 D등급 판정을 받은 세검보도육교에 대해 존폐 여부를 묻는 주민투표를 거쳐 노약자용 엘리베이터를 포함한 육교의 재건설 공사가 추진되었다. 그런데 지난해 12월 말 완공을 목표로 진행되던 육교 재설치 공사가 갑자기 중단이 됐다. 주민들은 육교 인근에 횡단보도가 없는 데다 마을 방향의 좌회전 신호가 없어서 매번 수백 미터를 돌아서 마을에 들어오는 불편이 있기 때문이다. 반면 육교 인근 초등학교 학부모들은 안전을 이유로 육교 재설치를 주장하고 있다. 교통량이 많은 왕복 4차선 도로에서 횡단보도를 건너면 사고의 위험이 크다는 이유에서다. 육교를 둘러싼 갈등이 커질수록 사회적 비용이 소모되며 피로감만 늘 뿐이다. 관할 행정기관과 주민들의 치열한 토론이 필요할 때이다.

① [가]에서는 교통약자를 위한 육교 엘리베이터 설치에 대해 건의하고 있다.
② [나]에서는 노후 육교 철거의 필요성을 주장하고 있다.
③ [가]와 [나]에서는 모두 육교와 횡단보도 설치 논란에 따른 사회적 비용에 대해 문제를 제기하고 있다.
④ [가]에서는 횡단보도 설치를 주장하고 [나]에서는 육교 재설치를 주장하고 있다.
⑤ [가]와 [나]에서는 모두 횡단보도 설치를 위해서는 사회적 합의 도출이 우선되어야 한다고 주장한다.

50

2021 5월 시행 한국전력공사 기출 복원

다음 글의 내용과 일치하는 것을 고르면?

유엔 재난위험경감사무국이 최근 20년 동안 발생한 재해가 이전보다 2배 늘었다고 발표했다. 기후변화로 인한 자연재해가 급격히 늘어난 것을 주요 원인으로 꼽았다. 유엔 재난위험경감사무국은 오늘 유엔이 지정한 국제재난위험 경감의 날을 맞아 2000~2019년에 발생한 재해 데이터와 1980~1999년에 발생한 재해 데이터를 비교·분석한 리포트를 발표했다.

리포트에 따르면 2000~2019년 전 세계에서 총 7,348건의 재해가 발생해 123만 명이 목숨을 잃었고, 약 2조 9,700억 달러(약 3,400조)의 경제적 손실이 발생했다. 1980~1999년에는 4,212건의 재해가 발생해 119만 명이 사망하고 1조 6,300억 달러(약 1,870억)의 피해를 입었다. 사망자 수는 비슷하지만, 재해 발생 횟수와 경제적 손실이 약 2배씩 늘었다. 산불, 가뭄, 극한 기온을 포함한 여러 재해 항목 중 기후변화로 인해 날씨 관련 재해의 수가 3,656건에서 6,681건으로 늘어난 것이 주요 원인이었다. 홍수와 태풍의 경우, 홍수는 최근 20년 동안 심각한 수준의 홍수가 과거 1,389건에서 3,254건으로 약 2배 많이 발생하여 최근 20년 동안 가장 많이 발생한 재해이고, 태풍의 발생 빈도는 과거 1,457건에서 2,034건으로 늘었다.

재난은 아시아 지역에서 가장 많이 발생했다. 최근 20년 동안 발생한 7,348건 중 절반에 가까운 3,068건이 아시아에서 발생했으며 중국이 577건, 인도가 321건으로 아시아 국가 중 중국에서 가장 많은 재해가 발생했다. 가장 많은 인명 피해가 발생한 재해는 2004년 인도에서 발생한 쓰나미로, 총 22만 6,400명의 목숨을 앗아갔다. 다음은 2010년 아이티에서 발생해 22만 2,000명의 사망자를 낸 아이티 대지진, 2008년 인도 서남부를 강타해 13만 8,000명의 사상자를 낳은 사이클론 나르기스가 뒤를 이었다. 유엔 재난위험경감사무국은 기후변화와 재해 발생을 줄이기 위해 각 국가들에 '센다이 프레임워크'를 실천하라고 권장했다. 센다이 프레임워크는 2015년 유엔 회원국이 재해로 인한 인명과 재산 피해를 줄이기 위해 채택한 지침으로, 2030년까지 재해로 인한 사망률과 경제적 손실위험을 일정 수준까지 줄이는 것과 조기 경보 시스템 도입을 비롯해 총 7가지 지침이 담겨 있다.

재난역학연구소 ○○○ 교수는 "이 보고서는 신종 코로나바이러스 감염증(COVID-19, 코로나19) 같은 생물학적 재해를 빼고 분석한 것"이라며 "향후 20년 동안 기후변화로 인한 재해가 이런 속도로 늘어나면 인류의 미래는 암울하다"라고 말했다. 더불어 "재난을 줄일 수 있는 실용적인 방법이 많이 있다"라며 "이런 재난은 자원이 부족한 저소득 국가나 중소득 국가에 더 큰 피해를 주므로 이 국가들에는 의료나 교육 서비스를 제공해야 한다"라고 말했다.

① 시간이 흐를수록 재해 발생 횟수는 줄고 있다.
② 최근 20년 동안 가장 많이 발생한 재해는 산불이다.
③ 최근 20년 동안 재해로 인한 인명 피해가 가장 큰 국가는 중국이다.
④ 최근 20년 동안 재해로 인한 경제적 손실의 주요 원인은 기후변화에 의한 날씨 관련 재해의 증가이다.
⑤ 코로나19와 같은 질병도 자연재해에 속한다.

정답&해설

49 ⑤ 내용 일치/불일치

[가]는 교통약자를 위한 횡단보도 설치를 주장하는 글이고, [나]는 육교 철거에 대한 찬반 논쟁을 다룬 글이다. [가]와 [나]의 마지막 부분을 보면 알 수 있듯이, [가]와 [나]에서는 모두 횡단보도 설치를 위해서는 사회적인 합의가 반드시 필요하다고 주장하고 있다.

|오답해설| ① [가]에서는 교통약자를 위해 육교를 철거하고 횡단보도를 설치할 것을 주장하고 있다.
② [나]에서는 육교 철거와 재설치에 대한 주민 갈등을 언급하며 올바른 해결을 위해 기관과 주민들이 토론할 것을 주장하고 있다.
③ [나]에서는 논란에 대한 사회적 비용을 언급하였지만 [가]에서는 사회적 비용에 대해 문제를 제기하고 있지 않다.
④ [가]에서는 교통약자를 위한 횡단보도 설치를 주장하고 있지만 [나]에서는 육교 철거와 재설치에 대한 논란을 말하고 있을 뿐, 육교 철거 또는 재설치를 주장하고 있지는 않다.

50 ④ 내용 일치/불일치

2문단에 따르면 최근 20년간 약 2조 9,700억 달러의 경제적 손실이 발생했는데, 기후변화로 인한 날씨 관련 재해의 증가를 주요 원인으로 보고 있으므로 옳은 진술이다.

|오답해설| ① 2문단에 따르면 2000년대에 발생한 재해는 1980년대에 비해 재해 발생 횟수와 경제적 손실이 약 2배씩 늘었음을 알 수 있다.
② 2문단에 따르면 최근 20년간 가장 많이 발생한 재해는 3,254건이 발생한 홍수이다.
③ 3문단에 따르면 재해 발생 횟수는 중국이 가장 많지만, 가장 많은 인명 피해가 발생한 지역은 인도임을 알 수 있다.
⑤ 마지막 문단에 따르면 코로나19는 자연재해가 아닌 생물학적 재해에 속한다.

|정답| 49 ⑤ 50 ④

51

2021 5월 시행 한국전력공사 기출 복원

다음 글에 대한 설명으로 옳지 않은 것을 고르면?

근대 철학을 대표하는 철학자로 데카르트, 라이프니츠, 그리고 스피노자를 손에 꼽는다. 많은 철학자들은 수학을 자신의 철학의 모델로 삼았다. 특히 데카르트는 음악에 대한 글에서 수학적 모델을 가장 완벽하게 사용하였다. 미적분학의 창시자인 라이프니츠는 집합들과 부분들 간의 차이에 대해 썼고, 숨겨진 수학에 의거해 음악을 설명하려 하였다.

합리론자들은 대체로 예술을 지식의 한 형태로 보았고, 그 지식이 혼연하긴 해도, 수학과 규칙성의 규범과 연관된 것은 사실이다. 합리론자들이 예술에 관해 써놓은 것은 많지 않다. 특기할 만한 역사적 사실은 라이프 니치의 합리론을 옹호한 바움가르텐이 학명을 지었다는 사실이다. 1735년 바움가르텐은 『시에 관한 성찰』에서 '사물들을 감각적으로 아는 저급한 인식능력을 인도할 수 있는 학문'을 위한 근거를 마련하고자 했다. 미학은 여기서 탄생했다. 미학은 감각적 지식의 학문이다. 그것은 예술 이론, 저급한 종류의 지식에 관한 이론, 아름답게 사유하는 기술, 그리고 유비 추리 등을 포함한다. 그리하여 미는 감각적 지각의 완전성이며, 이는 미학의 목적이 된다.

바움가르텐은 심상(心像, images)들은 감각적 표상들이며 감각 인상들보다 덜 명확하다고 주장한다. 바움가르텐이 미적인 것(aesthetic)이라는 말을 사용한 것을 칸트가 마지못해 받아들였다는 사실은 18세기 미학의 진개와 표상 이론, 특히 상상력 이론의 정교함을 고려해 볼 때 흥미로운 일이다. 칸트는 '미적인 것'이라는 용어를 설명하기 위해 '합리적 원리 아래 미를 비판적으로 다루기 위해, 그리고 그(취미)의 규칙들을 과학의 서열에 올려놓으려던 바움가르텐의 시도'의 원천을 밝히고 있다. 칸트는 바움가르텐을 찬양할 만한 분석적인 사상가라고 부르면서도 합리론자들이 과학적 탐구가 가능하다고 믿는 것은 결코 선험적 규칙을 낳지 못할 것이라고 주장한다. 경험적인 칸트의 좀 더 강한 제안에 의하면, '미적인 것'이라는 용어는 취미판단과 연관되어 사용되어서는 안 되며, 참된 과학인 감수성의 이론을 위해서는 유보되어야 한다는 것이다.

라이프니츠는 칸트와 마찬가지로 '아름다운 그림을 관조'함으로써 즐거움을 얻는 이는 무관심적 사랑으로 그림을 사랑하는 것이라고 믿었다. 칸트는 취미판단이 무관심적이라고 믿었지만, 그의 이 주장은 관심이란 대상의 존재에 대한 만족을 함의하는 것이라는 믿음에 근거한 것이다. 라이프니츠의 예술철학과 칸트의 미학이 분명한 차이점을 보여 주는 지점은 이런 대목들에서이다.

① 수학은 많은 철학자들의 철학적 근간으로 활용되었다.
② 합리론자들은 예술을 규칙성의 규범과 연관된 것으로 보았다.
③ 바움가르텐은 미학이라는 학명을 만들었다.
④ 칸트는 바움가르텐의 사상을 전면 부정하였다.
⑤ 칸트는 관조적 아름다움을 믿었다.

52

다음 글을 읽고 추론한 내용으로 적절하지 않은 것을 고르면?

스팸 메일이란 대량으로 반복해서 전달되는 영리 목적의 광고성 메일을 가리킨다. 대부분의 스팸 메일은 수신자에게 심리적 불쾌감을 야기할 뿐만 아니라 불필요한 정보를 삭제하는 데 시간과 노력을 낭비하게 됨은 물론, 개인 정보 유출 등의 피해를 입히기도 한다. 이 때문에 스팸 메일은 당연히 금지되어야 할 대상으로 인식되는 경향이 있다.

그러나 스팸 메일 금지와 관련해서는 복잡한 문제들이 존재한다. 우선, 스팸 메일도 일종의 표현이라는 점에서 헌법상의 기본권으로 보호되어야 한다는 견해가 있다. 또 스팸 메일이 수신자의 알 권리 행사와 자기 정보 통제권 행사의 대상이 될 수 있다는 견해가 있다. 스팸 메일 금지는 사회적 차원의 논쟁도 야기한다. 스팸 메일을 기업의 기본적 영업 행위의 하나인 광고라고 본다면 스팸 메일을 금지하는 것은 기업의 영업상 자유를 침해할 수 있기 때문이다. 특히 스팸 메일은 저렴한 비용으로 마케팅 효과를 창출할 수 있는 수단이기에 더 많은 논란을 낳는다.

스팸 메일의 규제 방식은 옵트인(opt-in) 방식과 옵트아웃(opt-out) 방식으로 대별된다. 전자는 광고성 메일을 금지하지는 않되 수신자의 동의를 받아야만 발송할 수 있도록 하는 방식이다. 이 방식은 수신 동의 과정에서 발송자와 수신자 양자에게 모두 비용이 발생하며, 시행 이후에도 스팸 메일이 줄지 않았다는 조사 결과도 나오고 있다.

반면, 옵트아웃 방식은 일단 스팸 메일을 발송할 수 있도록 하되 수신자가 이를 거부하면 이후에는 메일을 재발송할 수 없도록 하는 방식이다. 그런데 이러한 방식은 수신자가 수신 거부를 하는 데 불편과 비용이 따르며, 불법적으로 재발송되는 메일을 통제하기 어렵다. 또한 청소년들이 스팸 메일에 무차별적으로 노출되어 피해를 입을 수 있다.

① 스팸 메일에는 수신자가 필요로 하는 정보가 포함될 수도 있다.
② 스팸 메일을 금지하는 것은 수신자가 정보를 취사선택할 수 있는 권리를 침해할 수 있다.
③ 스팸 메일을 금지하면 기업 입장에서 마케팅 비용 부담이 더 적어질 것이다.
④ 옵트아웃 방식을 택할 경우 수신 거부의 의사 표시를 쉽게 할 수 있는 조치가 필요하다.

정답&해설

51 ④ 내용 일치/불일치

3문단의 '바움가르텐이 미적인 것(aesthetic)이라는 말을 사용한 것을 칸트가 마지못해 받아들였다는 사실은 18세기 미학의 전개와 표상 이론, 특히 상상력 이론의 정교함을 고려해 볼 때 흥미로운 일이다.'를 통해 칸트는 바움가르텐의 사상을 일부 받아들였음을 확인할 수 있으므로 칸트가 바움가르텐의 사상을 전면 부정하였다는 진술은 적절하지 않다. 다만, '칸트는 바움가르텐을 찬양할 만한 분석적인 사상가라고 부르면서도 합리론자들이 과학적 탐구가 가능하다고 믿는 것은 결코 선험적 규칙을 낳지 못할 것이라고 주장한다.'에서 알 수 있듯이 칸트는 바움가르텐이 주창하는 과학적 탐구에 대해서는 부정적인 견해를 밝히고 있다.

|오답해설| ① 1문단을 통해 많은 철학자들이 수학을 근간으로 삼은 것을 알 수 있다. 데카르트는 음악을 설명할 때 수학을 활용하였고, 미적분학의 창시자인 라이프니츠는 숨겨진 수학에 의거해 음악을 설명하였다.

② 2문단의 '합리론자들은 대체로 예술을 지식의 한 형태로 보았고, 그 지식이 흔연하긴 해도, 수학과 규칙성의 규범과 연관된 것은 사실이다.'를 통해 합리론자들은 대체로 예술을 수학과 규칙성의 규범과 연관된 지식의 한 형태로 보았음을 알 수 있다.

③ 2문단의 '특기할 만한 역사적 사실은 라이프니치의 합리론을 옹호한 바움가르텐이 학명을 지었다는 사실이다. 1735년에 바움가르텐이 『시에 관한 성찰』에서 '사물들을 감각적으로 아는 저급한 인식능력을 인도할 수 있는 학문'을 위한 근거를 마련하고자 했다. 미학은 여기서 탄생했다.'를 통해 바움가르텐이 '미학'이라는 학명을 지었음을 알 수 있다.

⑤ 마지막 문단의 '라이프니츠는 칸트와 마찬가지로 '아름다운 그림을 관조'함으로써 즐거움을 얻는 이는 무관심적 사랑으로 그림을 사랑하는 것이라고 믿었다.'를 통해 칸트는 관조를 통한 미학의 견해를 갖고 있음을 알 수 있다.

52 ③ 내용 일치/불일치

대량으로 반복해서 전달할 수 있는 스팸 메일은 저렴한 비용으로 마케팅 효과를 창출할 수 있다. 따라서 스팸 메일을 금지할 경우 기업의 마케팅 비용 부담이 더 커질 것이다.

|오답해설| ① 대부분의 스팸 메일은 수신자에게 심리적 불쾌감을 야기하는 불필요한 정보에 관한 내용이지만, 어떤 수신자에게는 스팸 메일에 필요로 하는 정보가 포함되어 있을 수 있다.

② 스팸 메일 금지는 수신자가 자유롭게 정보를 수신하고 그중 자신에게 필요한 정보와 그렇지 않은 정보를 스스로 선택할 수 있는 권리를 침해할 소지가 있다.

④ 옵트아웃 방식은 수신자가 수신 거부를 하는 데 불편과 비용이 초래된다고 하였으므로 이를 개선할 수 있는 조치가 필요하다.

|정답| 51 ④ 52 ③

53

한국수자원공사 기출 복원

다음 글의 내용과 일치하지 않는 것을 고르면?

국가보훈처가 새로운 국가 유공자 상징을 도입했다. 국가 유공자 단독으로 상징 체계를 만드는 것은 이번이 처음이다. 새로운 국가 유공자 상징은 국가 유공자의 거주지 출입문과 국가 유공자증, 국가 유공자 관련 각종 서식류에 쓰인다. 국가 유공자가 살고 있는 집에 새로운 명패가 붙는 것이다.

국가 유공자의 새로운 상징 마크는 헌신과 희생으로 지금의 대한민국을 지켜온 수많은 국가 유공자들에 대한 예우와 감사를 표함과 동시에 국가의 역사적 의의와 정신적 가치를 모두 반영한 의미 있는 디자인이다. 대한민국을 상징하는 태극 마크에 불꽃 도형을 결합하여 우리나라의 모든 역사 가운데 빛이 되어 준 국가 유공자들의 존재 가치와 숭고한 희생을 함축적으로 표현했다. 불꽃 도형은 태극기의 건괘를 상징하는 것으로 순국선열의 나라 사랑 정신을 본받고 넋을 기리도록 하였다. 또한 영원히 꺼지지 않는 불꽃과 하늘을 공경하는 우리 민족의 정신과 사상을 의미하기도 한다. 전체적인 디자인 구조를 훈장 형태로 하여 유공자에 대한 감사, 예우, 품격을 높일 수 있도록 표현하였다.

새로운 국가 유공자 상징을 디자인한 업체 측에서는 "국가 유공자 상징물이 지금껏 통일되지 않아 사회 속의 유공자들을 드러내기가 어려웠다"라고 말하며, "국가 유공자를 존경해야 한다는 구구절절한 설명보다 통일된 상징 하나가 유공자에 대한 존경과 예우의 구심점이 될 것이나"라고 강조했다.

① 국가 유공자 단독 상징 체계가 최초로 도입되었다.
② 새로운 국가 유공자 상징은 태극기의 태극과 불꽃을 결합하여 만들었다.
③ 국가 유공자의 새로운 상징 마크는 태극기의 곤괘를 본떠 디자인하였다.
④ 새로운 국가 유공자 상징은 국가 유공자에 대한 존경과 예우의 뜻을 담고 있다.

54

2021 4월 오후 시행 코레일 기출 복원

다음 글을 읽고 NGO가 사회적으로 기여하는 바로 적절하지 않은 것을 고르면?

NGO(Non-Governmental Organization)의 역할에 관한 논의는 시민사회의 역할강조와 국가의 역할 강조에 의해 발달되었다. 시민사회의 NGO에 대한 요구는 시민의 삶과 직결되는 요인이다. 예를 들어 오늘날 환경문제는 먼 훗날의 문제가 아닌 당장 시민사회에 큰 해악을 가져오는 문제이며, 이에 대한 위기의식이 전 세계적으로 팽배해 있다. 오존층의 파괴나 지구온난화, 엘니뇨와 같은 많은 자연환경의 파괴의 극복은 전 세계적인 연대를 필요로 한다. 그러나 환경문제는 경제문제와도 연계되는 정부정책의 전략적인 부분으로 정부간의 연대에는 한계가 있으며, 이렇게 정부가 충족시켜 주지 못하는 시민사회의 급박한 요구가 NGO의 발전을 촉진시키고 있다.

NGO는 시민들의 욕구에 의해 만들어진 조직이므로 자발적인 조직이다. 조직의 활동이나 경영에 인적·물적 자원을 통한 자발적인 참여, 즉 강제성 없이 통제를 받지 않고 자율적인 활동으로 공익을 추구할 때에만 자기정체성을 확보할 수 있다. NGO는 여러 기능을 수행한다. 먼저 NGO의 견제기능은 국가 권력에 의한 인권 탄압, 정부의 부정부패, 그리고 기업의 환경파괴, 소비자권리 침해, 불공정 거래 등을 감시하고 이에 대해 저항하는 것이다. 예를 들어 이기적인 기업의 세품 불매 운동이 있다. 또한 NGO는 시민들이 다양하고 질 높은 복지 서비스를 원하지만, 신자유주의의 확산으로 정부의 역할과 복지가 축소되고 있으며 정부의 거대한 관료제가 획일적인 서비스를 제공하는 데 그치는 상황에서 복지기능을 수행한다. 유연하면서도 지역에 기반을 두고 있는 NGO가 보다 효과적으로 복지 서비스를 제공할 수 있으며, 빈곤구제, 재난구호, 미혼모상담 등 다양한 영역에서 효율적인 서비스가 가능해진다. NGO의 대변기능은 다양한 가치관이 공존하는 현대사회에서도 세력이 강한 거대조직의 영향이 크기 때문에 NGO는 사회적 약자의 목소리를 반영한다. 이에 NGO는 사회적 약자나 소수자의 권익을 위해 로비를 하거나 입법을 청원하고 각종 정부 공청회에 참석해 이들에게 유리한 정책을 유도한다. NGO의 조정기능은 정부와 정부, 정부와 이익집단, 그리고 이익집단 사이에 분쟁이 발생할 때 조정자로 나서 대화통로를 열고, 해결 방법을 제안하고, 합의를 구축한다. NGO의 교육기능은 시민이 NGO 활동을 통해 참여정신, 비판정신, 공익정신을 학습하고, 리더십을 경험하며, 상호존중과 관용을 배우게 된다.

NGO의 사회적 역할로는 첫째, 민주주의의 원리를 강화하고 민주주의를 실천하는 것이라 할 수 있다. NGO 활동에 참여함으로써 주권자로서 의식하고 정책과정에 참여하여 의견표명의 기회를 갖는다. 또한 사회적 약자에 대한 권익을 대변하는 역할도 한다. 둘째, 자본주의의 모순을 완화시키는 역할을 들 수 있다. NGO는 자본주의 사회에서 불공정한 거래, 대기업의 독점, 부의 세습, 노동자의 착취, 사회적 삶의 상품화 등을 비판하고 견제한다. 셋째, 사회자원 축적의 역할을 수행한다. NGO는 시민의 자발적 참여로 결성되어 자원 활동을 통하여 각종 사회 문제를 해결하는 단체로서, 그 자체로 넓은 의미의 사회자본이라고 할 수 있다. NGO는 개인 자율성과 주체성, 활발한 커뮤니케이션, 상호존중과 관용, 민주적인 의사결정, 협력과 연대의 문화, 도덕성과 정당성, 투명성과 공공성 등 각종 사회자본이 풍부하게 생성되는 곳이다.

자유민주주의 사회에서도 소수가 권력을 독점하고 정치적 무관심이 팽배한 것이 사실인데, NGO는 이슈를 제기하고, 정책 과정에 참여해 정보를 제공하고 의견을 표명하며, 사회적 약자의 목소리를 대변한다. 이러한 NGO 활동을 통해 사상과 표현, 언론, 결사의 자유가 활발하게 구현되는데 이것이 민주주의 발전의 토대가 된다.

① 이익집단 사이에 분쟁이 발생할 때 합의를 구축한다.
② 사회적 약자와 소수자의 권익을 위한 정책을 유도한다.
③ 소수가 권력을 독점하고 이익을 배분하는 데 기여한다.
④ NGO 활동에 참여함으로써 주권자로서 의식하고 의견 표명의 기회를 갖는다.
⑤ 신자유주의의 확산으로 인한 양극화 문제를 개선하기 위한 서비스를 제공한다.

정답&해설

53 ③ 내용 일치/불일치

국가 유공자 상징 마크의 불꽃 도형은 태극기의 건괘를 상징한다고 설명하였으므로 태극기의 곤괘가 아닌, 건괘를 본떠 디자인하였음을 알 수 있다.

| 오답해설 | ① 기존에 국가 유공자를 상징하는 상징물은 있었으나 국가 유공자 단독 상징 체계는 이번에 처음으로 도입되었다.
② 대한민국을 상징하는 태극 마크에 불꽃 도형을 결합하여 국가 유공자의 가치와 희생을 함축적으로 표현했다.
④ 새로운 국가 유공자 상징은 국가 유공자에 대한 예우와 감사, 존경의 뜻을 담고 있다.

54 ③ 내용 일치/불일치

제시된 글은 NGO의 기능과 사회적 역할에 대한 내용이다. 3문단에서 NGO는 자본주의 사회에서 불공정한 거래, 대기업의 독점, 부의 세습 등을 비판하고 견제함으로써 자본주의의 모순을 완화시키는 역할을 한다고 하였다.

| 오답해설 | ① 2문단에서 NGO는 정부와 정부, 정부와 이익집단, 그리고 이익집단 사이에 분쟁이 발생할 때 조정자로 나서 대화통로를 열고, 해결 방법을 제안하고, 합의를 구축하는 조정기능을 수행한다고 하였다.
② 2문단에서 다양한 가치관이 공존하는 현대사회에서도 세력이 강한 거대조직의 영향이 크기 때문에 NGO는 사회적 약자의 목소리를 반영하는 대변기능을 수행하며, 사회적 약자나 소수자의 권익을 위해 로비를 하거나 입법을 청원하고 각종 정부 공청회에 참석해 이들에게 유리한 정책을 유도한다고 하였다.
④ 3문단에서 NGO 활동에 참여함으로써 주권자로서 의식하고 정책과정에 참여하여 의견 표명의 기회를 가지며, 민주주의의 원리를 강화하고 민주주의를 실천하도록 한다고 하였다.
⑤ 2문단에서 신자유주의의 확산으로 정부의 역할과 복지가 축소되고 있으며 정부의 거대한 관료제가 획일적인 서비스를 제공하는 데 그치고 있는 상황에서 유연하면서도 지역에 기반을 두고 있는 NGO가 보다 효과적으로 복지 서비스를 제공할 수 있다고 하였다.

| 정답 | 53 ③ 54 ③

55

2021 4월 오후 시행 코레일 기출 복원

다음 글의 내용과 일치하지 않는 것을 고르면?

오늘날의 대중매체 문제를 종래의 대중매체가 정보 산업의 제왕으로 군림하던 시절의 시각에서 접근하면 그 해답을 찾기 어렵다. 대중매체의 배타적 전문성이 IT 기술 발달로 사라진 상황에서 과거에 집착하는 것은 시대착오라는 비판을 면하기 어렵다. 정보환경의 비약적 발전 속에서 SNS의 전면적인 보급으로 정보 생산과 유통 과정에서 나타난 탈 대중매체 현상은 더욱 심화될 전망이다.

대중매체는 서구에서 자본주의 발달 과정에서 상업정보 제공과 광고를 통한 시장 활성화라는 두 기능이 강화되었다. 이런 측면은 정보 공급이 대중매체에 의해서만 일방적으로 이뤄지는 상황까지 유지되었지만 오늘날 첨단 미디어의 등장으로 정보 생산과 소비가 뒤섞이는 상황이 되면서 그 위상이 축소되는 위기에 처해졌다. 또한 대중매체는 최근까지 뉴스라고 하는 가장 큰 정보 상품의 생산을 전담해왔다. 그러나 정보와 IT 산업의 발달에 따라 정보 생산이 대중매체 밖에서도 이루어지게 되었다. 누구나 스마트폰으로 정보를 생산해서 대중매체에 전달하거나 스스로 1인 미디어에 올리면 전 사회를 상대로 확산시킬 수 있게 된 것이다. 정보 소비자들은 과거와 달리 정보 생산에도 참여하면서 정보 생산과 소비의 구분이 모호해졌다. 이는 대중매체의 시각에서 보면 오랜 기간 보장되던 밥그릇이 깨져나가고 있는 최악의 위기라고 할 만하다.

정보 소비 부분에도 오늘날 뉴스를 포함한 모든 정보에 대해 소비자는 좋아하는 것만 듣고 기억하면서 확증편향이 심화된다는 우려가 나온다. 확증편향은 원래 가지고 있는 생각이나 신념을 확인하기 위해 자신의 가치관, 신념, 판단 따위와 부합하는 정보에만 주목하고 그 외의 정보는 무시하는 사고방식으로 지칭된다. 확증편향은 실제 현실 사회의 한 일부이기도 하다. 예를 들어 인종차별적 시각, 지역감정, 종교 교리, 성 소수자 등 사회적 소수자에 대한 고정관념이 그것이다. 국회에서 여야가 갈등하는 모습은 바로 확증편향의 가장 대표적인 경우의 하나라고 할 수 있다.

21세기 정보환경으로 초래된 부작용의 하나는 가짜뉴스의 대량 생산과 유포이다. 가짜뉴스가 제조, 유포되는 동기는 정치, 경제, 사회적 이익을 부당한 방법으로 손에 넣겠다는 것으로 압축되는데 이는 대중매체와 포털, 플랫폼 등을 이용하는 형식으로 이루어지고 있다. 대중매체가 자본의 영향을 더 심하게 받는 상황에서 가짜뉴스가 등장한 것은 엎친 데 덮친 악재라 볼 수 있다. 가짜뉴스는 해외의 경우 선거 판세를 뒤집을 정도의 위력을 발휘하면서 포털을 통한 광고 수입을 노리는 식의 범죄사업 형태로 진화하고 있다.

대중매체가 생존 영역을 고수하고 확대하기 위해서는 공익을 추구하고 공정한 정보의 양산 기능을 강화하여 유럽연합(EU)의 경우처럼 국가 차원의 대중매체 지원책을 강구해야 할 것이다. 즉 대중매체 등이 양질의 정보를 양산하도록 지원하고 소비자들에게 정보와 미디어에 대한 기본 지식을 갖추도록 초중고 및 대학 교육 기관이나 성인들이 참여하는 관련 교육이 강화되어야 한다는 것이다. 그러나 이는 중장기적인 성격을 띠면서 현실적으로 미디어교육 전문가 등의 양성이 선행되어야 한다는 점에서 범정부 차원의 대책이 수립되어야 할 것이다. 이와 함께 가짜뉴스를 사이버 공간에서 포착해내는 기술 개발에 정부의 적극적인 지원이 필요하다는 점도 지적되고 있다. 거짓 정보의 범람과 함께 대중매체의 위상 변화는 자본주의 체제의 특성, 첨단 뉴미디어의 개발, 가짜뉴스 등의 영향을 받아 앞으로 더욱 심화될 가능성이 크다. 표현의 자유의 영역이 1인 미디어의 등장으로 대중매체가 누리던 기존의 특화된 영역은 더욱 도전을 받으면서 그로 인한 그늘도 짙어질 가능성이 적지 않다. 이런 점을 충분히 살펴 대처하면서 대중매체가 공익, 공공성 정보를 생산 공급하는 전담매체로 각인될 경우 새로운 기회의 창이 열릴 수도 있을 것이다.

① 대중매체의 위기를 극복하기 위해 공익 추구와 공정한 정보를 생산하는 기능을 강화해야 한다.
② 과거 미디어는 정보 산업을 독점하였기 때문에 공익과 공공성을 지키기 쉬웠다.
③ 뉴미디어의 개발, 가짜뉴스 등의 영향을 받아 대중매체는 기존의 위상을 위협받고 있다.
④ SNS는 정보 소비자들이 과거와 달리 정보 생산에도 참여할 수 있게 하였다.
⑤ 자기가 좋아하는 정보를 생산하는 1인 미디어를 찾아가는 것은 이상한 현상이 아니다.

56

2021 4월 오전 시행 코레일 기출 복원

다음 글의 내용을 추론한 것으로 적절하지 않은 것을 고르면?

4차 산업혁명은 최신 ICT의 결합으로 모든 사물과 산업을 제어하고 실재와 가상이 통합되는 초연결 지능화 융합사회를 가져올 것이다. 그리고 인구 감소 및 장수 사회화, 글로벌화 및 소득 증가, 가치관 및 문화 다양화, 기후변화 등 메가트렌드와 결합하여 미래도시를 크게 변모시킬 것이다.

4차 산업혁명은 정보통신, 물리학, 생물학, 기계공학 등의 기술과 산업 사이의 경계를 허무는 기술적 융합이 특징이다. 도시 산업은 단순 제조업이나 서비스업 시대에서 디지털 기반의 첨단융합산업으로 재편될 것이다. 도시는 경제 및 인구 저성장기를 맞아 새로운 성장 동력 창출이 절실하여 첨단융합산업을 통한 양질의 일자리 창출이 도시경쟁력의 핵심이 되고 있다. 개별 도시는 첨단융합산업에 매력적인 입지가 되기 위해서 고급 인력 조달과 암묵적 지식 획득이 용이하고, 교통·통신 등 기반서비스와 업무·생활환경이 양호한 환경 조성에 적극적으로 나설 것이다. 글로벌 도시의 공간에서는 첨단융합산업을 수용하기 적합하도록 업무 및 제조업, 쇼핑 및 여가문화, 의료 및 복지 등 기능 복합화와 함께 고층화 및 지하화와 같이 3차원 입체적 이용이 두드러지게 나타날 것이다.

한편, 생산의 로봇화 및 무인화 그리고 그에 대한 원격제어가 보편화될 것이므로 생산시설의 공간적 분산이 이루어질 것이다. 미래 도시에서는 디지털화로 노동시간과 근무시간의 구분이 어렵게 되었고, 재택근무의 활성화로 집과 사무실의 구분이 어려워질 것이다. 과거 도시계획의 십계명과 같은 엄격한 토지의 용도 구분 역시 그 의미를 상실하게 될 것이다. 유연근무, 온라인 서비스 등은 어느 한 곳에서 거주, 노동, 소비, 여가 등 여러 활동이 가능하게 하므로 탈공간화를 가속시킬 것이다. 여기에 자율주행의 보편화가 결합된다면 집과 직장의 거리가 유연해져서 주거입지의 분산화가 이루어질 것이다. 다만 주거입지의 공간적 분산이라는 대세 속에서도 의료, 업무 등에서 면대면 접촉의 필요성, 청년층이나 고령층의 도시 선호로 인하여 도심이나 간선 대중교통망 접근성이 높은 지역에 대한 주거 선호는 지속될 것이다.

초고속화, 디지털화 등으로 도시는 면적 확장에서 벗어나서 기능 중심으로 초연계될 것이다. 도시는 온라인 서비스 기능을 주고받으며 다른 모든 지역과 연계된다. 도시의 세력은 외형적인 산업입지나 주거지의 확산이 아니라, 도시가 제공하는 기능의 유형과 강도에 의해 결정된다. 초고속 ICT와 교통망으로 대도시 집중도가 완화되고 전국적으로 분산이 이루어질 것이다. 분산형 공간구조 속에서도 중추관리업무와 자동화된 시설의 원격제어업무가 이루어지는 공간은 긴급사태에 대한 신속한 대응이 가능한 중심도시나 전국을 대상으로 신속하게 교통 접근이 가능한 간선교통망 결절지에서 집적될 것이다.

① 유연근무, 온라인 서비스 등은 탈공간화를 가속화시킬 것이다.
② 글로벌 도시의 공간은 복합화와 입체적 이용이 두드러지게 나타날 것이다.
③ 도시는 기능 중심으로 연계되고 대도시 집중도가 완화될 것이다.
④ 융복합시대의 도시 계획은 토지의 용도 구분이 우선되어야 한다.
⑤ 도시 산업은 디지털 기반의 첨단융합산업을 중심으로 변화할 것이다.

정답&해설

55 ② 내용 일치/불일치

제시된 글은 오늘날 대중매체의 위기와 해결 방법에 대한 내용이다. 1문단에서 대중매체는 종래 정보 산업의 제왕으로 군림하던 시절이 있었고, 2문단에서 대중매체는 서구에서 자본주의 발달 과정에서 상업정보 제공과 광고를 통한 시장 활성화 기능이 강화되었다고 언급하였다. 따라서 대중매체는 정보 산업을 독점하면서 공익과 공공성을 지켰다기보다는 상업성이 강화되었음을 알 수 있다.

|오답해설| ① 5문단에서 대중매체가 생존 영역을 고수하고 확대하기 위해서는 공익을 추구하고 공정한 정보의 양산 기능을 강화하여 유럽연합(EU)의 경우처럼 국가 차원의 대중매체 지원책을 강구해야 한다고 언급하였다.

③ 5문단에서 거짓 정보의 범람과 함께 대중매체의 위상 변화는 자본주의 체제의 특성, 첨단 뉴미디어의 개발, 가짜뉴스 등의 영향을 받아 앞으로 더욱 심화될 가능성이 크다고 언급하였다.

④ 1~2문단에서 정보환경의 비약적 발전 속에서 SNS이 전면적인 보급으로 누구나 스마트폰으로 정보를 생산해서 대중매체에 전달하거나 스스로 1인 미디어에 올리면 전 사회를 상대로 확산시킬 수 있게 되었다고 언급하였다.

⑤ 3문단에서 확증편향은 원래 가지고 있는 생각이나 신념을 확인하기 위해 자신의 가치관, 신념, 판단 따위와 부합하는 정보에만 주목하고 그 외의 정보는 무시하는 사고방식으로 지칭된다고 언급하였다. 확증편향이 실제 현실 사회의 한 일부라는 점에서 자기가 좋아하는 정보를 생산하는 1인 미디어를 찾아가는 것은 이상한 현상이 아님을 알 수 있다.

56 ④ 내용 일치/불일치

3문단에서 미래 도시에서는 디지털화로 노동시간과 근무시간의 구분이 어렵게 되었고, 재택근무의 활성화로 집과 사무실의 구분이 어려워지면서 과거 도시계획의 십계명과 같은 엄격한 토지의 용도 구분의 의미를 상실하게 될 것이라고 언급하였다. 따라서 융합시대의 도시 계획은 토지의 용도 구분이 우선되는 것이 아님을 알 수 있다.

|오답해설| ① 3문단에서 유연근무, 온라인 서비스 등은 어느 한 곳에서 거주, 노동, 소비, 여가 등 여러 활동이 가능하게 하므로 탈공간화를 가속시킬 것이라고 언급하였다.

② 2문단에서 글로벌 도시의 공간에서는 첨단융합산업을 수용하기 적합하도록 업무 및 제조업, 쇼핑 및 여가문화, 의료 및 복지 등 기능 복합화와 함께 고층화 및 지하화와 같이 3차원 입체적 이용이 두드러지게 나타날 것이라고 언급하였다.

③ 4문단에서 도시는 면적 확장에서 벗어나 기능 중심으로 초연계될 것이며, 초고속 ICT와 교통망으로 대도시 집중도가 완화되고 전국적으로 분산이 이루어질 것이라고 언급하였다.

⑤ 2문단에서 도시 산업은 단순 제조업이나 서비스업 시대에서 디지털 기반의 첨단융합산업으로 재편될 것이라고 언급하였다.

|정답| 55 ② 56 ④

밑줄/괄호

57

2023 국가직 9급

(가)와 (나)에 들어갈 말로 가장 적절한 것은?

> 특정한 작업을 수행하기 위해 신체 근육의 특정 움직임을 조작하는 능력을 운동 능력이라고 한다. 언어에 관한 운동 능력은 '발음 능력'과 '필기 능력' 두 가지인데 모두 표현을 위한 능력이다.
>
> 말로 표현하기 위해서는 발음 능력이 필요한데, 이는 음성 기관을 움직여 원하는 음성을 만들어 내는 능력이다. 이 능력은 영·유아기에 수많은 시행착오와 꾸준한 훈련을 통해 습득된다. 이렇게 발음 능력을 습득하면 음성 기관의 움직임은 자동화되어 음성 기관의 어느 부분을 언제 어떻게 움직일지를 화자가 거의 의식하지 않는다. 우리가 모어에 없는 외국어 음성을 발음하기 어려운 이유는 [(가)] 있기 때문이다.
>
> 글로 표현하기 위해서는 필기 능력이 필요하다. 필기에서는 글자의 모양을 서로 구별되게 쓰는 것은 기본이고 그 수준을 넘어서서 쉽게 알아볼 수 있는 모양으로 잘 쓰는 것도 필요하다. 글씨를 쓰기 위해 손을 놀리는 것은 발음을 하기 위해 음성 기관을 움직이는 것에 비해 상당히 의식적이라 할 수 있다. 그렇지만 개인의 의지와 관계없이 필체가 꽤 일정하다는 사실은 손을 놀리는 데에 [(나)] 의미한다.

① (가): 음성 기관의 움직임이 모어의 음성에 맞게 자동화되어
(나): 무의식적이고 자동적인 면이 있음을

② (가): 낯선 음성은 무의식적으로 발음하도록 훈련되어
(나): 유아기에 수행한 훈련이 효과적이지 않음을

③ (가): 음성 기관의 움직임이 모어의 음성에 맞게 자동화되어
(나): 유아기에 수행한 훈련이 효과적이지 않음을

④ (가): 낯선 음성은 무의식적으로 발음하도록 훈련되어
(나): 무의식적이고 자동적인 면이 있음을

58

2022 국가직 9급

다음 문장이 들어가기에 가장 적절한 곳을 ㉠~㉣에서 고르면?

> 신분에 따라 문체를 고착화하는 것을 인정하지 않았던 것이다.

> 유럽이 교회로부터 정신적으로 해방된 것은 그리스와 로마의 고대 작가들에 대한 재발견을 통해서였다. [㉠] 그 이후 고대 작가들의 문체는 귀족 중심의 유럽 문화에서 모범으로 여겨졌다. [㉡] 이러한 상황은 대략 1770년대에 시작되는 낭만주의에서부터 변화하기 시작했다. [㉢] 이 낭만주의 시기에 평등과 민주주의를 꿈꿨던 신흥 시민계급은 문학에서 운문과 영웅적 운명을 귀족에게만 전속시키고 하층민에게는 산문과 우스꽝스러운 상황을 배정하는 전통 시학을 거부했다. [㉣] 고전 문학은 더 이상 문학의 규범이 아니었으며, 문학을 현실의 모방으로 인식하는 태도도 포기되었다.

① ㉠ ② ㉡ ③ ㉢ ④ ㉣

59

2019 국가직 9급

다음 글에서 〈보기〉가 들어가기에 가장 적절한 곳은?

보기

> 아침 기도는 간략한 아침 뉴스로, 저녁 기도는 저녁 종합 뉴스로 바뀌었다.

> 철학자 헤겔이 주장했듯이, 삶을 인도하는 원천이자 권위의 시금석으로서의 종교를 뉴스가 대체할 때 사회는 근대화된다. 선진 경제에서 뉴스는 이제 최소한 예전에 신앙이 누리던 것과 동등한 권력의 지위를 차지한다. 뉴스 타전은 소름이 돋을 정도로 정확하게 교회의 시간 규범을 따른다. (㉠) 뉴스는 우리가 한때 신앙심을 품었을 때와 똑같은 공손한 마음을 간직하고 접근하기를 요구하기도 한다. (㉡) 우리 역시 뉴스에서 계시를 얻기 바란다. (㉢) 누가 착하고 누가 악한지 알기를 바라고, 고통을 헤아려 볼 수 있기를 바라며, 존재의 이치가 펼쳐지는 광경을 이해하길 희망한다. (㉣) 그리고 이 의식에 참여하길 거부하는 경우 이단이라는 비난을 받기도 한다.

① ㉠ ② ㉡ ③ ㉢ ④ ㉣

60

2021 지방직(= 서울시) 9급

(가)~(라)에 들어갈 말로 가장 적절한 것은?

> 정철, 윤선도, 황진이, 이황, 이조년 그리고 무명씨. 우리말로 시조나 가사를 썼던 이들이다. 황진이는 말할 것도 없고 무명씨도 대부분 양반이 아니었겠지만 정철, 윤선도, 이황은 양반 중에 양반이었다. (가) 그들이 우리말로 작품을 썼던 걸 보면 양반들도 한글 쓰는 것을 즐겨 했다는 것을 부정할 수는 없다. (나) 허균이나 김만중은 한글로 소설까지 쓰지 않았던가. (다) 이들이 특별한 취향을 가진 소수의 양반이었다면 이야기는 달라진다. 우리말로 된 문학 작품을 만들겠다는 생각을 가진 특별한 양반들을 제외하고 대다수 양반들은 한문을 썼기 때문에 한글을 모를 수도 있었기 때문이다. 실학자 박지원이 당시 양반 사회를 풍자한 작품 『호질』은 한문으로 쓰여 있다. (라) 한 가지 분명한 것은 양반 대부분이 한글을 이해하지 못하는 상황이었다면 정철도 이황도 윤선도도 한글로 작품을 쓰지는 않았을 것이란 사실이다.

	(가)	(나)	(다)	(라)
①	그런데	게다가	그렇지만	그러나
②	그런데	그리고	그래서	또는
③	그리고	그러나	하지만	즉
④	그래서	더구나	따라서	하지만

정답&해설

57 ① 밑줄/괄호

(가)의 앞부분을 보면 모어의 경우 '음성 기관의 어느 부분을 언제 어떻게 움직일지를 화자가 거의 의식하지 않는다.'라고 언급하며 '자동화'되어 있음을 설명하고 있다. 반면, 모어에 없는 외국어 음성은 발음하기 어렵다고 '자동화' 맥락 바로 뒤에서 설명하고 있으므로 이는 모어의 '자동화'와 관련이 있다고 볼 수 있다. 따라서 '음성 기관의 움직임이 모어의 음성에 맞게 자동화되어'가 (가)에 들어갈 말로 적절하다. (나)의 앞부분을 보면 글씨를 쓰는 것은 상당히 의식적이라 할 수 있으나 '개인의 의지와 관계없이 필체가 꽤 일정하다는 사실'을 언급하고 있다. 따라서 (나)에는 '무의식적이고 자동적인 면이 있음을'이 들어가야 한다.

58 ④ 밑줄/괄호

㉣의 앞 문장 '이 낭만주의 시기에 ~ 전통 시학을 거부했다.'는 주어진 문장 '신분에 따라 문제를 고착화하는 것을 인정하지 않았던 것이다.'의 구체적인 진술(상술)이므로 그 뒤에 일반화된 진술인 주어진 문장이 오는 것이 자연스럽다. 따라서 ㉣에 들어가야 한다.

59 ① 밑줄/괄호

㉠ 앞부분을 보면 뉴스 타전은 교회의 시간 규범을 따른다고 했으므로 뉴스와 시간 규범을 언급한 <보기>가 들어가기에 가장 적당한 곳은 ㉠이라는 것을 알 수 있다.

60 ① 밑줄/괄호

(가) 앞에서 정철, 윤선도, 이황은 양반이었음에도 우리말로 작품을 썼던 것을 알 수 있다. 따라서 (가)에는 '그런데'가 적절한 표현이 된다. 그리고 (나)의 뒤 문장 '한글로 소설까지 쓰지 않았던가.'를 통해 '게다가'가 (나)에 들어갈 적절한 표현임을 알 수 있다. 또한 '달라진다' 부분을 통해 (다)에는 '그렇지만'이 적절한 표현임을 알 수 있다. 마지막으로 (라) 앞부분 '한문으로 쓰여 있다.'와 (라) 뒷부분 '양반 대부분이 한글을 이해하지 ~ 사실이다.'를 통해 (라)에는 '그러나'가 적절한 표현임을 알 수 있다.

| 정답 | 57 ① 58 ④ 59 ① 60 ①

61

2019 국가직 7급

밑줄 친 곳에 들어갈 말로 가장 적절한 것은?

> 기자: ______________________
>
> 작가: 내가 작품을 쓰면서 취재에 상당한 시간을 할애했던 것은 작품이 가지고 있는 리얼리티를 살려 놓아야 독자들의 공감대를 넓힐 수 있다고 생각했기 때문이에요. 소설이 아무리 허구적 장르라 해도 사실성에 근거해야 비로소 생동감과 개연성을 확보하기에 습작 시절부터 취재를 우선시했지요. 전집에 실린 「○○기행」, 「○○를 찾아서」 같은 단편들도 거의 취재를 통해서 얻어 낸 자료를 가지고 쓴 작품들이에요. 그렇게 하고 나니 리얼리티가 살아나는 것을 느낄 수 있었고 작품이 힘을 얻을 수 있었지요. 그것은 분명 작가 수업에도 보탬이 됐고 공감을 얻는 데도 기여를 했다고 봐요.

① 선생님은 작품을 쓰면서 언제부터 취재를 하시는지요?
② 선생님의 이번 신작에서 리얼리티가 강조된 이유는 무엇인지요?
③ 선생님의 작품 중 독자들의 공감을 얻은 작품은 어떤 것들인지요?
④ 선생님이 작품 활동에서 취재에 주력하시는 이유가 무엇인지요?

62

2020 국가직 9급

㉠에 들어갈 주장으로 가장 적절한 것은?

> 경상 지역 방언을 쓰는 사람들은 대체로 'ㅓ'와 'ㅡ'를 구별하지 못한다. 이들은 '증표(證票)'나 '정표(情表)'를 구별하여 듣지 못할 뿐만 아니라 구별하여 발음하지 못하기 십상이다. 또 이들은 'ㅅ'과 'ㅆ'을 구별하지 못하는 경우가 많다. 따라서 이들은 '살밥을 많이 먹어서 쌀이 많이 쪘다'고 말하든 '쌀밥을 많이 먹어서 살이 많이 쪘다'고 말하든 쉽게 그 차이를 알지 못한다. 한편 평안도 및 전라도와 경상도의 일부에서는 'ㅗ'와 'ㅓ'를 제대로 분별해서 발음하지 않는 경우가 종종 있다. 평안도 사람들의 'ㅈ' 발음은 다른 지역의 'ㄷ' 발음과 매우 비슷하다. 이처럼 (㉠   )

① 우리말에는 지역마다 다양한 소리가 있다.
② 우리말은 지역에 따라 다양한 표준 발음법이 있다.
③ 우리말에는 지역에 따라 구별되지 않는 소리가 있다.
④ 자음보다 모음을 변별하지 못하는 지역이 더 많이 있다.

63

2016 지방직 9급

밑줄 친 부분과 가장 유사한 속성을 지닌 현대인의 삶의 태도는?

> 근대 이후 인간들은 불안감과 고독감에서 벗어나기 위해 <u>자신에게 주어진 자유로부터 도피하려는 경향</u>을 보인다. 그 중 하나가 복종을 전제로 하는 권위주의적 양태이다. 이는 개인적 자아의 독립을 포기하고 자기 이외의 어떤 존재에 종속되고자 하는 것으로, 사라진 제1차적 속박 대신에 새로운 제2차적 속박을 추구하는 양상을 띤다. 이것은 때로 상대방을 자신에게 복종시킴으로써 심리적 안정과 만족을 얻으려는 형태로 나타나기도 한다. 일견 대립적으로 보이는 이 두 형태는 불안감과 고독감으로부터 벗어나기 위한 권위주의적 양상이라는 점에서는 동일한 것이다.

① 소속된 집단의 이익이나 정의보다는 개인의 이익이나 행복만을 추구하는 태도
② 집안에서 어떤 일을 결정할 때 부모나 어른의 의견보다는 아이들의 요구를 먼저 고려하는 태도
③ 어떤 상황에 대해 자신의 견해를 가지기보다는 언론 매체의 의견을 무비판적으로 수용하는 태도
④ 직업을 통해서 얻는 삶의 만족보다는 취미 활동을 통해서 얻는 삶의 즐거움을 더 중시하는 태도

64

2014 지방직 9급

다음 글의 괄호 안에 들어갈 말로 가장 적절한 것은?

> 베이징이나 시안 등지에서 볼 수 있는 중국의 유적들은 왜 그리도 클까? 이들 유적들은 크기만 한 것이 아니라 비인간적이라 할 만큼 권위적이다. 왜 그런가? 중국은 광대한 나라였다. 그러므로 그 넓은 나라를 효과적으로 통치하기 위해서는 천자로 대표되는 정치적 권위가 절실하게 요구되었다. 이 넓은 나라의 통일성을 유지하기 위해서는 예상되는 지방의 반란에 대비하고 중앙의 권위에 복종하지 않는 지방 세력가들을 다스릴 수 있는 무자비한 권력이 절대로 필요하였다. 그래서 중국의 황제는 천자로 불리었으며, 그 권위에는 누구든지 절대 복종할 것을 요구하였다. 그러므로 중국의 황제는 단순한 세속인이 아니라 일종의 신적인 존재이기도 하였다. 중국 황제의 절대 권위, 이것을 온 천하에 확실하게 보여 주지 않는다면 중국의 중심이 어디에 있는지 모를 것이며, 그러면 그 나라는 다시 분열된 여러 왕국으로 나뉘게 될 것이었다. 이런 이념으로 만들어진 중국의 정치적 유물들은 그 규모가 장대할 뿐 아니라 고도로 권위적인 것이 될 수밖에 없었다.
>
> 반면에 우리나라는 그렇게 광대한 나라는 아니었다. 그렇다고 해서 우리나라가 권위를 강조하지 않은 것은 아니었다. 그러한 사실은 조선 시대를 통해서도 잘 드러난다. 그러나 조선 시대의 왕들은 중국의 황제와 같은 권위를 (㉠)할 수는 없었다. 두 나라의 사회 구조, 정치 이념, 자연 환경 등 모든 것이 다르기 때문이었다. 그로 인해 조선의 왕들은 주변의 정치 세력에 대하여 훨씬 더 (㉡)이어야만 하였다. 더욱이 중국은 황토로 이루어진 광대한 평원 위에 도시를 만들 수밖에 없었지만, 우리는 높고 낮은 수많은 산으로 이루어진 지형을 이용하여 왕성을 건설할 수밖에 없었다. 이러한 차이점들이 복합적으로 어울려 양국의 역사와 문화의 성격을 서로 다르게 만들었다. 큰 것이 선천적으로 잘나서도 아니며, 그렇다고 작은 것이 못나서도 아닌 것이다. 한중 양국은 각자의 (㉢)에 따라 오랜 세월에 걸쳐 이처럼 서로 다른 문화를 발전시켜 온 것이다.

	㉠	㉡	㉢
①	강조(強調)	위압적(威壓的)	전망(展望)
②	향유(享有)	정략적(政略的)	능력(能力)
③	구축(構築)	타협적(妥協的)	필요(必要)
④	행사(行使)	당파적(黨派的)	권고(勸告)

정답&해설

61 ④ 밑줄/괄호

'작가'는 허구적 장르인 소설도 사실성에 근거해야 한다고 생각하고 있고, 이를 위해 취재를 우선시하고 있다고 말하고 있다. 따라서 기자는 작가에게 '취재에 주력하는 이유가 무엇인지'를 물었을 것이다.

62 ③ 밑줄/괄호

경상 지역 방언을 쓰는 사람들이 대체로 'ㅓ'와 'ㅡ'를 구별하지 못하는 경우와, 평안도 및 전라도와 경상도의 일부에서 'ㅗ'와 'ㅓ'를 제대로 분별해서 발음하지 않는 경우, 평안도 사람들의 'ㅈ' 발음이 다른 지역의 'ㄷ' 발음과 매우 비슷한 사례를 제시하며 지역에 따라 특정 자음과 모음의 소리가 구별되지 않는 경우가 있음을 말하고 있다.

63 ③ 밑줄/괄호

제시된 글에서 '자신에게 주어진 자유로부터 도피하려는 경향'이란 개인적 자아의 독립을 포기하고 자기 이외의 존재에게 종속되고자 하는 것이라고 하였다. 언론 매체의 의견을 무비판적으로 수용하는 것은 개인의 생각을 포기하고 언론 매체의 의견에 종속되는 것이므로, 밑줄 친 예에 해당한다고 볼 수 있다.

64 ③ 밑줄/괄호

제시된 글의 맥락을 요약해 보면, '중국은 지방의 반란에 대비하고 중앙의 권위에 복종하지 않는 지방 세력가들을 다스릴 수 있는 무자비한 권력이 절대적으로 필요하였으나 조선 시대의 왕들은 중국의 황제와 같은 권위를 ㉠구축(어떤 시설물을 쌓아 올려 만듦. 체제·체계 따위의 기초를 닦아 세움)할 수 없었다. 따라서 지방 세력가들을 무자비한 권력으로 복종시킬 수 없기 때문에 주변의 정치 세력에 대하여 훨씬 더 ㉡타협적(어떤 일을 서로 양보하는 마음으로 협의해서 하거나 협의하려는 태도를 보이는. 또는 그런 것)이어야만 하였다. 이는 누가 더 잘나고 못나고의 문제가 아니라 각자의 문화와 환경에서 각자의 ㉢필요(반드시 요구되는 바가 있음)에 따라서 발전시켜 온 것이다.'이다.
따라서 빈칸에 들어갈 말은 ③ '㉠ – 구축, ㉡ – 타협적, ㉢ – 필요'이다.

| 정답 | 61 ④ 62 ③ 63 ③ 64 ③

65

2014 서울시 9급

다음 글에 이어질 내용으로 부적합한 것은?

인간은 흔히 자기 뇌의 10%도 쓰지 못하고 죽는다고 한다. 또 사람들은 천재 과학자인 아인슈타인조차 자기 뇌의 15% 이상을 쓰지 못했다는 말을 덧붙임으로써 이 말에 신빙성을 더한다. 이 주장을 처음 제기한 사람은 19세기 심리학자인 윌리암 제임스로 추정된다. 그는 "보통 사람은 뇌의 10%를 사용하는데 천재는 15~20%를 사용한다."라고 말한 바 있다. 인류학자 마가렛 미드는 한발 더 나아가 그 비율이 10%가 아니라 6%라고 수정했다. 그러던 것이 1990년대에 와서는 인간이 두뇌를 단지 1% 이하로 활용하고 있다고 했다. 최근에는 인간의 두뇌 활용도가 단지 0.1%에 불과해서 자신의 재능을 사장시키고 있다는 연구 결과도 제기됐다.

① 인간의 두뇌가 가진 능력을 제대로 발휘하지 못하도록 하는 요소가 무엇인지 연구해야 한다.
② 어른들도 계속적인 연구와 노력을 통하여 자신의 능력을 충분히 발휘할 수 있도록 해야 한다.
③ 학교는 자라나는 학생이 재능을 발휘할 수 있도록 여건을 조성해 주어야 한다.
④ 인간의 두뇌 개발을 촉진시킬 수 있는 프로그램을 개발해야 한다.
⑤ 어린 시절부터 개성적인 인간으로 성장할 수 있도록 조기 교육을 실시해야 한다.

66

2013 서울시 9급

다음 중 (A)가 들어갈 위치로 가장 적절한 것은?

(A) 일어난 일에 대한 묘사는 본 사람이 무엇을 중요하게 판단하고, 무엇에 흥미를 가졌느냐에 따라 크게 다르다.

기억이 착오를 일으키는 프로세스는 인상적인 사물을 받아들이는 단계부터 이미 시작된다. (가) 감각적인 지각의 대부분은 무의식중에 기록되고 오래 유지되지 않는다. (나) 대개는 수 시간 안에 사라져 버리며, 약간의 본질만이 남아 장기 기억이 된다. 무엇이 남을지는 선택에 의해서이기도 하고, 그 사람의 견해에 따라서도 달라진다. (다) 분주하고 정신이 없는 장면을 보여 주고, 나중에 그 모습에 대해서 이야기하게 해 보자. (라) 어느 부분에 주목하고, 또 어떻게 그것을 해석했는지에 따라 즐겁기도 하고 무섭기도 하다. (마) 단순히 정신 사나운 장면으로만 보이는 경우도 있다. 기억이란 원래 일어난 일을 단순하게 기록하는 것이 아니다.

① (가) ② (나) ③ (다) ④ (라) ⑤ (마)

67

2013 지방직 7급

논지 전개상 괄호 안에 들어갈 말로 가장 적절한 것은?

전통문화는 근대화의 과정에서 해체되는 것인가, 아니면 급격한 사회 변동의 과정에서도 유지될 수 있는 것인가? 전통문화의 연속성과 재창조는 왜 필요하며, 어떻게 이루어지는가? 외래문화의 토착화(土着化), 한국화(韓國化)는 사회 변동과 문화 변화의 과정에서 무엇을 의미하는가? 이상과 같은 의문들은 오늘날 한국 사회에서 논란의 대상이 되고 있으며, 입장에 따라 상당한 견해 차이도 드러내고 있다. 전통의 유지와 변화에 대한 견해 차이는 오늘날 한국 사회에서 단순하게 보수주의와 진보주의의 차이로 이해될 성질의 것이 아니다. 한국 사회의 근대화는 이미 한 세기의 역사를 가지고 있으며, 앞으로도 계속되어야 할 광범하고 심대(深大)한 사회 구조적 변동이다. 그렇기 때문에, 보수주의적 성향을 가진 사람들도 전통문화의 변질을 어느 정도 수긍하지 않을 수 없는가 하면, 사회 변동의 강력한 추진 세력 또한 문화적 전통의 확립을 주장하지 않을 수 없다. 또, 한국 사회에서 전통문화의 변화에 관한 논의는 단순히 외래문화이냐 전통문화이냐의 양자택일적인 문제가 될 수 없다는 것도 명백하다. 근대화는 전통문화의 연속성과 변화를 다 같이 필요로 하며, 외래문화의 수용과 그 토착화 등을 다 같이 요구하는 것이기 때문이다. 그러므로 전통을 계승하고 외래문화를 수용할 때에 무엇을 취하고 무엇을 버릴 것이냐 하는 문제도 단순히 문화의 보편성(普遍性)과 특수성(特殊性)이라고 하는 기준에서만 다룰 수 없다. 근대화라고 하는 사회 구조적 변동이 문화 변화를 결정지을 것이기 때문에, 전통문화의 변화 문제를 (   )에서 다루어 보는 분석이 매우 중요하리라고 생각한다.

① 보수주의의 시각
② 진보주의의 시각
③ 사회 변동의 시각
④ 보편성과 특수성의 시각

68

2013 서울시 7급

(   ) 안에 들어갈 표현으로 가장 적절한 것은?

> 서양인들은 동양인들에 비해 세상을 '덜 복잡한 곳'으로 파악하기 때문에 적은 수의 요인들만으로도 세상을 이해할 수 있다고 믿는다. 연구팀은 미국과 한국의 대학생들에게 어떤 사건을 간단히 요약하여 기술하고, 총 100여 개에 달하는 요인들을 제시해 준 다음 각 요인이 그 사건과 관련이 있는지 없는지 선택하게 했다. 그 결과, 한국 대학생들은 약 37%의 요인들만 그 사건과 관계없는 요인으로 판단했으나, 미국 대학생들은 55%에 이르는 요인들이 그 사건과 관계없다고 판단했다. 동양계 미국인 참가자들은 한국인과 미국인의 중간 정도에 해당하는 반응을 보였다. 연구팀은 '어떤 요인이 어떤 사건과 관계없다고 판단 내리기를 꺼리는 경향', 다시 말해 '(   )'이 종합주의적 사고와 관련이 있음을 발견했다.

① 무수히 많은 요인들이 어떤 사건에 관련되어 있다고 믿는 경향
② 인과론적으로 사건을 파악하려고 하는 경향
③ 세상을 덜 복잡한 곳으로 파악하고 관계를 판단하는 경향
④ 발생한 결과를 요인들로 미리 예측할 수 없다고 믿는 경향
⑤ 맥락이 중시되는 상황에서 맥락을 무시하려는 경향

정답&해설

65 ⑤ 밑줄/괄호

제시된 글은 인간이 뇌의 능력 중 아주 일부분만을 사용하고 있다는 내용을 담고 있다.
⑤ '개성적인 인간'으로의 성장은 두뇌 개발과 직접 관련이 없으며, 조기 교육이라는 진술 역시 개성적인 인간 성장과는 상충되는 측면이 있다.

| 오답해설 | ①과 같이 인간의 두뇌가 제 능력을 발휘하지 못하도록 하는 요소가 무엇인지에 대한 내용이나, ④와 같이 두뇌 개발 프로그램의 개발 필요성 등을 언급할 수 있다.
②③ 두뇌 개발의 가능성 측면에서 어른들과 학생들의 능력 개발이 필요함을 언급할 수 있다.

66 ④ 밑줄/괄호

(다) 뒤에서 '분주하고 정신이 없는 장면을 보여 주고, 나중에 그 모습에 대해서 이야기하게 해 보자.'라고 했으므로 그 모습을 설명하는 문장이 와야 한다. (A)의 '일어난 일에 대한 묘사는'에 본 모습을 설명한다는 표현이 나온다. 따라서 맥락상 (A)는 (라)의 자리에 오는 것이 자연스럽다.

67 ③ 밑줄/괄호

'보수주의와 진보주의의 차이로 이해될 성질의 것이 아니다.', '보편성과 특수성이라고 하는 기준에서만 다룰 수 없다.', '사회 구조적 변동이 문화 변화를 결정지을 것이기 때문에' 등을 통해 빈칸에는 '사회 변동의 시각'이 들어가는 것이 적절한 표현임을 알 수 있다.

68 ① 밑줄/괄호

제시된 글에서는 동양인들이 세상을 복잡한 곳으로 생각하고 각 요인들이 사건과 관련이 있다고 생각하며, '어떤 요인이 어떤 사건과 관계없다고 판단 내리기를 꺼리는 경향'이 있다고 말하고 있다. 따라서 맥락상 ① '무수히 많은 요인들이 어떤 사건에 관련되어 있다고 믿는 경향'이 동양인의 '종합주의적 사고'와 관련 있다고 할 수 있다.

| 정답 | 65 ⑤ 66 ④ 67 ③ 68 ①

69

2020 국가직 9급

다음 글을 바탕으로 ㉠을 이해할 때 가장 적절한 것은?

나는 ㉠'연극에서의 관객의 공감'에 대해 강연한 일이 있다. 나는 관객이 공감하는 것을 직접 보여 주려고 시도했다. 먼저 나는 자원자가 있으면 나와서 배우처럼 읽어 주기를 청했다. 그리고 청중에게는 연극의 관객이 되어 들어 달라고 했다. 한 사람이 앞으로 나왔다. 나는 그에게 아우슈비츠를 소재로 한 드라마의 한 장면이 적힌 종이를 건네주었다. 자원자가 종이를 받아들고 그것을 훑어볼 때 청중들은 어수선했다. 그런데 자원자의 입에서 떨어진 첫 대사는 끔찍한 내용이었다. 아우슈비츠에 관한 적나라한 증언은 너무나 충격적이어서 청중들은 완전히 압도되었다. 자원자는 청중들의 얼어붙은 듯한 침묵 속에서 낭독을 계속했다. 자원자의 낭독은 세련되지도 능숙하지도 않았다. 그러나 관객들의 열렬한 공감을 이끌어 냈다. 과거 역사가 현재의 관객들에게 생생하게 공감되었다.

이것이 끝나고 이번에는 강연장에 함께 갔던 전문 배우에게 셰익스피어의 희곡 「헨리 5세」에서 발췌한 대사를 낭독해 달라고 부탁했다. 그 대본은 400년 전 아젱쿠르 전투(백년 전쟁 당시 벌어졌던 영국과 프랑스의 치열한 전투)에서 처참하게 사망한 자들의 명단과 그 숫자를 나열한 것이었다. 그는 셰익스피어의 위대한 희곡임을 알아보자 품위 있고 고풍스럽게 큰 목소리로 낭독했다. 그는 유려한 어조로 전쟁에서 희생된 이들의 이름을 읽어 내려 갔다. 그러나 청중들은 듣는 둥 마는 둥 했다. 갈수록 청중들은 낭독자 따위는 안중에도 없다는 듯이 행동했다. 그들에게 아젱쿠르 전투는 공감할 수 없는 것으로 분리된 것 같아 보였다. 앞서의 경우와는 전혀 다른 반응이었다

① 배우의 연기력이 관객의 공감을 좌우한다.
② 비참한 죽음을 다룬 비극적인 소재는 관객의 공감을 일으킨다.
③ 훌륭한 고전이라고 해서 항상 청중의 공감을 불러일으킬 수 있는 것은 아니다.
④ 현재와 가까운 역사적 사실을 극화했다고 해서 관객의 공감 가능성이 커지지는 않는다.

70

2021 5월 시행 한국전력공사 기출 복원

다음 글의 밑줄 친 부분이 궁극적으로 의미하는 것으로 가장 옳은 것을 고르면?

전라남도 동물위생시험소는 지난 2017년과 2018년 각각 조류인플루엔자와 구제역 정밀진단기관으로 지정된 데 이어 올해 아프리카돼지열병(이하 ASF) 지정을 추진, 재난형 질병 진단체계를 구축할 계획이라고 밝혔다. 그동안 전남 농민들은 ASF 확진 여부를 확인하기 위해 경북 김천 농림축산검역본부까지 이동해야 했기 때문에 즉각적인 방역 대응이 어려웠다. 이에 따라 전라남도 동물위생시험소는 ASF 정밀진단기관으로 지정을 받음으로써 진단 시간을 최대한 단축하여 신속한 초동방역에 나설 방침이다.

ASF 정밀진단기관 지정을 위해서는 농림축산검역본부에서 정한 시설·장비·인력 등의 엄격한 기준 요건을 충족해야 한다. 전라남도 동물위생시험소는 이미 지난해부터 2억 5천만 원을 들여 정밀실험 검사장비 보강을 완료했고, 질병관리본부의 바이러스 외부유출 없이 검사가 가능한 생물안전 3등급 실험실에 대한 인증 심사도 마쳤다. 또 지난해 12월 농림축산검역본부에 ASF 정밀진단기관 지정 신청을 한 상태다. 앞으로 서류심사, 현장실사, 전담자 배치, 정밀진단 교육 및 능력검증 과정을 거쳐 지정 여부가 확정된다. 오는 7일에는 농림축산검역본부로부터 생물안전 3등급 실험실 등 현장실사가 예정돼 있다.

ASF 정밀진단기관 지정이 완료되면 전남지역 환축(患畜) 발생 시 시료를 김천 농림축산검역본부까지 장시간 차량으로 이동하는 불편함을 덜고, 시간도 획기적으로 단축할 수 있기 때문에 신속한 초동방역이 가능해질 전망이다. 또한, 농림축산검역본부는 전국 시·도 가축방역기관 담당자 20명을 대상으로 2021년 6월 14일부터 17일까지(4일간) ASF 정밀진단 교육을 실시하였다. 검역본부는 2018년부터 ASF 정밀진단 교육 등을 통해 시·도 가축방역기관과 연계된 국내 진단체계를 구축해 왔으며, 최근 3년(2019~2021년) 국내에서 ASF가 발생했을 때 신속한 정밀진단을 통해 질병 확산 차단에 기여하였다.

이번 정밀진단 교육은 방역의 최전선에서 일하고 있는 시·도 가축방역기관 담당자들의 정밀진단 역량 강화로 상시 예찰 수준을 향상시켜 ASF 검출 정확도를 높이기 위하여 실시하였다. 교육은 ASF 국내·외 발생 현황, 정밀진단 원리 및 특성 등 ASF 진단에 대한 이해를 높이는 이론 교육과 ASF 유전자 진단, 항체 진단 및 검사 결과 판독 등의 실습 교육 중심으로 진행되었다. 또한, 교육 후 기관별 진단 능력을 평가하기 위해 ASF 정밀진단 정도관리 시험용 시료를 배포하여 그 결과를 제출받을 예정이며, 진단 결과는 ASF 진단기술 표준화를 위한 현장 지도 및 교육자료 등으로 활용할 계획이다.

검역본부 ○○○해외전염병 과장은 "아직 갈 길이 멀다. 앞으로도 시·도 가축방역기관을 대상으로 ASF 정밀진단 교육과 정도관리를 지속적으로 실시하여 일선 현장의 ASF 정밀진단 능력이 높은 수준으로 유지될 수 있도록 지원할 것이며, 이를 통해 질병의 확산 방지와 조기 근절에 기여하겠다"라고 말했다.

① 진단기술 표준화 수립
② 정밀진단기관 지정 방법
③ 방역 현장의 초동대처 능력
④ 진단기술 교육자료 배포
⑤ 진단역량 강화의 필요성

71

한국수자원공사 기출 복원

다음 글의 빈칸에 들어갈 말로 적절하지 않은 것을 고르면?

탄소배출권 거래제는 교토의정서 체제로부터 파생된 시장 지향적 온실가스 감축을 위한 거래 체계라고 할 수 있다. 탄소배출권 거래제는 크게 배정된 허용량으로서 할당된 배출권인 '허용량 거래제'와 개별적 경제 주체가 기술혁신, 에너지 절약, 대체기술의 도입 등의 자발적 노력을 통해 추가로 획득한 배출권인 '크레딧 거래제'로 구분할 수 있다.

허용량 거래제는 중앙집권적인 주체(개별 국가, 유럽 연합과 같은 국가 연합 등)가 각 경제 주체에게 최대 배출 한도를 배정하고, 이를 상한으로 오염 물질의 배출을 허용하면서 배출 한도에 여력이 발생한 경우 한도를 초과하는 주체와 배출권의 거래를 허용하는 방식이다.

크레딧 거래제는 참여 국가나 기업이 어떠한 배출 저감 프로젝트에 대해 특별한 저감 노력을 하지 않았을 경우의 배출량을 기준으로, 추가적인 저감 노력을 통해 감축되는 배출량을 크레딧으로 인정하여 이 크레딧을 거래하도록 하는 방식이다.

따라서 두 방식은 (   )에 차이점이 있다고 할 수 있다.

① 거래제가 적용되는 범위에 따른 거래 주체
② 강제적이냐 자발적이냐에 따른 참여 방식
③ 저감되는 탄소의 효과에 따른 거래 비용
④ 거래 주체 간의 저감 여력이 상이함에 따른 이행 난이도

정답&해설

69 ③ 밑줄/괄호

1문단에서 자원자가 아우슈비츠 소재 드라마를 낭독한 것은 관객들의 공감을 이끌어 냈지만, 2문단에서 전문 배우의 셰익스피어 희곡 낭독은 관객들의 공감을 이끌어 내지 못했다. 여기에서 알 수 있는 것은 관객의 공감과 감동은 훌륭한 고전이냐 아니냐 또는 화법에 전문성이 있느냐 없느냐와는 크게 관련이 없다는 것이다.

70 ⑤ 밑줄/괄호

3문단에서 농림축산검역본부는 2018년부터 ASF 정밀진단 교육 등을 통해 시·도 가축방역기관과 연계된 국내 진단체계를 구축해 왔으며, 최근 국내에서 ASF가 발생했을 때 신속한 정밀진단을 통해 질병 확산 차단에 기여하였음을 언급하였다. 4문단의 내용을 보면, 이러한 정밀진단 교육은 시·도 가축방역기관 담당자들의 정밀진단 역량 강화를 위함임을 알 수 있다. 밑줄 친 부분인 '갈 길이 멀다'는 '앞으로 해야 할 일들이 많이 남아 있다.'라는 의미의 관용 표현이나, 밑줄 친 부분의 뒷부분을 고려할 때, 앞으로도 시·도 가축방역기관을 대상으로 ASF 정밀진단 교육과 정도관리를 지속적으로 실시하여 일선 현장의 ASF 정밀진단 능력이 높은 수준으로 유지될 수 있도록 농림축산검역본부 차원에서 지원한다는 것은 궁극적으로 진단역량 강화의 필요성이 더욱 강조된다는 의미로 판단할 수 있다.

| 오답해설 | ① 밑줄 친 부분이 의미하는 것은 정밀진단 교육과 정도관리를 지속적으로 실시함으로써 얻을 수 있는 효과와 연관이 있어야 하므로 적절하지 않다.
② 밑줄 친 부분이 의미하는 것은 ASF 정밀진단 능력이 높은 수준으로 유지될 수 있도록 하는 방법과 관련이 있어야 하므로 의미적 연관성이 적어 적절하지 않다.
③④ 진단역량 강화의 하위 항목으로 볼 수 있으므로 밑줄 친 부분이 궁극적으로 의미하는 것으로 보기 어렵다.

71 ③ 밑줄/괄호

탄소 저감은 저감량에 따라 효용이 달라지므로 이는 두 거래 방식의 차이점으로 보기 어렵다. 또한 두 가지 거래 방식이 거래 비용(배출권의 구매 비용)에 미치는 영향은 제시문을 통해 알 수 없으므로 적절한 차이점이라고 할 수 없다.

| 오답해설 | ① 허용량 거래제는 국가나 기업 전체에 해당되나, 크레딧 거래제는 거래제에 참여하는 개별 기업에 한정된다는 차이점이 있다.
② 허용량 거래제는 최대 배출 한도가 배정된다는 점에서 강제적이며, 크레딧 거래제는 자발적이라는 차이점이 있다.
④ 허용량 거래제에 의한 저감은 의무적이므로 국가나 기업이 처한 상황에 따라 실행 난이도가 달라지며, 크레딧 거래제는 자발적 실행에 의한 것으로 배출권 거래제보다 용이하게 이루어질 수 있다.

| 정답 | 69 ③ 70 ⑤ 71 ③

72

한국수자원공사 기출 복원

다음 글의 빈칸에 들어갈 말로 가장 적절한 것을 고르면?

> 공간 활용이 하나의 트렌드가 되면서 최근에 각광받는 아이템이 바로 프리미엄 독서실이다. 기존의 스터디룸이 번화가에 위치하여 회의나 토론, 팀 작업을 하는 공간의 임대 사업을 영위했다면, 몇 년 전부터 인기를 끌기 시작한 프리미엄 독서실은 주거 지역과 조금 더 인접한 곳에 자리 잡은 임대 사업이다. 과거의 독서실 사업이 수험생과 고시생을 대상으로 한 저가형 비즈니스 모델이었던 것과 달리, 현재의 프리미엄 독서실은 그 타깃 연령층을 조금 더 끌어올려 넓혔다. 자녀가 더 좋은 환경에서 공부하길 원하는 부모와 좀 더 쾌적한 환경에서 학습 또는 작업을 희망하는 직장인으로 영역을 넓히면서 과거보다 가격을 조금 더 높이 매길 수 있게 되었다.
>
> 과거 피시방 수익 모델의 핵심은 공간을 빌릴 유인을 제공하고 그에 따라 임대료를 받는 것이었다. 여기에서 온라인, 멀티플레이 게임의 확산으로 게임을 할 수 있는 장소가 바로 임대 유인이었고 그 급부로 받는 것이 시간당 임대료였음을 생각해 보면, (   ) 측면에서 피시방은 프리미엄 독서실과 차이가 없다.

① 마니아들을 대상으로 하여 상대적으로 가격 결정력을 높일 수 있다는

② 초기에 충분한 시실 투자를 바탕으로 수요를 유인하여 개별 공간을 임대한다는

③ 공간 임대 외 부가적 상품 판매를 통해 수요 증가와 수익 창출을 기대할 수 있다는

④ 끊임없는 시설 투자와 시설의 정기적인 재투자를 통해 높은 임대료를 기대할 수 있다는

73

2021 4월 오전 시행 코레일 기출 복원

다음 글의 문맥을 통해 빈칸 ㉠, ㉡에 들어갈 내용이 바르게 짝 지어진 것을 고르면?

> '노동'이란 사전적 의미로는 '사람이 생존에 필요한 물자를 얻기 위해 체력과 정신을 이용하여 일을 하는 것'이다. 기계적인 노동을 모두 노예에게 맡겼던 고대 그리스인들은 노동이란 정신을 야비하게 만들고 인간으로서 덕을 행할 수 없게 만드는 것으로 보았다. 아리스토텔레스는 "온전한 삶이란 노동과 여가가 분리된 삶이다. 인간은 여가를 얻기 위해 일을 한다."라고 했다. 고대 로마제국의 키케로는 "수공업자는 지저분한 일을 하기 때문에 고상한 것이라고는 만들어 낼 수가 없다."라고 말했다. 또한 그는 일용근로자와 같은 미숙련 노동자의 일은 '자유로운 사람의 존엄성을 해치고 더럽히는 일'이라고 간주했다. 이와 함께 그는 돈 때문에 하는 일은 인격을 타락시킨다며 상인, 대부업자, 세관원을 경멸했다. 고대 그리스의 여가는 기독교의 시대인 중세로 넘어오면서 명상, 신을 향한 정신 집중, 종교서 탐독과 그로부터 제기되는 물음에 대한 성찰, 경건한 찬양과 기도로 바뀌었다. 토마스 아퀴나스에게는 '활동적인 삶'보다는 '관조적인 삶'이 더 중요했고, 명상은 육체적인 노동보다 훨씬 월등한 것이었다. 중세에는 당시의 사회 질서에 따라 고된 부역에 동원된 농노와 높은 공납의 의무를 진 농민이 인구의 대다수를 차지했다. 그들의 노동과 삶은 민네와 전투에 모든 힘을 집중한 귀족들의 경우와는 사뭇 달랐다. 당시 몇 안 되는 교육기관으로서의 역할을 한 수도원은 이러한 상황을 신학으로 정당화했다. 신학에서 육체노동은 열등한 것이지만 종교적 의무로 간주되었고, 따라서 노동은 종교적 의무의 수행이라는 절대 목적하에 일반 민중에게 부과되었다. 하지만 이러한 상황은 영원히 지속될 수 없었다. 특히 수많은 도시에서 노동의 새로운 모범이 대두되기 시작했다. 유럽 전역에서 끊임없이 농민 봉기가 일어났다. 당시 부분 자립 도시에서 사는 일부 수공업자와 상인들이 근면함으로 막대한 부를 쌓을 수 있었다는 사실은 노동의 의미와 가치를 분명히 증명해 보여 주었다.
>
> 노동이라는 행위는 인류의 역사를 통해 계속되어 온 것이며 생존과 생활을 영위하기 위해서 반드시 필요한 일이나 전통적으로 육체노동이 정신노동보다 열등하다는 편견이 있었다. 마르크스는 이때까지 경시되어 왔던 노동의 의미를 규명하고 왜 노동이 철학적으로 경시될 수밖에 없는가를 이론적으로 밝혀낸다. 마르크스 이전에도 노동에 대한 (㉠)이 있었으나, 마르크스 시대가 도래하면서 마르크스는 노동에 대한 (㉡)을 시작한 것이다.
>
> 마르크스는 불변하는 인간 본성이 있다는 전제를 거부하였다. 그래서 그는 분석의 출발점을 인간의 사고나 본성이 아닌 인간이 실제로 살아가는 사회와 사회관계로 두었다. 그러므로 마르크스주의에서 인간에게 보편적으로 존재하는 것으로 인정되어지는 문제나 개념은 인간 사회라는 대상에서 추출한 것이다. 마르크스는 이러한 보편적 전제들의 출발점으로 '노동'을 상정한다. 노동은 인간의 본질이며 사회의 토대이다. 인간이 스스로 하나의 유적 존재가 되는 것은 바로 인간이 대상 세계를 상대로 노동한다는 사실에 있다. 이 생산을 통하여 자연은 그의 노동으로 그의 현실로 나타난다. 인간과 자연과의 관계에 있어서 그 양자를 연결해 주는 가장 기초적인 활동이라는 점에서 이 명제는 타당하다. 노동이 포괄하는 인간이 생존을 위한 모든 활동은 필연적으로 직접적으로나 간접적으로 자신이 서 있는 환경을 바꾸는 것이다. 그리고 이것은 변화의 방향에 대한 뚜렷한 목표가 있고 여기에 의지와 지적능력이 투여된다는 점에서 동물들과도 구별

된다. 자연의 역사가 하나의 종이 생겨나고 멸종하는 것이라면, 노동의 관점에서 인간의 역사는 같은 종이 그 욕구를 충족하기 위해 조직하는 방법의 변동에 관한 것이 된다. 마르크스주의는 개인과 자연을 잇는 노동이라는 개념을 중요한 것으로 설정하는 순간부터 이미 다른 철학에 비해 보다 실천적인 것이었다. 그리고 그것의 분석 범주가 철저히 현실에 실재하는 관계에 대한 냉철한 분석에서 출발하면서 마르크스주의가 내포하는 의제들은 다시 현실에 대한 것으로 되돌아간다. 유물론은 사상의 기초와 새로운 세계관을 물질적 사회적 조건에서 나오는 결과로 이해함으로써 '존재가 사유를 규정한다.'는 유명한 명제를 낳았다. 의식을 변화시키라고 하는 요구는 결국 현존하는 세계에 대한 해석방식을 변화시키라는 요구, 즉 세계를 다른 방식으로 인식하라는 요구일 뿐이다. 그러므로 마르크스 주의에 있어 새로운 세계관은 새로운 상황하에서 나타날 수 있는 것이며 새로운 상황은 그 시대 모순하에서의 실천적 활동들에 의해 구축될 수 있는 것이다. 그리고 그 시대의 주요 모순이 투쟁하는 계급 사이의 모순인 한에서 그러한 변혁의 주체는 현실을 변화시키고자 하는 계급 자신이 된다. 개인의 인식에 있어서도 실천은 중요하다. 개인이 세계에 존재하는 모순을 느끼는 순간은 자신의 삶 속에서 실제로 그것과 마주칠 때이다. 그리고 그 모순이 심화되면 그것을 변화시키고자 하는 욕망을 느끼게 되고, 환경을 변화시키는 동시에 자기 자신 역시 변화된다. 여기서 이 두 변화를 연결하는 고리는 바로 혁명적 실천이다. 이러한 혁명적 실천은 그 모순이 사회 속에 광범위하게 잠재되어 있는 것일 경우 계급적 단위로 나타나게 된다. 지식인의 각성이 아니라 대중의 실천에서 새로운 세계로의 길을 찾는 것이다. 그것은 이전의 어떤 사상도 가지지 못했던 파괴력을 마르크스주의에 부여한다. 또한 실천에 대한 이러한 논의들은 마르크스주의에 대한 잘못된 이해를 바로잡는 것에도 도움을 준다. 마르크스는 변증법과 유물론을 통해 사회를 보다 객관화시키고 과학의 범주 안에서 관찰함으로써 자신의 이론에 설득력을 부여했다. 그래서 역사적으로 종종 그의 이론에 따라 자본주의가 내적 모순에 의해 저절로 무너질 것으로 보는 견해도 나타났다. 그러나 모순이 나타난 후 그것이 전개되는 과정에서 그 방향을 좌우하는 가장 중요한 요인은 혁명적 실천에 있다는 것이다.

	㉠	㉡
①	소극적인 투쟁	물리적인 저항
②	소극적인 투쟁	적극적인 저항
③	물리적인 투쟁	소극적인 투쟁
④	물리적인 투쟁	이론적인 저항
⑤	이론적인 투쟁	적극적인 저항

정답&해설

72 ② 밑줄/괄호

프리미엄 독서실은 쾌적하고 좋은 공간을 제공함으로써 수익을 얻을 수 있는 아이템이고, 피시방은 게임을 하고자 하는 사람에게 게임을 할 수 있는 공간을 제공하여 수익을 창출하는 사업 모델이다. 즉 프리미엄 독서실과 피시방은 초기에 충분한 시설 투자를 하여 쾌적한 환경, 게임을 할 수 있는 환경을 조성하고 이를 바탕으로 수요를 유인하여 공간을 임대함으로써 수익을 창출한다는 점이 유사하다.

|오답해설| ① 프리미엄 독서실은 과거의 독서실에 비해 타깃 연령층을 넓힘으로써 가격을 좀 더 높이 매길 수 있게 되었다.

③ 제시된 글에서는 부가적 상품 판매에 대해 언급하지 않았다.

④ 제시된 글의 내용만으로는 시설 투자를 통해 프리미엄 독서실과 피시방이 높은 임대 수익을 거둘 수 있는지에 대해서 알 수 없다.

73 ④ 밑줄/괄호

1문단은 중세 신학에서 육체노동은 열등한 것이지만 종교적 의무로 간주되면서 종교적 의무의 수행이라는 절대 목적하에 일반 민중에게 노동이 부과되었고, 당시 부분 자립 도시에서 사는 일부 수공업자와 상인들이 근면함으로 막대한 부를 쌓으며 유럽 전역에서 끊임없이 농민 봉기가 일어나기 시작했다고 언급하였다. 또한 2문단은 마르크스는 이때까지 경시되어 왔던 노동의 의미를 규명하고 왜 노동이 철학적으로 경시될 수밖에 없는가를 이론적으로 밝혀내고 있다고 언급하였다. 따라서 마르크스 이전에도 노동에 대한 '물리적인 투쟁'이 있었으나, 마르크스 시대가 도래하면서 마르크스는 노동에 대한 '이론적인 저항'을 시작한 것임을 알 수 있다.

|정답| 72 ② 73 ④

전개 순서(배열)

74

2023 국가직 9급

다음 글에서 (가)~(다)의 순서를 자연스럽게 배열한 것은?

빅데이터가 부각된다는 것은 기업들이 빅데이터의 가치를 받아들이기 시작했다는 뜻이다. 여기에는 기업들이 데이터를 바라보는 시각이 변한 측면도 있다.

(가) 기업들은 고객이 판촉 활동에 어떻게 반응하고 평소에 어떻게 행동하며 사물에 대해 어떤 태도를 보이는지 알기 위해 많은 돈을 투자해 마케팅 조사를 해 왔다.

(나) 그런 상황에서 기업들은 SNS나 스마트폰 등 새로운 데이터 소스로부터 그러한 궁금증과 답답함을 해결할 수 있다는 것을 알게 되었다. 페이스북에 올리는 광고에 친구가 '좋아요'를 한 것에서 기업들은 궁금증과 답답함을 해결할 수 있다.

(다) 그런데 기업들의 그런 노력이 효과가 있는 경우도 있었으나 아쉬운 점도 많았다. 쉬운 예로, 기업들은 많은 광고비를 쓰지만 그 돈이 구체적으로 어느 부분에서 효과를 내는지는 알지 못했다.

결국 데이터가 있는 곳에서 기업들은 점점 더 고객의 취향에 집중할 수 있게 되었으며, 이에 따라 기업들은 소셜미디어의 빅데이터를 중요한 경영 수단으로 수용하기 시작한 것이다.

① (가) – (나) – (다)
② (가) – (다) – (나)
③ (나) – (가) – (다)
④ (다) – (나) – (가)

75

2022 국가직 9급

다음 글의 전개 순서로 가장 자연스러운 것은?

(가) 이 기관을 잘 수리하여 정련하면 그 작동도 원활하게 될 것이요, 수리하지 아니하여 노둔해지면 그 작동도 막혀 버릴 것이니 이런 기관을 다스리지 아니하고야 어찌 그 사회를 고취하여 발달케 하리오.

(나) 이러므로 말과 글은 한 사회가 조직되는 근본이요, 사회 경영의 목표와 지향을 발표하여 그 인민을 통합시키고 작동하게 하는 기관과 같다.

(다) 말과 글이 없으면 어찌 그 뜻을 서로 통할 수 있으며, 그 뜻을 서로 통하지 못하면 어찌 그 인민들이 서로 이어져 번듯한 사회의 모습을 갖출 수 있으리오.

(라) 그뿐 아니라 그 기관은 점점 녹슬고 상하여 필경은 쓸 수 없는 지경에 이를 것이니 그 사회가 어찌 유지될 수 있으리오. 반드시 패망을 면하지 못할지라.

(마) 사회는 여러 사람이 그 뜻을 서로 통하고 그 힘을 서로 이어서 개인의 생활을 경영하고 보존하는 데에 서로 의지하는 인연의 한 단체라.

– 주시경, 「대한국어문법 발문」에서 –

① (마) – (가) – (다) – (나) – (라)
② (마) – (가) – (라) – (다) – (나)
③ (마) – (다) – (가) – (라) – (나)
④ (마) – (다) – (나) – (가) – (라)

76

2021 국가직 9급

㉠~㉤의 전개 순서로 가장 자연스러운 것은?

폭설, 즉 대설이란 많은 눈이 시간적, 공간적으로 집중되어 내리는 현상을 말한다.

㉠ 그런데 눈은 한 시간 안에 5cm 이상 쌓일 수 있어 순식간에 도심 교통을 마비시키는 위력을 가지고 있다.

㉡ 또한, 경보는 24시간 신적설이 20cm 이상 예상될 때이다.

㉢ 다만, 산지는 24시간 신적설이 30cm 이상 예상될 때 발령된다.

㉣ 이때 대설의 기준으로 주의보는 24시간 새로 쌓인 눈이 5cm 이상이 예상될 때이다.

㉤ 이뿐만 아니라 운송, 유통, 관광, 보험을 비롯한 서비스 업종과 사회 전반에 영향을 미친다.

① ㉠–㉤–㉡–㉢–㉣
② ㉠–㉣–㉤–㉢–㉡
③ ㉣–㉡–㉢–㉠–㉤
④ ㉣–㉠–㉤–㉢–㉡

77

2020 지방직(= 서울시) 9급

다음 글의 전개 순서로 가장 자연스러운 것은?

ㄱ. 1700년대 중반에 이미 미국 이주민들의 평균 소득은 영국인들의 평균 소득을 넘어섰다.

ㄴ. 그러나 미국은 사실 그러한 분야에서는 다른 산업 국가들에 비해 특별한 우위를 갖고 있지 않았다.

ㄷ. 미국 이주민들의 평균 소득이 높아지게 된 배경에는 좋은 환경으로부터 비롯된 낙관성과 자신감이 있었다. 이후로도 다소 불안정하기는 했지만 미국인들의 소득은 계속해서 크게 증가했다.

ㄹ. 대부분의 미국인들은 남북 전쟁 이후 급속히 경제가 성장한 이유를 농업적 환경뿐만 아니라 19세기의 과학적, 기술적 대전환, 기업가 정신과 규제가 없는 시장 경제 때문이라고 단순하게 생각하는 경향이 있다.

ㅁ. 미국인들이 이처럼 초기 정착기에 풍요로움을 누릴 수 있었던 것은 비옥한 토지, 풍부한 천연자원, 흑인 노동력에 힘입은 농산물 수출 덕분이었다.

① ㄱ – ㄷ – ㅁ – ㄹ – ㄴ

② ㄱ – ㄹ – ㄷ – ㄴ – ㅁ

③ ㄹ – ㄴ – ㅁ – ㄱ – ㄷ

④ ㄹ – ㅁ – ㄴ – ㄷ – ㄱ

정답&해설

74 ② 전개 순서(배열)

'기업들이 빅데이터의 가치를 받아들이기 시작했다는 뜻이다. 여기에는 기업들이 데이터를 바라보는 시각이 변한 측면도 있다.'에서 기업들이 기존의 방식과 현재 빅데이터를 바라보는 시각에 차이가 있음을 알 수 있다. 따라서 기존의 방식과 관련된 (가)가 먼저 나오고, '그런 노력'[(가)의 내용]에 아쉬운 점이 많았다는 (다)가 이어져야 한다. 그리고 '그런 상황'[(다)에서 예로 든 상황]에서 SNS나 스마트폰 등 새로운 데이터 소스로부터 궁금증과 답답함을 해결할 수 있다는 것을 알게 되었다는 (나)가 순차적으로 연결되어야 자연스럽다.

75 ④ 전개 순서(배열)

(마)에서 사회는 여러 사람이 그 뜻을 통하고 서로 의지하는 단체라고 설명하고 있다.
(다)에서 그런 통합, 즉 뜻의 통합이 있으려면 말과 글이 필수적이라고 설명하고 있다.
(나)에서 이런 말과 글은 인민을 통합시키고 작동하게 하는 기관과 같다고 말하고 있다.
(가)에서 이 기관을 잘 수리하고 정련하여야 작동도 원활하게 되며 사회도 발달하게 된다고 언급하고 있다.
(라)에서 그 기관을 잘 정리하지 못하면 필경 쓸 수 없는 지경에 이르게 되고 사회는 패망하게 된다고 언급하고 있다.
따라서 '(마) – (다) – (나) – (가) – (라)'의 순서로 전개되어야 한다.

76 ③ 전개 순서(배열)

첫 문장에서 폭설(대설)의 현상을 언급했으므로 그다음 문장에는 대설의 기준을 설명하는 ㉣이 와야 하고 대등적으로 경보, 산지의 기준을 설명한 ㉡, ㉤이 차례로 이어져야 자연스럽다. '㉣–㉡–㉤'에서 대설주의보와 경보에 대해 설명하였으므로 그 이후로는 눈이 많이 내렸을 때 일어날 수 있는 일을 설명하고 있는 ㉠, ㉢이 순서대로 이어지는 것이 자연스럽다.

77 ① 전개 순서(배열)

ㄱ은 1700년대에 대한 설명이고, ㄹ은 19세기 이후에 대한 설명이므로, 시기로 보면 ㄱ이 앞서는 것이 자연스럽다. ㄱ의 '미국 이주민들의 평균 소득은 영국인들의 평균 소득을 넘어섰다.'와 ㄷ의 '미국 이주민들의 평균 소득이 높아지게 된 배경에는'이 내용적으로 연결되므로 ㄱ 다음에는 ㄷ이 연결되어야 하는 것을 알 수 있다. ㄷ에서 평균 소득 증가 배경을 언급했으므로, 이에 대한 원인을 제시하는 ㅁ이 나오고, 남북 전쟁 이후 미국 경제 성장에 대한 내용인 ㄹ – ㄴ 순으로 이어지는 것이 자연스럽다. 따라서 정답은 'ㄱ – ㄷ – ㅁ – ㄹ – ㄴ'이다.

| 정답 | 74 ② 75 ④ 76 ③ 77 ①

78

2014 지방직 9급

다음 글의 전개 순서로 가장 자연스러운 것은?

(가) 상품 생산자, 즉 판매자는 화폐를 얻기 위해 자신의 상품을 시장에 내놓는다. 하지만 생산자가 만들어 낸 상품이 시장에 들어서서 다른 상품이나 화폐와 관계를 맺게 되면, 이제 그 상품은 주인에게 복종하기를 멈추고 자립적인 삶을 살아가게 된다.

(나) 이처럼 상품이나 시장 법칙은 인간에 의해 산출된 것이지만, 이제 거꾸로 상품이나 시장 법칙이 인간을 지배하게 된다. 이때 인간 및 인간들 간의 관계가 소외되는 현상이 나타난다.

(다) 상품은 그것을 만들어 낸 생산자의 분신이지만, 시장 안에서는 상품이 곧 독자적인 인격체가 된다. 사람이 주체가 아니라 상품이 주체가 된다.

(라) 또한 사람들이 상품들을 생산하여 교환하는 과정에서 시장의 경제 법칙을 만들어 냈지만, 이제 거꾸로 상품들은 인간의 손을 떠나 시장 법칙에 따라 교환된다. 이런 시장 법칙의 지배 아래에서는 사람과 사람 간의 관계가 상품과 상품, 상품과 화폐 등 사물과 사물 간의 관계에 가려 보이지 않게 된다.

① (가) – (다) – (나) – (라)
② (가) – (다) – (라) – (나)
③ (다) – (라) – (가) – (나)
④ (다) – (라) – (나) – (가)

79

2014 지방직 7급

(가)의 내용에 이어지는 순서로 가장 자연스러운 것은?

(가) 근대 자유 민주주의는 역사적으로 민주주의의 특정한 형태로서 아테네에서 민주주의가 사라진 후 거의 2,000년이 지나서 역사의 무대에 등장하였다. 전체 서구 역사에서 볼 때 민주주의가 자유주의보다 먼저 출현했지만, 근대에 들어와서는 자유주의가 민주주의에 비해 200년이나 앞서 등장해서 그 후에 등장한 민주주의가 적응해야 하는 세계의 틀을 창조하였다. 곧 자유 민주주의는 기본적으로 자유주의가 설정한 한계 내에서 규정되고 구조화된 민주주의라고 말할 수 있다.

(나) 나아가 거의 모든 고전적 자유주의자들은, 여성은 남편이나 부친을 통해 정치적으로 대표됨으로써 그들의 이익을 보호할 수 있다는 논거하에 여성의 참정권을 부정하였다. 이처럼 자유주의자들은 참정권의 부여를 일정한 기준, 곧 재산 소유, 가장으로서의 지위 또는 공식적인 교육의 수준에 따라 제한하고자 했다.

(다) 따라서 로크는 묵시적 동의가 아니라 명시적 동의를 할 수 있는 유산 계급에게만 참정권을 인정했다. 또 프랑스 대혁명 기간 중에 제1차 국민 의회의 헌법 제정자들은 능동적 시민권과 수동적 시민권을 구분하고, 정치적 권리를 납세자에게만 인정하였다.

(라) 그러나 자유주의자들은 다음과 같은 이유에서 오랫동안 대중에게 참정권을 부여하는 보통 선거권을 도입하자는 민주주의자들의 요구에 대해 부정적이었다. 첫째, 그들은 대중이 대부분 가난한 사람들로 구성되어 있으며 부자와 사유재산제도 일반에 적대적이기 때문에 보통 선거권의 도입을 통해 대중의 지지를 받은 정치가가 정권을 잡게 되면, 부자의 재산을 몰수하여 가난한 자에게 분배하는 등 급진적인 경제 개혁을 실시하는 것을 두려워했다. 둘째로 그들은 대중이란 삶의 모든 영역에서 평등을 추구하기 때문에 그들이 권력을 잡게 되면 문화적 획일성·다양성에 대한 불관용 및 여론에 의한 전제 정치로 귀결될 것이라고 주장했다. 셋째, 자유주의자들은 투표권이란 합리성, 성찰 능력, 사회 정치적 사안에 대한 지식 등을 전제하며 따라서 그러한 자질들을 가진 자들에게 부여되어야 하는데, 대중은 그러한 자질을 결여하고 있기 때문에 그들에게 공공사를 맡길 수 없다고 주장했다.

① (나) – (다) – (라)
② (나) – (라) – (다)
③ (다) – (라) – (나)
④ (라) – (다) – (나)

80

2013 국가직 9급

다음 글의 전개 순서로 가장 적절한 것은?

> ㄱ. 도구의 발달은 기술의 발전으로 이어져 인간은 자연환경의 제약으로부터 벗어날 수 있게 되었다.
> ㄴ. 그리하여 인간은 자연이 주는 혜택과 고난 속에서 자신의 의지에 따라 선택적으로 자연을 이용하고 극복하게 되었다.
> ㄷ. 인류는 지혜가 발달하면서 점차 자연의 원리를 깨닫고 새로운 도구를 만들 줄 알게 되었다.
> ㄹ. 필리핀의 고산 지대에서 농지가 부족한 자연환경을 극복하기 위해 계단처럼 논을 만들어 벼농사를 지은 것이 그 좋은 예이다.

① ㄱ－ㄷ－ㄴ－ㄹ　② ㄱ－ㄹ－ㄷ－ㄴ
③ ㄷ－ㄱ－ㄴ－ㄹ　④ ㄷ－ㄴ－ㄱ－ㄹ

81

2013 서울시 7급

다음 글을 문맥에 맞게 배열한 것은?

> (가) 탈세, 특히 재계 거물들의 탈세는 국가 권력의 기초를 허무는 것으로, 심각한 반국가 행위로 다스리는 것이 옳다.
> (나) 우리가 세금에 대해 일반적으로 갖는 인식은 '억울하게 뜯기는 돈'인 경우가 많고 그래서 탈세자들에게도 굉장히 관대하다.
> (다) 특히 재계 인사들이 탈세를 했다는 소식에는 '고래가 물을 뿜었나 보다' 정도로 무덤덤하게 받아들일 때가 많다. 이러한 인식은 크게 잘못된 것이다.
> (라) 병역을 기피한 자들과 똑같은 의미에서 '조세도피자'라고 부르는 것이 옳다.
> (마) 그런 의미에서 이들을 '조세피난자'라고 불러서는 안 된다.

① (가)－(나)－(다)－(마)－(라)
② (나)－(다)－(가)－(마)－(라)
③ (나)－(가)－(다)－(라)－(마)
④ (나)－(가)－(마)－(다)－(라)
⑤ (가)－(나)－(다)－(라)－(마)

정답&해설

78 ② 전개 순서(배열)

(나)의 '이처럼'과 (라)의 '또한'을 통해 (나)와 (라)가 첫 번째 순서에 위치하기 어렵다는 것을 알 수 있다. (가)의 경우 상품 생산자가 상품을 시장에 내어놓는 상황이 나와 있고, (다)의 경우 상품이 시장에서 어떤 성격을 갖는지를 말하고 있으므로 맥락상 (가)가 처음에 와야 한다. (라)는 앞에 언급한 내용들과 다르지 않고 (나)는 인간 소외라는 새로운 이야기를 하고 있으므로 (나)가 (라) 뒤에 와야 한다. 따라서 ② '(가)－(다)－(라)－(나)'의 순서로 배열해야 한다.

79 ④ 전개 순서(배열)

(나)는 '나아가 거의 모든 고전적 자유주의자들은'으로 내용을 시작함으로써 (가)에서 언급되지 않은 '고전적 자유주의자들'을 언급하고 있어 (가) 뒤에 오기 어색하다. (다) 또한 '참정권'을 이야기하므로 (가)의 바로 뒤에 이어지기 힘들다는 것을 알 수 있다. 따라서 두 번째 문단에는 (라)가 와야 하고, (라) 뒤에 (다), (나) 순으로 이어져야 한다. 즉, ④ '(라)－(다)－(나)'가 적절하다.

80 ③ 전개 순서(배열)

ㄱ의 중심 내용은 '도구의 발달은 기술의 발전으로 이어졌다.'이고, ㄷ의 중심 내용은 '인간은 도구를 만들 줄 알게 되었다.'이다. 따라서 '도구를 만듦－도구의 발달－기술의 발전'의 순서가 성립하므로 ㄷ이 첫 번째 문장이고 ㄱ이 그 뒤에 이어지는 문장임을 알 수 있다. ㄴ과 ㄹ은 인간의 기술이 발전하여 자연을 이용하고 극복한다는 내용과 그 예이므로 ㄱ 뒤에 와야 될 문장들이다. 따라서 글의 전개 순서는 ③ 'ㄷ－ㄱ－ㄴ－ㄹ'이 된다.

81 ② 전개 순서(배열)

(다)의 '특히', (마)의 '그런 의미에서'라는 용어를 통해 (다)와 (마)는 첫 번째 문장에 위치하기 어려움을 알 수 있다. 그리고 (라)는 문장의 내용으로 보아 (마)의 뒤에 위치해야 한다. (나)의 경우 우리 국민이 세금에 대해 갖는 일반적 인식을 서술하고 있고, (가)의 경우 재계 거물들의 탈세를 심각한 반국가 행위로 규정하고 있다. 따라서 맥락상 (나)가 먼저 와야 한다. 두 번째 문장의 경우 탈세에 관대한 일반적 인식에 이어서 재계 인사들의 탈세에 대해 무덤덤한 자세를 보이는 우리들의 잘못된 인식이 나오는 (다)가 와야 한다. 세 번째 문장의 경우 재계 인사들의 탈세 문제를 이어받아 재계 인사들의 탈세가 심각한 반국가 행위라는 말이 와야 하므로 (가)가 오는 것이 적절하다. 따라서 순서는 ② '(나)－(다)－(가)－(마)－(라)'가 적절하다.

| 정답 | 78 ② 79 ④ 80 ③ 81 ②

82

[지문 1]은 「항공 산업부문의 혁신성장 연구」의 목차이다. [지문 2]가 [지문 1]의 서론의 일부라고 할 때, [지문 2]의 [가]~[라] 문단을 [지문 1]의 목차 순서에 따라 바르게 배열한 것을 고르면?

지문 1

제1장 서론	제1절 연구의 필요성 및 목적
	제2절 연구의 범위 및 방법
	제3절 선행연구 고찰 및 본 연구의 차별성
제2장 항공산업 현황 및 생태계 분석	제1절 항공산업 현황 분석
	제2절 항공산업 생태계 분석
	제3절 분석결과 종합 및 정책적 시사점
제3장 항공산업의 혁신과 성장	제1절 혁신과 성장
	제2절 항공산업의 혁신 및 성장 사례 분석
	제3절 분석결과 종합 및 정책적 시사점
제4장 항공산업 부문 혁신 성장 추진 방향 설정 및 전략 도출	제1절 항공산업 혁신성장 추진 방향 설정
	제2절 항공산업 전략 도출 방법 및 결과
	제3절 항공산업 혁신성장 추진 방향 및 전략 설정
제5장 항공산업 부문 혁신 성장 세부 추진 전략	제1절 산업부문 혁신성장 추진 전략
	제2절 정책부문 혁신성장 추진 전략
제6장 종합결론 및 향후과제	제1절 결론 및 시사점
	제2절 한계점 및 향후 연구

지문 2

[가] 본 연구는 2019년 현재 가장 최신 시점의 자료를 참고하고자 하였으며, 공간적 범위는 우리나라 및 항공 산업이 영위되고 있는 모든 지역 또는 나라를 포괄하고자 하였다. 항공산업의 혁신성장 방안을 제시하기 위하여 혁신과 성장에 대한 정의, 적용 사례에 대한 전반적인 검토와 함께 육상, 해운 등 교통 관련 타 산업의 사례 분석 및 비교를 수행하였으며, 전문가 및 일반 국민들의 항공산업의 혁신성장에 대한 설문조사를 통해 향후 정책 실현 방안을 제시하는 것이 본 연구의 내용적 범위이다.

[나] 본 연구에서는 정부의 혁신성장 개념과 정책 방향을 살펴보고, 항공산업 부문의 혁신 및 성장 사례를 검토하였으며, 이를 토대로 항공산업의 혁신성장에 대해 정의하고 관련 정책 방향을 수립하고자 하였다. 항공산업 생태계 구조 분석을 통해 항공산업을 구성하는 각 산업부문 현황 및 전망을 살펴보고 혁신 가능한 분야를 도출하였으며, 이를 기반으로 산업분야를 구분하여 항공산업 전문가/종사자 대상 설문조사 및 수용성 조사를 수행하였다. 이후 항공운송산업과 항공기 제조업/사용사업으로 산업 분야를 구분하여 추진전략을 도출하였으며, 이를 산업 및 정책 혁신성장 전략으로 구분하여 제시하였다.

[다] 타 교통수단 대비 비교적 최근 대중화된 항공교통은 기술발전과 함께 전에 없던 다양한 변화가 일어나고 있다. 이러한 변화는 관련 산업을 이끌던 다양한 기업 간 M&A, 에어택시 등 신규 산업의 출현 등으로 나타나고 있다. 항공운송산업의 경우 2000년대 이후 미국과 유럽을 중심으로 기존 항공사들의 M&A가 지속적으로 이루어지는 상황에 있으며, 우리나라에서도 아시아나 항공이 유동성 위기를 겪으며 매각이 결정되었고, 2019년 2분기 전 운송사업자가 영업적자를 보이는 등 장래를 알 수 없는 상황에 있다. 또한 조인트벤처(Joint Venture)를 통한 노선 효율화, A350, B787 등 중형 항공기 중심의 장거리 운항, A320NEO, B737MAX 등 소형 기체의 항속거리 증대 등으로 항공운송사업의 노선 및 비용구소 변화가 일어나고 있으며, 저비용항공사(LCC, Low Cost Carriers)와 대형항공사(FSC, Full Service Carriers)의 경계가 모호해지면서 양 서비스모델의 장점이 결합된 새로운 서비스 전략도 이루어지고 있다. 이러한 기술 발전과 함께 항공운송산업이 도심 진입을 도모하고 있으며, 플랫폼 사업자를 중심으로 한 비즈니스 모델이 출현하고 있다. 항공산업에서 발생하고 있는 이러한 변화들이 산업 및 경제 성장으로 이루어질 수 있도록 대응방안 마련이 필요하다고 할 수 있다. 특히, 항공산업이 국제성을 띠고 있는 만큼, 국내·외 선진사례 및 기술개발 동향을 참고하여 우리나라 특성에 적합한 정책 추진 방향을 제시해야 할 필요가 있다. 최근 들어 업계에서는 정부의 규제로 산업활동이 어렵다고 호소하고 있다. 기존 정책들이 산업활동에 어떠한 영향을 미치는지 살펴보고 경제 및 산업활성화를 강구할 수 있는 방안을 마련하는 것이 시급하다.

[라] 본 연구에서는 최근 우리나라에서 경제성장의 화두로 제시되고 있는 혁신성장이라는 용어를 기반으로 혁신과 성장이 항공산업에서 어떤 의미를 가지는지, 향후 항공산업의 혁신성장을 위해서는 어떠한 노력을 기울여야 하는지 고찰하였다. 항공산업의 기반을 이루고 있는 항공운송산업 및 항공기 제조업, 사용사업을 중심으로 항

공산업의 생태계 분석을 수행하고, 육상, 해운 등 타 교통수단을 기반으로 하는 산업과의 연계관계 및 차이점을 분석하여 항공산업의 향후 발전방향을 제시하고자 한다. 특히 항공운송산업, 최신형 항공기, 드론, 수직 이착륙 전기항공기를 활용한 에어택시 등 항공산업 분야의 다양한 이슈를 도출하고, 혁신방안 도출 및 이슈별 추진 전략을 제시하고자 한다.

① [다] – [나] – [가] – [라]
② [다] – [라] – [가] – [나]
③ [다] – [라] – [나] – [가]
④ [라] – [가] – [다] – [나]
⑤ [라] – [다] – [나] – [가]

정답&해설

82 ② 전개 순서(배열)

[지문 1]의 서론 목차를 보면 '제1절 연구의 필요성 및 목적, 제2절 연구의 범위 및 방법, 제3절 선행연구 고찰 및 본 연구의 차별성'의 순서로 내용이 제시되어야 함을 알 수 있다. 따라서 '연구의 필요성'이 나와 있는 [다]가 가장 먼저 나와야 하고, '연구의 목적'이 나와 있는 [라]가 이어서 와야 한다. 그다음 '연구의 범위'가 나와 있는 [가]가 오고, 사례 검토, 설문조사, 수용성 조사 등 [라]보다 더 구체적인 연구 방법이 나와 있는 [나]가 이어져야 자연스럽다.

| 정답 | 82 ②

83

한국수자원공사 기출 복원

다음 글의 [가]~[라]를 순서대로 바르게 배열한 것을 고르면?

[가] 뇌의 발달장애의 일종인 자폐증의 경우 대인관계에 문제가 있는 것이 특징이다. 특히 자폐증 환자의 일부에서 염색체의 유전자 배열이 중복되는 예가 있는 것으로 확인됐지만, 여전히 해명되지 않은 부분도 많다. 연구팀은 특수한 효소를 사용해 쥐의 염색체에서 자폐증 환자와 같은 모양으로 유전자를 재배열해 중복시킨 뒤 자폐증세를 나타내는 쥐를 만들어 냈다.

[나] 연구팀은 실험 결과 자폐증 쥐는 다른 쥐와 관계를 이루지 못한 채 고립상태를 유지하고, 똑같은 행동을 몇 차례나 반복하는 등 자폐증 환자에게서 보이는 특징적인 행동을 하게 된다고 밝혔다. 또 "자폐증 쥐의 탄생은 아직 초보 단계"라면서 "원인 유전자를 조사하고 사람의 자폐증 구조를 해명하기 위한 동물 모델로서 도움이 될 것"이라고 말했다. 이 같은 유전자의 특수한 조작기술을 이용할 경우 자폐증뿐 아니라 정신분열증 등 다른 정신질환 증상이 있는 쥐를 만드는 것도 가능할 것으로 보고 있다. 이렇듯 자폐증 쥐의 탄생으로 이 질병의 메커니즘을 규명하고 향후 새로운 치료 약을 생산하는 데 큰 도움이 될 것으로 기대되고 있다.

[다] 지금까지 자폐증은 뇌의 기능 일부에 장애 때문에 일어나는 것으로 알려져 있으나 근본적인 치료법은 개발되지 않았다. 그런데 지난 25일, 연구팀은 자폐증 환자에게서 나타나는 염색체 이상과 동일한 구조를 가진 쥐를 만들어 냈다고 발표했다. 연구 결과는 26일자 미국 과학잡지 '셀'에 게재되었다.

[라] 연구팀은 이어 자폐증 쥐가 있는 바구니에 정상 쥐를 넣어 실험했다. 자폐증 쥐는 낯선 쥐에게 가까이 가지 않았고 접근하는 시간도 일반 쥐보다 2배가량 늦었다. 또 두 마리의 쥐를 쳇바퀴에 넣고 뛰는 시간을 조사했더니 자폐증 쥐가 정상 쥐보다 약 1.5배가량 길었다.

① [가] – [나] – [다] – [라]
② [나] – [다] – [라] – [가]
③ [다] – [가] – [라] – [나]
④ [라] – [가] – [나] – [다]

개요 수정/완성

84

2022 국가직 9급

다음 글의 '동기화 단계 조직'에 따라 (가)~(마)를 배열한 것으로 가장 적절한 것은?

설득하는 말하기의 메시지를 조직하는 방법으로 '동기화 단계 조직'이 있다. 이 방법의 세부 단계는 다음과 같다.

1단계: 주제에 대한 청자의 주의나 관심을 환기한다.
2단계: 특정 문제를 청자와 관련지어 설명함으로써 청자의 요구나 기대를 자극한다.
3단계: 해결 방안을 제시하여 청자의 이해와 만족을 유도한다.
4단계: 해결 방안이 청자에게 어떤 도움이 되는지 구체화한다.
5단계: 구체적인 행동의 내용과 방법을 제시하여 특정 행동을 요구한다.

(가) 지난주 제 친구는 일을 마친 후 자전거를 타고 집으로 돌아오다가 사고를 당해 머리를 다쳤습니다.
(나) 여러분이 자전거를 탈 때 헬멧을 착용하면 머리를 보호할 수 있습니다.
(다) 아마 여러분도 가끔 자전거를 타는 경우가 있을 것입니다. 그런데 매년 2천여 명이 자전거를 타다가 머리를 다쳐 고생한다고 합니다.
(라) 만약 자전거를 타는 모든 사람이 헬멧을 착용한다면 자전거 사고를 당해도 뇌손상을 비롯한 신체 피해를 75% 줄일 수 있습니다. 또 자전거 타기가 주는 즐거움과 편리함을 안전하게 누릴 수 있습니다.
(마) 자전거를 탈 때는 안전을 위해서 반드시 헬멧을 착용하시기 바랍니다.

① (가) – (나) – (다) – (라) – (마)
② (가) – (다) – (나) – (라) – (마)
③ (가) – (다) – (라) – (나) – (마)
④ (가) – (라) – (다) – (나) – (마)

85

2017 지방직 9급

다음의 개요를 기초로 하여 글을 쓸 때, 주제문으로 가장 적절한 것은?

서론: 최근의 수출 실적 부진 현상
본론: 수출 경쟁력의 실태 분석
1. 가격 경쟁력 요인
ㄱ. 제조 원가 상승
ㄴ. 고금리
ㄷ. 환율 불안정
2. 비가격 경쟁력 요인
ㄱ. 기업의 연구 개발 소홀
ㄴ. 품질 개선 부족
ㄷ. 판매 후 서비스 부족
ㄹ. 납기의 지연
결론: 분석 결과의 요약 및 수출 경쟁력 향상 방안 제시

① 정부가 수출 분야 산업을 적극 지원해야 한다.
② 내수 시장의 기반을 강화하는 데 역량을 모아야 한다.
③ 기업이 연구 개발비 투자를 늘리고 품질 향상에 많은 노력을 기울여야 한다.
④ 수출 경쟁력을 좌우하는 요인을 분석한 후 그에 맞는 방안을 마련해야 한다.

정답&해설

83 ③ 전개 순서(배열)

자폐증세를 나타내는 쥐를 만들어 내는 데 성공했다는 전제가 되는 내용인 [다] 문단이 가장 먼저 위치해야 전체 글의 내용이 서두를 갖게 된다. 이어서 인간에게 나타나는 자폐증세에 대한 소개와 자폐증세를 보이는 쥐를 만들어 내게 된 상황을 간략히 소개하는 [가]가 위치해야 한다. 또한 이러한 실험의 신빙성을 더하기 위해 구체적인 실험 내역을 소개하는 [라] 문단이 다음 순서로 오는 것이 적절하며, 마지막으로 실험에 대한 평가와 향후 자폐증 치료를 위한 전망을 언급하는 [나]가 이어지는 것이 자연스럽다.

84 ② 개요 수정/완성

(가): 자기 친구의 일을 언급하며 주제에 대한 청자의 주의나 관심을 환기하고 있다.
(다): 청자가 자전거를 타는 경우를 언급하며 청자와의 관련성을 설명하고 있다.
(나): '헬멧'이라는 해결 방안을 청자와 관련하여 설명하고 있다.
(라): 뇌손상과 신체 피해를 75% 줄일 수 있다는 구체적 수치를 언급하며 청자에게 어떤 도움이 되는지를 구체화하고 있다.
(마): 자전거 탈 때는 꼭 헬멧을 쓰라는 특정 행동을 요구하고 있다.

85 ④ 개요 수정/완성

본론에서 '수출 경쟁력이 낮아진 원인'을 '가격 경쟁력 요인'과 '비가격 경쟁력 요인'으로 나누어 제시하였고, 이를 통해 결론에서 '수출 경쟁력 향상 방안'을 제시하고 있다. 주제문은 본론과 결론의 내용을 모두 포괄해야 하므로 '수출 경쟁력을 좌우하는 요인을 분석한 후 그에 맞는 방안을 마련해야 한다.'가 주제문으로 적절하다.

| 오답해설 | ① 정부의 지원에 대한 언급은 개요에 나타나 있지 않다.
② '내수 시장의 기반 강화'는 '수출 경쟁력 실태 분석'이나 '수출 경쟁력 향상'과 관련이 없다.
③ 비가격 경쟁력 요인에만 해당하는 내용이다. 즉, 일부 내용만을 반영하고 있어 주제문으로 적절하지 않다.

| 정답 | 83 ③ 84 ② 85 ④

문학 이론/비평 지문

86

2017 6월 평가원 모의고사 변형

다음 글을 이해한 내용으로 적절하지 않은 것은?

고려 속요는 고려 시대 궁중에서 형성되어 조선 시대까지 궁중 연향(宴饗)에서 전승되어 불린 노래를 가리킨다. 고려 속요의 기원과 형성에는 민간의 노래가 관여되었다.

민간의 노래가 궁중 잔치의 노래로 사용된 연원은 중국의 오래된 시집인 『시경(詩經)』의 '풍(風)'에서 찾을 수 있다. '풍'에는 민간의 노래가 실려 있는데 사랑 노래가 대부분이다. '풍'에 실린 노래는 중국은 물론 고려와 조선의 궁중 잔치에서도 불렸다. 또한 조선의 궁중에서는 이를 참고하여 연향 악곡을 선정하였다.

남녀 간의 사랑 노래를 포함한 민간의 노래가 궁중악으로 수용될 수 있었던 까닭은 무엇일까? 왕을 정점으로 하는 통치 구조에서는 왕권을 공고히 하고 풍속을 교화(敎化)하는 수단이 필요했는데, 예법(禮法)과 음악도 중요한 역할을 하였다. 이때 그 과정에서 민중의 생활상을 진솔하게 반영한 노래 가운데 인륜의 차원으로 확장될 가능성이 있는 노래들은 통치 질서를 구현하기에 적합한 노래로 여겨져 궁중악으로 편입되었다. 특히 남녀 간의 사랑 노래는 그 화자와 대상이 '신하'와 '임금'의 구도로 치환되기 용이했기 때문에 궁중악으로 편입될 수 있었다. 이처럼 민간 가요의 궁중 악곡으로의 전환은 하층에서 상층으로의 편입·흡수 과정을 통해 상·하층이 노래를 함께 향유한 화합의 차원으로 볼 수 있다.

한편, 고려 속요와 『시경』의 '풍'은 공통점이 있지만 고려 속요는 '풍'과 구별되는 특성을 지니고 있기도 하다. 고려 속요는 민간의 사랑 노래가 궁중악으로 정제되어 편입되는 과정에서 변화를 겪기도 했다. 즉 작품의 특정 부분에 긴밀한 유기적 관계를 맺을 수 있는 형식적 장치를 마련하여 한 작품이 구성될 때 작품 전체에 통일성을 부여하는 기능을 더하였다. 그리고 궁중 연향을 고려한 것으로 보이는 특정한 부분이 덧붙여지기도 했다. 예컨대, 전체적으로 애틋한 그리움의 정서를 보이는 작품에 송축의 내용을 담거나 이별의 상황과 동떨어진 시어를 붙이기도 한다.

① 고려 속요는 조선 시대까지 궁중 연향에서 사용되었다.
② 『시경』의 '풍'은 조선의 궁중악에 영향을 주기도 하였다.
③ 『시경』의 '풍'에 실린 노래에는 민중의 삶이 반영되어 있다.
④ 『시경』의 '풍'과 고려 속요는 모두 상층 노래가 하층 문화에 영향을 준 결과물이다.

87

2017 수능 변형

다음 글을 읽고 이해한 내용으로 옳지 않은 것은?

전쟁을 다룬 소설 중에는 실재했던 전쟁을 제재로 한 작품들이 있다. 이런 작품들은 허구를 매개로 실재했던 전쟁을 새롭게 조명하고 있다. 가령, 「박씨전」의 후반부는 청나라에게 패전했던 병자호란을 있는 그대로 받아들이고 싶지 않았던 조선 사람들의 욕망에 따라, 허구적 인물 박씨가 패전의 고통을 안겼던 실존 인물 용골대를 물리치는 장면을 중심으로 허구화되었다. 외적에 휘둘린 무능한 관군 탓에 병자호란 당시 여성은 전쟁의 큰 피해자였다. 「박씨전」에서는 이 비극적 체험을 재구성하여, 전화를 피하기 위한 장소인 피화당(避禍堂)에서 여성 인물과 적군이 전투를 벌이는 장면을 설정하고 있다. 이들 간의 대립 구도 하에서 전개되는 이야기는 조선 사람들의 슬픔을 위로하고 희생자를 추모함으로써 공동체로서의 연대감을 강화하였다. 한편, 「시장과 전장」은 한국전쟁이 남긴 상흔을 직시하고 이에 좌절하지 않으려던 작가의 의지가, 이념 간의 갈등에 노출되고 생존을 위해 몸부림치는 인물을 통해 허구화되었다. 이 소설에서는 전장을 재현하여 전쟁의 폭력에 노출된 개인의 연약함이 강조되고, 무고한 희생을 목도한 인물의 내면이 드러남으로써 개인의 존엄이 탐색되었다.

우리는 이런 작품들을 통해 전쟁의 성격을 탐색할 수 있다. 두 작품에서는 외적의 침략이나 이념 갈등과 같은 공동체 사이의 갈등이 드러나고 있다. 그런데 전쟁이 폭력적인 것은 이 과정에서 사람들이 죽기 때문만은 아니다. 전쟁의 명분은 폭력을 정당화하기에, 적의 죽음은 불가피한 것으로, 우리 편의 죽음은 불의한 적에 의한 희생으로 간주된다. 전쟁은 냉혹하게도 아군이나 적군 모두가 민간인의 죽음조차 외면하거나 자신의 명분에 따라 이를 이용하게 한다는 점에서 폭력성을 띠는 것이다. 두 작품에서 사람들이 죽는 장소가 군사들이 대치하는 전선만이 아니라는 점도 주목된다. 전쟁터란 전장과 후방, 가해자와 피해자가 구분되지 않는 혼돈의 현장이다. 이 혼돈 속에서 사람들은 고통받으면서도 생의 의지를 추구해야 한다는 점에서 전쟁은 비극성을 띤다. 이처럼, 전쟁의 허구화를 통해 우리는 전쟁에 대한 인식을 새롭게 할 수 있다.

① 실재했던 전쟁의 내용을 기반으로 만들어진 소설의 경우도 얼마든지 허구의 내용이 담겨 있을 수 있다.
② 「박씨전」은 조선 사람들의 슬픔을 위로하고 희생자를 추모하고자 한 소설이라는 의미를 갖는다.
③ 「시장과 전장」에서는 개인의 연약함이 강조되고 개인의 존엄이 탐색된다.
④ 전쟁 소설은 아군이나 적군 모두 피해자라는 의식 속에서 양쪽의 죽음을 모두 비극적으로 바라본다.

글/문단/문장 수정

88

2018 국가직 9급

〈보기〉를 근거로 판단할 때, ㉠ ~ ㉣ 중 적절하지 않은 것은?

보기

통일성은 글의 내용이 하나의 주제로 긴밀하게 관련되는 특성을 말한다. 초고의 적절성을 평가할 때에는 글의 내용이 하나의 주제를 드러낼 수 있도록 선정되었는지, 그리고 중심 내용에 부합하는 하위 내용들로 선정되었는지를 검토한다.

사람들은 대개 수학 과목이 어렵다고 한다. 하지만 나는 수학 시간이 재미있다. ㉠ 바로 수업을 재미있게 진행하시는 수학 선생님 덕분이다. 수학 선생님은 유머로 딱딱한 수학 시간을 웃음바다로 만들곤 한다. ㉡ 졸리는 오후 시간에 뜬금없이 외국으로 수학여행을 가자고 하여 분위기를 부드럽게 만든 후 어려운 수학 문제를 쉽게 설명한 적도 있다. 그래서 우리 학교에서는 수학 선생님의 인기가 시들 줄 모른다. ㉢ 그리고 수학 선생님의 아들이 수학을 굉장히 잘한다는 소문이 나 있다. ㉣ 내 수학 성적이 좋아진 것도 수학 선생님의 재미있는 수업 덕택이다.

① ㉠ ② ㉡ ③ ㉢ ④ ㉣

정답&해설

86 ④ 문학 이론/비평 지문

『시경』의 '풍'과 고려 속요는 모두 하층 노래가 상층 문화에 영향을 준 결과물이다.

|오답해설| ① 고려 속요는 고려 시대 궁중에서 형성되어 조선 시대까지 궁중 연향(宴饗)에서 전승되어 불린 노래를 가리킨다.
② '풍'에 실린 노래는 중국은 물론 고려와 조선의 궁중 잔치에서도 불렸다. 또한 조선의 궁중에서는 이를 참고하여 연향 악곡을 선정하였다고 언급하고 있다.
③ '풍'에는 민간의 노래가 실려 있는데 사랑 노래가 대부분이라고 언급하고 있다. 따라서 『시경』의 '풍'에 실린 노래에는 민중의 삶이 반영되어 있다고 볼 수 있다.

87 ④ 문학 이론/비평 지문

2문단의 내용을 보면, 전쟁의 명분은 폭력을 정당화하기에 적의 죽음은 불가피한 것으로, 우리 편의 죽음은 불의한 적에 의한 희생으로 간주된다고 설명하고 있다. 따라서 양쪽의 죽음 모두 비극적으로 바라본다는 설명은 옳지 않다.

|오답해설| ① 1문단을 보면 '전쟁을 다룬 소설 중에는 실재했던 전쟁을 제재로 한 작품들이 있다. 이런 작품들은 허구를 매개로 실재했던 전쟁을 새롭게 조명하고 있다.'라고 언급하고 있다. 따라서 실재했던 전쟁의 내용을 기반으로 만들어진 소설의 경우에도 얼마든지 허구의 내용이 담겨 있을 수 있다는 것을 알 수 있다.
② 1문단을 보면 '조선 사람들의 슬픔을 위로하고 희생자를 추모함으로써 공동체로서의 연대감을 강화하였다.'라고 언급하고 있으므로 맞는 설명이다.
③ 1문단을 보면 '전쟁의 폭력에 노출된 개인의 연약함이 강조되고, 무고한 희생을 목도한 인물의 내면이 드러남으로써 개인의 존엄이 탐색되었다.'라고 언급하고 있으므로 맞는 설명이다.

88 ③ 글/문단/문장 수정

〈보기〉에 따르면 통일성은 글의 내용이 하나의 주제로 긴밀하게 관련되는 특성을 말한다. 따라서 하나의 주제로 연결되지 않는 내용은 수정하거나 삭제해야 한다. ㉢은 '나는 수학 시간이 재미있다.'라는 중심 내용과 관련이 없는 내용이다. 따라서 삭제하는 것이 자연스럽다.

|오답해설| ① ㉠은 '나'가 수학 시간이 재미있는 이유를 설명하고 있다.
② ㉡은 수학 선생님이 수업을 재미있게 진행하는 사례를 설명하고 있다.
④ ㉣은 수학 선생님이 수업을 재미있게 진행해 주신 덕분에 '나'에게 일어난 긍정적 변화를 설명하고 있다.

|정답| 86 ④ 87 ④ 88 ③

89

2016 국가직 9급

㉠~㉣을 고친 내용으로 적절하지 않은 것은?

> 자본주의 체제에서 모든 계층의 사람이 똑같이 많이 벌고 잘살기를 바랄 수는 없다. 어느 정도의 소득 격차는 경쟁을 유발하는 동기가 될 수 있다는 것을 부인할 수 없다. ㉠ 따라서 우리와 같은 양극화 현상의 심화 추세를 그대로 방치한 채 자연 치유되도록 기다릴 수만은 없다. 그동안 단편적인 대책이 나오기는 했으나 ㉡ 떡 먹은 입 쓸어 치듯 개선은 되지 않고 오히려 악화되어 가고 있음이 역력히 드러나고 있다.
>
> 과거의 실패를 거울삼아 저소득층 소득 향상을 통한 근본적인 빈부 격차 개선책을 제시하여 빈자에게 희망을 불어넣어야 한다. 그렇다고 고소득자와 대기업을 욕하거나 ㉢ 경원되어서는 안 된다. 무엇보다 기업 투자와 내수 경기를 일으키는 일이 긴요하다. 그래야 일자리가 생기고 서민 소득도 늘어나게 된다. ㉣ 또한 자본의 원활한 흐름을 위해 고소득층의 해외 소비 활동도 촉진해야 한다. 그리고 세제 개혁을 통한 재분배 정책을 추진할 필요가 있다. 세제만큼 유효한 재분배 정책 수단도 없다. 동시에 장기적인 관점에서 각 부문의 양극화 개선을 위해 경제 체질과 구조 개선을 서두르지 않으면 안 된다.

① ㉠ – 문맥에 맞도록 '그러나'로 수정한다.
② ㉡ – 의미가 통하도록 '아랫돌 빼서 윗돌 괴듯'으로 수정한다.
③ ㉢ – 어법에 맞도록 '경원을 사서는'으로 수정한다.
④ ㉣ – 문단의 통일성에 어긋나므로 삭제한다.

90

2017 지방직 9급 추가

㉠~㉣의 고쳐 쓰기로 적절하지 않은 것은?

> 봄이면 어김없이 나타나 우리를 괴롭히는 황사가 본래 나쁘기만 한 것은 아니었다. ㉠ 황사의 이동 경로는 매우 다양하다. 황사는 탄산칼슘, 마그네슘, 칼륨 등을 포함하고 있어 봄철의 산성비를 중화시켜 토양의 산성화를 막는 역할을 했다. 또 황사는 무기물을 포함하고 있어 해양 생물에게도 도움을 줬다. ㉡ 그리고 지금의 황사는 생태계에 심각한 해를 끼치는 애물단지가 되어 버렸다. 이처럼 황사가 재앙의 주범이 된 것은 인간의 환경 파괴 ㉢ 덕분이다.
>
> 현대의 황사는 각종 중금속을 포함하고 있는 독성 황사이다. 황사에 포함된 독성 물질 중 대표적인 것으로 다이옥신을 들 수 있다. 다이옥신은 발암 물질이며 기형아 출산을 일으킬 수도 있는 것이다. 이러한 독성 물질을 다수 포함하고 있는 ㉣ 황사를 과거보다 자주 발생하고 정도도 훨씬 심해지고 있어 문제이다.

① ㉠은 글의 논리적인 흐름을 방해하고 있으므로 삭제한다.
② ㉡은 앞뒤 내용을 자연스럽게 연결해 주지 못하므로 '그러므로'로 바꾼다.
③ ㉢은 어휘가 잘못 사용된 것이므로 '때문이다'로 고친다.
④ ㉣은 서술어와 호응하지 않으므로 '황사가'로 고친다.

91

2016 지방직 9급

다음 글을 고쳐 쓰기 위한 생각으로 적절하지 않은 것은?

> 창의적 사고는 기존의 사고방식을 ㉠ 돌파하는 데서 출발한다. 기본적으로 기존의 이론과 법칙을 비판적으로 살펴보고 자신만의 독창적 아이디어를 만들어 내는 일이 중요하다. ㉡ 그러나 이러한 창의적 사고가 단순히 개인의 독특함에서만 비롯되는 것은 아니다. 더욱 중요한 것은 창의적 사고가 사회적·문화적 환경과 적절한 교육을 통해 ㉢ 길러진다. 따라서 ㉣ 자신의 창의성을 계발하기 위해 주변의 사물을 비판적이고 새로운 시각으로 보는 노력을 게을리해서는 안 된다.

① ㉠: 단어의 쓰임이 어색하므로 '탈피하는'으로 고친다.
② ㉡: 앞뒤 문장을 자연스럽게 잇지 못하므로 '또한'으로 고친다.
③ ㉢: 주술 호응이 되지 않으므로 '길러진다는 점이다'로 고친다.
④ ㉣: 주장을 포괄하지 못하므로 '환경과 교육의 중요성'을 강조하는 내용으로 고친다.

화법 지문

92

2021 국가직 9급

다음 토의에 대한 설명으로 적절하지 않은 것은?

> 사회자: 오늘의 토의 주제는 '통일 시대의 남북한 언어가 나아갈 길'입니다. 먼저 최○○ 교수님께서 '남북한 언어 차이와 의사소통'이라는 제목으로 발표해 주시겠습니다.
>
> 최 교수: 남한과 북한의 말은 비슷하지만 다른 점이 있습니다. 남한과 북한의 어휘 차이가 대표적입니다. 남한과 북한의 어휘 차이를 분석한 결과, …(중략)… 앞으로도 남북한 언어 차이에 대한 연구가 지속되어야 합니다.
>
> 사회자: 이로써 최 교수님의 발표를 마치겠습니다. 다음은 정○○ 박사님의 '남북한 언어의 동질성 회복 방안'에 대한 발표가 있겠습니다.
>
> 정 박사: 앞으로 통일을 대비해 남북한 언어의 다른 점을 줄여 나가는 노력이 필요합니다. 실제로도 남한과 북한의 학자들로 구성된 '겨레말큰사전 편찬위원회'에서는 남북한 공통의 사전인 『겨레말큰사전』을 만들며 서로의 차이를 이해하고 받아들이기 위한 노력을 하고 있습니다.
>
> …(중략)…
>
> 사회자: 그러면 질의응답이 있겠습니다. 시간상 간략하게 질문해 주시기 바랍니다.
>
> 청중 A: 두 분의 말씀 잘 들었습니다. 남북한 언어의 차이와 이를 극복하는 방안을 말씀하셨는데요. 그렇다면 통일 시대에 대비한 언어 정책에는 무엇이 있을까요?

① 학술적인 주제에 대해 발표 형식으로 진행되고 있다.
② 사회자는 발표자 간의 이견을 조정하여 의사결정을 유도하고 있다.
③ 발표자는 주제에 대한 자신의 견해를 밝혀 청중에게 정보를 제공하고 있다.
④ 청중 A는 발표자의 발표 내용을 확인하고 주제와 관련된 질문을 하고 있다.

정답&해설

89 ③ 글/문단/문장 수정

㉢의 '경원되어서는'은 불필요하게 피동 접미사 '-되다'를 붙인 형태이다. 따라서 목적어와 서술어가 호응할 수 있도록 '경원해서는' 또는 '경원시해서는'으로 고치는 것이 적절하다.

- 경원하다: 1) 공경하되 가까이하지는 아니하다. 2) 겉으로는 공경하는 체하면서 실제로는 꺼리어 멀리하다.
- 경원시하다: 겉으로는 가까운 체하면서 실제로는 멀리하고 꺼림칙하게 여기다.

|오답해설| ① ㉠의 앞 문장과 뒤 문장의 내용이 상반되므로, 접속 부사를 '따라서'가 아닌 '그러나'로 수정하는 것은 적절하다.
② 양극화 현상에 대한 임시방편이 나왔으나 효과가 없었다는 문맥을 고려했을 때, '일이 몹시 급하여 임시변통으로 이리저리 둘러맞추어 일함.'을 의미하는 '아랫돌 빼서 윗돌 괴듯'으로 고치는 것은 적절하다. 참고로, '떡 먹은 입 쓸어 치듯'은 떡을 먹고도 안 먹은 듯 입을 쓸어 내며 시치미를 뚝 뗀다는 말이다.
④ 2문단은 빈부격차를 줄이기 위한 구체적인 방안을 이야기하고 있는데, ㉣은 이와 관련이 없다. 따라서 문단의 통일성을 고려하여 삭제하는 것은 적절하다.

90 ② 글/문단/문장 수정

㉡ 앞뒤 문장은 서로 역접 관계를 보이고 있다. 따라서 '그러나'나 '하지만'이 들어가야 내용을 자연스럽게 연결해 줄 수 있다. '그러므로'는 앞과 뒤의 내용이 인과 관계가 형성될 때 사용하는 접속 부사이다.

|오답해설| ① ㉠ 앞과 뒤의 문장에서는 '황사의 좋은 점'에 대해 언급하고 있는데, ㉠은 이와 관련 없는 내용으로 글의 논리적 흐름을 방해하고 있다. 따라서 삭제하는 것이 좋다.
③ '덕분'은 '베풀어 준 은혜나 도움'을 의미하는 단어로 긍정적인 상황에 쓴다. 따라서 '어떤 일의 원인이나 까닭'의 의미를 가진 '때문'으로 바꾸는 것이 좋다. '때문이다'는 긍정적인 문장과 부정적인 문장 모두에서 사용이 가능하다.
④ 서술어 '발생하고'의 주어는 '황사'이다. 따라서 목적격 조사가 아닌 주격 조사를 써서 '황사가'로 고쳐야 한다.

91 ② 글/문단/문장 수정

'그러나'를 중심으로 앞뒤 문장이 역접 관계를 나타내고 있다. 따라서 '그러나'의 사용은 적절하다. '또한'은 덧붙일 때 쓰는 말로 문맥상 어울리지 않는다.

|오답해설| ① '일정한 상태나 처지에서 완전히 벗어나다.'의 뜻을 지닌 '탈피하는'으로 고치는 것이 적절하다.
③ 주어 '더욱 중요한 것은'과 호응하는 서술어인 '길러진다는 점이다'로 고치는 것이 적절하다.
④ ㉣에는 글의 결론이자 필자의 궁극적인 주장이 제시되어야 한다. 따라서 '비판적 사고'가 아닌 '환경과 교육의 중요성'에 해당하는 내용이 와야 한다.

92 ② 화법 지문

제시된 토의에서 사회자는 토의를 진행할 뿐 발표자 간의 이견을 조정하여 의사결정을 유도하고 있지는 않다.

|오답해설| ① '통일 시대의 남북한 언어가 나아갈 길'이라는 학술적인 주제에 대해 '최 교수'와 '정 박사'가 발표 형식으로 토의를 진행하고 있다.
③ 두 발표자는 주제에 대한 자신의 견해를 밝혀 청중에게 정보를 제공하고 있다.
④ "두 분의 말씀 잘 들었습니다. ~ 말씀하셨는데요."를 통해 청중 A가 발표 내용을 확인하였음을 알 수 있다. 또한 "통일 시대에 ~ 있을까요?"를 통해 주제와 관련된 질문을 하고 있음을 알 수 있다.

|정답| 89 ③ 90 ② 91 ② 92 ②

93

2020 국가직 9급

다음 진행자 'A'의 대화 진행 전략으로 적절하지 않은 것은?

A: 여러분, 안녕하세요? 한 지방 자치 단체가 의료 취약 계층을 위한 의약품 공급 정보망 구축 사업을 진행해 오고 있는데요. 오늘은 그 관계자 한 분을 모시고 말씀을 들어 보기로 하겠습니다. 과장님, 안녕하세요?

B: 네, 안녕하세요.

A: 의약품 공급 정보망이라는 말이 다소 생소한데 이게 무슨 말인가요?

B: 네, 약국이나 제약 회사가 의약품을 저희에게 기탁하면, 이 약품을 필요한 사회 복지 시설이나 국내외 의료 봉사 단체에 무상으로 줄 수 있도록 연결하는 사이버상의 네트워크입니다.

A: 그렇군요. 그동안 이 사업에 성과가 있었다면 그럴 만한 이유가 있을 텐데요, 이에 대해 말씀해 주세요.

B: 그렇습니다. 약국이나 제약 회사에서는 판매되지 않은 의약품을 기탁하고 세금 혜택을 받습니다. 그리고 복지 시설이나 봉사 단체에서는 필요한 의약품을 무상으로 지원받을 수 있습니다.

A: 그렇군요. 혹시 이 사업에 걸림돌은 없나요?

B: 의약품을 의사의 처방에 따라서 주는 것이 아니라 수요자가 요구하면 주는 방식이어서 전문 의약품을 제공하는 과정에 어려움이 있습니다. 처방전 발급을 부탁할 수도 없고…….

A: 그러니까 앞으로 이런 문제를 해결하기 위한 제도 정비나 의료 전문가의 지원이 좀 더 필요하다는 말씀인 것 같군요. 끝으로 이 사업에 참여하려면 어떻게 해야 하나요?

B: 그건 생각보다 쉽습니다. 저희 홈페이지에 접속하셔서 회원으로 가입하시면 기부하실 때나 받으실 때나 모두 쉽게 참여하실 수 있습니다.

A: 네, 간편해서 좋군요. 모쪼록 이 의약품 공급 정보망 사업이 확대되어 국내외 의료 취약 계층에 많은 도움이 되기를 바랍니다. 감사합니다.

① 상대방의 말을 들었다는 반응을 보인다.
② 상대방의 대답에서 모순점을 찾아 논리적으로 대응한다.
③ 대화의 화제가 된 일을 홍보할 수 있는 대답을 유도한다.
④ 상대방의 말을 대화의 흐름에 맞게 해석하여 상대방의 말을 보충한다.

94

2019 국가직 9급

토론자들의 말하기 방식에 대한 설명으로 적절한 것은?

사회자: 학교 폭력 문제가 나날이 심각해지고 있습니다. 이와 관련해 오늘은 '학교 폭력을 방관한 학생에게도 책임을 물어야 한다'를 주제로 토론을 해 보도록 하겠습니다. 먼저 찬성 측 말씀해 주시죠.

찬성측: 친구가 학교 폭력에 의해 희생되고 있는데도 자신에게 피해가 올까 두려워 아무런 조치를 취하지 않는 학생들이 많다고 합니다. 이러한 행동으로 인해 학교 폭력은 점점 확산되고 있습니다. 학교 폭력을 행하는 것을 목격했음에도 어떤 조치도 취하지 않은 것은 폭력에 대해 묵시적으로 동의한 것과 같습니다. 폭력을 직접 행사하는 행위뿐 아니라, 불의에 저항하지 않는 정의롭지 못한 행위에 대해서도 합당한 책임을 물어야 할 것입니다.

사회자: 다음으로 반대 측 의견 말씀해 주시죠.

반대측: 특정 학생에게 폭력을 직접 행사해서 피해를 준 사실이 명백할 때에만 책임을 물을 수 있을 것입니다. 또한 사건에 대한 개입과 방관은 개인의 자율적 의지에 달린 문제이므로 외부에서 규제할 성질의 문제가 아닙니다.

사회자: 그럼 이번에는 반대 측부터 찬성 측에 대해 반론해 주시지요.

반대측: 과연 누구까지를 학교 폭력의 방관자라고 규정지을 수 있을까요? 집에 가는 길에 우연히 폭력을 목격했을 경우, 자신의 친구로부터 폭력에 관련된 소문을 접했을 경우 등 방관자라고 규정하기에는 애매한 경우가 많습니다. 어떠한 행위를 처벌하려면 확고한 기준이 필요한데, 방관자의 범위부터 규정하기가 불명확하다고 볼 수 있습니다.

찬성측: 불의를 방관한 행위에 대해 사회가 책임을 묻지 않는다면 이후로도 사람들은 아무런 죄책감 없이 불의를 모른 체하고 방관할 것입니다. 결국 이는 사회 전체의 건전성과 도덕성을 떨어뜨릴 것이고, 정의에 근거한 시민의 고발정신까지 약화시킬 것입니다.

① 찬성 측은 친숙한 상황을 빗대어 자신의 견해를 펼치고 있다.
② 찬성 측은 자신의 경험을 제시하여 논지를 보충하고 있다.
③ 반대 측은 윤리적 방법으로 해결책을 제시하고 있다.
④ 반대 측은 논제에 의문을 제기하여 주장을 강화하고 있다.

95

2016 국가직 9급

다음 대담에 대한 설명으로 적절하지 않은 것은?

> 진행자: 오늘은 우리의 전통 선박에 대해 재미있게 설명한 책인 『우리나라 배』에 대해 교수님과 이야기를 나눠 보겠습니다. 김 교수님, 우리나라 전통 선박에 담긴 선조들의 지혜를 설명한 책 내용이 참 흥미롭던데요. 구체적인 사례 하나만 소개해 주시겠습니까?
>
> 김 교수: 판옥선에 담긴 선조들의 지혜를 소개해 드릴까 합니다. 혹시 판옥선에 대해 들어 보셨나요?
>
> 진행자: 자세히는 모르지만 임진왜란 때 사용된 선박이라고 들었습니다.
>
> 김 교수: 네, 판옥선은 임진왜란 때 활약한 전투함인데, 우리나라 해양 환경에 적합한 평저 구조로 만들어졌습니다.
>
> 진행자: 아, 그렇군요. 교수님, 평저 구조가 무엇인지 말씀해 주시겠습니까?
>
> 김 교수: 네, 그건 밑부분이 넓고 평평하게 만든 구조입니다. 그 때문에 판옥선은 수심이 얕은 바다에서는 물론, 썰물 때에도 운항이 가능했죠. 또한 방향 전환도 쉽게 할 수 있었습니다.
>
> 진행자: 결국 섬이 많고 수심이 얕으면서 조수 간만의 차가 큰 우리나라 바다 환경에 적합한 구조라는 말씀이시군요?
>
> 김 교수: 네, 그렇습니다.
>
> 진행자: 선조들의 지혜가 참 대단합니다. 이런 특징을 가진 판옥선이 전투 상황에서는 얼마나 위력적이었는지 궁금한데, 더 설명해 주시겠습니까?

① 진행자는 김 교수에게 추가 설명을 요청하고 있다.
② 김 교수는 진행자의 의견에 동조하며 자신의 견해를 수정하고 있다.
③ 김 교수는 진행자의 부탁에 따라 소개할 내용을 선정하여 제시하고 있다.
④ 진행자는 김 교수의 설명을 듣고 자신의 이해가 맞는지 질문을 하고 있다.

정답&해설

93 ② 화법 지문

'A'와 'B'의 대화에서 'A'가 상대방의 대답에서 모순점을 찾아 논리적으로 대응하는 부분은 찾기 어렵다.

|오답해설| ① "그렇군요.", "네, 간편해서 좋군요." 등에서 확인할 수 있다.
③ "이 사업에 참여하려면 어떻게 해야 하나요?" 등의 질문을 통해 대화의 화제가 된 일을 홍보할 수 있는 대답을 유도하고 있다.
④ "그러니까 앞으로 이런 ~ 좀 더 필요하다는 말씀인 것 같군요."라는 부분을 통해 확인할 수 있다.

94 ④ 화법 지문

반대 측은 학교 폭력의 방관자 범위를 규정하기가 애매하기 때문에 학교 폭력을 방관한 학생에게 책임을 물을 수 없다는 뜻에서 "과연 누구까지를 학교 폭력의 방관자라고 규정지을 수 있을까요?"라고 언급하고 있다. 즉, 반대 측은 논제에 의문을 제기하여 주장을 강화하고 있다.

|오답해설| ① 찬성 측이 친숙한 상황에 빗대어 견해를 펼친 부분은 없다.
② 찬성 측이 자신의 경험을 제시한 부분은 없다.
③ 반대 측이 윤리적 방법으로 해결책을 제시한 부분은 없다. 오히려 학교 폭력에 대한 개입과 방관은 개인의 자율적 의지에 따라야 하는 것으로 보고 있다.

95 ② 화법 지문

김 교수는 진행자의 요구 및 물음에 답하는 방식으로 대화를 진행하고 있다. 김 교수가 진행자의 의견에 동조하며 자신의 견해를 수정하는 부분은 확인할 수 없다.

|오답해설| ① 진행자는 '평저 구조가 무엇인지', '판옥선이 전투 상황에서 얼마나 위력적이었는지'에 대한 추가 설명을 요청하고 있다.
③ 진행자는 전통 선박에 담긴 선조들의 지혜를 설명한 책의 내용 중 구체적 사례를 하나만 소개해 달라고 부탁하였고, 김 교수는 이에 판옥선을 선정하여 설명하고 있다.
④ 진행자는 판옥선의 평저 구조에 대한 김 교수의 설명을 듣고 자신이 이해한 내용이 맞는지 질문하였다.

|정답| 93 ② 94 ④ 95 ②

96

2023 지방직(= 서울시) 9급

다음 대화를 분석한 내용으로 적절하지 않은 것은?

> 은지: 최근 국민 건강 문제와 관련해 '설탕세' 부과 여부가 논란인데, 나는 설탕세를 부과해야 한다고 생각해. 그러면 당 함유 식품의 소비가 감소하게 되고, 비만이나 당뇨병 등의 질병이 예방되니까 국민 건강 증진에 도움이 되기 때문이야.
>
> 운용: 설탕세를 부과하면 당 소비가 감소한다고 믿을 만한 근거가 있니?
>
> 은지: 세계보건기구 보고서를 보면 당이 포함된 음료에 설탕세를 부과하면 이에 비례해 소비가 감소한다고 나와 있어.
>
> 재윤: 그건 나도 알아. 그런데 설탕세 부과가 질병을 예방한다는 것은 타당하지 않아. 여러 연구 결과를 보면 당 섭취와 질병 발생은 유의미한 상관관계가 없어.

① 은지는 첫 번째 발언에서 화제를 제시하고 있다.

② 운용은 은지의 주장에 반대하고 있다.

③ 은지는 두 번째 발언에서 자신의 주장에 대한 근거를 제시하고 있다.

④ 재윤은 은지가 제시한 주장의 근거를 부정하고 있다.

97

2019 지방직 9급

진행자의 말하기 방식에 대한 설명으로 적절하지 않은 것은?

> 진행자: 안녕하십니까? 오늘은 고령자의 운전면허 자진 반납 제도에 대해 홍○○ 교수님 모시고 말씀 들어 보겠습니다.
>
> 홍 교수: 네, 반갑습니다.
>
> 진행자: 나와 주셔서 감사합니다. 우선 이 제도가 어떤 제도인가요?
>
> 홍 교수: 지자체마다 조금씩 다르기는 하지만 고령 운전자들이 운전면허를 자발적으로 반납하게 유도하여 고령 운전자에 의한 교통사고를 줄이고자 하는 제도입니다.
>
> 진행자: 고령 운전자에 의한 교통사고가 심각한가요? 뒷받침할 만한 자료가 있나요?
>
> 홍 교수: 네. 도로교통공단의 통계에 따르면, 전체 교통사고 대비 고령 운전자에 의한 교통사고 비율이 2014년에는 9.0%였으나 매년 조금씩 증가하여 2017년에는 12.3%를 차지하고 있습니다.
>
> 진행자: 그렇군요. 아무래도 고령화 사회로 진입하다 보니 전체 운전자 중에서 고령 운전자에 해당하는 비율이 늘었기 때문인 것 같은데요.
>
> 홍 교수: 네, 그렇습니다. 이전보다 차량 성능이 월등히 좋아진 점도 하나의 요인이 될 것입니다.
>
> 진행자: 그렇다고 해도 무작정 운전면허를 반납하라고만 할 수는 없을 테고, 뭔가 보완책이 있나요?
>
> 홍 교수: 네. 지자체마다 차이가 있지만 소정의 교통비를 지급함으로써 대중교통 이용을 권장하고 있습니다.
>
> 진행자: 취지 자체만으로는 긍정적으로 평가할 수 있을 것 같은데, 혹시 제도 시행상의 문제점은 없나요?
>
> 홍 교수: 일회성이 문제라고 생각합니다.
>
> 진행자: 아, 운전면허를 반납한 당시에만 교통비가 한 차례 지원된다는 말씀이군요.
>
> 홍 교수: 네. 이분들이 더이상 운전을 하지 않아도 이동권을 확보할 수 있도록 지속적인 지원이 이루어져야 이 제도가 효과를 얻을 수 있습니다.
>
> 진행자: 그에 더해 장기적으로는 고령자 친화적인 대중교통 인프라를 구축하는 일도 필요할 듯합니다. 교수님, 오늘 말씀 감사합니다.

① 상대방의 의견이 합리적이지 않음을 지적하며 인터뷰를 마무리 짓는다.

② 상대방이 인용한 통계 자료에 대해 자기 나름대로의 해석을 제시한다.

③ 상대방이 제시한 정보 이외에 추가적인 정보를 요구한다.

④ 상대방에게 해당 제도의 시행 배경에 대한 객관적인 근거를 요구한다.

어휘의 의미 파악

98

2025 출제기조 전환 예시문제

문맥상 ㉠의 의미와 가장 가까운 것은?

'크로노토프'는 그리스어로 시간과 공간을 뜻하는 두 단어를 결합한 것으로, 시공간을 통합적으로 이해하기 위한 개념이다. 크로노토프의 관점에서 보면 고소설과 근대소설의 차이를 명확하게 파악할 수 있다.

고소설에는 돌아가야 할 곳으로서의 원점이 존재한다. 그것은 영웅소설에서라면 중세의 인륜이 원형대로 보존된 세계이고, 가정소설에서라면 가장을 중심으로 가족 구성원들이 평화롭게 공존하는 가정이다. 고소설에서 주인공은 적대자에 의해 원점에서 분리되어 고난을 겪는다. 그들의 목표는 상실한 원점을 회복하는 것, 즉 그곳에서 향유했던 이상적 상태로 ㉠ <u>돌아가는</u> 것이다. 주인공과 적대자 사이의 갈등이 전개되는 시간을 서사적 현재라 한다면, 주인공이 도달해야 할 종결점은 새로운 미래가 아니라 다시 도래할 과거로서의 미래이다. 이러한 시공간의 배열을 '회귀의 크로노토프'라고 한다.

근대소설 「무정」은 회귀의 크로노토프를 부정한다. 이것은 주인공인 이형식과 박영채의 시간 경험을 통해 확인된다. 형식은 고아지만 이상적인 고향의 기억을 갖고 있다. 그것은 박 진사의 집에서 영채와 함께하던 때의 기억이다. 이는 영채도 마찬가지기에, 그들에게 박 진사의 집으로 표상되는 유년의 과거는 이상적 원점의 구실을 한다. 박 진사의 죽음은 그들에게 고향의 상실을 상징한다. 두 사람의 결합이 이상적 상태의 고향을 회복할 수 있는 유일한 방법이겠지만, 그들은 끝내 결합하지 못한다. 형식은 새 시대의 새 인물이 되어야 한다고 생각하며 과거로의 복귀를 거부한다.

① 전쟁은 연합군의 승리로 <u>돌아갔다</u>.
② 사과가 한 사람 앞에 두 개씩 <u>돌아간다</u>.
③ 그는 잃어버린 동심으로 <u>돌아가고</u> 싶었다.
④ 그녀는 자금이 잘 <u>돌아가지</u> 않는다며 걱정했다.

정답&해설

96 ② 화법 지문

운용은 은지에게 주장에 대한 근거를 요구하고 있을 뿐 은지의 주장에 반대하는 것은 아니다.

| 오답해설 | ① 은지는 첫 번째 발언에서 '설탕세' 부과 여부가 논란이라며 화제를 제시하고 있다.
③ 은지는 두 번째 발언에서 세계보건기구 보고서를 자신의 주장에 대한 근거로 제시하고 있다.
④ 당 함유 식품의 소비가 감소하면 비만이나 당뇨병 등의 질병이 예방된다는 근거에 대해 재윤은 당 섭취와 질병 발생은 유의미한 상관관계가 없다고 반박하고 있다.

97 ① 화법 지문

진행자는 홍 교수의 이야기에 자신의 의견을 덧붙여 문제 해결을 위해 필요한 것을 추가적으로 제시하며 인터뷰를 마무리하고 있다. 따라서 상대방의 의견이 합리적이지 않음을 지적한다는 설명은 적절하지 않다.

| 오답해설 | ② 홍 교수가 제시한 도로교통공단의 통계에 대하여 진행자는 "아무래도 고령화 사회로 진입하다 보니 전체 운전자 중에서 고령 운전자에 해당하는 비율이 늘었기 때문인 것 같은데요."라며 자기 나름대로의 해석을 제시하였다.
③ 진행자는 "그렇다고 해도 무작정 운전면허를 반납하라고만 할 수는 없을 테고, 뭔가 보완책이 있나요?"라며 홍 교수에게 '고령자의 운전면허 자진 반납 제도'의 보완책에 대한 정보를 추가적으로 요구하였다.
④ 진행자는 "고령 운전자에 의한 교통사고가 심각한가요? 뒷받침할 만한 자료가 있나요?"라며 '고령자의 운전면허 자진 반납 제도'의 시행 배경에 대한 객관적인 근거를 요구하였다.

98 ③ 어휘의 의미 파악

제시된 글에서 '돌아가다'는 '원래의 있던 곳으로 다시 가거나 다시 그 상태가 되다.'의 의미이다. 따라서 문맥상 '그는 잃어버린 동심으로 돌아가고 싶었다.'에서 '돌아가다'가 같은 의미로 쓰였다.

| 오답해설 | ① '일이나 형편이 어떤 상태로 끝을 맺다.'의 의미이다.
② '차례나 몫, 승리, 비난 따위가 개인이나 단체, 기구, 조직 따위의 차지가 되다.'의 의미이다.
④ '돈이나 물건 따위의 유통이 원활하다.'의 의미이다.

| 정답 | 96 ② 97 ① 98 ③

99

2025 출제기조 전환 예시문제

문맥상 ㉠~㉣ 중 지시 대상이 같은 것만으로 묶인 것은?

영국의 유명한 원형 석조물인 스톤헨지는 기원전 3,000년경 신석기시대에 세워졌다. 1960년대에 천문학자 호일이 스톤헨지가 일종의 연산장치라는 주장을 하였고, 이후 엔지니어인 톰은 태양과 달을 관찰하기 위한 정교한 기구라고 확신했다. 천문학자 호킨스는 스톤헨지의 모양이 태양과 달의 배열을 나타낸 것이라는 의견을 제시해 관심을 모았다.

그러나 고고학자 앳킨슨은 ㉠ 그들의 생각을 비난했다. 앳킨슨은 스톤헨지를 세운 사람들을 '야만인'으로 묘사하면서, ㉡ 이들은 호킨스의 주장과 달리 과학적 사고를 할 줄 모른다고 주장했다. 이에 호킨스를 옹호하는 학자들이 진화적 관점에서 앳킨슨을 비판하였다. ㉢ 이들은 신석기시대보다 훨씬 이전인 4만 년 전의 사람들도 신체적으로 우리와 동일했으며 지능 또한 우리보다 열등했다고 볼 근거가 없다고 주장했다.

하지만 스톤헨지의 건설자들이 포괄적인 의미에서 현대인과 같은 지능을 가졌다고 해도 과학적 사고와 기술적 지식을 가지지는 못했다. ㉣ 그들에게는 우리처럼 2,500년에 걸쳐 수학과 천문학의 지식이 보존되고 세대를 거쳐 전승되어 쌓인 방대하고 정교한 문자 기록이 없었다. 선사시대의 생각과 행동이 우리와 똑같은 식으로 전개되지 않았으리라는 점은 매우 중요하다. 지적 능력을 갖췄다고 해서 누구나 우리와 같은 동기와 관심, 개념적 틀을 가졌으리라고 생각하는 것은 잘못이다.

① ㉠, ㉢
② ㉡, ㉣
③ ㉠, ㉡, ㉢
④ ㉠, ㉡, ㉣

100

2021 국가직 9급

㉠의 단어와 의미가 같은 것은?

친구에게 줄 선물을 예쁜 포장지에 ㉠ 싼다.

① 사람들이 안채를 겹겹이 싸고 있다.
② 사람들은 봇짐을 싸고 산길로 향한다.
③ 아이는 몇 권의 책을 싼 보퉁이를 들고 있다.
④ 내일 학교에 가려면 책가방을 미리 싸 두어라.

101

2017 국가직 9급

밑줄 친 말의 문맥적 의미가 같은 것은?

고장 난 시계를 고치다.

① 부엌을 입식으로 고치다.
② 상호를 순우리말로 고치다.
③ 정비소에서 자동차를 고치다.
④ 국민 생활에 불편을 주는 낡은 법을 고치다.

102

2018년 지방직 9급

밑줄 친 부분과 같은 의미로 사용된 것은?

지도 위에 손가락을 짚어 가며 여행 계획을 설명하였다.

① 이마를 짚어 보니 열이 있었다.
② 그는 두 손으로 땅을 짚어야 했다.
③ 그들은 속을 짚어 낼 수가 없는 사람들이었다.
④ 시험 문제를 짚어 주었는데도 성적이 좋지 않다.

103

2019 서울시 9급

〈보기〉의 밑줄 친 어휘들 가운데 문맥적 의미가 다른 하나는?

보기

불문곡직하는 직설은 사람을 찌른다. 깜짝 놀라게 해서 제압하는 방식이다. 거기 비해 완곡함은 뜸을 들이면서 에두른다. 듣고 읽는 이가 비켜갈 틈을 준다. 그렇다고 완곡함이 곡필인 것도 아니다. 잘못된 길로 접어들도록 하는 게 아니라 화자와 독자의 교행이 이루어지는 공간을 준다. 곱씹어 볼 말이 사라지고 상상의 여지를 박탈하는 글이 군림하는 세상은 살풍경하다. 말과 글이 세상을 따라갈진대 세상을 갈아엎지 않고 말과 글이 세상과 함께 아름답기는 난망한 일인가. 아마 아닐 것이다. 막힐수록 옛것을 더듬으라고 했다. 물태와 인정이 극으로 나뉘는 세상에서 다산은 선인들이 왜 산을 바라보며 즐기되 그 흥취의 반을 항상 남겨 두는지 궁금했다. 그는 미인을 만났던 사람이 적어 놓은 글에서 그 까닭을 발견했다. 그가 본 글은 이러했다. '얼굴은 아름다웠으나 그 자태는 기록하지 않았다.'

① 틈　② 공간
③ 여지　④ 세상

104

2022년 법원직 9급

밑줄 친 단어 ㉠~㉣의 사전적 의미로 가장 적절하지 않은 것은?

기업은 다른 기업들과의 경쟁에서 이기고, 자신이 설정한 경영 목표를 달성하기 위해서 기업의 사업 내용과 목표 시장 범위를 결정하는데, 이를 기업전략이라고 한다. 즉 기업전략은 다양한 사업의 포트폴리오*를 전사적(全社的) 차원에서 어떻게 ㉠ 구성하고 조정할 것인가를 결정하는, 즉 참여할 사업을 결정하는 것이라고 할 수 있다.

기업전략의 구체적 예로 기업 다각화 전략을 들 수 있다. 기업 다각화 전략은 한 기업이 복수의 산업 또는 시장에서 복수의 사업을 영위하기 위한 전략으로, 제품 다각화 전략, 지리적 시장 다각화 전략, 제품 시장 다각화 전략으로 크게 구분된다. 이는 다시 제품이나 판매 지역 측면에서 관련된 사업에 종사하는 관련 다각화와 관련이 없는 사업에 종사하는 비관련 다각화로 구분된다. 리처드 러멜트는 미국의 다각화 기업을 구분하며, 관련 사업에서 70% 이상의 매출을 올리는 기업을 관련 다각화 기업, 70% 미만의 매출을 올리는 기업을 비관련 다각화 기업으로 명명했다.

기업 다각화는 범위의 경제성을 창출함으로써 수익 증대에 ㉡ 기여한다. 범위의 경제성이란 하나의 기업이 동시에 복수의 사업 활동을 하는 것이, 복수의 기업이 단일의 사업 활동을 하는 것보다 총비용이 적고 효율적이라는 이론이다. 범위의 경제성은 한 기업이 여러 제품을 동시에 생산할 때, 투입되는 요소 중 공통적으로 투입되는 생산요소가 존재하기 때문에 투입 요소 비용이 적게 발생한다는 사실을 통해 설명된다.

또한 다각화된 기업은 기업 내부 시장을 활용함으로써 새로운 가치를 ㉢ 창출할 수 있다. 여러 사업부에서 나오는 자금을 통합하여 활용할 수 있는 내부 자본시장을 갖추었을 뿐 아니라 여러 사업부에서 훈련된 인력을 전출하여 활용할 수 있는 내부 노동시장도 갖추었기 때문이다. 새로운 인력을 채용하여 교육시키는 데 많은 시간과 비용이 들어감을 고려하면, 다각화된 기업은 신규 기업에 비해 훨씬 ㉣ 우월한 위치에서 경쟁할 수 있다.

*포트폴리오: 다양한 투자 대상에 분산하여 자금을 투입하여 운용하는 일

① ㉠: 몇 가지 부분이나 요소들을 모아서 일정한 전체를 짜 이룸.
② ㉡: 도움이 되도록 이바지함.
③ ㉢: 사업 따위를 처음으로 이루어 시작함.
④ ㉣: 다른 것보다 나음.

정답&해설

99 ② 어휘의 의미 파악

문맥상 ㉠은 '호일, 톰, 호킨스'이고 ㉡은 '스톤헨지 건설 당시의 사람들'이다. 그리고 ㉢은 '호킨스를 옹호하는 학자들'이고, ㉣은 '스톤헨지 건설 당시의 사람들'이다. 따라서 지시 대상이 같은 것은 ㉡, ㉣이다.

100 ③ 어휘의 의미 파악

㉠의 '싸다'는 '물건을 안에 넣고 보이지 않게 씌워 가리거나 둘러 말다.'의 의미이다. 따라서 '책을 싼'의 '싸다'와 의미가 같다.

| 오답해설 | ① '어떤 물체의 주위를 가리거나 막다.'의 의미이다.
②④ '어떤 물건을 다른 곳으로 옮기기 좋게 상자나 가방 따위에 넣거나 종이나 천, 끈 따위를 이용해서 꾸리다.'의 의미이다.

101 ③ 어휘의 의미 파악

제시문의 '고치다'는 '고장이 나거나 못 쓰게 된 물건을 손질하여 제대로 되게 하다.'의 의미이다. '자동차를 고치다.'에서 '고치다'도 같은 의미로 쓰였다.

| 오답해설 | ① '본디의 것을 손질하여 다른 것이 되게 하다.'의 의미이다.
②④ '이름, 제도 따위를 바꾸다.'의 의미이다.

102 ④ 어휘의 의미 파악

제시문의 '짚어'는 '여럿 중에 하나를 꼭 집어 가리키다.'의 의미로 쓰였다. 이와 가장 유사한 의미로 쓰인 것은 ④이다.

| 오답해설 | ① '손으로 이마나 머리 따위를 가볍게 눌러 대다.'의 의미이다.
② '바닥이나 벽, 지팡이 따위에 몸을 의지하다.'의 의미이다.
③ '상황을 헤아려 어떠할 것으로 짐작하다.'의 의미이다.

103 ④ 어휘의 의미 파악

글쓴이는 '완곡함'이 듣고 읽는 이가 비켜갈 '틈'을 주고, 화자와 독자의 교행이 이루어지는 '공간'을 준다고 하였다. 또한 상상의 '여지'를 박탈하는 글이 군림하는 세상은 살풍경하다고 표현하였다. 이를 통해 '틈, 공간, 여지'는 '완곡함'이 주는 긍정적 의미임을 추론할 수 있다. 반면 '세상'은 물태와 인정이 극으로 나뉜다고 표현하여 '직설'과 유사한 특징을 지님을 알 수 있다. 따라서 문맥적 의미가 다른 것은 '세상'이다.

104 ③ 어휘의 의미 파악

㉢ '창출'의 사전적 의미는 '전에 없던 것을 처음으로 생각하여 지어내거나 만들어 냄.'이다. 참고로, '사업 따위를 처음으로 이루어 시작함.'을 의미하는 단어는 '창업'이다.

| 정답 | 99 ② 100 ③ 101 ③ 102 ④ 103 ④ 104 ③

105

2018 교육행정직 9급

㉠~㉣과 바꿔 쓰기에 적절하지 않은 것은?

빅데이터는 그 규모가 매우 큰 데이터를 말하는데, 이는 단순히 데이터의 양이 매우 많다는 것뿐 아니라 데이터의 복잡성이 매우 높다는 의미도 ㉠ 내포되어 있다. 데이터의 복잡성이 높다는 말은 데이터의 구성 항목이 많고 그 항목들의 연결 고리가 함께 ㉡ 수록되어 있다는 것을 의미한다. 데이터의 복잡성이 높으면 다양한 파생 정보를 끌어낼 수 있다. 데이터로부터 정보를 ㉢ 추출할 때에는, 구성 항목을 독립적으로 이용하기도 하고, 두 개 이상의 항목들의 연관성을 이용하기도 한다. 일반적으로 구성 항목이 많은 데이터는 한 번에 얻기 어렵다. 이런 경우에는, 따로 수집되었지만 연결 고리가 있는 여러 종류의 데이터들을 ㉣ 연결하여 사용한다.

가령 한 집단의 구성원의 몸무게와 키의 데이터가 있다면, 각 항목에 대한 구성원의 평균 몸무게, 평균 키 등의 정보뿐만 아니라 몸무게와 키의 관계를 이용해 평균 비만도 같은 파생 정보도 얻을 수 있다. 이때는 반드시 몸무게와 키의 값이 동일인의 것이어야 하는 연결 고리가 있어야 한다. 여기에다 구성원들의 교통 카드 이용 데이터를 따로 얻을 수 있다면, 이것을 교통 카드의 사용자 정보를 이용해 사용자의 몸무게와 키의 데이터를 연결할 수 있다. 이렇게 연결된 데이터 세트를 통해 비만도와 대중교통의 이용 빈도 간의 파생 정보를 추출할 수 있다. 연결할 수 있는 데이터가 많을수록 얻을 수 있는 파생 정보도 늘어난다.

① ㉠: 담겨 ② ㉡: 들어
③ ㉢: 섞을 ④ ㉣: 이어

논리형 문제

106

2025 출제기조 전환 예시문제

(가)와 (나)를 전제로 할 때 빈칸에 들어갈 결론으로 가장 적절한 것은?

(가) 노인복지 문제에 관심이 있는 사람 중 일부는 일자리 문제에 관심이 있는 사람이 아니다.
(나) 공직에 관심이 있는 사람은 모두 일자리 문제에 관심이 있는 사람이다.
따라서 ( ).

① 노인복지 문제에 관심이 있는 사람 중 일부는 공직에 관심이 있는 사람이 아니다
② 공직에 관심이 있는 사람 중 일부는 노인복지 문제에 관심이 있는 사람이 아니다
③ 공직에 관심이 있는 사람은 모두 노인복지 문제에 관심이 있는 사람이 아니다
④ 일자리 문제에 관심이 있지만 노인복지 문제에 관심이 없는 사람은 모두 공직에 관심이 있는 사람이 아니다

107

2025 출제기조 전환 예시문제

다음 글의 밑줄 친 결론을 이끌어 내기 위해 추가해야 할 것은?

문학을 좋아하는 사람은 모두 자연의 아름다움을 좋아하는 사람이다. 자연의 아름다움을 좋아하는 어떤 사람은 예술을 좋아하는 사람이다. 따라서 <u>예술을 좋아하는 어떤 사람은 문학을 좋아하는 사람이다</u>.

① 자연의 아름다움을 좋아하는 사람은 모두 문학을 좋아하는 사람이다.
② 문학을 좋아하는 어떤 사람은 자연의 아름다움을 좋아하는 사람이다.
③ 예술을 좋아하는 어떤 사람은 자연의 아름다움을 좋아하는 사람이다.
④ 예술을 좋아하지만 문학을 좋아하지 않는 사람은 모두 자연의 아름다움을 좋아하는 사람이다.

108

2021 5월 시행 한국전력공사 기출 복원

어느 회사의 직원 A~E가 인도네시아, 캐나다, 러시아에 출장을 가게 되었다. 다음 〈조건〉에 따라 출장을 간다고 할 때, 항상 옳은 것을 고르면?

조건

- 각 국가에는 1명 이상 2명 이하의 직원이 출장을 간다.
- 각 직원들은 한 국가에만 출장을 간다.
- 캐나다에는 인도네시아보다 적은 인원이 출장을 간다.
- A는 E와 같은 곳에 출장을 간다.
- B는 인도네시아에 출장을 간다.

① B는 C와 같은 곳에 출장을 간다.
② D는 러시아에 출장을 가지 않는다.
③ 러시아에는 1명이 출장을 간다.
④ A는 인도네시아에 출장을 간다.
⑤ E가 러시아에 출장을 가면 D는 인도네시아에 출장을 간다.

정답&해설

105 ③ 어휘의 의미 파악

'추출하다'는 전체 속에서 어떤 물건, 생각, 요소 따위를 뽑아내는 것을 의미하고, '섞다'는 두 가지 이상의 것을 한데 합치는 것을 의미한다. 따라서 ⓒ '추출할'을 '섞을'로 바꿔 쓰는 것은 적절하지 않다.

| 오답해설 | ① ㉠ 내포되다: 어떤 성질이나 뜻 따위가 속에 품어지다.
② ㉡ 수록되다: 어떤 자료가 찾아져 모여 기록되다.
④ ㉣ 연결하다: 사물과 사물 또는 현상과 현상이 서로 이어지거나 관계를 맺다.

106 ① 논리형 문제

(가)에서 '노인복지 문제에 관심이 있는 사람 중 일부는 일자리 문제에 관심이 있는 사람이 아니다.'라고 하였는데, 이 말은 노인복지 문제에 관심이 있는 사람 중 일자리 문제에 관심이 있는 사람도 있고 관심이 없는 사람도 있다는 의미가 성립한다. 그리고 (나)의 논리를 대우로 설명해 보면 '일자리 문제에 관심이 없는 사람은 모두 공직에 관심이 없는 사람이다.'가 된다. 따라서 (가)와 (나) 두 논리를 결합하면 '노인복지 문제에 관심이 있는 사람 중 일부는 일자리 문제에 관심이 없다. → 일자리 문제에 관심이 없는 사람은 모두 공직에 관심이 없는 사람이다.'의 논리가 성립한다. 즉, 노인복지 문제에 관심이 있는 사람 중 일부는 공직에 관심이 있는 사람이 아니라는 것을 알 수 있다.

107 ① 논리형 문제

지문에 의하면 문학을 좋아하는 사람은 모두 자연의 아름다움을 좋아하는 사람이다. 이에 대한 대우, 즉 '자연의 아름다움을 좋아하지 않는 사람은 문학을 좋아하지 않는 사람이다.'는 논리적으로 성립한다. 하지만 대우가 아닌 단순 역은 논리적으로 참으로 성립하지 않는다. 즉, '자연의 아름다움을 좋아하는 사람은 모두 문학을 좋아하는 사람이다.'가 성립하지 않는 것이다. 따라서 ①과 같이 '자연의 아름다움을 좋아하는 사람은 모두 문학을 좋아하는 사람이다.'의 논리를 추가하면 문학을 좋아하는 사람과 자연을 좋아하는 사람이 같은 사람임을 알 수 있게 된다. 따라서 자연의 아름다움을 좋아하는 일부 사람(어떤 사람)은 예술을 좋아하고 이때 자연을 좋아하는 일부 사람은 당연히 문학을 좋아하는 사람이 된다. 즉, 예술을 좋아하는 일부 사람(어떤 사람)은 문학을 좋아하는 사람이라는 논리가 성립하게 되는 것이다.

108 ② 논리형 문제

각 국가에 1명 또는 2명이 출장을 가는데 캐나다에는 인도네시아보다 적은 인원이 출장을 간다면 캐나다에 1명, 인도네시아에 2명이 출장을 가고, 러시아에도 2명이 출장을 간다. B는 인도네시아에 출장을 간다고 하였으므로, 인도네시아에 출장을 갈 수 있는 사람은 B를 제외하고 1명, 캐나다에 출장을 갈 수 있는 사람은 1명, 러시아에 출장을 갈 수 있는 사람은 2명이다. A와 E는 같은 곳에 출장을 가므로 러시아에 출장을 간다. 따라서 C와 D는 각각 인도네시아 또는 캐나다에 출장을 간다.

| 오답해설 | ① B는 인도네시아, C는 캐나다에 출장을 가는 경우가 존재한다.
③ 러시아에는 2명이 출장을 간다.
④ A와 E는 러시아에 출장을 간다.
⑤ E는 러시아에 출장을 가고, D는 인도네시아 또는 캐나다에 출장을 간다.

| 정답 | 105 ③ 106 ① 107 ① 108 ②

109

2021 상반기 시행 한국수자원공사 기출 복원

아래 〈보기〉의 명제가 모두 참일 때, 다음 중 항상 참인 명제를 고르면?

보기

- 모든 개발팀 직원은 영업팀에서 키가 가장 큰 직원보다 키가 크다.
- 어떤 인사팀 직원은 영업팀에서 키가 가장 큰 직원보다 키가 작다.
- 모든 영업팀 직원은 재무팀에서 키가 가장 큰 직원보다 키가 크다.

① 키가 가장 작은 개발팀 직원보다 키가 큰 재무팀 직원이 있다.

② 키가 가장 작은 인사팀 직원보다 키가 작은 재무팀 직원이 있다.

③ 어떤 개발팀 직원은 키가 가장 큰 인사팀 직원보다 키가 작다.

④ 어떤 인사팀 직원은 키가 가장 작은 개발팀 직원보다 키가 작다.

110

2021 상반기 시행 한국수자원공사 기출 복원

아래 〈보기〉의 명제가 모두 참일 때, 다음 중 항상 참인 명제를 고르면?

보기

- 짬뽕에 관심이 있는 사람은 야구에 관심이 있다.
- 자동차에 관심이 있는 사람은 짬뽕에 관심이 없다.
- 제주도에 관심이 있는 사람은 자동차에 관심이 없다.
- 야구에 관심이 있는 사람은 한국수자원공사에 관심이 있다.
- 한국수자원공사에 관심이 있는 사람은 제주도에 관심이 없다.

① 야구에 관심이 있는 사람은 자동차에 관심이 있다.

② 제주도에 관심이 있는 사람은 짬뽕에 관심이 없다.

③ 한국수자원공사에 관심이 없는 사람은 짬뽕에 관심이 있다.

④ 자동차에 관심이 없는 사람은 한국수자원공사에 관심이 있다.

111

2021 상반기 시행 한국수자원공사 기출 복원

다음 〈공고〉는 어느 회사의 채용공고 일부를 나타낸 것이다. 이를 바탕으로 항상 참인 명제를 〈보기〉에서 고르면?

공고

- 모든 지원자는 적성검사를 치러야 합니다.
- 모든 신입사원 지원자는 자기소개서를 제출해야 합니다.
- 모든 경력사원 지원자는 이력서를 제출해야 합니다.
- 어떤 신입사원 지원자는 면접을 치릅니다.

보기

㉠ 자기소개서를 제출하는 사람은 신입사원 지원자다.
㉡ 적성검사를 치르는 모든 사람은 면접도 치러야 한다.
㉢ 면접을 치르는 사람 중 자기소개서를 제출하는 사람이 있다.
㉣ 적성검사를 치르지 않은 사람은 신입사원 지원자가 아니다.

① ㉠, ㉡ ② ㉠, ㉢
③ ㉡, ㉣ ④ ㉢, ㉣

정답&해설

109 ④ 논리형 문제

첫 번째와 세 번째 명제를 통하여 키가 큰 순서대로 '개발팀 전원 → 영업팀 전원 → 재무팀 전원'의 관계가 성립하는 것을 알 수 있다. 또한, 어떤 인사팀 직원이 영업팀 직원 중 키가 가장 큰 직원보다 키가 작다고 하였다. 따라서 어떤 인사팀 직원은 키가 가장 작은 개발팀 직원보다 키가 작다.

|오답해설| ① 키가 가장 작은 개발팀 직원은 모든 재무팀 직원보다 키가 크다.
②③ 인사팀 전체에 대한 내용은 나와 있지 않아 인사팀과 재무팀 직원, 개발팀 직원과 인사팀은 비교할 수 없으므로 반드시 참이라고 말할 수 없다.

110 ② 논리형 문제

〈보기〉의 명제와 대우명제를 간단히 나타내 보면 다음과 같다.

- 짬뽕 → 야구 / ~야구 → ~짬뽕
- 자동차 → ~짬뽕 / 짬뽕 → ~자동차
- 제주도 → ~자동차 / 자동차 → ~제주도
- 야구 → 수자원 / ~수자원 → ~야구
- 수자원 → ~제주도 / 제주도 → ~수자원

따라서 '제주도 → ~수자원 → ~야구 → ~짬뽕'이므로 제주도에 관심이 있는 사람은 짬뽕에 관심이 없다.

|오답해설| ①④ 〈보기〉의 명제만으로는 참·거짓을 판단할 수 없다.
③ '~수자원 → ~야구 → ~짬뽕'이므로 거짓인 명제이다.

111 ④ 논리형 문제

㉢ 면접을 치르는 사람 중 신입사원 지원자가 존재한다. 모든 신입사원 지원자는 자기소개서를 제출해야 하므로 면접을 치르는 사람 중 자기소개서를 제출하는 사람은 반드시 존재한다.
㉣ 모든 지원자는 적성검사를 치러야 하므로 적성검사를 치르지 않은 사람은 신입사원 지원자일 수 없다.

|오답해설| ㉠ 모든 신입사원 지원자는 자기소개서를 제출하지만, 명제의 역이 항상 참인지는 알 수 없다.
㉡ 모든 지원자는 적성검사를 치르지만, 적성검사를 치르는 모든 지원자가 면접도 치르는지는 알 수 없다.

|정답| 109 ④ 110 ② 111 ④

112

어느 회사의 기획팀에서 준비 중인 교육기획 서류 일체를 분실하는 상황이 발생하였다. 기획팀장은 다섯 명의 팀원 중 한 명이 이 서류를 분실하였다는 정보를 확인하였고, 팀원들에게 분실한 사람을 물은 결과가 다음 〈보기〉와 같다. 팀원 다섯 명 중 한 명만 참말을 하였고, 나머지 네 명은 거짓말을 하였을 때, 다음 중 참말을 한 직원과 서류를 분실한 직원을 차례대로 나열한 것을 고르면?

보기

- 김 과장: 서류를 분실한 사람은 이 과장입니다.
- 이 과장: 서류를 분실한 사람은 최 주임입니다.
- 박 대리: 저는 서류를 분실하지 않았습니다.
- 최 주임: 이 과장이 거짓말을 하고 있습니다.
- 정 사원: 제가 서류를 분실하였습니다.

① 이 과장 – 최 주임
② 박 대리 – 정 사원
③ 최 주임 – 박 대리
④ 최 주임 – 정 사원

정답&해설

112 ③ 논리형 문제

팀원 다섯 명 중 한 명만 참말을 하고 나머지 네 명은 모두 거짓말을 하고 있다고 하였다. 그리고 최 주임은 이 과장이 거짓말을 하고 있다고 하였으므로 최 주임이 참말을 한 경우 이 과장이 거짓말을 한 것이 되고, 최 주임이 거짓말을 한 경우 이 과장이 참말을 한 것이 된다. 이에 따라 두 경우로 나누어 보면 다음과 같다.

1) 최 주임이 참말을 한 경우

구분	참/거짓	서류를 분실한 직원
김 과장	거짓말	이 과장 ×
이 과장	거짓말	최 주임 ×
박 대리	거짓말	박 대리 ○
최 주임	참말	–
정 사원	거짓말	정 사원 ×

2) 최 주임이 거짓말을 한 경우

구분	참/거짓	서류를 분실한 직원
김 과장	거짓말	이 과장 ×
이 과장	참말	최 주임 ○
박 대리	거짓말	박 대리 ○
최 주임	거짓말	–
정 사원	거짓말	정 사원 ×

최 주임이 참말을 했을 경우에는 서류를 분실한 직원은 박 대리가 되고, 최 주임이 거짓말을 했을 경우에는 서류를 분실한 직원은 최 주임과 박 대리 두 명이 된다. 제시된 조건에서 다섯 명의 팀원 중 서류를 분실한 사람은 한 명이라고 하였으므로 참말을 한 사람은 최 주임이다. 따라서 참말을 한 직원과 서류를 분실한 직원을 차례대로 나열하면 '최 주임 – 박 대리'이다.

| 정답 | 112 ③

PART

Ⅱ 이론 비문학

학습목표

CHAPTER 01 작문	❶ 작문 이론 공부하기 ❷ 작문의 실제 공부하기
CHAPTER 02 화법	❶ 화법 이론 공부하기 ❷ 화법의 실제 공부하기
CHAPTER 03 논증과 오류	❶ 연역법, 귀납법, 변증법 공부하기 ❷ 각 오류별 특성 공부하기

CHAPTER

01 작문

☐ 1회독	월	일
☐ 2회독	월	일
☐ 3회독	월	일
☐ 4회독	월	일
☐ 5회독	월	일

교수님 코멘트▶ 작문 이론 자체가 시험에 출제되는 것은 아니므로 가볍게 학습하여도 좋은 부분이다.

단권화 MEMO

01 작문의 개념

1 개념

'작문'은 문자 언어를 사용하여 자신의 생각과 감정을 표현하는 의사소통 과정이자, 새로운 의미를 창조하는 과정이며 문제 해결 과정이다.

2 작문을 어려워하는 이유

① 말을 통한 상호 작용에 비해 글을 쓰는 상황에서 필자와 독자 간의 상호 작용이 직접적으로 이루어지기 어렵다.

② 말을 통한 상호 작용에 비해 글을 쓰는 상황에서 강조, 구별, 섬세한 감정 또는 미묘한 분위기 등을 표현하기 어렵다.

③ 말을 통한 상호 작용에 비해 글을 쓰는 상황에서 표현하고자 하는 대상 또는 사건에 대하여 구체적·단계적으로 세부 사항을 설명해야 한다.

더 알아보기 작문을 바라보는 관점

구분	관점	절차
형식주의의 작문 이론	• 모범 텍스트가 존재하며, 이런 모범 텍스트를 생산하는 데 필요한 지식이 있다고 생각하는 관점 • 따라서 모범 텍스트와 관련한 객관적 지식을 추출하여 필자에게 제시해야 한다고 생각함	예비 작문하기 → 작문하기 → 다시 쓰기
인지주의 작문 이론	• 작문 과정을 단순히 단계적 과정으로 바라보지 않고 동시적·상호 작용적으로 이루어지는 과정으로 판단하는 관점 • 따라서 작문 과정을 단계적 과정이 아니라 회귀적 과정으로 생각함	계획하기 → 작성하기 → 재고하기 → 조정하기 ※ 단계에 관계없이 어느 과정으로든 회귀할 수 있음
사회구성주의 작문 이론	• 작문을 필자 혼자만의 의미 구성이 아닌 공동체나 독자와의 의미 협상 과정이라고 생각하는 관점 • 인지주의 작문 이론이 확장된 관점	

02 글의 구성 요소

단권화 MEMO

1 글의 구성

여러 개의 단어가 모여 '문장'이 되고, 여러 개의 문장이 모여 '문단'이 된다. 하나의 문단은 주요 내용을 담고 있는 주제문과 이를 뒷받침하는 문장들로 구성된다.

2 문단의 요건

구분	개념	용례
통일성	글의 모든 내용은 하나의 주제로 통일되어야 함	학생은 공부를 열심히 해야 한다. 그래야 좋은 대학에 갈 수 있다. 물론 수면 시간도 충분해야 한다. ⇨ '학생은 공부를 열심히 해야 한다.'라는 주제에 수면 시간은 크게 관련이 없음. 따라서 밑줄 친 부분은 통일성을 위해 삭제하는 것이 자연스러움
일관성	글 속에 있는 단어, 문장, 문단의 연결이 논리적이고 자연스러워야 함	나는 배가 고팠다. 그러나 밥을 먹었다. ⇨ 문맥상 '그러나'로 문장과 문장을 연결하는 것이 자연스럽지 않음. 글의 일관성을 고려한다면 '그래서'로 바꾸는 것이 자연스러움
완결성	한 문단은 주제문과 주제문을 뒷받침하는 내용이 밀접하게 연결되어야 함	교실은 학생과 선생님이 함께하는 공간이다. 선생님은 교실에서 주로 수업을 하며 공간을 이용한다. ⇨ 교실은 학생과 선생님이 함께하는 공간이라고 하였는데 선생님과 관련한 내용만 언급하고 있음. 글의 완결성을 고려한다면 학생과 관련한 내용도 함께 언급하는 것이 자연스러움

3 문장과 문단의 연결 관계

도입	글의 시작 부분으로 집필 동기와 방향 제시, 독자의 흥미 유발 기능
전제	주지 앞에 위치하여 주지를 이끌어 낼 논리적 근거
부연	앞의 내용을 보충 설명하는 것
전환	글의 방향이 변화하는 것
상술	앞의 내용을 쉽고 구체적으로 제시하는 것
첨가	앞의 내용에 새로운 내용을 덧붙이는 것
발전	제기된 문제를 구체적으로 논의하는 것
해결 관계	문제 제시 + 해결 방안 제시
비판 관계	일반적 견해 + 견해에 대한 긍정 또는 부정 의견 제시
대조 관계	서로 상반되는 내용 연결
인과 관계	원인 제시 + 결과 제시
열거 관계	논지에 적합한 내용을 대등하게 제시하는 관계

단권화 MEMO

4 문단/글의 구성 방식

구성	종속 주제 + 뒷받침하는 세부 내용 (소주제문) (전개문)
유형	• 두괄식: 중심 문장 + 뒷받침 문장 • 미괄식: 뒷받침 문장 + 중심 문장 • 양괄식: 중심 문장 + 뒷받침 문장 + 중심 문장 • 중괄식: 뒷받침 문장 + 중심 문장 + 뒷받침 문장

03 글의 전개 방식

1 정태적 범주

(1) 지정

몇 가지 사실 가운데 '무엇'에 해당하는 사실을 지적하여 알려 주는 방식으로, '그것은 무엇인가?', '그는 누구인가?' 등의 물음에 답하는 형식으로 설명하는 방법이다. 단순한 사실 확인이나 현상적 특징의 해명에 사용된다.

• 지금 공을 몰고 가는 사람이 호동이입니다.
• 내가 지금 손에 들고 있는 것은 국어 교과서이다.

(2) 정의

단어의 의미를 명확하게 하기 위해 개념의 범위를 한정하고 본질적 속성을 진술하는 방법이다. 정의는 정의되는 항(피정의항)과 정의하는 항(정의항)으로 이루어지며, 정의문은 유개념과 종개념, 종차 사이의 관계로 이루어진다. 두 개념이 포함 관계에 있을 때 넓은 개념이 유개념이고, 좁은 개념이 종개념이다. 그리고 종차는 같은 유개념 내에서 종개념이 다른 종개념과 구별되는 특징이다.

문학은	언어로 표현되는	예술이다.
피정의항/종개념	정의항/종차	정의항/유개념

더 알아보기 '정의'할 때의 유의점

유의점	용례
① 정의의 형식에 맞아야 함	문학은 예술이다. (×) ⇨ 기본 형식인 종차가 없음
② 종차를 막연한 표현이나 비유와 상징 등을 사용한 모호한 표현으로 나타내면 안 되고, 개념을 명확하게 드러낼 수 있어야 함	인생은 오랜 시간 달려야 하는 마라톤이다. (×) ⇨ 인생을 마라톤에 비유하고 있기 때문에 잘못된 정의임
③ 정의하고자 하는 대상이나 개념이 정의항에 되풀이되어서는 안 됨	신문 기사는 신문에 쓰인 기사이다. (×)
④ 피정의항이 부정이 아닌 한, 정의항이 부정적 진술로 나타나서는 안 됨	학생은 공부를 끝낸 사람이 아니다. (×)
⑤ 정의항이 대상에 대한 묘사나 해석이어서는 안 됨	인간은 사회를 구성하며 살아간다. (×)
⑥ 정의항의 유개념은 피정의항의 종개념 바로 위의 것이어야 함	인간은 생각하는 생물이나. (×)
⑦ 정의항의 종차는 피정의항만이 가지고 있는 본질적 속성을 반영해야 함	인간은 육식하는 동물이다. (×) ⇨ 인간 외에도 육식을 하는 동물이 많으므로 옳은 정의가 아님

(3) 비교와 대조

두 대상 간의 비슷한 점에 주된 관심을 갖고 진술하는 방식을 '비교'라고 하고, 차이점에 주된 관심을 갖고 진술하는 방식을 '대조'라고 한다. 비교와 대조 모두 견주어 보는 대상의 위상이 같거나 비슷해야 한다.

여자와 소녀

⇨ '여자와 소녀'는 위상이 같지 않아 비교·대조의 대상으로 부자연스럽다. 여성과 남성, 소녀와 소년, 소녀와 성인 여성 등이 비교·대조의 대상으로 적합하다.

(4) 유추

두 개의 특수한 대상에서 어떤 징표가 일치하고 있기 때문에 다른 징표도 일치할 것이라고 추정하며 진술하는 방법이다. 매우 생소한 개념이나 어렵고 복잡한 대상을 좀 더 친숙하고 단순한 개념이나 대상과 비교할 때 사용하는 방법으로, 비교보다는 비유에 가까운 진술 방법이다. 유추를 활용하기 위해서는 진술 대상과 유추 대상이 서로 다른 범주에 속하면서도 유사성이 있어야 하며, 두 대상의 성질이 일대일로 대응되어야 한다.

인생은 마라톤과 같다.

(5) 분류와 구분

하위 항목을 상위 항목으로 묶어서 진술하는 방식을 '분류'라고 하고, 상위 항목을 하위 항목으로 나누어 진술하는 방식을 '구분'이라고 한다.

- 분류: 신라의 향가, 고려의 속요, 조선의 시조는 내용으로 보아 모두 서정시에 속한다. 서정시는 서사시, 극시와 나란히 시의 한 장르를 이루고 있다.
- 구분: 문학의 장르에는 시, 소설, 수필, 희곡, 평론이 있다. 시에는 다시 서정시, 서사시, 극시가 있으며, 자유시, 정형시로 나누기도 한다. 소설은 장편 소설, 중편 소설, 단편 소설이 있고, 고대 소설·현대 소설이 있으며, 가정 소설, 탐정 소설, 해양 소설, 순정 소설 등 다양하게 나눌 수 있다.

단권화 MEMO

단권화 MEMO

‘분류와 구분’은 다음의 조건을 충족해야 한다.

조건	용례
상위 항목은 빠짐없이 하위 항목을 포함해야 함	생물을 나누면 동물, 식물이 있다. ⇨ 미생물도 생물의 범주에 속하므로 적절하지 않음
분류와 구분의 기준은 오로지 하나여야 함	자동차의 종류에는 대형차, 중형차, 소형차, 외제차 등이 있다. ⇨ ‘차의 크기’라는 기준과 ‘제조된 곳’이라는 기준이 함께 적용되었으므로 적절하지 않음
분류와 구분의 각 항목들은 서로 대등해야 하고, 겹치지 않아야 함	학교에는 교사, 학생, 교직원이 있다. ⇨ 교직원은 교원(교사)과 사무직원을 포함하는 말이므로 적절하지 않음

(6) 분석

대상, 개념 등을 부분이나 요소로 분해하는 것을 ‘분석’이라고 한다. 분석은 종합에 반대되는 개념이다.

- 분석: 나무 – 가지, 줄기, 껍질, 뿌리, 잎
- 분류: 나무 – 소나무, 감나무, 사과나무

(7) 예시

세부적이고 구체적인 예를 들어 일반적 원리나 진술을 구체화하는 진술 방법이다. 일반적으로 예시는 ‘주지’를 뒷받침하는 역할을 한다.

(8) 묘사

대상을 감각적으로 표현하고 기술적, 의도적으로 그려 나타내는 양식을 ‘묘사’라고 한다. 묘사는 주관성 개입 여부에 따라 객관적 묘사와 주관적 묘사로 구분할 수 있다.

객관적 묘사 (과학적 묘사, 설명적 묘사)	• 필사의 주관싱을 쇠대한 배제하고, 눈에 보이는 대상이니 상황을 시실에 충실히게 묘사하는 방법 • 주로 과학 실험, 관찰 보고서, 논문 등에서 사용
주관적 묘사 (인상적 묘사, 문학적 묘사)	• 필자의 주관적 인상이나 느낌을 표현하는 방법 • 주로 문학 작품에서 사용

2 동태적 범주

(1) 서사

사건이 진행되어 가는 과정이나 인물의 행동이 변화되어 가는 과정을 시간의 흐름에 따라 차례로 서술하는 방법이다. 즉, ‘시간의 흐름’ 속에서 인물이 ‘무엇’을 했는가를 말하는 방식이다.

■ 서사의 3요소
- ‘행동, 시간, 의미’
- 즉, 서사는 시간의 흐름 속에서 인물이 하는 의미 있는 행동의 기록을 말한다.

나는 그날 그에게 돈 삼 원을 주었다. 그의 말대로 삼산 학교 앞에 가서 뻐젓이 참외 장사라도 해 보라고. 그리고 돈은 남지 못하면 돌려 오지 않아도 좋다 하였다. 그는 삼 원 돈에 덩실덩실 춤을 추다시피 뛰어나갔다. 그리고 그 이튿날, ‘선생님 잡수시라굽쇼.’ 하고 나 없는 때 참외 세 개를 갖다 두고 갔다. 그러고는 온 여름 동안 그는 우리 집에 얼른하지 않았다. 들으니 참외 장사를 해 보긴 했는데 이내 장마가 들어 밑천만 까먹었고, 또 그까짓 것보다 한 가지 놀라운 소식은 그의 아내가 달아났단 것이다.

– 이태준, 「달밤」 –

(2) 과정

어떤 결과에 도달하기 위한 점진적 변화나 단계적인 절차에 주안점을 두는 서술 방법이다. 서사가 '무엇'에 주안점을 둔다면, 과정은 '어떻게'에 주안점을 둔다. 과정은 주로 '정보 전달'을 목적으로 하는 글에서 사용된다.

> 오염된 물은 누가 청소하는가? 증발이나 증산 작용과 같은 물 자체의 순환과 분해자, 생산자가 그 역할을 한다. 태양열에 의해 액체인 물이 기체가 되고, 식물의 체내에 있던 수분이 기체가 되어 잎을 통해 발산된다. 이때 물은, 자기가 용해하여 가지고 있던 물질을 몽땅 그 자리에 둔 채 — 깨끗이 청소된 채 — 자기만 기화한다. 즉, 불순물을 포함하지 않은 순수한 수증기 상태가 되어 구름을 이룬다. 물론, 이때 공기 중의 먼지가 약간 섞이기는 한다. 구름은 다시 액화되어, 비의 형태로 땅 위에 내린다. 이 물은 지구상의 모든 생물의 세포에까지 흘러 들어가서 세포가 필요로 하는 것은 공급해 주고, 필요 없는 것은 세포 밖으로, 그리고 몸 밖으로 깨끗이 치워 준다.

(3) 인과

어떤 결과를 가져오게 한 원인을 분석하거나 어떤 원인에 의해 결과적으로 초래된 현상을 분석하는 것을 말한다. 주로 어떤 결과를 가져오게 한 '원인(왜)'에 주안점을 둔다.

> 수도권에 대한 집중을 억제하고 국토의 불균형을 해소하는 것은 국가 차원의 당위적인 과제이다. 따라서 정부는 국토의 균형 발전을 목표로 지난 40년간 수도권의 인구와 산업의 집중을 억제하고 분산 정책을 지속적으로 추진하고 있다.

04 작문의 과정(순서)

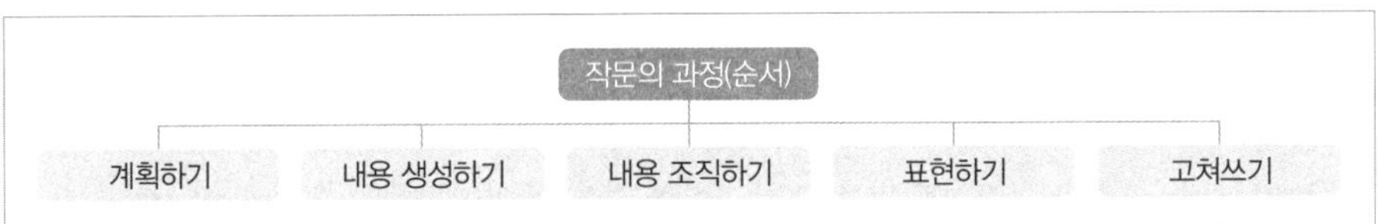

1 계획하기

글의 목적과 독자를 고려하여 주제를 세우는 과정을 '계획하기'라고 한다.

글쓰기의 목적 구체화	필자가 쓰고자 하는 글이 정보를 전달하기 위함인지, 누군가를 설득하기 위함인지, 단순한 자기 표현인지 등을 생각하고 목적을 구체화해야 함
예상 독자의 요구 확인	독자의 연령, 성별, 가치관, 교육 수준 등 예상 독자가 처해 있는 구체적인 환경을 생각해야 함
명확한 주제 설정	• 필자가 전달하고자 하는 생각을 명료화할 수 있는 주제를 설정해야 함 • 올바른 주제는 막연하지 않고 명확하게 글의 중심 생각과 사상을 드러낼 수 있어야 함 • 사회·문화적 배경, 장르의 특성 등을 고려해야 함
작문의 관습	띄어쓰기, 알맞은 문장 부호의 사용 등 보편적인 작문 관습을 지켜야 함

단권화 MEMO

2 내용 생성하기

글의 재료가 되는 자료를 수집하고, 주제에 적합한 자료를 선별하는 과정을 '내용 생성하기'라고 한다.

자료는 다음의 조건을 충족해야 한다.

① 풍부하고 다양하되, 주제를 분명히 뒷받침할 수 있어야 한다.
② 독자의 관심을 끌 수 있고 객관적이고 구체적이어야 한다.

창의성	필자가 세운 글쓰기 목적에 맞는 창의적인 내용을 생성하기 위해 노력해야 함 예 브레인스토밍, 연상하기, 가상의 독자와 대화하기 등
자료 수집	• 체계적인 방법을 통해 자료를 수집해야 함 • 주로 일반적인 것에서 구체적이고 전문적인 것으로, 쉬운 것에서 어려운 것 순으로 자료를 수집함 예 문헌, 전문가와 면담하기, 관찰 등

■ 글의 구성 모형

문제와 해결	문제점을 먼저 제시하고 해결 방안을 뒤에 제시
원인과 결과	원인을 먼저 제시하고 결과를 뒤에 제시
단계적 순서	상황, 과정, 움직임, 문제점 등을 순서대로 제시

3 내용 조직하기

앞서 생성한 내용을 구조화하고 배열하는 과정을 '내용 조직하기'라고 한다.

① 일반적으로 3단 구조로 구성한다. 설명문의 경우는 '처음 · 가운데 · 끝'으로, 논설문의 경우는 '서론 · 본론 · 결론'으로 구성한다.
② 글 전체의 통일성, 일관성, 완결성을 고려한다.
③ 내용의 전개 원리에 따라 글의 중심 내용과 세부 내용을 전개하고 배열한다.
④ 일반적이고 모범적인 글의 구성 모형을 통해 글을 조직한다. 일반적이고 모범적인 글의 구성 모형을 활용하면 필자는 글쓰기에 도움을 받을 수 있고, 독자는 글의 내용을 예측하기 쉽다는 장점이 있다.

■ 집필 순서

제목 정하기	글의 내용과 성격이 잘 드러나야 하며, 주제를 함축하고 전체 내용을 포괄해야 함
서두 쓰기	독자의 관심과 흥미를 끌 수 있어야 함
본문 쓰기	서두의 내용을 풀어서 제시
결말 쓰기	본문의 내용을 요약하고, 전망을 제시

4 표현하기

조직된 내용을 목적과 절차에 따라 글로 표현하는 것을 '표현하기'라고 한다.

① 글 내용에 가장 적합한 어휘를 선택하며, 어법에 맞게 문장을 표현한다.
② 예상 독자를 고려하며 글을 쓴다.
③ 비유, 변화, 강조 등 여러 표현 기법을 상황에 맞게 사용한다.
④ 필자의 특성에 맞는 개성 있는 문체로 표현한다.
⑤ 그림, 도표 등을 상황에 맞게 사용한다.

5 고쳐쓰기

글의 목적에 적합한지 고려하여 문맥을 다듬고 표현을 수정하는 것을 '고쳐쓰기'라고 한다. 고쳐쓰기를 할 때에는 글 수준, 문단 수준, 문장 수준, 단어 수준에서 적절하지 않거나 잘못된 표현을 수정한다.

(1) 글 · 문단 · 문장 · 단어 수준의 고쳐쓰기

글 수준	• 전체 주제와 비교해 보며 중심 문단과 뒷받침 문단의 관계를 다시 살펴봄 • 제목, 소제목 등을 수정하며 불필요한 부분을 삭제하고 중요한 내용의 위치를 조정하는 등 글의 전체적인 부분에 집중함
문단 수준	• 각 문단의 중심 내용에 맞게 중심 문장과 뒷받침 문장의 관계가 적절한지 살펴봄 • 문단의 길이 등을 수정함
문장 수준	• 각 문장 성분들이 호응하는지, 접속어와 지시어 등은 적절한지 등을 살펴봄 • 모호한 문장을 수정함
단어 수준	띄어쓰기, 맞춤법 등이 적합한지 살펴보고 부적절한 단어를 적절한 단어로 교체함

(2) 고쳐쓰기의 원칙

첨가의 원칙	표현의 상세화를 위해 부족한 부분이나 빠뜨린 부분을 보충
삭제의 원칙	표현의 긴장성 확보를 위해 불필요한 부분을 삭제
재구성의 원칙	논리적 완결성을 위해 문장이나 문단의 배열 순서를 바꿈

더 알아보기 문체*의 종류

간결체	• 문장을 짧게 끊어 표현한 문체 • 간결체에는 마침표, 느낌표, 물음표 등이 자주 사용됨 • 긴장감과 선명한 인상을 줌
만연체	• 문장을 길게 쓴 문체로, 쉼표가 자주 사용됨 • 정보를 충분히 전달할 수 있는 반면, 지루함을 줄 수도 있음
건조체	• 꾸미는 말을 지양하고, 전달하려는 내용만을 쓴 문체 • 간결하게 핵심 내용을 파악할 수 있는 반면, 건조하고 딱딱한 느낌을 줄 수도 있음
화려체	• 여러 가지 표현 방법과 꾸미는 말을 사용하여 글을 화려하게 쓴 문체 • 미묘하고 아름다운 정감을 표현하는 데 효과적
우유체	• 부드럽고 온화하여 다정하게 느껴지는 문체 • 친밀감 형성이 가능
강건체	• 굳세고 강하여 호소력이 느껴지는 문체 • 연설조의 논설문에서 자주 사용됨 • 호소력이 짙다는 특징을 지님
문어체	글에서만 쓰이는 점잖고 예스러운 문체
구어체	일상생활에서 쓰는 말을 사용한 문체

단권화 MEMO

■ 교정 전략

전체적 교정 전략	• 교정이 단어나 문장 수준에 머무르지 않고 문단, 글 전체 수준에서 재조직하는 교정 전략 • 주로 능숙한 필자가 사용할 수 있는 전략
지엽적 교정 전략	• 오타 수정 등 단어나 구절의 수정 수준에 머무는 교정 전략 • 주로 미숙한 필자가 사용할 수 있는 전략

*문체
글이나 문장의 개성적 특색을 말한다.

단권화 MEMO

05 작문의 실제

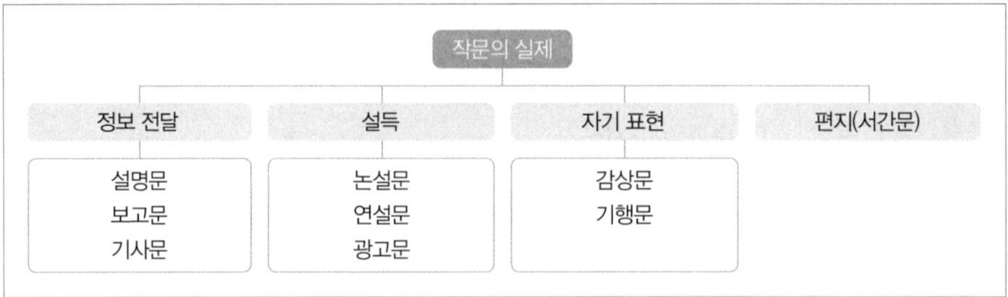

1 정보 전달

(1) 설명문

① 개념: 어떤 대상에 대하여 독자가 잘 모르거나 잘못 알고 있는 것을 쉽고 정확하게 이해할 수 있게 쓰는 글을 '설명문'이라고 한다.

② 특징

㉠ 객관적으로 서술하는 글이다.

㉡ 정확한 정보를 바탕으로 한 글이다.

㉢ 간결한 문장으로 표현한다.

③ 유의점

㉠ 설명의 대상이 명확하고 용어 사용이 정확해야 한다.

㉡ 부정확한 정보를 사용하지 않아야 한다.

㉢ 설명의 대상이나 내용에 따라 문단을 구분해야 한다.

㉣ 도표, 그림, 사진, 통계 자료 등의 보조 자료를 적절히 활용해야 한다.

④ 구성

머리말	대상을 밝히고, 글을 쓰는 이유와 목적을 밝힘
본문	대상을 구체적으로 설명
맺음말	본문에서 설명한 내용을 요약·마무리

(2) 보고문

① 개념: 연구, 조사, 실험, 답사, 행사 등의 과정이나 결과를 다른 사람에게 일정한 양식에 맞추어 전달하는 글을 '보고문'이라고 한다. 보고문은 수록한 내용에 따라 '연구 보고문, 여행 보고문, 조사 보고문, 관찰 보고문, 실험 보고문' 등으로 나뉜다.

② 특징

㉠ 객관적으로 서술하는 글이다.

㉡ 문제 해결의 성격을 보이는 글이다.

③ 유의점

㉠ 보고에 필요한 사진, 도표, 그림, 통계 등의 보충 자료, 참고 자료 등을 풍부하게 제시해야 한다.

㉡ 보고문의 주제, 작성 의의, 작성 동기, 필요성, 목적 등을 분명하게 제시해야 한다.

㉢ 실험, 답사, 관찰 등의 조사 대상, 조사 방법, 조사 기간, 장소, 참가자를 정확하게 밝혀야 한다.

㉣ 조사 내용과 그 핵심을 육하원칙에 따라 밝혀야 한다.

단권화 MEMO

(3) 기사문

① 개념: 실제로 일어난 사건에 대한 정보를 보고 들은 대로 신문이나 잡지에 정확히 알리는 글을 '기사문'이라고 한다.

② 특징

㉠ 육하원칙의 형식을 갖춘 문장이 쓰인다.

㉡ 일반적으로 신속성이 중요한 글이다.

㉢ 객관적인 글이다.

㉣ 간결한 문장으로 표현한다.

③ 유의점

㉠ 기사 내용이 가치가 있어야 하고, 객관성, 정확성을 갖추어야 한다.

㉡ '표제 – 전문 – 본문'의 3단계 구성을 갖추어야 한다.

㉢ 육하원칙에 따라 써야 한다.

㉣ 어문 규범과 보도 윤리를 지켜야 한다.

④ 구성

표제	• 헤드라인, 타이틀이라고도 함 • 기사 내용을 압축하여 제시함 • 정확성, 명료성, 긴장성을 지녀야 함
부제	표제를 보완하는 문구
전문	기사 내용을 육하원칙에 따라 요약한 문장
본문	• 기사 내용을 자세히 서술한 부분 • 통일성과 일관성이 있어야 함
해설	• 이해를 돕기 위해 덧붙인 보충 설명으로, 주관성이 드러나기도 함 • 생략되는 경우가 많음

2 설득

(1) 논설문

① 개념: 독자가 공감할 수 있도록 자신의 주장을 논리적으로 쓰는 글을 '논설문'이라고 한다.

② 특징

㉠ 논리적이고 독창적인 글이다.

㉡ 정확한 근거를 바탕으로 쓰인 글이다.

㉢ 설득을 목적으로 하는 글이다.

③ 유의점

㉠ 논지가 선명하게 드러나야 한다.

㉡ 추론이 합리적이며, 설득력 있어야 한다.

㉢ 부적절한 인용, 모순, 비약 등이 없어야 한다.

단권화 MEMO

④ 구성

서론	• 글을 쓰는 동기, 문제 제기, 논제 제시 • 용어의 개념을 정리 • 독자의 흥미 유발
본론	• 주장·의견을 내세우는 단계 • 주장을 입증하기 위해 과제에 대한 의견, 주장, 논거 제시, 논리적 반박, 해결 방법 제시
결론	• 본론의 내용 요약·마무리 • 행동 촉구, 전망 제시, 새로운 과제 제시

(2) 연설문

① 개념: 청중의 신념이나 태도에 변화를 주기 위해 청중 앞에서 연설할 내용을 적은 글을 '연설문'이라고 한다. 연설문은 목적에 따라 '정보 전달 연설문, 설득 연설문, 환담 연설문' 등으로 나뉜다.

② 특징

㉠ 낭독할 것을 전제하므로 구어체로 적는 경우가 많다.

㉡ 청중, 시간과 장소 등의 상황을 염두에 두고 쓴 글이다.

③ 유의점

㉠ 청중의 수준을 고려해야 한다.

㉡ 처음 부분에 청중의 주의를 환기하는 내용이 들어가야 한다.

㉢ 자신의 체험, 여러 사람의 예화를 풍부하게 활용해야 한다.

㉣ 끝부분은 핵심 내용을 강조하고 인상적으로 마무리해야 한다.

(3) 광고문

① 개념: 상품, 각종 정보, 사업 내용 등을 여러 가지 매체를 통하여 널리 알리기 위해 쓰는 글을 '광고문'이라고 한다.

② 특징

㉠ 독자의 흥미를 끌 수 있는 글이다.

㉡ 욕구를 불러일으키고 실행하게 하는 글이다.

㉢ 오래 기억하게 만들 수 있는 글이다.

③ 유의점

㉠ 특정 계층에게 거부감을 주거나 반사회적, 반윤리적, 생명 경시적, 성차별적 표현 등이 없는지 살펴보아야 한다.

㉡ 광고 문안과 배경 사진, 그림이 잘 어울려야 한다.

3 자기 표현

(1) 감상문

① 개념: 작품에 대한 자신의 생각이나 느낌을 쓴 글을 '감상문'이라고 한다.

② 특징

㉠ 감동을 오래 간직할 수 있는 글이다.

㉡ 감상의 결과물로서 형식이 자유로운 글이다.

③ 유의점

㉠ 작품 감상의 동기가 잘 나타나야 한다.

㉡ 작품에 대한 느낌이나 생각이 자세히 나타나야 한다.

(2) 기행문

① 개념: 여행을 하면서 보고 듣고 느끼고 생각한 바를 쓴 글을 '기행문'이라고 한다.

② 특징

㉠ 실제 경험을 바탕으로 쓴 글이다.

㉡ 여정 · 견문 · 감상의 세 요소로 구성된 글이다.

③ 유의점

㉠ 여행의 동기, 감흥 등이 잘 나타나야 한다.

㉡ 여정과 견문, 감상이 적절히 조화를 이루어야 한다.

㉢ 자신만의 독특한 감상이 드러나야 한다.

4 편지(서간문)

① 개념: 자신의 용건을 상대방에게 알리고자 쓰는 글을 '편지'라고 한다.

② 특징

㉠ 쓰는 이와 받는 이의 마음과 마음을 이어 주는 글이다.

㉡ 말로 하기 어려운 생각을 전달하거나 대면 상황에서의 부담을 덜기에 적합한 글이다.

③ 유의점

㉠ 받는 이가 오해할 만한 표현이 없어야 한다.

㉡ 예의에 어긋나는 표현이 없어야 한다.

CHAPTER

02 화법

□ 1회독	월	일
□ 2회독	월	일
□ 3회독	월	일
□ 4회독	월	일
□ 5회독	월	일

교수님 코멘트▶ 화법 이론과 관련된 문제가 출제될 가능성이 있다. 따라서 대표적인 화법 이론과 용어를 정리해 두어야 한다.

단권화 MEMO

■ 발화와 담화
- 발화: 의사소통 과정에서 머릿속의 생각이 음성 언어로 나타난 것
- 담화: 화자와 청자가 주고받는 발화의 연속체

01 화법의 개념과 구성 요소

1 개념

인간이 자신의 생각을 말하고 상대방의 말을 듣는 과정을 통하여 서로의 지식, 의견, 감정 등을 공유하는 음성 언어 의사소통의 방법을 '화법'이라고 한다. 화법은 화자(말하는 이)와 청자(듣는 이)가 소통하여 협력적으로 의미를 구성하는 '상호 교섭 행위'이다.

2 구성 요소

(1) 화자(말하는 이)

담화에서 말을 하는 사람을 '화자'라고 한다. 화자의 사회적 위치, 주제에 대한 전문성, 인격은 말하는 '내용(메시지)의 신뢰성'에 영향을 미친다.

> "봄이 오면 환경광 또는 채광량이 늘기 때문에 2월보다는 양질의 수면을 취할 수 있다."면서 "남성보다는 여성이, 젊은 사람보다는 나이든 사람일수록 '2월 불면증'에 더 많이 시달리는 것으로 조사됐다."라고 설명했다.
>
> – 수면 전문가 –

⇨ 화자가 수면 전문가이기 때문에 위 내용을 더 신뢰할 수 있다. 만약, 위 말을 전문가가 아닌 일반인이 했다고 하면 과연 믿을 수 있을까?

(2) 청자(듣는 이)

담화에서 듣는 사람을 '청자'라고 한다. 담화는 화자의 일방적인 전달 행위가 아니라 청자 지향적인 행위이다. 그러므로 화자는 담화 수행 이전에 청자를 분석해야 하고, 담화 수행 중에는 청자의 반응을 지속적으로 관찰하여 담화를 역동적으로 수정해 나가야 한다.

> A 학생: 효과적인 학습법에 대한 자료나 통계가 아주 많아 몇 개만 골라내기가 어렵네. 이 자료들을 발표 시간에 다 발표할 수 있도록 잘 정리해야겠어. 이 엄청난 자료를 모두 인용하게 되면 반 친구들은 효과적인 학습법이 중요한 주제라는 것을 알 수 있을 거야.
>
> B 학생: 효과적인 학습법에 대한 자료가 매우 많지만 청중들은 나와 같은 또래의 학생들이니까 너무 전문적이고 방대한 자료는 이해하기 힘들 것 같아. 이 자료들은 간단히 언급한 후에 내가 실제로 사용해 보고 효과를 보았던 학습법을 중심으로 설명하면 반 친구들이 자신들도 해 볼 수 있는 학습법이라는 것을 알 수 있을 거야.

⇨ A와 B 학생은 효과적인 학습법을 주제로 한 발표를 계획하고 있다. 보다 내용에 충실하고 체계적인 것은 관련 자료와 통계를 풍부하게 인용하려 하는 A 학생의 발표이겠으나, 청중의 역량과 수준을 적절히 고려한 B 학생의 발표가 더 설득력이 있을 것이다.

더 알아보기 청자

청자 분석 방법	• 청자가 처한 상황과 맥락은 어떠한가? 예 청자가 속한 문화, 연령, 성별, 지적 수준 등 • 청자는 주제에 대하여 어느 정도 알고 있는가? • 청자는 주제에 대하여 어떤 입장이나 태도를 취하고 있는가? • 청자는 주제에 대하여 어떤 부분에 관심을 보이고 있는가? • 청자의 정서적 상태는 어떠한가?
청자의 관심과 흥미 유발 방법	• 새롭고, 쉽고, 흥미로운 것을 화제로 선택하기 • 추상적인 내용보다 사례나 일화 등 구체적인 내용 활용하기 • 청자의 이익이나 필요성 강조하기 • 시청각 자료와 비언어적 메시지(몸짓, 표정 등)를 이용하기

단권화 MEMO

(3) 메시지(전언)

'메시지'는 담화에서 전달되는 내용을 의미한다. 메시지는 다음과 같이 구분할 수 있다.

언어적 메시지	일반적인 말이나 글로 자신의 생각이나 감정을 전달하는 메시지
준(반)언어적 메시지	주로 소리로 나타내는 억양, 어조, 강약, 높낮이 등을 통해 언어적 내용을 전달하는 메시지
비언어적 메시지	언어나 문자가 아니라 행동, 표정 등을 사용하여 언어적 내용을 전달하는 메시지

■ 메시지 제시에 따른 설득 효과
• 논리적으로 호소할 것인가, 감정적으로 호소할 것인가?
• 통계적 자료를 근거로 할 것인가, 개인적 경험을 근거로 할 것인가?

(4) 장면(맥락)

'장면'은 담화가 이루어지는 모든 시간적, 공간적 상황과 분위기를 의미한다. 장면은 시공간 및 사회 문화적 맥락으로 구성되는데, 같은 말일지라도 어떤 장면에서 행해지느냐에 따라 의미가 달라지기도 하고 영향력이 달라지기도 한다.

시공간 맥락	미시적 상황, 쉽게 변함 예 담화하는 장소, 시간 등
사회 문화적 맥락	거시적 맥락, 오랜 시간을 거쳐서 형성됨 예 한국 문화, 미국 문화 등

02 화법의 이론

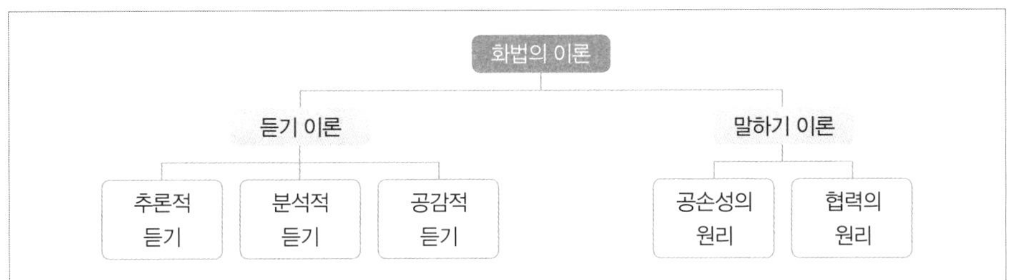

1 듣기 이론

(1) 추론적 듣기(예상하며 듣기)

언어적 표현, 준(반)언어적 표현, 비언어적 표현에 함축된 화자의 의도와 목적, 언급되지 않은 전제나 가정 등 생략된 내용을 파악하며 듣는 것을 말한다. 추론적 듣기는 상대의 행위를 예측하고 자신의 반응을 계획하는 데 반드시 필요한 사고 과정이다.

단권화 MEMO

(2) 분석적 듣기(비판적 듣기, 따져 가며 듣기)

상대방이 하는 발화의 신뢰성, 타당성, 공정성 등을 따져 가며 듣는 것을 말한다.

① **신뢰성**: '정보나 출처가 믿을 만한 것인가?', '인정할 수 없는 권위에 호소하고 있지 않은가?' 등을 따져 보는 것을 말한다.

② **타당성**: '자료나 근거로부터 도출된 올바른 결론인가?', '현실이나 삶의 이치에 부합되는 내용인가?' 등을 따져 보는 것을 말한다.

③ **공정성**: '어느 한쪽으로 치우친 내용은 아닌가?', '진실이나 도리에 부합하는가?', '사회적 약자를 배려하고 있는가?' 등을 따져 보는 것을 말한다.

(3) 공감적 듣기(들어주기)

상대의 말을 비판하지 않고 감정 이입의 차원에서 상대방의 생각이나 감정을 깊이 있게 이해하는 데 목적이 있는 듣기 방식을 말한다. 공감적 듣기의 핵심은 자신의 견해를 개입시키지 않고 상대방의 말을 듣는 '들어주기'에 있다. 공감적 듣기는 '소극적 들어주기'와 '적극적 들어주기'로 나눌 수 있다.

소극적 들어주기	• 화자에게 관심을 표현하며, 화자가 이야기를 이어 나갈 수 있도록 맥락을 조절하며 듣는 방식 • 방법: 관심 표명, 화맥* 조절, 격려하기, 집중하기
적극적 들어주기	• 화자의 말을 요약·정리하고 반영하며, 화자가 스스로 문제를 해결할 수 있도록 듣는 방식 • 방법: 요약하기, 반영하기

*화맥
발화된 내용과 연관이 되는 맥락

2 말하기 이론

(1) 공손성의 원리(정중 어법)

상대방에게 정중하지 않은 표현을 최소화하고 정중한 표현은 최대화해야 한다는 말하기 방식이다.

요령의 격률	청자의 관점	부담↓ 이익↑	• 상대방에게 부담이 되는 표현 최소화 • 상대방에게 혜택을 주는 표현 최대화
관용의 격률	화자의 관점	부담↑ 이익↓	• 화자 자신에게 부담을 주는 표현 최대화 • 화자 자신에게 혜택을 주는 표현 최소화
찬동의 격률	청자의 관점	비방↓ 칭찬↑	• 다른 사람에 대한 비방 최소화 • 다른 사람에 대한 칭찬 극대화
겸양의 격률	화자의 관점	비방↑ 칭찬↓	• 화자 자신에 대한 비방 극대화 • 화자 자신에 대한 칭찬 최소화
동의의 격률	청자+화자	일치점↑ 다른 점↓	• 화자 자신의 의견과 다른 사람의 의견 사이의 일치점을 극대화 • 화자 자신의 의견과 다른 사람의 의견 사이의 다른 점을 최소화

(2) 협력의 원리

화자는 대화의 목적을 분명히 설정하고 그 목적 달성에 알맞은 말을 하며 결속성을 유지하여야 하고, 청자는 상대방의 말을 결속성이 있는 것으로 수용하고 받아들여야 한다는 말하기 방식이다.

양의 격률	대화의 목적에 필요한 만큼의 정보를 제공
질의 격률	타당한 근거를 들어 진실을 말함
관련성의 격률	대화의 목적이나 주제와 관련된 것을 말함
태도의 격률	모호성이나 중의성이 있는 표현을 사용하지 말고, 간결하고 조리 있게 말하되 언어 예절에 맞게 말함
대화 함축	고의적으로 협력의 원리를 위반하여 자신의 발화 의도를 간접적으로 표현하는 것

단권화 MEMO

더 알아보기 적절한 거리 유지의 원리

1. **개념**: 의사소통의 과정 중 상반되는 두 욕구(연관성의 욕구와 독립성의 욕구) 사이에서 균형을 유지하면서 최적의 거리를 유지할 수 있도록 노력하는 것을 말한다.
   ① **연관성의 욕구**: 다른 사람과 관계를 맺고자 하는 욕구
   ② **독립성의 욕구**: 누구에게도 자신의 개인적 영역을 침해받고 싶지 않은 욕구
2. 지침(미국의 언어학자 레이코프)
   ① 상대방과 거리를 유지하라.
   ② 상대방에게 선택권을 주어라. 상대로 하여금 의견을 말하도록 유도하라.
   ③ 항상 우호적인 태도를 견지하라.

03 화법의 실제

1 토의

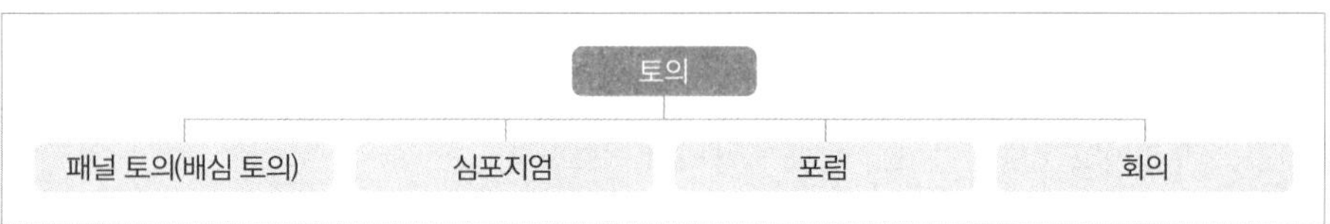

(1) 개념

'토의'란 어떤 공동의 문제에 대해 협력적 사고를 통해 최선의 해결책을 협의하는 담화 유형이다. 토의는 대화의 일종이지만 협력적 사고와 공통된 문제 해결에 중점 의미가 있다.

(2) 특징

① 최선의 해결안을 모색하는 과정에서 소수의 의견을 존중한다.
② 민주적 과정을 거치며, 다수결이나 특정인의 주장에 치우치지 않는다.
③ 모두에게 공정한 발언 기회가 주어지며, 가능한 한 모든 안을 검토한다.

(3) 종류

① 패널 토의(배심 토의)
   ㉠ 특정 문제에 특별한 관심이 있거나 전문가인 사람을 패널(배심원)로 뽑아 청중 앞에서 의견을 주고받으며 공동으로 진행하는 토의 방식이다.
   ㉡ '패널 토의'는 의견을 조정하는 수단으로 자주 쓰이며 정치적, 사회적, 시사적 문제를 주로 다룬다.
   ㉢ 배심원들의 토의가 끝난 뒤에 청중과 질의응답을 가진다.
   ㉣ 사회자는 주제에 대해 전문성이 있어야 한다.

■ 주제: 교통 체증의 해결 방안
■ 배심원: 김 국장(정부 대표), 윤 사장(사업가 대표), 박 변호사(시민 대표)

사회자: 우리나라의 교통 체증 문제는 매우 심각합니다. 이 문제에 대한 해결 방안을 마련하고자 여러 분야의 권위자를 모셨습니다. 각자의 의견을 말씀해 주십시오.
김 국장: 교통 체증은 도로는 그대로인데 자동차가 너무 빠른 속도로 늘어나기 때문에 일어나는 현상입니다. 승용차 십부제와 같은 방법을 모색해야 합니다.
윤 사장: 그것은 사업하는 사람 입장에서는 큰 불편입니다. 더욱이 영세한 사업자에게는 더욱 치명적입니다.
박 변호사: 버스 전용차로제가 효과적입니다. 이 제도가 실행되면 승용차를 가진 사람도 대중교통을 이용할 것입니다.
…(중략)…
사회자: 버스 전용차로제에 대해서는 이의가 없으신 것 같습니다. 그렇다면 이 문제에 대해 청중분들의 질문을 받도록 하겠습니다.
청중1: 박 변호사님께 여쭙겠습니다. 승용차 함께 타기 같은 것을 추가하는 것은 어떻습니까?
박 변호사: 좋은 의견이라고 생각합니다. 다만…….
…(중략)…
청중2: 김 국장님께 질문 드리겠습니다. 승용차 십부제에 참여하는 시민들에게 주차장 할증료 면제나 세금 감면 혜택을 주는 방안은 어떻습니까?
김 국장: 그 방안도 검토해 보았습니다. 다만 실효성에 의문이 있습니다.
…(중략)…
사회자: 지금까지 교통 체증 해소에 대하여 논의해 보았습니다. 구체적 결론이 나오지는 않았지만, 함께 좋은 방안을 논의했다는 점에서 소기의 성과를 얻었다고 생각합니다.

② 심포지엄

㉠ 3～5명의 전문가가 특정 주제에 대하여 강연식으로 발표하고 난 후, 청중의 질의에 응답하는 형식의 토의이다. 이때 토의자들 간의 의사 교환은 거의 이루어지지 않는다.
㉡ 심포지엄은 찬반을 가리는 것이 목적이 아니라 특정 주제에 대하여 여러 각도의 의견을 발표하는 것이 주된 목적이다.
㉢ 전문적이고 학술적인 내용일 때 활용하기 적합하다.
㉣ 사회자는 토의할 문제를 소개하고, 토의의 요점을 간략하게 정리해 청중의 이해를 돕는다.

■ 주제: 지구 온난화를 방지하기 위한 방안
■ 참가자: 사회자, 전문가 3인, 청중

사회자: 지구 온난화 방지를 위한 방안에 대하여 세 분의 전문가를 모시고 토의를 진행하도록 하겠습니다. 먼저 전문가1님이 나오셔서 말씀해 주시기 바랍니다.
전문가1: 근본적인 해결책은 각국이 화석 연료 사용을 대폭적으로 줄이는 것뿐입니다. 화석 연료량을 감소시키려면 제조 방법과 에너지의 효율적 사용이 절실히 필요합니다.
…(중략)…
사회자: 전문가1님의 말씀 잘 들었습니다. 전문가1님의 의견은 지구 가족이라는 관점에서 많은 시사점을 주는 것 같습니다. 그럼 전문가2님의 말씀을 들어 보겠습니다.
전문가2: 저는 산림의 무분별한 벌목을 중지하는 것이 그 무엇보다 중요하다고 생각합니다. 세계적으로 볼 때 이산화탄소 배출의 4분의 1이 무분별한 벌목에 의한 것이기 때문입니다.
…(중략)…
사회자: 네, 전문가2님의 의견 잘 들었습니다. 이산화탄소 문제의 해결에 대한 적절한 방안이었다고 생각합니다. 그럼 전문가3님의 의견을 들어 보겠습니다.
전문가3: 대체 에너지 개발이 결국 이산화탄소 문제를 해결하고 궁극적으로 지구 온난화를 해결하는 유일한 방안이라고 생각합니다. 실제로 각국은 대체 에너지 개발을 환경 문제 해결 방안과 국가 발전 전략으로 보고 사활을 걸고 대체 에너지를 개발 중입니다.
…(중략)…

사회자: 전문가3님의 의견 잘 들었습니다. 궁극적인 환경 문제를 해결하기 위하여 친환경 대체 에너지 개발이 시급하다는 의견이셨습니다. 그럼 이제 세 분에게 질문을 받도록 하겠습니다. 질문 있으신 분은 손을 들어 발언권을 얻으신 후 간략히 질문해 주시기 바랍니다.
청중1: 전문가1님에게 묻겠습니다.
…(중략)…
전문가1: (답변 생략)
청중2: 전문가2님에게 묻겠습니다.
…(이하 생략)…

③ 포럼

㉠ 공적인 문제에 대하여 공공의 장소에서 모여 직접 관련 있는 사람들이 공개적으로 토의하는 방식이다.

㉡ 다른 토의 방식보다 비교적 청중의 참여가 자유로우며(처음부터 청중의 참여가 가능), 첨예한 갈등의 소지가 있는 문제에 대해서는 서면 질의를 받기도 한다.

㉢ 사회자는 질의응답 규칙을 청중에게 미리 설명하고 질문 시간을 조정해야 한다. 또한 청중에게서 질문을 이끌어 낼 수 있는 능력이 있어야 하는 등 사회자의 역할이 매우 크다.

■ 주제: ○○ 도시 구조 개편 합리적인가?
■ 참가자: 사회자, 발표자(국장, 교수), 청중

사회자: 지금부터 '○○ 도시 구조 개편 합리적인가?'라는 주제를 놓고 토의를 시작하겠습니다. 이 문제에 대해 두 분의 발표자를 모시고 진행하겠습니다. 그럼 먼저 ○○시 도시개발 국장님이 말씀하시겠습니다.
국장: 이번에 발표한 도시 구조 개편은 국제화·개방화 시대를 맞이하여 꼭 필요한 조치입니다. 이것은 단순한 개발이 아닌 새로운 공간 구조의 개편이라고 할 수 있으며 기본 원칙은 다음과 같습니다.
…(중략)…
사회자: 다음은 ○○대학교 도시개발학과 교수님을 모시고 말씀 듣겠습니다.
교수: 최근 발표된 ○○시의 도시 구조 개편은 많은 시민들로부터 의구심을 불러일으키고 있는 것이 사실입니다. 특히나 이 계획의 수립 과정에서 충분한 주민들의 의견 수렴이 되었는가에 대해 따져 보아야 합니다.
…(중략)…
사회자: 지금까지 두 분의 말씀을 잘 들어 보았습니다. 그러면 지금부터 청중 분들과 질의응답 시간을 가지도록 하겠습니다.
(사회자가 질의 희망자 중 한 명을 선정한다.)
청중: 국장님께 질문 드리겠습니다. 이 도시 구조 개편은 국제화 시대에 꼭 필요하다고 말씀하셨는데요…….
…(중략)…
국장: (답변 생략)
(이와 같은 방식으로 많은 청중이 발표자와 질의응답 시간을 갖는다.)
사회자: 네, 이제 어느 정도 이야기가 정리된 것 같습니다. ○○시 구조 개편은 시민들의 복지 향상과 국제화 대비에서는 필요하다는 의견이 대부분이었지만 그 과정에서 절차상의 문제점들을 많은 분들이 지적해 주셨습니다. 이 문제에 대해 시측의 합리적이고 효과적인 대응이 필요하다고 봅니다. 이상 포럼을 마치겠습니다.

④ 회의

㉠ 공동으로 당면한 문제를 해결하기 위하여 두 사람 이상이 모여서 협의하여 의제를 채택하고, 참석자들의 동의를 얻어 의제와 관련된 사항을 결정하는 과정을 '회의'라고 한다.

㉡ 회의는 중요한 의사 결정을 내리기 위한 수단이기 때문에 다른 토의에 비해 엄격한 절차가 있고, 이를 지키는 것이 매우 중요하다.

단권화 MEMO

■ 회의 순서

도입	개회 선언과 경과 보고 → 의안 심의 시작
정보 교환	원 동의와 재청 → 의안 설명과 질의
의사 표시	토의 개시와 종결
결론	표결과 의안의 가결
정리	폐회 선언

단권화 MEMO

＊재청
이미 한 번 한 것을 다시 청한다는 의미이다. 재청은 의장의 발언권을 얻지 않아도 된다.

＊질의
질의는 제안자가 아니라 의장에게 한다. 의장은 질의가 종료되면 토의에 들어가도 좋은지 여부를 묻고, 회원들이 찬성하면 토의에 들어간다.

＊표결
서기가 찬성자의 수를 헤아린 후 의장에게 보고한다. 표결 방법은 사전에 결정된다.

＊가결
회의에서 제출된 의안을 합당하다고 결정하는 것을 의미한다. 가결의 반의어는 '부결'이다.

■ '동의'의 처리 순서
우선 동의 → 부수 동의 → 보조 동의 → 원 동의

- **개회**: 회원들이 착석하고 의장이 개회를 선언
- **인원 점검**: 서기가 출석 인원을 정확히 세어 의장에게 보고
- **회의록 낭독**: 서기가 전(前) 회의록 낭독
- **의안 심의**

의장: 의안 심의에 들어가겠습니다. 의안을 제출해 주십시오.
회원1: 의장님!
의장: 회원1 발언권 드리겠습니다.
회원1: 특별소비세 인하 방안에 대하여 동의합니다.
회원2: 재청*합니다.
의장: 회원2의 재청으로 성립되었습니다. 회원1은 나오셔서 보충 설명을 해 주십시오.
회원1: (단상으로 나가서 설명한다.)
의장: 이 안건에 대해 질문 받겠습니다.
회원3: (질의*한다.)
의장: 토의 순서입니다. 이 의안에 대하여 다른 의견이 있으신 회원은 손을 들어 주십시오.
(이하 토의 진행)
의장: 이제 토의를 종결해도 되겠습니까?
(의석에서 '좋습니다'라든가, 토의 종결 동의가 가결되면 토의는 종결된다.)
의장: 그럼 표결*에 들어가겠습니다. 회원1의 의견에 찬성하시는 회원은 거수해 주시기 바랍니다.
의장: 회원1의 의견은 찬성 ○○표로 가결*되었습니다.

더 알아보기 회의의 원칙 및 주요 용어

일 의제의 원칙	한 의제가 표결로 결정되기 전에는 다른 의제를 동시에 상정할 수 없음
일사부재의 원칙	일단 부결이나 의결된 의안은 그 회기 중에 다시 다루지 않음
회기불계속의 원칙	이번 회기에서 의결되지 못한 사항은 다음 회기에서 자동적으로 폐기
원 동의	제일 처음 나온 동의, 원안
보조 동의	원 동의를 보조하는 동의, 수정 동의
부수 동의	동의와 직접 관련되지 않은 호소와 요구 또는 원 동의에 덩달아 일어나는 제안
우선 동의	원 동의 심의 중 긴급한 사태가 발생하였을 경우의 동의

⑤ **원탁 토의**: 10명 내외의 소규모 집단이 상호 대등한 관계 속에서, 형식에 얽매이지 않고 정해진 주제에 대해 모든 참가자가 자유롭게 의견을 교환하는 형식이다. 토의의 가장 기본적인 형태로 본다.

⑥ **버즈(buzz) 토의**: 6·6 토의라고도 하는데, 6명씩으로 구성하여 6분간 토의한다는 의미로 소규모 집단이 길지 않은 시간 동안 토의를 하는 형태이다. 한 공간에서 여러 개의 소규모 집단이 각각 토의하므로 마치 벌집을 쑤셔 놓은 것처럼 웡웡거린다는 의미에서 버즈 토의라 한다.

2 토론

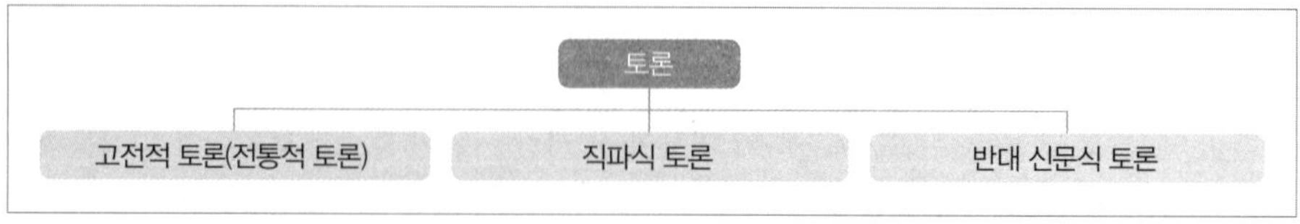

(1) 개념

'토론'은 논제에 대하여 긍정 측과 부정 측이 논거를 들어 자신의 주장이 옳음을 내세우고 상대방의 주장이나 논거가 부당하다는 것을 명백하게 하는 화법의 한 형태이다.

(2) 특징

① '토의'가 문제 해결을 위해 의견의 일치를 얻으려고 서로 협동하여 이야기하는 형식이라면, '토론'은 의견의 일치를 구하려는 점에서는 토의와 같지만 쟁점에 대하여 긍정과 부정으로 갈려서 대립을 전면에 드러낸다는 점에서는 토의와 다르다.

② 토론은 그 과정에서 대립하는 쟁점에 대하여 상대의 주장과 근거를 이해하게 되어 상호 이해의 폭을 넓히고 공감대의 기반을 확보하는 데 그 목적이 있다.

③ 정해진 순서와 절차를 따라야 하며, 상대방의 의견을 존중하는 태도를 가져야 한다.

(3) 규칙

① 토론은 사회자, 토론자, 심사자, 청중의 구성원이 필요하다.

② 토론은 순서와 시간을 분명히 지켜야 하는 등의 규칙을 준수해야 한다.

③ 토론자는 입론, 교차조사, 반론 등 단계별 특성에 맞게 발언해야 한다.

④ 발언은 긍정 측에서 먼저 시작하며, 발언 시간 및 기회는 균등하게 배분해야 한다.

⑤ 토론의 유형에 따라 토론 과정에 '숙의 시간'을 사용할 수도 있다.

(4) 논제

토론을 통해 해결하고자 하는 문제를 '논제'라고 한다.

① 논제의 성격

㉠ 토론의 논제는 긍정 측과 부정 측의 입장이 명확히 구분되어야 한다.

㉡ 토론의 논제는 '~한가?'와 같은 의문문이 아닌 '~해야 한다', '~이다'와 같은 평서문으로 진술되어야 한다.

㉢ 토론의 진술문은 단 하나의 쟁점만을 포함하고 있어야 하며, 긍정문이어야 한다.

② 논제의 진술

㉠ 토론의 논제는 현상을 바꾸는 쪽으로 정의되어야 하며, '입증의 부담'은 긍정 측에 있어야 한다. 즉, 현재 상태에 대한 변화를 주장해야 한다.

㉡ 반대하는 측은 '반박의 부담'을 지게 되는데, 부정하는 측은 상대방 주장의 일부만 논파해도 효과적인 논박을 한 것으로 간주할 수 있다.

③ 논제의 표현

토론의 논제에는 가치 판단이 배제된 중립적인 표현을 사용해야 한다. 논제에 사용된 용어 중에 개념이 명확하지 않아 오해의 소지가 있는 것은 토론 전에 수정하거나 대체해야 한다.

> • 전근대적인 사형 제도를 폐지해야 한다.
> • 불평등한 가산점 제도를 폐지해야 한다.
>
> ⇨ '전근대적인, 불평등한'이라는 비중립적인 표현을 삭제하거나 수정해야 한다.

④ 논제의 유형

㉠ 정책 논제: 어떤 사안에 대한 구체적인 실행 방안이나 해결책에 대한 논제

㉡ 가치 논제: 관점이나 시각을 달리하는 철학적인 논제

㉢ 사실 논제: 객관적 증거를 통해 논리적인 사실 입증이 가능한 논제

(5) 종류

① 고전적 토론(전통적 토론)

㉠ 어떤 논제에 대하여 찬성자 2명, 반대자 2명이 각각 한 조가 되어 각 2번씩 총 8번 발언하는 토론을 말한다. 반론은 '반대 측'이 먼저 한다.

단권화 MEMO

■ 논제의 유형별 예
• 정책 논제: 길거리 흡연을 금지해야 한다
• 가치 논제: 환경 보존이 개발보다 중요하다
• 사실 논제: 유전자 조작 식품은 식량 문제 해결을 위해 필요하다

단권화 MEMO

*입론
의론하는 취지나 순서 따위의 체계를 세우는 것을 말한다.
*평결
평론하거나 평가하여 결정하는 것을 말한다. 배심원 또는 청중이 거수나 투표로 정한다.

*공박
남의 잘못을 몹시 따지고 공격하는 것을 말한다.

*논박
어떤 주장이나 의견에 대하여 그 잘못된 점을 조리 있게 공격하여 말하는 것을 말한다.

ⓒ 고전적 토론은 '입론*(1찬－1반－2찬－2반)－반론(1반－1찬－2반－2찬)－평결*'의 순서로 진행된다.

■ 논제: 유명인의 사생활 보장이 국민의 알 권리에 우선하여야 한다. (2013 국가직 9급 본문 활용)

• 찬성 측 입론
입장: 국민의 알 권리보다 유명인의 사생활 보호가 우선
개념 정의: 유명인의 정의－사회적으로 널리 알려진 사람
근거: 사생활은 개인의 사적인 생활 영역과 그와 관련된 개인적 정보 등을 포함하는 개념이다. 사생활을 보장받을 최소한의 인권은 보장되어야 한다.

• 반대 측 입론
공박*: 사생활이라 하더라도 공공의 이익과 관련된 부분이 있을 수 있다.
입장: 유명인의 사생활보다 국민의 알 권리가 우선한다.
근거: 유명인은 그의 행동 하나하나가 사회에 큰 영향력을 행사한다. 유명인이 감추고 싶은 비밀이라도 공익을 위해 필요하다면 국민들이 알아야 한다.

• 찬성 측 보강 입론
반박: 공익이라는 잣대는 사람마다 다르게 해석될 수 있다. 사생활은 무조건적 알 권리의 대상이 아니다.

• 반대 측 보강 입론
논박*: 유명인이라는 처지 자체가 사생활 보호를 상당 부분 불가능하게 한다. 그 나머지 경우에는 국민의 알 권리를 제약해서는 안 된다.

• 반대 측 1차 반론
변호: 사회적 토론 과정을 통해서 얼마든지 합의에 도달할 수 있는 것이다. 공공의 이익에 비추어 유명인이 사적 영역에서 심각하게 잘못된 행동을 하였다면 국민들은 그것에 대해 알아야 하는 것이다.

• 찬성 측 1차 반론
공박: 유명인들도 그러한 스트레스를 받지 않을 권리가 있다.
변호: 단순한 대중의 호기심과 국민의 알 권리를 엄격하게 구분해 달라.

• 반대 측 2차 반론
반박: 그들의 사생활은 사실상 공적인 기능을 하는 경우가 적지 않다.
변호: 유명인은 유명인이라서 누리는 사회적 · 경제적 이익이 있는 만큼 그들의 사생활에서도 사회에 영향을 미칠 만한 행동에는 책임을 져야 한다. 그러므로 국민의 알 권리가 유명인의 사생활 보장보다 중요하다고 생각한다.

• 찬성 측 2차 반론
변호: 인간은 누구나 인간다운 삶의 자유를 누릴 수 있어야 한다. 그 밖의 경우에는 사생활 보호가 우선되어야 한다.

(이하 평결 진행)

② 직파식 토론

㉠ 어떤 논제에 대하여 찬성 측과 반대 측이 상대편을 논파하는 방식으로 이루어지는 토론으로, 고전적 토론과 유사하다. 단, 반론을 찬성 측이 먼저 한다는 점이 다르다.

ⓒ 직파식 토론은 '입론(1찬－1반－2찬－2반)－반론(1찬－1반－2찬－2반)－평결'의 순서로 진행된다.

■ 논제: 고교 평준화 정책은 유지되어야 한다.

• 입론
찬성: 고등학교 평준화 제도는 소위 명문 고등학교를 사라지게 하여 중학생의 과외 열풍을 잠재우는 데 효과를 가져왔습니다.
반대: 고교 평준화는 과외 열풍을 잠재우는 데는 효과를 보였지만 중등 교육의 하향 평준화를 가져왔다는 비판을 받고 있습니다. 현대 사회는 치열한 경쟁 사회라는 점과 국가 경쟁력 제고라는 차원에서 많은 문제점을 가지고 있다고 생각합니다.
찬성: 하향 평준화라고 하지만 그것은 객관적 기준이 없습니다. 대학 입시 성적이 실력을 보여 주는 것은 아니라고 생각합니다.

반대: 우리의 교육 열의에 비하면 고등학생들의 학업 성적이 좋지 못한 것은 사실입니다. 특히 영재 교육을 비롯한 수월성 교육에 부정적 영향이 막대합니다.

• 반론

찬성: 고교 평준화는 중학생들의 체력 향상에 도움을 주었습니다. 이러한 부분은 전인 교육이라는 점에서 상당히 긍정적 효과를 가져온 것입니다.

반대: 중학생들의 체력 향상과 고교 평준화 간에는 직접적인 인과 관계가 없다고 생각합니다. 고교 평준화는 학생들의 학교 선택권 침해를 가져왔다고 생각합니다.

찬성: 고교 평준화가 중학생들의 심리적·육체적 건강에 긍정적 영향을 주었다는 것은 인정해야 합니다.

반대: 정신적 건강은 개인의 가능성과 능력이 극대화되었을 때 가능한 것입니다. 고교 평준화는 개인의 가능성을 위축시킬 소지가 있습니다.

(이하 평결 진행)

③ **반대 신문식 토론**: 어떤 논제에 대하여 입론 단계에서 찬성자와 반대자가 바로 앞 상대방에게 반대 신문(질문)을 하여 상대방의 논지를 반박함으로써 승부를 가리는 토론 방식이다.

■ 논제: 조기 외국어 교육을 강화하여야 한다.

• 긍정 측 입론

찬성: 지금 세계화의 물결이 시대의 대세입니다. 따라서 어릴 때부터 외국어 교육을 강화하여 세계화에 대처할 수 있도록 해야 합니다. 외국어는 감수성이 예민한 어린 시절에 하는 것이 효과적입니다.

• 반대 신문

반대: 말이란 그 사람의 생각을 만드는 것입니다. 모국어로 사고가 확립되지 않은 어린 시기에 외국어를 교육하게 되면 그 사람의 민족적 주체성이 상실되는 것 아닙니까?

• 부정 측 입론

반대: 외국어 교육은 꼭 필요하지만 모국어 교육을 충분히 한 후에 실시해야 합니다. 조기 외국어 교육은 바람직하지 않습니다.

• 반대 신문

찬성: 세계화 시대에 대응하기 위해서는 외국어 능숙자가 많이 필요하지 않은가요? (이하 생략)

더 알아보기 토의와 토론의 비교

구분		토의	토론
공통점		당면한 문제를 해결하기 위해 의견을 일치시키고자 함	
차이점	목적	당면한 문제에 대해 여러 사람의 의견을 모아 최선의 해결책을 찾고자 함	반드시 찬반 논의를 통해 문제를 해결하고자 함
	선해답 확보 여부	서로 협력하여 대담이나 회의를 통해서 해답을 얻으려는 화법	자신이 이미 가지고 있는 해답을 상대 측에게 납득시키려는 화법
	의견 대립 전제 여부	집단 사고의 일종	이미 의견 대립을 전제로 하고, 그 안에서 다음의 발전을 찾아내려는 변증법적인 사고
	확고부동한 규칙의 존재 여부	비교적 자유롭게 의논	일정한 규칙이 정해져 있는 논쟁
	흉금 터놓기의 중요성	흉금을 터놓지 않으면 합의에 이르기 어려움	흉금을 트든 트지 않든 관계가 없음. 통하는 것은 사실과 논리뿐임

3 협상

(1) 개념

'협상'이란 이익과 관련된 갈등을 인식한 둘 이상의 주체들이 이를 해결할 의사를 가지고 모여서 합의에 이르기 위해 대안들을 조정하고 구성하는 공동 의사 결정 과정을 말한다. 협상은 상대방과 공통된 이해관계를 갖고 있으면서 동시에 상반된 이해관계에 처했을 때 합의를 보기 위해 밀고 당기는 대화이다.

단권화 MEMO

단권화 MEMO

(2) 특징

협상은 근본적으로 '상호 의존성'을 지니게 되는데, 이러한 상호 의존성은 다시 '참가자 상호 의존성, 정보 상호 의존성, 결과 상호 의존성'으로 세분할 수 있다.

① 참가자 상호 의존성과 욕구 딜레마

㉠ 참가자 상호 의존성은 협상의 주체가 적어도 둘 이상이 되어야 함을 의미한다. 이는 반드시 다른 사람의 참여와 동의가 있어야 협상이 성립됨을 보여 준다.

㉡ 이로 인해 참가자 상호 의존성은 합의에 도달하고자 하는 '협력적 욕구'와 가능한 한 자신에게 유리한 합의를 이끌어 내고자 하는 '경쟁적 욕구'가 발생하게 된다.

㉢ 이러한 협력적 욕구와 경쟁적 욕구는 협상의 태도, 전략, 결과 등에 영향을 미치기 때문에 '경쟁적 협력자'와 같은 적절한 위치를 설정하여 '두 욕구 간에 균형을 유지'할 필요가 있다.

② 정보 상호 의존성과 신뢰 딜레마

㉠ 정보 상호 의존성은 우리 쪽과 상대 쪽이 제공하는 정보에 따라 협상이 시작되고 전개됨을 의미한다.

㉡ 이러한 정보 상호 의존성은 상대쪽의 말을 믿어야 할지, 믿지 말아야 할지를 고민하게 되는 '신뢰의 딜레마'를 발생시킨다. 상대쪽을 무조건 믿는 것은 언제나 이용당할 잠재적 위험을 가지게 되며, 전혀 신뢰하지 않으면 합의에 도달할 가능성이 낮아지게 된다.

㉢ 그러므로 협상의 당사자들은 서로가 주고받는 정보의 양과 질을 상대가 신뢰할 수 있도록 '점진적으로 개방하는 태도'가 필요하다.

③ 결과 상호 의존성과 목표 딜레마

㉠ 결과 상호 의존성은 우리 쪽과 상대 쪽 모두 합의에 동의해야 협상이 끝나게 됨을 의미한다.

㉡ 이러한 결과 상호 의존성은 우리 쪽에게 유리하지만 상대가 동의를 거절할 정도로 너무 일방적이지 않은 협상에 어떻게 도달하느냐의 문제인 '목표 딜레마'를 발생시킨다.

㉢ 이러한 목표 딜레마를 해결하기 위해 협상의 당사자들은 '명분을 수반한 실리' 또는 '실리를 수반한 명분'을 택함으로써 서로 간의 이해관계를 조정할 필요가 있다.

(3) 종류

① 협상 참여 주체자의 수에 따른 구분

■ 협상에 관련된 당사자가 많을수록 일반적으로 협상 과정이 순탄하지 않다.

양자 협상	양 당사자 간의 협상
다자 협상	3인 이상으로 구성된 협상

② 협상 의제 수에 따른 구분

■ 단일 의제 협상을 다수 의제 협상으로 전환시킴으로써 '통합적 합의', 즉 '윈-윈의 가능성'이 커질 수 있다.

단일 의제 협상	협상의 의제 수가 한 개인 협상
다수 의제 협상	협상의 의제 수가 두 개 이상인 협상

③ 협상자의 힘에 의한 구분

■ 비대칭 협상의 경우 약자는 타협 가능한 하한선을 미리 결정해 놓을 필요가 있다. 왜냐하면 강자의 힘에 일방적으로 밀릴 수 있기 때문이다.

대칭 협상	협상자들 간의 힘이 대등한 협상
비대칭 협상	어느 한쪽의 힘이 월등히 강하거나 약한 협상

④ 협상 의사 결정권에 의한 구분

■ 복층적 협상의 경우 협상 과정과 합의가 일반적으로 더욱 어렵다.

단층적 협상	협상 당사자가 협상 테이블에서 최종 결정을 내릴 수 있는 협상
복층적 협상	최종 결론을 내기 위해 조직이나 상급자의 승인이 필요한 협상

(4) 절차와 방법

1단계	상호 간의 협상 의제와 대안 확인	우리 쪽과 상대 쪽은 자신들에게 중요한 관심사가 무엇인지 확인하고 각 의제별 대안을 명확하게 설정할 필요가 있음
2단계	근원적 이해 차이 분석	상대 쪽의 협상 자원을 우리 쪽의 것과 꼼꼼히 비교·대조·분석하여 기본적인 관심사가 되는 근원적 이해에 대한 이해의 폭을 분명히 해 둘 필요가 있음
3단계	제안과 맞교환	• 이해가 상충하는 문제를 해결하기 위해서는 창의적인 옵션을 창안할 필요가 있음 • 상대보다 먼저 제안을 하는 것이 협상에 유리함 • 제안은 합의 가능 영역을 벗어나서는 안 됨 • 하나의 제안보다는 복수 제안을 통해 맞교환하는 것이 효과적임 • 제안을 할 때는 객관적인 기준을 제시해야 함 • 제안은 가능한 한 상대의 고민을 덜어 주는 방향이어야 함
4단계	현 상태에서 최선의 해결책을 수락 혹은 거부	• 협상의 수락, 거부 여부는 복인*에 의해 결정됨. 그러므로 복안보다 나은 제안은 수락하고 그에 미치지 않은 제안은 거부함 • 복안이 있다면 '양보점'도 정할 수 있음. 양보점이란 각 조건들을 비교하여 계량화한 것으로, 일반적으로 하한선으로 볼 수 있음
5단계	합의 이행	합의 이행은 주로 합의 계약서에 따르는데, 합의 계약서에는 우리 쪽이나 상대 쪽의 합리적인 요구가 충족되어야 하며, 이 계약을 수행하는 데 포함된 모든 사람의 권리와 책임을 명확하게 명시해야 함

단권화 MEMO

*복인
협상이 결렬되어도 손해를 보지 않을 수 있는 대안(차선책)을 말한다.

(5) 협상 전략

① 협상과 갈등: 협상 과정에서 갈등은 필수 전제 조건이자, 협상을 성립시키는 상황적 조건이다. 이러한 갈등이 전통적 관점에서는 부정적으로 인식되었으나 최근에는 어느 정도의 갈등은 필수적이며 오히려 조직이나 집단을 역동적으로 만들어 준다고 보고 있다.

갈등 부정 집단	갈등 긍정 집단
• 갈등을 하나로 봄 • 갈등을 문제로 봄 • 갈등을 회피하고 억누르고 참음 • 갈등은 본질적으로 파괴적이라고 봄 • 갈등에서 아무런 가치도 찾지 못함 • 갈등은 불안과 방어를 생산함 • 개개인은 승리하기 위해 노력함	• 다양한 갈등의 유형을 인식함 • 갈등을 해결의 부분으로 봄 • 갈등을 찾고 격려함 • 갈등은 잠재적으로 건설적이라고 봄 • 갈등은 많은 가치를 가짐 • 갈등은 흥분과 흥미, 집중을 생성함 • 개개인은 문제를 해결하기 위해 노력함

② 갈등의 처리 전략

회피 전략	문제의 상황에서 도피하는 방법 예 '더 이상 그 문제는 꺼내지 마라.', '그 문제는 더 이상 중요하지 않다.'라고 말하는 것
힘의 전략	공격적인 자세로 상대를 굴복시키는 방법. 힘의 전략은 창의적인 옵션을 막아 버리고 상대로 하여금 불만을 지니게 하여 보복이나 복수의 가능성이 있음 예 '이 회사는 나의 것이고 나는 사장이다.'라고 말하는 것
타협 전략	갈등 상황에서 자신의 목표와 상대의 목표를 적당히 고려하는 전략. 타협 전략은 흔히 '계산적인 자세'를 취하는데, 지나칠 경우 오히려 협상이 방해를 받을 수 있음
약화 전략	갈등 상황을 지연시킴 예 '이 문제는 자료를 좀 더 검토한 뒤 논의하자.', '성급히 문제를 처리하지 말고 전문가의 의견을 우선 들어 보자.'라고 말하는 것
호혜 전략	상대와의 관계와 목표를 동시에 추구하는 유형. 상호 간에 '솔직하고 분명한 자세'를 가지고 문제를 해결함

단권화 MEMO

4 면접

(1) 개념

'면접'이란 기업 관계자와 입사 지원자 사이에 특별한 목적을 가지고 이루어지는 대화 또는 상호 작용이다. 채용환경의 변화에 따라 면접의 비중이 점차 커지고 있다.

(2) 유형

① **비공개 면접**: 채용 설명회나 정보 수집을 위한 면접의 방식으로 인터뷰가 대표적인 유형이다.

② **공개 면접**: 면접 대상자의 수에 따라 단독 면접과 집단 면접으로 나뉘고, 면접 참여자의 수에 따라 일대일 면접, 일대다 면접, 다대다 면접 등으로 나뉜다.

(3) 기법

① **프레젠테이션 면접**: 면접을 실시하기 전에 면접 주제와 텍스트 프레젠테이션 기자재를 지원자에게 제공하고 해당 주제에 대해 지원자들이 자신의 의견, 경험, 지식, 가치관 등을 발표하는 기법이다.

② **스트레스 면접**: 면접관들이 지원자들을 난처하게 하거나 스트레스를 주어 불편하게 만든 후에 어떻게 대응하는지 평가하는 기법이다. 자존심을 건드리는 돌발 질문이나, 수수께끼와 같은 퍼즐을 제시하거나 갑자기 침묵을 지키는 것 등이 있다.

③ **행동 중심 역량 면접**: 지원자가 특정 상황에서 어떻게 행동하는지 정보를 얻어 그것이 직무와 조직에 적합한지를 판단하는 기법이다. 이 기법은 과거의 어떤 행동이 미래의 어떤 행동을 예측할 수 있게 한다고 전제한다.

(4) 절차

① 면접의 일반적 과정

㉠ 면접하기

면접 전 준비 단계	목적에 비추어 핵심적인 질문 내용을 준비
본 면접 단계	질문들을 바탕으로 구체적 질문을 제시하고, 답변을 청취·기록
면접 후 단계	수집한 정보를 바탕으로 면접의 성과나 지원자에 대해 평가

㉡ 면접 받기

면접 전 준비 단계	예상되는 질문들을 정리하고 예상 질문에 대해 정확하고 효과적인 답변 준비
본 면접 단계	질문의 의도를 파악하여 핵심적인 내용을 바탕으로 간결하고 효과적으로 답변
면접 후 단계	자신의 면접 결과에 대해서 스스로 점검하고 평가

② 면접 받기의 구체적 과정

㉠ 면접 전 준비 단계

서류 전형 준비하기	이력서가 자신의 능력을 요약해서 보여 주는 서류라면, 자기소개서는 자신을 홍보하는 팸플릿이므로 인사 담당자의 관심을 끌 수 있게 각종 참고 서적을 활용하여 자기소개서 작성 연습하기
면접 준비하기	• 본인이 어떤 소질과 성격, 비전을 가지고 있는지 파악 • 지원 회사와 업무에 대해 파악하고 얼굴 표정이나 시선과 같은 인상을 미리 준비

㉡ 본 면접 단계

단권화 MEMO

심리 압박 질문에 대비하기	• 전환적 기술이 요구됨 • '실패에 대한 개요 → 실패를 통한 교훈 → 실패 이후의 성공과 성취' 순으로 대답하기 • 당황하거나 방어적인 태도를 보여서는 안 됨
능력 취재형 질문에 대비하기	지원자는 지원한 업무와 과거의 경험이 어떤 연관성을 보여 주며, 자신이 왜 그 업무에 적합한지를 명백하게 설명할 수 있어야 함
질문 유형에 맞추어 답하기	• 폐쇄형 질문: 특정 사항에 대해 구체적으로 묻는 질문. 짧고 명확하게 답하는 것이 좋음 • 개방형 질문: 광범위하게 생각하고 진술할 수 있도록 묻는 질문. 가장 자신 있게 답할 수 있는 것으로 답하는 것이 좋음 • 보충 질문: 구체적인 답을 듣기 위해 추가로 하는 질문. 구체적으로 답하는 것이 좋음
딜레마 해결형, 열린 자유형 질문에 답변하기	인성과 성격을 알아보고자 하는 질문이 대부분이므로 자신의 성격에 대하여 꼼꼼히 정리해 두어야 함

㉢ 면접 후 단계
- 서류 평가와 공백 기간 보완하기
- 면접 후의 추후 관리(자기 점검 및 보완)

더 알아보기 면접의 자기 평가 목록

평가 항목	체크 사항
1. 복장과 태도: 옷차림이나 동작이 어떠한가?	• 옷차림은 단정한가? • 시선과 손발은 자세가 바른가? • 호감을 주는 인상인가? • 동작이 바르고 침착한가? • 대답하는 태도가 착실한가?
2. 표현력: 자신의 생각을 정확하고 알기 쉽게 남에게 설명하는가?	• 용어 사용이 적절한가? • 간결하고 정확하게 표현하는가? • 말하는 내용에 통일성이 있는가? • 유창하게 말하는가? • 목소리가 적당한가?
3. 이해력: 상식과 지성을 갖추고 질문을 제대로 이해하고 판단하는가?	• 질문을 정확하게 이해했는가? • 꾸준히 정보를 습득했는가? • 직종에 대한 전문적 식견을 가지고 있는가?
4. 개성과 적극성: 자진해서 일을 맡고, 보다 효과적으로 수행할 의지가 있는가?	• 남이 싫어하는 일도 자진하여 수행하는가? • 어려움을 자기 노력으로 극복하는가? • 패기가 있는가? • 옳은 일을 행동으로 옮기는가?
5. 믿음직함: 책임감이 강하고 성실하며, 신뢰할 수 있는 사람인가?	• 합리적으로 일을 처리하는가? • 계획적으로 살아가는가? • 한번 맡은 일을 끝까지 완수하는가? • 교우 관계가 원만한가? • 정서가 안정되어 있는가?

단권화 MEMO

5 발표

(1) 개념

'발표'란 여러 사람 앞에서 자신의 생각이나 의견 또는 어떤 사실에 대해서 진술하는 말하기를 가리킨다. 발표는 수업 시간에 조사한 내용을 설명하거나 학회에서 연구 내용을 보고하거나 기업체에서 새로운 아이디어를 제안하는 등 정보 공유의 효과적인 수단으로 널리 사용되고 있다. 효과적인 발표를 위해서는 설명이나 설득 등 발표의 목적에 맞게 핵심적인 내용을 추출하는 '요약 능력'과 이를 논리적으로 구성하는 '내용 구성 능력', 시청각 자료를 활용하여 내용을 효과적으로 전달하는 '표현 능력'이 동시에 필요하다.

(2) 발표의 준비 과정

효과적인 발표를 위해서는 발표의 목적, 청중, 장소를 분석하여 이에 따라 발표의 단계별 내용을 구성하는 준비 절차가 필요하다.

① 발표의 목적 분석

구분	정보 전달	설득
도입부	배경지식을 활성화	흥미 유발, 청중과 공감대·신뢰감 조성 등
전개부	주제를 요점별로 명확히 제시	문제-해결 구조와 같은 효과적인 구성
정리부	앞서 언급한 내용의 정리, 청중의 이해와 기억을 위한 요약하기	청중의 심리를 변화시키기 위한 인상적인 결말 처리

② 청중 분석

㉠ 성별, 세대, 지역, 집단 등의 일반적 요인 분석

㉡ 청중의 요구, 지적 수준, 주제에 대한 사전 지식, 주제에 대한 입장, 개인적 관련성 등 분석

③ 장소 분석

물리적 시설	발표장의 크기, 좌석 배치 등
발표 장비	인터넷, 마이크, 컴퓨터, 빔 프로젝터 등
기타 사항	발표자가 서는 위치, 청중과의 거리, 스크린의 위치, 조명과 음향 시설 등

(3) 발표의 내용 구성(일반적 구성 방법)

발표의 구성은 장황하지 않고 체계적이어야 하며, 시간이 부족하거나 남을 경우에 대비하여 예시 자료의 추가나 삭제, 청중에 대한 질문과 답변의 시간 안배를 사전에 계획할 필요가 있다.

① 도입부: 청중과의 관련성을 높이는 데 핵심이 있으며, 청중의 흥미와 동기를 유발해야 한다.

| 흥미와 동기 유발 전략

- 에피소드의 제시: 주제와 관련한 발표자의 개인적 경험
- 주제를 함축하는 비유 사용
- 청중의 상황과 유사한 사례 제시
- 유명 인사의 말이나 유명한 책의 명구 등 인용구의 사용
- 질문을 통해 청중의 주의 환기
- 시사 문제의 제시, 강렬한 시각 자료의 사용, 가벼운 유머 등

② 전개부

정보 전달	• 주제의 성격에 따라 시/공간적 구성, 비교/대조, 원인/결과 구성 등을 적절히 사용 • 핵심 정보를 효과적으로 드러낼 수 있는 방법을 선택하여 적절한 매체로 전달
설득	• 주제를 문제/해결 구조로 제시하는 것이 바람직함 • 대안을 제시할 때는 복수의 대안을 제시하는 것이 효과적임 • 주장을 뒷받침할 수 있는 논거를 반드시 제시해야 함

③ 정리부

㉠ 발표의 전개부에서 다룬 내용을 간략히 정리하고 강조, 마무리한다.

㉡ 정리부에서는 이성적인 메시지보다는 감성적인 메시지를 활용할 필요가 있다.

㉢ 발표의 핵심을 대변할 수 있는 인용구를 활용한다.

(4) 표현과 전달

① 언어 표현

㉠ 언어 표현은 구체적이어야 한다. 추상적인 개념을 다루더라도 개인의 경험, 실제적인 사례 등을 사용하여 설명하는 것이 효과적이다.

㉡ 언어 표현은 단문을 사용하여 표현을 간명하게 해야 한다. 단문을 사용하되 문장과 문장 사이에 적절한 휴지를 두어 청중이 내용을 명확히 이해하고 따라올 수 있게 한다.

② 내용 연결 표현: 발표는 구두 의사소통이다. 따라서 청중에게 발표 내용이 어디쯤 가고 있는지, 다음에 나올 내용은 무엇인지 등을 수시로 알려 주어 길을 잃지 않게 도와야 한다.

예 지금까지, 마지막으로, 첫 번째는 등

③ 비언어적 표현

㉠ 시선: 시선은 원고나 슬라이드 화면보다 청중을 향해야 한다.

㉡ 손동작/자세: 손동작은 역동적인 것이 좋지만, 지나친 동작은 청중의 집중을 방해할 수 있다. 자세는 편안히 하되 스크린 사용을 고려해야 한다.

㉢ 지시봉(포인터): 지시봉(포인터)은 가리키는 곳을 명확히 지시해야 한다.

(5) 시각 자료의 활용

시각 자료는 주제에 비추어 꼭 필요한 경우에 한하여 사용해야 하며, 시각 자료의 활용은 청중의 이해와 기억을 돕는 데 효과적이다. 대표적인 시각 자료는 다음과 같은 것들이 있다.

유형	주된 활용 방법과 사례
막대그래프	양이나 빈도 비교 예 은행별 이율, 컴퓨터 사용자 수, 지역별 판매고
선 그래프	시간에 따른 추세나 변화 예 연간 신규 가입자 수, 운동 수준에 따른 심박수, 연간 매월 판매 건수
원그래프	부분과 전체의 관계, 상대적 비율 예 부서별 프로젝트, 연령별 상품 호감도, 전 세계 대륙별 쌀 생산량

(6) 청중과의 상호 작용

① 청중의 흥미 유발

㉠ 청중의 흥미는 도입부뿐만 아니라 전개부와 결말부에서도 지속적으로 유지되어야 한다.

㉡ 이를 위해 발표 내용뿐 아니라 음성 표현, 비언어적 표현, 슬라이드 구성에서 청중의 흥미를 지속시키기 위해 노력해야 한다.

단권화 MEMO

② 청중의 반응에 따른 대처

발표 내용이나 주제에 대해 발표자보다 많이 아는 청중에 대한 대처	갈등이나 신경전을 벌이지 말고, 그들을 발표에 자연스럽게 참여시키는 것이 좋음
발표를 듣고자 하는 의욕이 없는 청중에 대한 대처	청중에게 질문을 하여 참여를 유도하거나 최신의 뉴스를 인용하거나 인상적인 시각 자료 등을 활용하기
비우호적인 청중에 대한 대처	• 청중에게 진심으로 감사를 표하기 • 청중과의 공통점을 찾고 그것을 강조하기 • 적당한 비언어적 전달 기술을 사용하기 • 초연하거나 거만하거나 저자세로 행동하면 안 됨

③ 질의응답 시 주의 사항

㉠ 질문에 확실하고 직접적으로 대답한다.

㉡ 마땅한 답변을 하기 힘들어도 불필요한 속임수를 쓰지 않는다.

㉢ 좋지 않은 질문이라도 존중한다. 다만, 질의응답의 기능에서 벗어나는 질문은 아예 받지 않는다.

6 연설

(1) 개념

'연설'이란 다수의 청중을 대상으로 하여 정보를 전달하거나 설득하는 것을 목적으로 하는 공식적인 말하기의 한 형태이다. 연설은 사적인 상황이 아닌 공적인 상황에서 청중들에게 자신의 견해를 구두로 전달하는, 매우 의도적이며 목표 지향적인 의사소통 방식이다.

(2) 구성 요소

연사	• 말할 주제에 대하여 철저히 조사하고 자료들을 조직하며 청중의 요구와 특성을 고려해야 함 • 연사는 청중에게 주제에 대한 전문성을 보여 줄 필요가 있음 • 연사는 수용적이고 겸손한 태도를 가지되 적극성과 자신감을 보여 줄 필요가 있음
청중과 상황	청중의 태도와 지식 수준, 기대와 요구, 시간이나 장소, 청중의 규모와 자리 배치, 청중이 중시하는 관습과 규칙을 사전에 고려해야 함
메시지	메시지는 체계적으로 선정되고 조직되어야 하며, 준언어적·비언어적 메시지의 전달에도 각별히 유의해야 함

(3) 유형

정보 전달 연설	• 정보 전달 연설은 강의나 강연 등과 같이 청중에게 유익한 지식과 정보를 제공하기 위한 목적으로 이루어짐 • 정보 전달 연설은 주제를 체계적으로 조직하고, 적절한 용어를 선택하며, 명확한 개념을 효과적으로 제시해야 함 • 추상적인 용어는 구체적인 사례를 제시하고, 난해한 내용은 반복과 증거 자료를 통해 알기 쉽게 설명함
설득 연설	• 설득 연설은 청중의 신념이나 태도, 행동 등을 변화시키기 위한 목적으로 행해짐 • 설득 연설은 청중을 잘 분석하고 적절하게 대처하는 것이 무엇보다 중요함
환담 연설	• 환담 연설은 만찬이나 연회에서 화자가 청중을 즐겁게 하기 위해 행해짐 • 환담 연설에서는 시기적으로 적절한 유머나 재치를 활용하는 것이 효과적임 • 유머를 사용할 때에는 청중을 당황시키거나 불편하게 하지 않도록 너무 천박해서는 안 되며, 타인에게 상처를 주는 내용은 지양해야 함

(4) 과정과 절차

① 연설의 주제 설정 시 유의점

㉠ 주제 설정은 화자가 연설을 하고자 하는 목적과 관련이 깊다. 그러므로 자신이 '왜' 연설을 하는지, '목표'는 무엇인지를 명확히 해야 한다.

㉡ 청중의 기대에 부합하는 흥미롭고 가치 있는 주제여야 한다.

㉢ 말하는 상황과 분위기에 적절해야 한다.

㉣ 주어진 시간 내에 다룰 수 있는 것이어야 한다.

㉤ 평소 자신이 경험했거나 잘 알고 있는 내용이어야 한다.

② 말하기 상황과 청자 분석

말하기 상황의 분석	• 물리적 상황 분석: 날짜와 시간, 장소와 분위기, 예상 참가자 수 • 전달 매체 분석: 마이크, OHP, 컴퓨터, 빔 프로젝터 등 ※ 특히 주어진 시간 안에 연설을 마칠 수 있도록 시간 안배를 사전에 충분히 해 두어야 함
청자 분석하기	• 청중의 일반적 특성: 연령, 성별, 사회 경제적 지위, 직업, 종교, 지역, 정치적 성향 등 ※ 청중의 일반적 특성을 분석하여 피해야 할 내용과 강조해야 할 내용을 살필 수 있음 • 청중의 요구 분석: 청중의 기대, 배경지식 정도, 태도 ※ 청중의 요구 분석은 청중의 흥미와 동기를 유발하고 유지시키는 데 중요한 역할을 함
자료 수집하기	자료 수집을 할 때는 화자 자신의 지식과 경험, 문헌 조사와 현장 조사, 각종 방송 자료 및 인터넷 조사 등을 활용할 수 있음

더 알아보기 자료 수집의 유의점

① 이야기할 주제를 생생하게 뒷받침할 수 있어야 한다. (주제와의 통일성)
② 핵심적인 내용을 청중이 쉽게 이해하고 기억할 수 있어야 한다.
③ 청중의 지적 수준에 알맞은 것이어야 한다.
④ 청중의 흥미와 주목을 끌 수 있는 것이어야 한다.

③ 아이디어 조직하기(개요 작성하기)

㉠ 개요란 건축물의 설계도와 같은 것으로, 연설의 전체적인 흐름을 한눈에 파악할 수 있도록 얼개를 짜 놓은 것이다. 개요는 전체 연설의 구성과 주요 아이디어들 간의 관계를 표시한다.

㉡ 아이디어 조직 방법에는 시간적 순서에 의한 방법, 공간적 순서에 의한 방법, 논리적 순서에 의한 방법, 문제 해결식 조직 방법 등이 있다.

④ 연설문 작성하기

전문 원고	• 연설의 내용을 모두 써서 완성한 원고 • 화자는 보고 읽기만 하면 되기 때문에 심리적 안정을 가질 수 있으나 자칫 연설이 단조로울 수 있다는 단점이 있음
표제어 원고	• 연설의 중요한 내용만을 표시해서 완성한 원고 • 화자가 불안을 느낄 수 있으나 연설의 상황과 청중의 반응에 따라 유연성을 가질 수 있음

⑤ 예행연습하기

㉠ 가능하면 실제 연설 장소에서 캠코더를 활용하여 본인의 연설을 녹화한 다음, 점검·보완해야 할 부분을 집중적으로 연습한다.

㉡ 소리의 길이, 강약, 띄어 읽기, 속도, 성량, 표준 발음 등에 유의하여 연습하고, 거울을 보며 시선, 표정, 동작 등을 사전에 점검해 볼 필요가 있다.

단권화 MEMO

■ 연설의 원고
연설의 원고는 문어체가 아닌 구어체로 작성하는 것이 일반적이며, 간결하고 명료한 표현을 사용하는 것이 중요하다. 필요하다면 예상되는 청중의 반응을 기록해 둘 수도 있다.

CHAPTER

03 논증과 오류

☐ 1회독 월 일
☐ 2회독 월 일
☐ 3회독 월 일
☐ 4회독 월 일
☐ 5회독 월 일

교수님 코멘트 ▶ 2025년부터 전환되는 시험에서 새롭게 출제되는 논리형 문제 유형과 관련된 이론으로 볼 수 있다. 논증과 오류에 관한 용어와 이론들을 잘 정리해 두어야 한다.

단권화 MEMO

01 논증의 개념

구체적인 논거를 들어 어떤 주장을 논리적으로 증명하고 그 정당성을 입증하는 것을 '논증'이라고 한다. 논증은 주제문에 해당하는 '명제', 명제를 뒷받침하는 '논거', 그 주장을 이끌어 내는 방식인 '추론'으로 이루어진다.

02 논증의 3요소

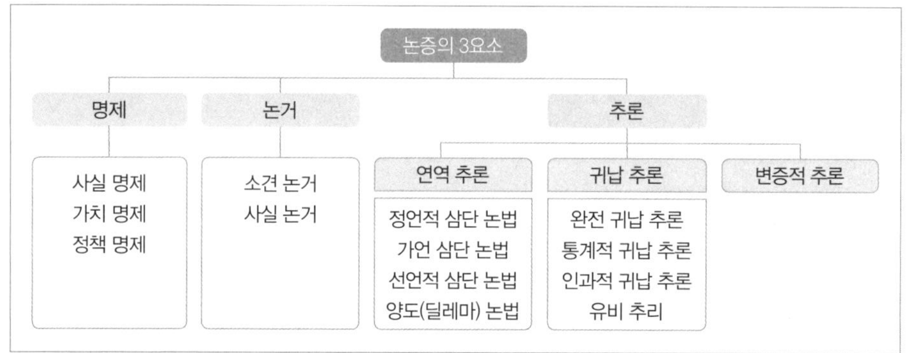

1 명제

논증에서 주제문에 해당하는 것으로, 필자의 판단이나 주장을 완결된 평서형의 문장으로 표현한 것을 '명제'라고 한다. 명제는 사실 명제, 가치 명제, 정책 명제로 구분할 수 있다.

구분	개념	용례
사실 명제	• 객관적인 기준에 근거하여 어떤 사실에 대한 진위(眞僞) 판단을 진술한 것 • 사실 명제는 참, 거짓의 진위가 뚜렷하게 판별됨	• 우리나라의 국화는 무궁화이다. (참) • 일본의 국기는 태극기이다. (거짓)
가치 명제	주장에 주관적 판단(시비, 선악, 미추)이 개입되는 명제로, 어떤 대상에 대한 가치 판단을 진술한 명제	• 한국인이 세계에서 가장 부지런하다. • 이육사는 우리나라 시인 중 단연 최고이다.
정책 명제	주장이나 의견, 해결 방안 등 어떤 문제에 대한 해결책이나 바람직한 행동에 대한 판단을 진술한 명제	비정규직 문제 해결을 위해 정부와 기업, 노동자가 의견을 교환할 수 있는 논의 기구를 만들어야 한다.

■ **명제의 요건**
- 단일성: 명제가 둘 이상이 되면 논점이 흐려진다.
- 공정성: 명제는 주장하는 이의 편견이나 선입견에 치우치지 않아야 한다.
- 명료성: 명제는 명료해야 한다.
- 평서형: 명제는 반드시 평서형 문장으로 진술해야 한다. 의문문, 명령문, 청유문으로 진술해서는 안 된다.

2 논거

명제를 뒷받침하는 논리적 근거, 즉 주장의 타당성을 뒷받침하기 위해 사용하는 논리적 증거를 '논거'라고 한다. 논거는 소견 논거와 사실 논거로 구분할 수 있다.

구분	개념	용례
소견 논거	• 논지와 관련된 권위자의 의견, 일반적인 여론 등을 인용하는 논거 • 소견 논거는 신뢰성 있는 의견을 가진 사람의 권위에 의거함	마하트마 간디는 "죄를 미워하되 죄인은 사랑하라."라고 하였다.
사실 논거	누구나 인정할 수 있는 구체적 사실, 즉 자연 법칙, 역사적 사실, 상식, 실험 결과 등을 통해 명제를 객관적으로 뒷받침하는 논거	봄이 오면 환경광 또는 채광량이 늘기 때문에 2월보다는 양질의 수면을 취할 수 있다. 남성보다는 여성이, 젊은 사람보다는 나이든 사람일수록 '2월 불면증'에 더 많이 시달리는 것으로 조사됐다.

3 추론

기존의 명제들로부터 결과를 유도해 나가는 과정을 '추론'이라고 한다. 추론은 크게 연역 추론, 귀납 추론, 변증적 추론으로 구분할 수 있다.

(1) 연역 추론

이미 논리적으로 증명된 명제를 전제로 새로운 명제의 증명을 만들어 나가는 방법이다. 삼단 논법이 대표적이다.

① **정언적 삼단 논법**: 삼단 논법 중에서 가장 대표적인 것으로, 두 개의 정언* 명제(~은 …이다)를 전제로 하여 새로운 정언 명제(~은 …이다)를 결론으로 이끌어 내는 방식이다.

[대전제] 모든 사람은(a) 죽는다(b).
[소전제] 소크라테스는(c) 사람이다(a).
[결　론] 그러므로 소크라테스는(c) 죽는다(b).

② **가언 삼단 논법**: 대전제로 가언 명제(만일 ~이면 …이다)를 제시하고 소전제에서 전건*(만일 ~이면)을 긍정하거나 후건*(…이다)을 부정하는 형식을 취하여 결론을 이끌어 내는 추론 방법이다.

[전건 긍정으로 후건 긍정]
만약에 비가 온다면 땅이 젖었을 것이다.
그런데 비가 왔다. (전건 긍정)
그러므로 땅이 젖었을 것이다. (후건 긍정)

[후건 부정으로 전건 부정]
만약에 비가 온다면 땅이 젖었을 것이다.
그런데 땅이 젖지 않았다. (후건 부정)
그러므로 비가 오지 않았을 것이다. (전건 부정)

단권화 MEMO

■ **특수화**
일반적 사항의 제시로부터 특수한 사항을 서술해 가는 연역적 구성 방법

*정언
어떤 명제, 주장, 판단을 '만일', '혹은' 따위의 조건을 붙이지 않고 확정하여 말하는 것이다.

*전건
가언적 판단에서 그 조건, 이유 따위를 표시하는 부분을 말한다.

*후건
가언적 판단에서 귀결을 표시하는 부분을 말한다.

단권화 MEMO

*선언
여러 개의 명제를 접속사 '또한'이나 이와 동의(同義)의 접속사로 연결한 합성 명제를 말한다.

③ **선언적 삼단 논법**: 대전제를 두 개 이상의 선언* 개념(~ 또는 …이다)으로 된 선언 명제로 하고, 소전제는 대전제의 일부 선언지(…이다, … 아니다)로 하여 결론을 이끌어 내는 추론 방법이다. 선언적 삼단 논법의 전제는 배타적이어야 타당하다.

> [대전제] 철수는 학교에 갔거나 학원에 갔을 것이다.
> [소전제] 그런데 학교에 가지는 않았다.
> [결　론] 그러니 철수는 학원에 갔을 것이다.

④ **양도(딜레마) 논법**: 대전제가 두 개의 가언 명제(만일 ~이면 …이다)로, 소전제는 하나의 선언 명제(~ 또는 …이다)로 구성된 추론 방법이다.

> [대전제] 비가 오면 큰아들의 미투리가 안 팔릴 것이므로 걱정이다.
> 비가 안 오면 작은아들의 나막신이 안 팔릴 것이므로 걱정이다.
> [소전제] 비가 오거나 안 오거나 둘 중의 하나일 것이다.
> [결　론] 그러므로 항상 걱정이다.

(2) 귀납 추론

특수한 사실, 현상, 원리로부터 좀 더 확장된 일반적 명제를 만들어 가는 방법이다.

① **완전 귀납 추론**: 전체 집합의 모든 원소를 관찰하고 관찰에 따른 공통점을 결론으로 만들어 나가는 방법이다.

> 제자가 땅콩의 껍질을 다 벗겨 보고 나서야 스승에게 가서 그 땅콩은 모두 속꺼풀이 있었다고 알렸다.

② **통계적 귀납 추론**: 전체 집합의 일부 원소를 관찰하고 다른 대상들에게 일부 원소의 공통점을 적용하는 방법이다.

> 여론 조사에 의하면 55%의 유권자가 김 씨에게, 45%가 이 씨에게 투표할 것으로 나타났다. 그러므로 이번 선거에서 김 씨가 이길 것이다.

③ **인과적 귀납 추론**: 인과 관계에 의해 원인이나 결과를 만들어 나가는 방법이다.

> 철수는 김밥, 라면, 순대, 떡볶이를 먹고 식중독에 걸렸다. 영희는 김밥, 라면, 순대, 튀김을 먹고 식중독에 걸렸다. 민수는 김밥, 라면, 떡볶이를 먹고 식중독에 걸렸다. 따라서 식중독의 원인은 김밥, 라면이다.

④ **유비 추리**: 두 개의 특수한 대상에서 어떤 징표가 일치하고 있기 때문에 다른 징표도 일치할 것임을 추정하며 진술하는 방법이다. 매우 생소한 개념이나 어렵고 복잡한 대상을 좀 더 친숙하고 단순한 개념이나 대상과 비교하여 설명하는데, 비교보다는 비유에 가까운 진술 방법이다.

> 나는 집이 가난하여 말이 없어서 간혹 남의 말을 빌려 탄다. 노둔하고 여윈 말을 얻게 되면 일이 비록 급하더라도 감히 채찍을 대지 못하고 조심조심 금방 넘어질 듯 여겨서 개울이나 구렁을 지날 때는 말에서 내려 걸어가므로 후회할 일이 적었다.
>
> …(중략)…
>
> 아! 사람의 마음이 옮겨지고 바뀌는 것이 이와 같을까? 남의 물건을 빌려서 하루아침의 소용에 쓰는 것도 이와 같은데, 하물며 참으로 자기가 가지고 있는 것이야 어떻겠는가?
>
> – 이곡, 「차마설(借馬說)」 –

(3) 변증적 추론

대립되는 두 명제 사이에서 절충된 새로운 결론을 만들어 나가는 방법이다. 즉, '정(正)－반(反)'을 통해 '합(合)'을 이끌어 내는 추론이다.

> [정(正)] 나는 너를 사랑한다.
> [반(反)] 나는 너를 사랑하지 않을 때가 있다.
> [합(合)] 나는 대체적으로 너를 사랑하지만 어떤 때는 너를 사랑하지 않는다.

단권화 MEMO

03 오류의 유형

1 형식적 오류

구분	개념	용례
순환 논증의 오류 (선결 문제 요구의 오류)	증명해야 할 논제를 오히려 전제나 근거로 삼을 때 생기는 오류	공자의 말은 진리이다. 왜냐하면 그가 지은 책에 진리라고 적혀 있기 때문이다.
자가당착의 오류 (비정합성의 오류)	모순을 바탕으로 결론을 이끌어 낼 때 생기는 오류	무엇이든 뚫을 수 있는 창과 무엇이든 막을 수 있는 방패가 저에게 있습니다.
전건 부정의 오류	전건(앞에서 언급된 조건)을 부정하며 후건(뒤에서 언급되는 귀결)의 부정을 결론으로 이끌어 낼 때 생기는 오류	만일 당신이 제주도에 있다면 당신은 국내에 있다. 하지만 당신은 제주도에 있지 않다. 따라서 당신은 국내에 없다.
후건 긍정의 오류	후건(뒤에서 언급되는 귀결)을 긍정하며 전건(앞에서 언급된 조건)의 긍정을 결론으로 이끌어 낼 때 생기는 오류	만일 당신이 제주도에 있다면 당신은 국내에 있다. 당신은 국내에 있다. 따라서 당신은 제주도에 있다.
선언지 긍정의 오류	배타성이 없는 두 개념만 존재하며 다른 가능성은 없을 것으로 판단하여 생기는 오류	그는 기독교 신자이든지 마르크스주의자일 것이다. 그런데 그는 기독교 신자이다. 따라서 그는 마르크스주의자가 아니다.

2 비형식적 오류

(1) 언어적 오류

구분	개념	용례
강조의 오류	문장에서 핵심이 아닌 부분을 잘못 강조하여 생기는 오류	어머니께서 친구를 때리지 말라고 하셨다. 따라서 친구가 아니면 때려도 괜찮을 것이다.
애매어의 오류	다의어의 의미를 혼동하여 생기는 오류	모든 인간은 죄인이다. 따라서 모든 인간은 감옥에 가야 한다.
애매문의 오류	문장의 중의성으로 인해 생기는 오류	아내는 나보다 컴퓨터를 더 좋아한다.
은밀한 재정의의 오류	단어에 사전적 의미가 아닌 자의적 의미를 덧붙여 사용해서 생기는 오류	너의 여자 친구는 완벽해. 그러니 꼭 결혼해.
범주의 오류	단어의 의미 범주를 잘못 판단하여 생기는 오류	선생님, 제 꿈은 교사가 아니라 국어 선생님입니다.

단권화 MEMO

(2) 심리적 오류

구분	개념	용례
원천 봉쇄의 오류 (우물에 독 뿌리기)	반론이 될 수 있는 것에 부정적 의미를 부여하며 단정함으로써 상대의 반론을 원천적으로 봉쇄하는 오류	국격을 높이는 이 일에 동참하지 않는 사람은 매국노이다.
공포에 호소하는 오류	공포나 힘을 이용해 자신의 주장을 받아들이게 하는 오류	선생님 말씀을 듣지 않아 발생하는 모든 것은 당신의 책임이다.
대중에 호소하는 오류	대중의 선호나 인기를 이용하여 자신의 주장을 받아들이게 하는 오류	이 제품은 10만 명 이상이 사용한 제품으로 그 효과는 따로 검증할 필요가 없다.
동정(연민)에 호소하는 오류	동정에 호소하여 자신의 주장을 받아들이게 하는 오류	제가 감옥에 간다면 어린 자식들은 길거리를 헤맬 것입니다. 제발 선처해 주세요.
부적합한 권위에 호소하는 오류	논지와 관련이 없는 권위자의 견해를 통해 자신의 주장을 받아들이게 하는 오류	통계학계의 권위자인 김 박사님이 미역이 몸에 좋댔어. 오늘은 머리가 아프니 미역국을 먹어야겠어.
인신공격의 오류	상대방의 과거의 행적, 직업, 인품 등을 문제 삼으며 상대방의 인격을 손상시킴으로써 자신의 주장을 받아들이게 하는 오류	그의 말은 믿을 게 못 된다. 왜냐하면 그는 전과자이기 때문이다.
역공격의 오류 (피장파장의 오류)	상대방도 비판의 대상이 됨을 지적하며 본인에 대한 비판을 모면할 때 생기는 오류	아버지도 어릴 적 공부를 못하셨다는데 그럼 내가 공부 못하는 것에 대해 아버지께서 지적하실 자격은 없지.
정황에 호소하는 오류	개인적인 정황을 근거로 의견의 타당함을 주장할 때 생기는 오류	군대도 다녀오지 않은 사람이 국방부 장관이 되다니, 그의 정책은 신뢰할 수 없겠어.

(3) 자료적 오류

구분	개념	용례
무지에 호소하는 오류	반대되는 의견에 증거가 없음을 증거로 자신의 주장이 옳음을 말할 때 생기는 오류	외계인이 없다는 증거가 없기 때문에 외계인은 있다.
우연의 오류	일반적일 때 통용되는 논리를 특수한 상황에 무리하게 적용시킴으로써 생기는 오류	모든 사람은 거주 이전의 자유가 있다. 따라서 재소자도 자신이 머물 교도소를 선택할 수 있게 해야 한다.
성급한 일반화의 오류	제한된 상황이나 정보를 바탕으로 무리하게 일반화시키는 오류	그녀가 비싼 가방을 산 것을 보니 그녀는 사치가 심한 여자야.
원인 오판의 오류 (잘못된 인과 관계의 오류)	우연히 일치한 사건에 대해 무리하게 인과 관계를 대입함으로써 생기는 오류	돼지꿈을 꾸고 복권에 당첨되었다.
의도 확대의 오류	상대방의 의도를 과하게 확대 해석함으로써 발생하는 오류	담배가 폐암을 유발한다는 것은 상식이야. 그런데도 철수가 담배를 피우는 건 폐암에 걸리고 싶은 것이 분명해.
복합 질문의 오류	한 번에 여러 질문을 함으로써 상대방의 답변에서 부당하게 긍정이나 부정을 이끌어 내는 오류	너, 이제는 나쁜 짓을 하지 않을 거지? ⇨ 어떤 대답을 하든 과거에는 나쁜 짓을 했음을 인정할 수밖에 없다.

허수아비 공격의 오류	상대의 주장을 자신에게 유리하고 반박하기 쉬운 다른 논점(왜곡되고 과장된 논점)으로 이동해 그것을 반박함으로써 자신의 주장이 옳음을 말할 때 생기는 오류	A: 올해 우리 독서부의 보조금이 삭감됐습니다. 우리가 매월 했던 회식을 없애거나 축소하면 예산이 맞을 것 같습니다. B: 난 네가 왜 항상 우리 부원들끼리 친목 도모하는 걸 막으려 드는지 이해할 수가 없어.
흑백 논리의 오류	논의되는 대상이 둘밖에 없다고 판단하고, 문제 상황을 양극단으로만 구분하는 과정에서 발생하는 오류	너는 민주주의자가 아닌 것을 보니 공산주의자구나.
논점 일탈의 오류	문제가 되고 있는 논점을 벗어나 논점과 관련성이 없는 주장을 하는 오류	A: 어제 비가 오는데 우산 없이 학교에 갔어. B: 맞아. 비가 왔으니까 올해 벼농사 참 잘될 거야.
잘못된 유추의 오류 (기계적 유비 추리의 오류)	두 대상의 본질적인 유사성이 아닌, 부분적인 유사성으로 나머지의 유사성을 무리하게 관련지음으로써 발생하는 오류	컴퓨터는 사람에 비유되곤 한다. 따라서 컴퓨터도 감정이 있을 것이다.
분할의 오류	전체 또는 집합이 어떤 성질을 가지고 있기 때문에 그 부분 또는 원소도 그와 같은 성질을 가지고 있다고 추론하는 오류	김치는 맵다. 따라서 김치의 재료는 모두 맵다.
결합의 오류	부분 또는 개별적인 원소들이 어떤 성질을 가지고 있다는 사실로부터 전체 또는 원소들의 집합도 그러한 성질을 가지고 있다고 추론하는 오류	좋은 언어들로만 짜인 시는 역시 좋은 시가 된다.
발생학적 오류	대상의 기원이 가지고 있는 특성을 대상도 예외 없이 가지고 있을 것이라는 생각에서 발생되는 오류	이 말은 우리나라에서 가장 빨리 달리는 말이 될 거야. 왜냐하면 이 말의 어미가 우리나라에서 가장 빠른 말이거든.

단권화 MEMO

Ⅱ 이론 비문학

교수님 코멘트▶ 이 영역에서는 글의 전개 방식, 화법의 실제, 연역법과 귀납법 그리고 변증법 등을 구분하는 문제 등이 자주 출제된다. 특히 2025년부터는 화법과 관련된 문제가 출제될 가능성이 높다. 기본서 회독을 통해 다시 한번 꼭 확인해 두자.

작문

01

2013 서울시 9급

문단 (가)와 (나)의 내용상의 관계를 가장 잘 표현한 것은?

> (가) 20세기 후반, 복잡한 시스템에 관한 연구에 몰두하던 일련의 물리학자들은 기존의 경제학 이론으로는 설명할 수 없었던 경제 현상을 이해하기 위해 물리적인 접근을 시도하기 시작했다. 보이지 않는 손과 시장의 균형, 완전한 합리성 등 신고전 경제학은 숨 막힐 정도로 정교하고 아름답지만, 불행히도 현실 경제는 왈라스나 애덤 스미스가 꿈꿨던 '한 치의 오차도 없이 맞물려 돌아가는 톱니바퀴'가 아니다. 물리학자들은 인간 세상의 불합리함과 혼잡함에 관심을 가지고 그것이 만들어 내는 패턴들과 열린 가능성에 주목했다.
>
> (나) 우리가 주류 경제학이라고 부르는 것은 왈라스 이후 체계가 잡힌 신고전 경제학을 말한다. 이 이론에 의하면, 모든 경제주체는 완전한 합리성으로 무장하고 있으며, 항상 최선의 선택을 하며, 자신의 효용이나 이윤을 최적화한다. 개별 경제주체의 공급곡선과 수요곡선을 합하면 시장에서의 공급곡선과 수요곡선이 얻어진다. 이 두 곡선이 만나는 점에서 가격과 판매량이 동시에 결정된다. 더 나아가 모든 주체가 합리적 판단을 하기 때문에 모든 시장은 동시에 균형에 이르게 된다.

① (가)보다 (나)가 경제공황을 더 잘 설명한다.
② (가)로부터 (나)가 필연적으로 도출된다.
③ (나)는 (가)의 한 부분에 대한 부연 설명이다.
④ (나)는 (가)를 수학적으로 다시 설명한 것이다.
⑤ (나)는 실제 상황을, (가)는 가정된 상황을 서술한 것이다.

02

2017 국가직 7급 추가채용

다음 글과 논증 방식이 가장 가까운 것은?

> 기존의 틀을 벗어나려면 새로운 가치가 필요하다. 운동선수가 뜀틀을 넘으려면 도약대가 있어야 하듯, 낡은 사고, 인습, 그리고 변화에 저항하는 틀을 뛰어넘기 위해서는 믿고 따를 분명한 디딤판이 필요하다. 또한, 기존의 틀을 벗어나려면 운동선수가 뜀틀을 향해 달려가는 것처럼 변화하고자 하는 의지도 필요하다. 도전하려는 의지가 수반될 때에 뜀틀 너머의 새로운 사회를 만날 수 있다.

① 미국 헌법은 미국 시민의 투표권을 보장한다. 미국 여성은 미국 시민이다. 그러므로 미국 헌법은 미국 여성의 투표권을 보장한다.
② 나는 유해한 모든 일을 피하려고 한다. 전자파가 유해하다는 것은 널리 알려진 사실이다. 전자레인지는 전자파를 방출하는 대표적인 기기이다. 따라서 나는 전자레인지 사용을 자제하려고 한다.
③ 전선을 통한 전기의 흐름은 도관을 통한 물의 흐름과 유사하다. 지름이 큰 도관은 지름이 작은 도관에 비해 많은 양의 물을 전달할 수 있다. 따라서 큰 지름의 전선은 작은 지름의 전선보다 많은 양의 전기를 전달할 수 있을 것이다.
④ 주말이면 동네에서 크고 작은 문화 행사를 한다. 박물관에는 다양한 문화재들이 항상 전시되어 있으며, 대학로의 소극장이나 예술의 전당 같은 문화 공간에서는 다양한 공연이 열리고 있다. 문화는 우리 생활 구석구석에 스며들어 있다.

03

2021 국가직 9급

다음 글의 주된 서술 방식은?

변지의가 천 리 길을 마다하지 않고 나를 찾아왔다. 내가 그 뜻을 물었더니, 문장 공부를 하기 위해 나를 찾아왔다고 했다. 때마침 이날 우리 아이들이 나무를 심었기에 그 나무를 가리켜 이렇게 말해 주었다.

"사람이 글을 쓰는 것은 나무에 꽃이 피는 것과 같다. 나무를 심는 사람은 가장 먼저 뿌리를 북돋우고 줄기를 바로잡는 일에 힘써야 한다. …(중략)… 나무의 뿌리를 북돋아 주듯 진실한 마음으로 온갖 정성을 쏟고, 줄기를 바로잡듯 부지런히 실천하며 수양하고, 진액이 오르듯 독서에 힘쓰고, 가지와 잎이 돋아나듯 널리 보고 들으며 두루 돌아다녀야 한다. 그렇게 해서 깨달은 것을 헤아려 표현한다면 그것이 바로 좋은 글이요, 사람들이 칭찬을 아끼지 않는 훌륭한 문장이 된다. 이것이야말로 참다운 문장이라고 할 수 있다."

① 서사 ② 분류
③ 비유 ④ 대조

04

2013 지방직 7급

다음 글에서 보여 주는 설명 방식을 사용하고 있는 것은?

지금 지구 상공에는 수많은 인공위성이 돌고 있다. 인공위성은 크게 군사용 위성과 평화용 위성으로 나뉜다. 첩보 위성, 위성 파괴 위성 등은 전자에 속하고, 통신 위성, 기상 관측 위성, 지구 자원 탐사 위성 등은 후자에 속한다.

① 동사는 주어의 동작이나 작용을 나타내는 반면, 형용사는 주어의 성질이나 상태를 나타낸다.
② 표준 발음법은 총칙, 자음과 모음, 음의 길이, 받침의 발음, 음의 동화, 경음화, 음의 첨가 등으로 이루어져 있다.
③ 여닫다, 우짖다, 검푸르다, 검붉다, 뛰놀다, 설익다, 부슬비 등은 일반적인 우리말의 통사적 구성 방법과 어긋나게 형성된 낱말의 예라 할 수 있다.
④ 자음은 조음 위치 및 조음 방법에 따라 다시 나뉜다. 양순음, 치조음, 경구개음, 연구개음, 후음 등은 조음 위치에 따라 자음을 하위 갈래로 나눈 것이고, 파열음, 파찰음, 마찰음, 비음, 유음 등은 조음 방법에 따라 자음을 하위 갈래로 나눈 것이다.

정답&해설

01 ③ 문단의 요건 > 완결성

문단 (가)는 기존의 신고전 경제학으로 설명할 수 없었던 경제 현상을 이해하기 위한 물리학자들의 물리적 접근에 대해 서술하고 있다. 반면, 문단 (나)는 (가)에서 말하는 '신고전 경제학'에 대해 설명하고 있다. 따라서 (나)는 (가)의 한 부분에 대한 부연 설명이다.

02 ③ 글의 전개 방식 > 유추

제시문에는 사회 변혁을 운동선수가 뜀틀을 넘는 원리에 빗대어 설명하는 유추의 전개 방법이 사용되었다. 즉, 낯설고 생소한 내용을 친숙하고 쉬운 개념에 대응하여 진술하고 있다. ③은 전선을 통한 전기의 흐름과 도관을 통한 물의 흐름의 유사성을 바탕으로, 전선의 굵기에 따라 달라지는 전류량에 대해 진술하는 유추의 방법이 사용되었다.

|오답해설| ① 연역법이 사용되었다.
② 개인적 표현이기는 하나 연역법으로 볼 수 있다.
④ 귀납법이 사용되었다.

03 ③ 글의 전개 방식 > 비유

제시문은 글을 쓰는 것을 '나무에 꽃이 피는 것'에 비유하여 설명하고 있다.

04 ④ 글의 전개 방식 > 구분

제시문은 상위 항목(군사용 위성, 평화용 위성)을 하위 항목(첩보 위성, 통신 위성 등)으로 나누어 진술하는 '구분'의 설명 방식이 두드러진다. 이와 동일한 서술 방식이 사용된 것은 ④이다. ④는 상위 항목(조음 위치, 조음 방법)을 하위 항목(양순음, 파열음 등)으로 나누어 진술하고 있다.

|오답해설| ① 동사와 형용사의 차이점을 중심으로 설명하는 '대조'의 설명 방식을 사용하였다.
② 표준 발음법을 '총칙, 자음과 모음 등'의 구성 요소로 나누는 '분석'의 설명 방식을 사용하였다.
③ 우리말의 통사적 구성 방법과 어긋나게 형성된 낱말의 예를 들고 있으므로 '예시'의 설명 방식을 사용하였다.

|정답| 01 ③ 02 ③ 03 ③ 04 ④

05

2013 지방직 9급

㉠~㉣에 들어갈 말로 맞는 것은?

> 말하기의 중요한 목적 중에 하나가 설명이다. 설명은 청자가 모르는 사실을 알아듣기 쉽게 풀어서 말하는 것으로, 우리가 알아낸 정보를 전달하거나 지식 체계를 쉽게 이해시키고자 하는 경우에 사용된다. 설명의 방법에는 지정, 정의, (㉠)와/과 (㉡), (㉢)와/과 (㉣), 예시가 있다.
>
> 지정은 가장 단순한 설명의 방법으로 사물을 지적하듯이 말하기를 통하여 지적하는 방법이다. 정의는 어떤 용어나 단어의 뜻과 개념을 밝히는 것으로 충분한 지식을 가지고 있어야 정확한 정의를 내릴 수 있다. 어떠한 대상을 파악하고자 할 때 대상을 적절히 나누거나 묶어서 정리해야 하는데, 하위 개념을 상위 개념으로 묶어 가면서 설명하는 (㉠)의 방법과 상위 개념을 하위 개념으로 나누어 가면서 설명하는 (㉡)의 방법이 있다. 설명을 할 때에 서로 비슷비슷하여 구별이 어려운 개념에 대하여 그들 사이의 공통점이나 차이점을 지적하면 이해하기가 쉬운데, 둘 이상의 대상 사이의 유사점에 대하여 설명하는 일을 (㉢)(이)라 하고, 그 차이점에 대하여 설명하는 일을 (㉣)(이)라 한다. 이러한 방법을 통해서 말하게 되면 평이한 화제를 가지고도 개성 있는 말하기를 할 수 있게 된다. 예시는 어떤 개념이나 사물에 대한 이해를 돕기 위하여 이에 해당하는 예를 직접 보여 주거나 예를 들어 설명하는 것이다.

	㉠	㉡	㉢	㉣
①	대조	비교	구분	분류
②	비교	대조	분류	구분
③	분류	구분	비교	대조
④	구분	분류	대조	비교

06

2014 서울시 7급

다음 중 아래 원칙에 부합하지 않는 설명은 어느 것인가?

> 〈정보 보고서 작성 기본 10원칙〉
>
> (1) 결론을 먼저 서술
> (2) 정보의 조직화와 체계화
> (3) 보고서의 형태 이해
> (4) 적합한 언어 사용
> (5) 단어의 경제적 사용
> (6) 생각한 것을 분명하게 표현
> (7) 능동적 표현
> (8) 자기가 작성한 보고서를 스스로 편집
> (9) 정보 사용자의 수요를 분명히 알 것
> (10) 동료의 전문 지식과 경험 활용

① 정보 사용자는 보고서가 무엇을 말하려고 하는지를 빨리 알고 싶어 하므로 결론을 먼저 제시하는 것이 좋다.
② 보고 내용에 적합한 언어를 사용해야 하고, 최대한 이해가 가도록 전문적이고 자세한 설명을 제공한다.
③ 직접적이고 확실하게 의미를 전달하는 방식을 선택하며, 자신이 생각한 것이 분명하게 드러나도록 정리한다.
④ 정보 사용자가 알고 싶어 하는 것이 정확히 무엇인지를 끊임없이 생각하면서 기술해 나가야 한다.
⑤ 동료들의 조언을 받되 작성자가 수정을 반복해서 최상의 상태라고 판단했을 때 제출한다.

07

2017 서울시 9급

다음 문장들을 두괄식 문단으로 구성하고자 할 때, 문맥상 가장 먼저 와야 할 문장은?

> ㉠ 신라의 진평왕 때 눌최는 백제국의 공격을 받았을 때 병졸들에게, "봄날 온화한 기운에는 초목이 모두 번성하지만 겨울의 추위가 닥쳐오면 소나무와 잣나무는 늦도록 잎이 지지 않는다. ㉡ 이제 외로운 성은 원군도 없고 날로 더욱 위태로우니, 이것은 진실로 지사·의부가 절개를 다하고 이름을 드러낼 때이다."라고 훈시하였으며 분전하다가 죽었다. ㉢ 선비 정신은 의리 정신으로 표현되는 데서 그 강인성이 드러난다. ㉣ 죽죽(竹竹)도 대야성에서 백제 군사에 의하여 성이 함락될 때까지 항전하다가 항복을 권유받자, "나의 아버지가 나에게 죽죽이라 이름 지어 준 것은 내가 추운 겨울에도 잎이 지지 않으며 부러질지언정 굽힐 수 없도록 하려는 것이었다. 어찌 죽음을 두려워하여 살아서 항복할 수 있겠는가."라고 결의를 밝혔다.

① ㉠ ② ㉡
③ ㉢ ④ ㉣

08

2014 지방직 9급

다음은 연설문의 일부이다. 화자의 논지 전개 방식으로 가장 적절한 것은?

> 조금만 생각하면 우리의 환경을 위해 할 수 있는 일이 아주 많습니다. 먼저 조금 귀찮더라도 일회용 물품들을 사용하지 않도록 합시다. 우리가 잠깐 쓰고 버리는 일회용 물품들 중에는 앞으로 오백 년 동안 지구를 괴롭히게 되는 것도 있다고 합니다. 조금 귀찮겠지만 평소에 일회용 도시락과 종이컵을 사용하지 않는 것도 우리들이 어렵지 않게 지구를 보호할 수 있는 방법 가운데 하나라고 생각합니다.

① 문제 해결을 위한 사례를 제시하고 있다.
② 문제 해결을 위한 방법을 제시하고 있다.
③ 문제 해결을 위한 기존의 방법과는 다른 대안을 제시하고 있다.
④ 문제 해결을 위한 사례의 장단점을 분석하고 있다.

정답&해설

05 ③ 글의 전개 방식 > 분류/구분, 비교/대조

㉠ 분류: 하위 항목을 상위 항목으로 묶어 가면서 진술하는 것을 말한다.

예 신라의 향가, 고려의 속요, 조선의 시조는 내용으로 보아 모두 서정시에 속한다. 서정시는 서사시, 극시와 나란히 시의 한 장르를 이루고 있다.

㉡ 구분: 상위 항목을 하위 항목으로 나누어 진술하는 것을 말한다.

예 문학의 장르에는 시, 소설, 수필, 희곡, 평론이 있다. 시에는 다시 서정시, 서사시, 극시가 있으며, 자유시, 정형시로 나누기도 한다. 소설은 장편 소설, 중편 소설, 단편 소설이 있고, 고대 소설·현대 소설이 있으며, 가정 소설, 탐정 소설, 해양 소설, 순정 소설 등 다양하다.

㉢ 비교: 넓은 의미와 좁은 의미로 나누어 볼 수 있다. 넓은 의미의 경우 '둘 또는 그 이상의 사물이나 현상을 견주어 서로 간의 유사점과 공통점, 차이점 따위를 밝히는 일'의 의미로 쓰인다. 즉, 공통점과 차이점을 모두 견주어 보는 것을 말한다. 반면, 좁은 의미의 경우 공통점을 중심으로 살펴보는 것을 말한다.

㉣ 대조: 둘 또는 그 이상의 사물이나 현상을 견주어 서로 간의 차이점 따위를 밝히는 것을 말한다.

06 ② 내용 조직하기 > 보고문

보고 내용에 적합한 언어를 사용하는 것은 (4)에 해당하나, 전문적이고 자세한 설명은 (5) '단어의 경제적 사용'에 어긋나며 (9) '정보 사용자의 수요를 분명히 알 것'에도 위배된다. 정보 사용자의 지식 수준 등을 고려하여 표현해야 하기 때문이다.

| 오답해설 | ① (1) '결론을 먼저 서술'에 부합한다.
③ (6) '생각한 것을 분명하게 표현'에 부합한다.
④ (9) '정보 사용자의 수요를 분명히 알 것'에 부합한다.
⑤ (8), (10)에 부합한다.

07 ③ 문단/글의 구성 방식 > 두괄식 구성

주제, 주장 등 중심 문장을 앞에 배치하는 것이 두괄식 구성이다. 따라서 제시문의 내용 중 주제, 주장에 해당하는 부분을 찾으면 된다. 제시문을 살펴보면 '선비 정신은 의리 정신으로 표현되는 데서 그 강인성이 드러난다.'가 글 전체의 주제이고, 나머지는 그 예시를 들고 있는 부분들이다. 따라서 ㉢이 가장 앞에 와야 한다.

08 ② 연설문

제시문에서는 환경 보호를 위해 일회용 도시락과 종이컵 같은 일회용 물품들을 사용하지 않을 것을 주장하고 있다. 즉, 환경 보호를 위한 구체적 방법을 제시하고 있는 것이다.

| 오답해설 | ① 환경 보호를 위해 일회용 물품들을 사용하지 않고 생활할 수 있는 구체적인 사례는 제시하고 있지 않다.
③ 일회용품 사용을 하지 않는 것은 환경 보호를 위한 일반적 방법에 해당한다. 기존 방법과 다른 대안으로 볼 수 없다.
④ 문제 해결을 위한 방법은 제시되어 있으나 장단점에 대한 분석은 없다.

| 정답 | 05 ③ 06 ② 07 ③ 08 ②

화법

09

2019 국가직 9급

두 사람의 대화에 적용된 공감적 듣기의 방법이 아닌 것은?

> "수빈 씨, 나 처음 한 프레젠테이션인데 엉망이었어."
> "정말? 무슨 일이 있었는지 자세히 말해 봐."
> "너무 긴장해서 팀장님 질문에 대답을 못했어."
> "팀장님 질문에 대답을 못했구나. 처음 하는 프레젠테이션이라 정아 씨가 긴장을 많이 했나 보다."

① 수빈은 정아의 말에 자신이 주의 집중하고 있음을 보여주고 있다.
② 수빈은 정아가 계속 말을 할 수 있도록 격려하고 있다.
③ 수빈은 정아의 혼란스러운 감정을 정아 스스로 정리하게끔 도와주고 있다.
④ 수빈은 정아의 말을 자신의 처지로 바꾸어 의미를 재구성하고 있다.

10

2017 교육행정직 9급

'손님'의 말에 나타난 공손성 원리로 가장 적절한 것은?

> 손님: 바쁘실 텐데 초대해 주셔서 감사합니다. 음식이 참 맛있네요. 요리 솜씨가 이렇게 좋으시니 정말 부럽습니다.
> 주인: 뭘요, 과찬이세요. 맛있게 드셨다니 감사합니다.

① 상대방에 대한 비난을 최소화하고 칭찬의 표현을 최대화한다.
② 상대방에 대한 부담은 최소화하고 혜택의 표현을 최대화한다.
③ 자신에 대한 혜택은 최소화하고 부담의 표현을 최대화한다.
④ 자신에 대한 칭찬은 최소화하고 비난의 표현을 최대화한다.

11

2016 국가직 9급

다음 글을 근거로 할 때, 〈보기〉의 대화에서 ㉡의 대답이 갖는 특징으로 적절하지 않은 것은?

> 그라이스(Grice)는 원활한 대화 진행을 위한 요건으로 네 가지의 '협력의 원리'를 제시한 바 있다. 첫째, 주고받는 대화의 목적에 필요한 만큼만 정보를 제공하고 필요 이상의 정보를 제공하지 말라는 양의 격률이다. 둘째, 진실한 정보만을 제공하도록 노력하고 증거가 불충분한 것은 말하지 말라는 질의 격률이다. 셋째, 해당 대화 맥락과 관련되는 말을 하라는 관련성의 격률이다. 넷째, 모호하거나 중의적인 표현을 피하고 간결하고 조리 있게 말하라는 태도의 격률이다. 그러나 모종의 효과를 위해 이 네 가지의 격률을 위배하는 일은 일상 대화에서 빈번하게 이루어지는데, 일반적으로 언중들은 그것을 자연스럽게 받아들일 뿐 아니라 때에 따라서는 협력의 원리를 지키는 것이 예의에 어긋난 경우도 많다.

보기

> 대화(1) ㉠: 체중이 얼마나 되니?
> ㉡: 55kg인데 키에 비해 가벼운 편입니다.
> 대화(2) ㉠: 얼마 전 시민 운동회가 있었다며?
> ㉡: 응. 백 미터 달리기에서 비행기보다 빠른 사람을 봤어.
> 대화(3) ㉠: 너 몇 살이니?
> ㉡: 형이 열일곱 살이고, 저는 열다섯 살이지요.
> 대화(4) ㉠: 점심은 뭐 먹을래?
> ㉡: 생각해 보고 마음 내키는 대로요.

① 대화(1): 관련성의 격률을 위배하였다.
② 대화(2): 질의 격률을 위배하였다.
③ 대화(3): 양의 격률을 위배하였다.
④ 대화(4): 태도의 격률을 위배하였다.

12

2021 국가직 9급

㉠~㉣은 '공손하게 말하기'에 대한 설명이다. ㉠~㉣을 적용한 B의 대답으로 적절하지 않은 것은?

> ㉠ 자신을 상대방에게 낮추어 겸손하게 말해야 한다.
> ㉡ 상대방의 처지를 고려하여 상대방이 부담을 갖지 않도록 말해야 한다.
> ㉢ 상대방이 관용을 베풀 수 있도록 문제를 자신의 탓으로 돌려 말해야 한다.
> ㉣ 상대방의 의견에서 동의하는 부분을 찾아 인정해 준 다음에 자신의 의견을 말해야 한다.

① ㉠ A: "이번에 제출한 디자인 시안 정말 멋있었어."
B: "아닙니다. 아직도 여러모로 부족한 부분이 많습니다."

② ㉡ A: "미안해요. 생각보다 길이 많이 막혀서 늦었어요."
B: "괜찮아요. 쇼핑하면서 기다리니 시간 가는 줄 몰랐어요."

③ ㉢ A: "혹시 내가 설명한 내용이 이해 가니?"
B: "네 목소리가 작아서 내용이 잘 안 들렸는데 다시 한 번 크게 말해 줄래?"

④ ㉣ A: "가원아, 경희 생일 선물로 귀걸이를 사 주는 것은 어때?"
B: "그거 좋은 생각이네. 하지만 경희의 취향을 우리가 잘 모르니까 귀걸이 대신 책을 선물하는 게 어떨까?"

정답&해설

09 ④ 공감적 듣기

수빈은 정아의 말을 요약, 정리, 재진술하고 있을 뿐, 자신의 처지로 바꾸어 의미를 재구성하고 있지는 않다.

|오답해설| ① 수빈은 정아가 한 말을 요약, 정리하여 재진술하고 있다. 이는 상대방의 말에 집중해야만 할 수 있는 행동이다. 따라서 수빈은 정아의 말에 자신이 집중하고 있음을 보여 주고 있다.
② "정말? 무슨 일이 있었는지 자세히 말해 봐."를 통해 알 수 있다.
③ 정아가 프레젠테이션이 엉망이었다고 말하자 수빈은 자세히 말해 보라고 함으로써 정아의 혼란스러운 감정을 정아 스스로 정리하게끔 도와주고 있다.

10 ① 공손성의 원리

상대방에 대한 비난을 최소화하고 칭찬을 최대화하는 표현은 찬동의 격률(칭찬의 격률)이다. 제시문에서 손님은 주인의 음식 솜씨가 좋다고 칭찬을 하고 있으므로 찬동의 격률을 실천하고 있다.

|오답해설| ② '요령의 격률'에 대한 설명이다.
③ '관용의 격률'에 대한 설명이다.
④ '겸양의 격률'에 대한 설명이다.

11 ① 협력의 원리

필요 이상의 정보(키에 비해 가벼운 편)를 상대방에게 제공한 경우이므로 '양의 격률'을 위배하였다.

|오답해설| ② 진실이 아닌 정보를 상대방에게 제공한 경우이므로 '질의 격률'을 위배하였다.
③ 필요 이상의 정보(형이 열일곱 살)를 상대방에게 제공한 경우이므로 '양의 격률'을 위배하였다.
④ 모호하게 대답을 한 경우이므로 '태도의 격률'을 위배하였다.

12 ③ 공손성의 원리

㉢은 문제를 '자신의 탓'으로 돌릴 것을 요구하고 있다. 하지만 'B'는 '네 목소리가 작아서 내용이 잘 안 들렸는데'라고 말하며 잘못을 'A'의 탓으로 돌리고 있다.

|오답해설| ① ㉠은 '겸손하게 말할 것'을 요구하고 있다. 'A'의 칭찬에 대해 'A'가 부담을 갖지 않도록 'B'는 '여러모로 부족한 부분이 많다.'라며 겸손하게 대답하고 있다.
② ㉡은 '상대방이 부담을 갖지 않도록 말할 것'을 요구하고 있다. 'B'는 늦어서 미안하다는 'A'에게 '쇼핑하면서 기다리니 시간 가는 줄 몰랐다.'며 'A'가 부담을 갖지 않도록 말하고 있다.
④ ㉣은 '동의하는 부분을 찾아 인정해 준 다음에 자신의 의견을 말할 것'을 요구하고 있다. 'B'는 'A'의 의견에 대해 '그거 좋은 생각이네.'라고 동의를 해 준 다음 '하지만~'이라면서 자신의 의견을 말하고 있다.

|정답| 09 ④ 10 ① 11 ① 12 ③

13

2016 지방직 9급

'샛강을 어떻게 살릴 수 있을까?'라는 주제에 대해 토의하고자 한다. 이에 대한 설명으로 적절하지 않은 것은?

토의는 어떤 공통된 문제에 대해 최선의 해결안을 얻기 위하여 여러 사람이 의논하는 말하기 양식이다. 패널 토의, 심포지엄 등이 그 대표적 예이다. ㉠패널 토의는 3~6인의 전문가들이 사회자의 진행에 따라, 일반 청중 앞에서 토의 문제에 대한 정보나 지식, 의견이나 견해 등을 자유롭게 주고받는 유형이다. 토의가 끝난 뒤에는 청중의 질문을 받고 그에 대해 토의자들이 답변하는 시간을 갖는다. 이 질의·응답 시간을 통해 청중들은 관련 문제를 보다 잘 이해하게 되고 점진적으로 해결 방안을 모색하게 된다. ㉡심포지엄은 전문가가 참여한다는 점, 청중과 질의·응답 시간을 갖는다는 점에서는 패널 토의와 그 형식이 비슷하다. 다만 전문가가 토의 문제의 하위 주제에 대해 서로 다른 관점에서 연설이나 강연의 형식으로 10분 정도 발표한다는 점에서는 차이가 있다.

① ㉠과 ㉡은 모두 '샛강 살리기'와 관련하여 전문가의 의견을 들은 이후, 질의·응답 시간을 갖는다.
② ㉠과 ㉡은 모두 '샛강을 어떻게 살릴 수 있을까?'라는 문제에 대해 최선의 해결책을 얻기 위함이 목적이다.
③ ㉡은 토의자가 샛강의 생태적 특성, 샛강 살리기의 경제적 효과 등의 하위 주제를 발표한다.
④ ㉠은 '샛강 살리기'에 대해 찬반 입장을 나누어 이야기한 후 절차에 따라 청중이 참여한다.

14

2019 국가직 9급

다음의 여러 조건에 가장 잘 맞는 토론 논제는?

- 긍정 평서문으로 제시되어야 한다.
- 찬성과 반대의 대립이 분명하게 나타나야 한다.
- 쟁점이 하나여야 한다.
- 찬성이나 반대 어느 한 편에 유리하게 작용하는 정서적 표현을 사용해서는 안 된다.

① 징병 제도는 유지해야 한다.
② 정보통신망법을 개선할 수는 없다.
③ 야만적인 두발 제한을 폐지해야 한다.
④ 내신 제도와 논술 시험을 개혁해야 한다.

논증과 오류

15

2015 경찰직 1차

다음 〈보기〉는 어느 글의 명제이다. 이 명제에 대한 설명으로 가장 적절한 것은?

보기

교통 법규를 위반하는 사람은 엄벌에 처하는 것이 더 바람직하다.

① 주관적 가치 판단을 바탕으로 어떤 문제의 좋고 나쁨을 주장하는 명제이다.
② 당위성 여부를 바탕으로 어떤 행동 실현의 필요성을 주장하는 명제이다.
③ 객관적 근거를 바탕으로 사실의 진위(眞僞)를 판단하는 명제이다.
④ 감정적 호소를 바탕으로 행위의 실천을 촉구하는 명제이다.

16
2008 선관위 7급

다음 중 글의 줄거리를 구성하는 방식이 특수화의 순서에 따라 이루어진 것은?

(가) 주제: 존댓말은 변하나 없어지지 않는다.
 1. 들머리
 2. 존댓말은 변한다.
 3. 존댓말은 없어지지 않는다.
  1) 존댓말의 사회적 기능
  2) 사회적 기능의 영원성
 4. 마무리

(나) 1. 나라 일은 우리 모두의 일이다.
 2. 나라 일을 알고 관심을 가져야 한다.
 3. 나라의 모든 잘잘못은 공개적으로 논의되어야 한다.
 4. 최선의 의견들이 교류되어야 한다.
 5. 언로가 막히는 것은 혈맥이 막히는 것이다.
 주제: (결론) 언론 자유는 민주주의의 심장이다.

(다) 주제: 예술적 지식의 사회적 유용성
 1. 교양을 높임
 2. 정서를 순화함
 3. 생활을 즐겁게 함
 4. 예술 문화의 발전

(라) 주제: 여성의 취업 여건은 향상되고 있다.
 1. 1) 식상 여성에 대한 편견
  2) 그것은 감소될 추세
 2. 1) 여성의 생리적 불리점
  2) 의지력과 지적 능력으로 극복
 3. 1) 여성의 사업상 여행의 어려움
  2) 점차 극복되고 있음
 4. 1) 여성의 사무 능력 부족
  2) 여성 특유의 분야 선택으로 극복

① (가) ② (나)
③ (다) ④ (라)

정답&해설

13 ④ 토의

'토의'는 기본적으로 최선의 대안을 도출하기 위한 협의의 과정이다. 찬반 입장으로 구분하여 이야기하는 형태는 '토론'이다.

| 오답해설 | ① 패널 토의와 심포지엄은 모두 전문가가 참여하여 청중과 질의응답 시간을 갖는다.
② 패널 토의와 심포지엄은 모두 문제에 대해 최선의 해결책을 찾는 것을 목적으로 한다.
③ 심포지엄은 전문가가 토의 문제의 하위 주제에 대해 발표할 수 있다.

14 ① 토론

| 오답해설 | ② 긍정 평서문이 아니다.
③ '야만적인'은 어느 한 편에 유리하게 작용하는 정서적 표현이다.
④ 생점이 하나가 아니고 둘이다.

15 ① 명제

〈보기〉의 내용은 교통 법규를 위반하는 사람은 엄벌에 처하는 것이 더 바람직하다는 가치를 표현하는 명제이다. 가치 명제에 대한 설명으로 적절한 것은 ①이다.

16 ③ 연역 추론

'특수화'란 일반적 사항의 제시로부터 특수한 사항을 서술해 가는 연역적 구성 방법이다. (다)는 '예술적 지식의 사회적 유용성'이라는 일반적 사항을 제시한 후 이것들이 '교양, 정서, 생활, 예술 문화'라는 특수한 사항에 어떻게 영향을 미치는지 서술해 가는 방식이므로 특수화의 구성 방식에 해당한다.

| 오답해설 | (가) '존댓말은 변한다. 존댓말은 없어지지 않는다.'라는 사실을 통해 '존댓말은 변하나 없어지지 않는다.'라는 결론을 내리고 있으므로 변증법적 구성을 보여 준다.
(나) 구체적 사실로부터 보편적 결론에 이르는 귀납적 구성을 보여 준다.
(라) 주제와 어긋나는 조건을 먼저 제시한 후, 주제와 일치하는 조건을 뒤에 제시하며 논박하고 있다.

| 정답 | 13 ④ 14 ① 15 ① 16 ③

17

2018 서울시 9급

〈보기〉와 같은 유형의 논리적 오류에 해당하는 것은?

보기

네가 내게 한 약속을 지키지 않은 것은 곧 나를 사랑하지 않는다는 증거야.

① 항상 보면 이등병들이 말썽이더라.
② 내 부탁을 거절하다니, 넌 나를 싫어하는구나.
③ 김 씨는 참말만 하는 사람이다. 왜냐하면 그는 거짓말을 하지 않는 사람이기 때문이다.
④ 거짓말을 하는 것은 죄악이다. 그러므로 의사가 환자에게 거짓말을 하는 것은 당연히 죄악이다.

18

2017 서울시 9급

다음 예문과 같은 유형의 논리적 오류가 나타난 것은?

이 식당은 요즘 SNS에서 굉장히 뜨고 있어. 그러니까 엄청 맛있을 거야.

① 이 식당 음식을 꼭 먹어 보도록 해. 만나는 사람들마다 이 집 이야기를 하는 걸 보니 맛이 괜찮은가 봐.
② 누구도 이 식당이 맛없다고 말한 사람은 없어. 그러니까 엄청 맛있는 집이란 소리지.
③ 여기는 유명한 개그맨이 맛있다고 한 식당이니까 당연히 맛있겠지. 그러니까 꼭 여기서 먹어야 해.
④ 이번에는 이 식당에서 밥을 먹자. 내가 얼마나 여기서 먹어 보고 싶었는지 몰라. 꼭 한번 오게 되기를 간절히 바랐어.

정답&해설

17 ② 비형식적 오류 > 흑백 논리의 오류

중립적인 논리를 인정하지 않고 편중된 사고를 해 나가는 논리적 오류는 흑백 논리의 오류이다. 〈보기〉는 약속을 지킬 경우 나를 사랑하는 것이 되고 약속을 지키지 않을 경우 나를 사랑하지 않는 것이 된다. 즉, 양극단으로만 구분하고 있으므로 흑백 논리의 오류이다. ②도 내 부탁을 들어주는 경우 나를 좋아하는 것이 되고 내 부탁을 거절할 경우 나를 싫어하는 것이 된다. 역시나 흑백 논리의 오류이다.

| 오답해설 | ① 성급한 일반화의 오류이다.
③ 순환 논증의 오류이다.
④ 우연의 오류이다.

18 ① 비형식적 오류 > 대중에 호소하는 오류

제시문은 SNS에서 굉장히 뜨고 있다는 표현을 함으로써 대중의 선호나 인기를 이용해 자신의 주장을 받아들이게 하고 있다. 이는 '대중에 호소하는 오류'이다. ① 역시 대중의 선호나 인기를 근거로 이야기하고 있으므로 대중에 호소하는 오류에 해당한다.

| 오답해설 | ② 흑백 논리의 오류이다.
③ 부적합한 권위에 호소하는 오류이다.
④ 동정에 호소하는 오류이다.

| 정답 | 17 ② 18 ①

삶의 순간순간이
아름다운 마무리이며
새로운 시작이어야 한다.

– 법정 스님

여러분의 작은 소리
에듀윌은 크게 듣겠습니다.

본 교재에 대한 여러분의 목소리를 들려주세요.
공부하시면서 어려웠던 점, 궁금한 점,
칭찬하고 싶은 점, 개선할 점, 어떤 것이라도 좋습니다.

에듀윌은 여러분께서 나누어 주신 의견을
통해 끊임없이 발전하고 있습니다.

에듀윌 도서몰 book.eduwill.net
- 부가학습자료 및 정오표: 에듀윌 도서몰 → 도서자료실
- 교재 문의: 에듀윌 도서몰 → 문의하기 → 교재(내용, 출간) / 주문 및 배송

2025 에듀윌 9급공무원 기본서 국어 독해

발 행 일	2024년 7월 1일 초판 | 2024년 10월 15일 2쇄
편 저 자	배영표
펴 낸 이	양형남
펴 낸 곳	(주)에듀윌
I S B N	979-11-360-3267-6
등록번호	제25100-2002-000052호
주 소	08378 서울특별시 구로구 디지털로34길 55 코오롱싸이언스밸리 2차 3층

* 이 책의 무단 인용 · 전재 · 복제를 금합니다.

www.eduwill.net

대표전화 1600-6700

에듀윌에서 꿈을 이룬 합격생들의 진짜 합격스토리

에듀윌 강의·교재·학습시스템의 우수성을
합격으로 입증하였습니다!

김○은 국가직 9급 일반행정직 최종 합격

에듀윌만의 탄탄한 커리큘럼 덕분에 공시 3관왕 달성

혼자서 공부하다 보면 지금쯤 뭘 해야 하는지, 내가 잘하고 있는지 걱정이 될 때가 있는데 에듀윌 커리큘럼은 정말 잘 짜여 있어 고민할 필요 없이 그대로 따라가면 되는 시스템이었습니다. 커리큘럼이 기본이론-심화이론-단원별 문제풀이-기출 문제풀이-파이널로 풍부하게 구성되어 인강만으로도 국가직, 지방직, 군무원 3개 직렬에 충분히 합격할 수 있었습니다. 혼자 공부하다 보면 내 위치를 스스로 가늠하기 어려운데, 매달 제공되는 에듀윌 모의고사를 통해서 제 수준이 어느 정도인지 파악할 수 있어서 좋았습니다.

신○은 국가직 9급 일반행정직 최종 합격

에듀윌 교수님들의 열정적인 강의는 업계 최고 수준!

에듀윌 교수님들의 강의가 열정적이어서 좋았습니다. 타사의 유명 행정법 강사분의 강의를 잠깐 들은 적이 있었는데, 그분이 기대만큼 좋지 못해서 열정적인 강의의 에듀윌로 돌아온 적이 있습니다. 그리고 수험생들은 금전적으로 좀 어려움이 있을 수밖에 없는데 에듀윌이 타사보다는 가격 대비 강의가 매우 뛰어나다고 생각합니다. 에듀윌 모의고사도 좋았습니다. 내가 맞혔는데 남들이 틀린 문제나, 남들은 맞혔는데 내가 틀린 문제를 분석해줘서 저의 취약점을 알게 되고, 공부 방법에 변화를 줄 수 있는 계기를 마련해 줍니다. 에듀윌의 꼼꼼한 모의고사 시스템 덕분에 효율적인 공부를 할 수 있었습니다.

김○경 지방직 9급 사회복지직 최종 합격

초시생도 빠르게 합격할 수 있는 에듀윌 공무원 커리큘럼

에듀윌 공무원 커리큘럼은 기본 강의, 심화 강의, 문제풀이 강의가 참 적절하게 배분이 잘 되어 있었어요. 그리고 제가 공무원 시험에 대해서 하나도 몰랐는데 커리큘럼을 따라만 갔는데 바로 시험을 치를 수 있는 실력이 만들어진다는 것이 너무 신기한 경험이었습니다. 에듀윌 공무원 교재도 너무 좋았습니다. 기본서가 충실하게 만들어져 있어서 기본서만 봐도 기초를 쌓을 수 있었습니다. 그리고 기출문제집이나 동형 문제집도 문제 분량이 굉장히 많았어요. 이러한 꼼꼼한 교재 구성 덕분에 40대에 공부를 다시 시작했음에도 빠르게 합격할 수 있었어요.

다음 합격의 주인공은 당신입니다!

더 많은
합격스토리

합격자 수 2,100% 수직 상승!
매년 놀라운 성장

에듀윌 공무원은 '합격자 수'라는 확실한 결과로 증명하며
지금도 기록을 만들어 가고 있습니다.

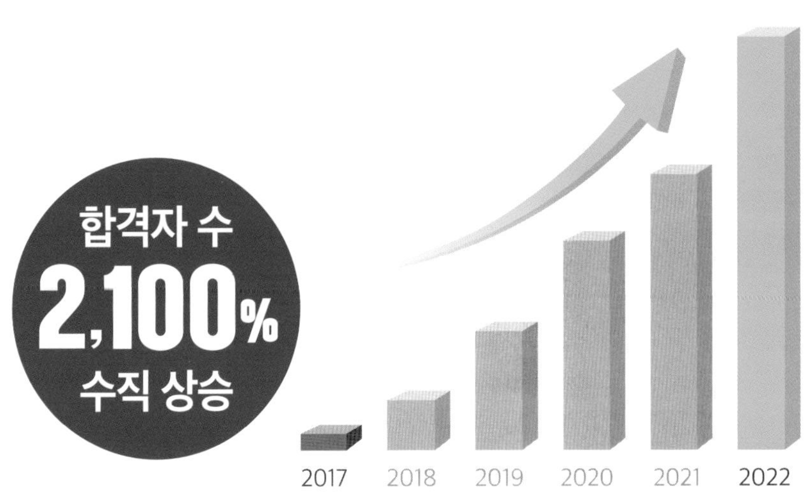

합격자 수를 폭발적으로 증가시킨 합격패스

합격 시 수강료 100% 환급	+	합격할 때까지 평생 수강	+	교재비 부담 DOWN 에듀캐시 지원

※ 환급내용은 상품페이지 참고. 상품은 변경될 수 있음.

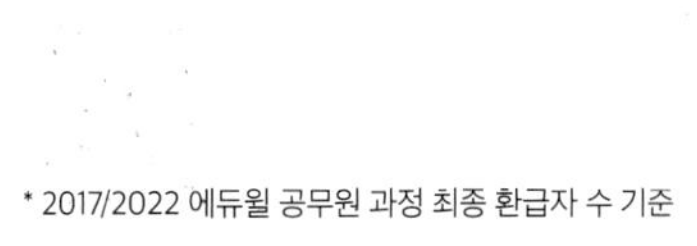

* 2017/2022 에듀윌 공무원 과정 최종 환급자 수 기준

상품 페이지